U0930013

黑龙江垦区统计年鉴

STATISTICAL YEARBOOK OF HEILONGJIANG STATE FARMS

2009

（总第十七期 No.17）

黑龙江省农垦总局统计局　编

（京）新登字 041 号

图书在版编目（CIP）数据

黑龙江垦区统计年鉴. 2009/ 黑龙江省农垦总局统计局编.
—北京：中国统计出版社，2009.8
ISBN 978-7-5037-5721-1

Ⅰ. 黑… Ⅱ. 黑… Ⅲ. 垦殖场—统计资料—黑龙江省—2009—年鉴 Ⅳ. C832.35-54

中国版本图书馆 CIP 数据核字(2009)第 120135 号

黑龙江垦区统计年鉴-2009

作　　者 / 黑龙江省农垦总局统计局
责任编辑 / 郑淼淼 张 洁
E　mail / yearbook@stats.gov.cn
责任校对 / 黄丰　秦莉萍　韩军　白国兴　于远滋　张斌　刘洲　张春艳
封面设计 / 刘璐　韩军
出版发行 / 中国统计出版社
通信地址 / 北京市西城区三里河月坛南街 57 号 中国统计出版社
邮　　编 / 100826
电　　话 / (010)63376907
印　　刷 / 黑龙江新时代印刷厂
经　　销 / 新华书店
开　　本 / 毫米 1/16 880 × 1240 毫米 1/16 开本
字　　数 / 105 万字
印　　张 / 26 印张
印　　数 / 1-700 册
版　　别 / 2009 年 8 月第 1 版
版　　次 / 2009 年 8 月第 1 次印刷
书　　号 / ISBN 978-7-5037-5721-1/C · 2226
定　　价 / 280.00 元

《黑龙江垦区统计年鉴—2009》
编委会、编辑人员名单

编委会

主　　任：谭占龙

副 主 任：李建明　王　峰　王立荣

编　　委：（以姓氏笔画为序）

于国良　于　彦　马德全　王丛江　王建民　冯　力
冯永庆　任建华　向世华　孙明义　权赫宇　张忠武
张忠旭　李　阳　李　俊　李瑞林　杨　健　杨忠武
贾文珠　郭来滨　郭宝松　高起中　钱柏莫　崔龙江
崔泉春　崔　萍　葛文杰　董兴业　谢建辉　满连奎
潘福田

编辑部工作人员

总 编 辑：李建明

副总编辑：朱建东　黄　丰　秦莉萍

编　　辑：（以姓氏笔画为序）

于远滋　王　彤　白国兴　刘　洲　刘　博　张春艳
张　斌　姜　波　黄信梅　韩　军　裴　蕾

装帧设计：朱建东　韩　军

参加编辑人员

石淑清　安仲才　杨　杰　高　华　陈红杰　侯　凯　李全智
王智利　张雪兰　于春艳　李程遥　周　秦　王丽华　徐子辉
董瑞龙　耿　东　安　杰　鲍文东　祖国红　孙东伟　李　宏
张印松　范曙光　董良福　刘国红　于建国　赵英杰　苏俊国
付　岩　彭　涛　宿雪萍　苗世英　张立强　张华一　孙　鹏
张剑平　张秀萍　袁兆奎　夏洪波　王　刚　张　涛　余　捷

编辑说明

一、为使统计信息更好地为垦区经济建设服务，充分发挥统计数据的信息、咨询、监督作用，适应市场经济对统计信息的进一步要求，也便于国内外各界人士了解黑龙江垦区，研究黑龙江垦区，关心和支持黑龙江垦区的经济建设及社会发展，推动垦区各项事业的全面进步，在总局领导和各有关部门的大力支持和关怀下，我们组织汇编了《黑龙江垦区统计年鉴》，并由中国统计出版社面向社会公开出版发行。

二、《黑龙江垦区统计年鉴》是一部全面反映黑龙江垦区经济和社会发展情况的资料性年刊，本书收录了全垦区、各分局、总局直属各单位以及各农牧场和部分重点工业企业2008年经济和社会各方面大量的统计数据，同时还收录了历年全垦区主要统计数据，特别是1978年以来的统计数据。有些指标名称及经济类型根据2008年国家年报制度做了相应的变动。

三、全书分特载(文字资料)、行政区划和自然资源、综合、人口、从业人员和职工工资、固定资产投资、能源和原材料消费、主要财务指标、人民生活、农林牧渔业、工业、建筑业、交通运输和通讯业、批发零售业和餐饮业、对外经济贸易、教育科技和文艺事业、卫生、环保和其他、各农牧场和总局直属单位基本情况等共十六部分内容。各篇末附有主要统计指标解释。

四、《黑龙江垦区统计年鉴》资料来源主要是黑龙江省农垦总局2008年及以前各年度的统计年报、业务部门的统计年报和抽样调查资料，并参考了《历年基本统计资料汇编(1949—1979)》、《黑龙江农垦十年(1978—1988)》等历史统计资料，一部分指标采取一次性重点调查的方式取得，并辅以科学的推算。

五、《黑龙江垦区统计年鉴》的编辑原则。由于各种原因，黑龙江垦区的管理体制几经变动，为了研究问题方便，在汇编全垦区历史性资料时，我们采取了现行管理体制口径，就是以2008年管理体制口径为准，凡是2008年以前划出的单位(农场或工厂等)，其统计数据，一律从其各年汇总的总计数据中扣除(包括追溯的部分指标历史数字)。1978年及以前不包括：莲江口、香兰、笔架山、五大莲池、永丰、花园、华山、老莱、双河和呼盟管理局及大兴安岭管理局等农场和林源炼油厂的统计数据；1979年不包括：莲江口、笔架山、五大连池、华山、老莱、双河等农场和林源炼油厂的统计数据；1980—1985年不包括五大连池和林源炼油厂的统计数据；1986年不包括林源炼油厂的统计数据；1984—1985年包括由劳改局划回的16个农场的统计数据；2002年，哈拉海、四方山农场划入农垦总局，2002年以前不包括这两个农场的统计数据；2007年，山市种奶牛场、齐齐哈尔种畜场、大山种羊场、繁荣种畜场、红旗种马场、五大连池原种场、茂兴湖水产养殖场、涝洲鱼种场、阿城原种场、九龙山柞蚕育种场等十个省直国有农场划入农垦总局管理，2007年以前不包括该十个农场的统计数据。本《年鉴》除历史资料外，当年资料总局和分局的口径基本相同。

六、《黑龙江垦区统计年鉴》中使用的度量衡单位一律采用国际统一标准计量单位，使用符号采用国家统一印刷标准符。

七、《黑龙江垦区统计年鉴》根据出版的要求，标明2009年是出版年份，而资料截止于2008年底。

八、《黑龙江垦区统计年鉴》中的符号使用说明如下：

"…"表示数据不足本表计量单位；

"空格"表示该项统计指标数据不详或无该项数据；

"#"表示其中的主要项。

九、《黑龙江垦区统计年鉴》又一次出版发行，由于时间紧，任务重，人力不足，本书在编纂中难免出现疏漏之处，敬请广大读者、统计界同行和社会各界朋友多提宝贵意见，以便于我们在今后编辑中不断加以改进和提高。借此机会，向在本书编辑出版过程中，曾给予大力帮助和支持的总局财务处、劳动和社会保障局、农业局、林业局、水务局、经贸委、建设局、交通局、工商物价局、商务局、教育局、科技局、粮食局、民政局、残联、卫生局、广播电视局、环保局、安全生产监督局、绿色食品办公室、计划生育委员会、通信有限公司、商贸(集团)公司等单位及有关人员表示衷心的感谢!

编　者

二〇〇九年四月

目　　录

特　　载

一、行政区划和自然资源

二、综　　合

三、人口、从业人员和职工工资

四、固定资产投资

五、能源和原材料消费

六、主要财务指标

七、人民生活

八、农林牧渔业

九、工　业

十、建　筑　业

十一、交通运输和通讯业

十二、批发零售业和餐饮业

十三、对外经济贸易

十四、教育科技和文艺事业

十五、卫生、环保和其他

附录 各农牧场和总局直属单位基本情况

STATISTICAL YEARBOOK

特　载

坚持科学发展 实施跨越工程 全面开创垦区现代化建设新局面

——在中共黑龙江省农垦总局委员会（扩大）会议上的报告

隋凤富

（2008年10月30日）

同志们:

这次总局党委（扩大）会议，是在垦区上下认真学习贯彻党的十七届三中全会和省委十届六次全会精神，深入开展学习实践科学发展观活动的热潮中，召开的一次非常重要的会议。会议的主题是：以党的十七届三中全会精神为指针，深入学习实践科学发展观，进一步解放思想，抓住战略机遇期，加快推进改革开放，着力实施跨越工程，全面开创垦区现代化建设的新局面。

一、2008年工作的简要回顾

2008年，在省委、省政府和农业部的正确领导下，垦区上下全面落实科学发展观，紧紧围绕"四六十"重点工作部署，创新思路谋发展，围绕重点求突破，经济社会发展取得丰硕成果。预计实现垦区生产总值450亿元，农场职工家庭人均纯收入9500元，同比分别增长15%和12%，均创2005年以来最高增速。经济实力大幅提升，经济效益稳步提高，在完成全社会固定资产投资78亿元的前提下，预计实现企业利润8.4亿元。万元GDP综合能耗下降4.5%。

（一）支柱产业快速发展。推进现代农业建设，实施优质粮食产业工程，粮食生产连续第五年大丰收，实现粮食总产284.1亿斤，较上年增产34.8亿斤，粮食总产和增产幅度均创历史新高。启动实施畜牧业"115"工程，加快畜牧业发展方式转变，预计实现畜牧业增加值58亿元，同比增长15%。农产品加工业加快发展，龙头企业群体不断壮大，国家级重点产业化龙头企业增加到8家，预计实现工业销售收入340亿元，同比增长25%。九三集团和完达山乳业成为国家食用植物油和乳制品定点储备企业，为稳定市场作出了重要贡献。现代服务业呈现强劲发展势头，粮食物流、农业保险和旅游产业已经成为垦区新的经济增长点。

（二）倍增计划起步有力。坚持用倍增理念催生经济发展活力，建立以政策引导和资金支持为重点的倍增保障机制，形成了科学有效的倍增发展模式。预计西部分局全年经济增速超过20%，存续农场林业产值增幅超过30%，贫困农场利润总额增长25.2%，东部分局"两牛一猪"饲养规模继续扩大，重点监控的13户重点龙头企业实现利润4.2亿元，民营企业销售收入增长12%，农业保险、粮食物流和旅游产业的营业收入分别达到15亿元、25亿元和7.9亿元，已提前实现倍增目标。倍增计划的实施预计拉动垦区经济增长7.9个百分点。

（三）民生工程全面落实。全面兑现年初承诺的"十项民生工程"，解决了12.3万人饮水安全问题，落实11个清洁能源项目，建成2300公里通畅、通达公路，完成造林绿化面积10万亩，城镇和管理区绿化覆盖率提高3个百分点，拆除泥草房50多万平方米，整体拆迁居民点110个，新建住宅130万平方米，卫生、教育、文化、通信等公共基础设施建设任务全面完成，居民最低生活保障水平进一步提高。推进新农村建设，完成了三年试点任务。继续扩大劳动就业，进一步畅通信访渠道，完善应急管理，加强安全生产，推进民主法制和"平安垦区"建设，职工群众实实在在地分享了和谐社会建设成果。

（四）文化建设迈出新步伐。以纪念复转官兵开发建设北大荒五十周年、知识青年投身北大荒建设四十周年和改革开放三十周年为主题，开展了系列庆祝活动，进一步弘扬了北大荒精神，展示了垦区开发建设和改革发展的辉煌成就。加强北大荒品牌建设，完善品牌形象识别系统，北大荒品牌价值超过45亿元，荣列中国500最具价值品牌排行榜第160位，并首次进入亚洲品牌500强。汶川大地震发生后，垦区为灾区紧急加工调运2400吨优质大米，广大党员干部群众踊跃为灾区捐款和缴纳特殊党费，集中展现了北大荒人顾全大局、无私奉献的精神风貌。总局被党中央、国务院和中央军委授予全国抗震救灾英雄集体。

（五）改革开放取得新进展。通过完善土地承包制度，落实税费改革政策，极大地调动了广大种地职工的积极性。积极推进垦区管理体制改革，着手构建北大荒集团母子公司管理体制。深化财务预算制度改革，预算制度建设实现新突破。北大荒薯业、北大荒麦芽完成战略重组，北大荒肉业与双汇集团实现成功合作，重点龙头企业上市融资工作稳步推进。绥化分局等单位大胆改革创新，为垦区下步改革进行了有益探索。对外经贸合作发展态势良好，预计全年实现外贸进出口总额7.4亿美元。“走出去”战略扎实推进，境外资源开发向更宽领域、更深层次拓展，在俄农业开发效益大幅提高。全面完成年初确定的场县合作共建任务，在合作共建中实现了互利双赢。

（六）党建和精神文明建设全面加强。加强科学发展型领导班子和干部队伍建设，深化干部人事制度改革，实施“北大荒先锋”工程，基层党建工作整体水平明显提升，各级班子领导科学发展的能力进一步增强。实施思想道德建设创新工程，深入开展“学习践行北大荒精神新内涵，争做新时期优秀北大荒人”主题教育活动，职工群众文明素质进一步提高。加强领导干部廉政建设，干部群众对垦区党风廉政建设和反腐败斗争满意度继续保持较高比例，党群干群关系进一步融洽。重视发挥群团组织作用，充分调动各方面的积极性和创造性，继续保持了垦区和谐发展的良好局面。

所有这些成绩的取得，是我们认真落实党和国家一系列强农惠农政策的结果，是省委、省政府和农业部正确领导的结果，是社会各界大力支持的结果，是各级班子精心谋划、突出重点、分类指导和率先突破的结果，是垦区人民万众一心、乘势而上、开拓进取、奋勇拼搏的结果。在此，我代表总局党委和总局，向所有关心和支持垦区发展的各级领导、离退休老同志、社会各界人士，向北大荒事业的全体建设者，表示衷心感谢并致以崇高敬意！

在总结成绩的同时，我们必须清醒地认识到，当前工作中还存在着一些突出的矛盾和问题。主要表现在：部分领导干部不注重理论学习，对科学发展观缺乏深刻理解，思想观念不适应新形势要求，解放思想的任务还十分紧迫；制约垦区发展的深层次体制机制问题比较突出，特别是一些同志对垦区集团化改革认识不高，思想僵化，不敢突破，存在畏难怕险心理，改革创新的任务十分繁重；国际金融危机和国内外市场形势的急剧变化，给企业发展带来新的不确定因素，特别是最近发生的乳品、药品质量问题，对我们的企业管理和产品质量安全体系提出了严峻考验；结构性矛盾比较突出，发展不平衡、不协调的问题亟待解决；人才数量和质量难以适应发展要求，人才分布和专业结构有待进一步优化；社会保险扩面压力较大，一些历史遗留问题和不稳定因素依然存在；一些单位改革发展滞后，个别领导干部民本意识不强，政策水平不高，开拓精神不足，为政不廉等问题依然存在。对此，我们必须予以高度重视，结合深入学习实践科学发展观活动，采取切实有效的措施，下大气力认真加以解决。

二、准确把握发展大势，全面实施跨越工程

当前，国际经济形势风云突变。在复杂多变的形势中，机遇与挑战并存。对垦区而言，总体上是机遇大于挑战。我们必须准确把握大势，沉着应对，既要注意规避风险，又要善于捕捉机遇；既要立足自身找差距，又要放眼长远谋发展，紧紧抓住难得的历史机遇期，顺势而动，乘势而上，强力推动垦区跨越发展。

（一）认清形势，科学定位，增强跨越发展的使命感和紧迫感。由于垦区产业结构以农为主，外贸依存度较低，受金融危机冲击不会很大，相反随着金融危机向实体经济蔓延，必将为垦区利用国内外“两个市场、两种资源”，实施低成本扩张，推动产业战略升级，提供难得的历史性机遇。党的十七届三中全会确定的推进农村改革发展的政策措施，涉及垦区经济社会发展的各个领域、各个方面，特别是我们超前规划和正在推进的一批重点项目完全符合国家宏观产业政策，必将得到国家更多、更大的政策支持。省委、省政府和农业部高度重视垦区工作，要求垦区发挥好示范带动作用，出台了一系列支持垦区加快发展、推进场县共建的政策措施，为垦区创造了前所未有的良好发展环境。经过六十多年的开发建设，特别是三十年的改革发展，垦区已奠定了坚实的发展基础，积聚了强劲的后发优势，形成了敢为人先、谋事创业、竞相发展的良好态势，为垦区跨越发展提供了强有力的保证。

但是我们也必须清醒地看到，按照科学发展观的要求，对照世界公认标准，垦区的“三化”建设

还存在相当大的差距。在农业现代化的十项量化指标中，垦区的劳均产粮、农业机械化率、人均GDP、农业劳均GDP和从业人员初中以上比重等五项指标，已大大超过了设定标准，而科技贡献率、农业从业人员比重、每公顷农业生产总值、人均纯收入和森林覆盖率等五项指标，距农业现代化的标准还有较大差距。在农垦工业化的四项指标中，垦区人均生产总值和城镇化率已经达到工业化中期水平，但目前19.5%的工业化率只接近工业化初期水平，三次产业结构和就业结构的一些主要指标还远未达到工业化初期水平。在农场城镇化方面，垦区城镇化率为57%，接近中等收入国家水平，但比高收入国家还低18个百分点，特别是人均住房面积仅为21平方米，分别比全国和全省低7.7平方米和2.1平方米。

面对这些差距和不足，我们没有任何理由陶醉于已有成绩而固步自封，更没有任何理由满足现状而不思进取。要倍加珍视当前“天时、地利、人和”的空前有利发展环境和稍纵即逝的战略机遇，切实增强跨越发展的使命感和紧迫感，以勇攀高峰的斗志和奋发有为的精神状态，瞄准更高目标，承担更新使命，加速推进垦区又好又快发展的历史进程。

（二）明晰思路，科学规划，举全局之力实施跨越工程。基于对新形势的科学判断和准确把握，总局党委确定，垦区今后一个时期的发展思路是：以党的十七大和十七届三中全会精神为指针，坚持以科学发展观为统领，按照实现“两个率先”、加快“三化进程”、建设“四个基地”的总体部署，举全局之力实施跨越工程。着力推进“五区建设”，加速实施“六项倍增计划”，强力启动“五加一百亿工程”，全面落实“十大民生工程”，进一步深化改革扩大开放，着力构筑现代产业体系，切实改善和保障民生，努力开创垦区现代化建设的新局面。主要目标是：到2020年全国农村实现小康目标时，垦区主要经济指标在2007年基础上翻两番，实现“五区建设”的愿景目标。

实施跨越工程，是总局党委顺应新阶段、新形势和新任务要求，立足垦区发展实际作出的战略选择。跨越工程事关垦区全局和长远发展，是一项规模宏大的系统工程。要确保跨越工程扎实有效推进，必须搞好科学规划、制定发展目标、明确战略重点。总的构想是：整个跨越工程分两个阶段实施。

第一阶段（2008年—2012年）为起步提速发展阶段。这一阶段的目标是：到2012年，实现垦区生产总值、企业利润和农场职工家庭人均纯收入等主要经济指标比2007年翻一番。其中：工业增加值占经济总量比重达40%左右，达到工业化中期水平。“三个五”农垦城镇体系基本形成，城镇化率达67%，接近中等发达国家初级水平。粮食总产达到330亿斤，商品粮超过300亿斤。畜牧业占大农业比重达45.8%，构筑现代农业的“半壁江山”。农业科技贡献率达73%，农业科技成果转化率达90%。为农村实施农机跨区作业、推广农业科技和提供良种面积均超过5000万亩，开展政策性农业保险面积1亿亩。“六项倍增计划”的一些主要发展指标实现第一次倍增。“五加一百亿工程”实现第一个百亿目标。“十大民生工程”实现第一阶段任务目标。

第二阶段（2013年—2020年）为高速跨越发展阶段。这一阶段的目标是：在巩固提高第一阶段发展成果基础上，加速产业转型升级，到2020年，实现垦区生产总值、企业利润和农场职工家庭人均纯收入等主要经济指标比2012年再翻一番，基本实现“五区建设”的规划目标。即：把垦区建成土地经营规模化、劳动过程机械化、农业技术集成化、生产经营信息化、生产体系产业化，土地高产出、劳动高效率、职工高收入，能够为保障国家粮食安全发挥重要作用，引领中国特色农业现代化建设的现代农业示范区；把垦区建成产业布局合理、企业集群发展，加工能力强、经营效益好、辐射带动范围广、产品质量安全，能够担当保障安全食品有效供给任务的食品工业骨干区；把垦区建成规划布局合理、城镇规模适度、载体功能完善、生态环境优良、具有北方园林特色，能够集聚产业要素，辐射带动农村发展的城乡一体化先行区；把垦区建成服务体系完善、社会管理有序、劳动就业充分、社会保障健全，人人安居乐业，能够尽享改革发展成果的社会和谐普惠区；把垦区建成班子奋发有为、队伍素质优良、制度机制完善、党群关系和谐、发展业绩显著，能够充分发挥党组织战斗堡垒和党员先锋模范作用，带领职工群众共同致富奔小康的党的建设模范区。如期实现跨越工程的战略目标，垦区就会进入更高水平的小康社会，就会步入经济更加发展，社会更加和谐，文化更加繁荣，人民生活更加富裕的崭新阶段。

（三）明确任务，把握关键，确保跨越工程健康有序推进。科学的方法论和历史经验表明，实施一项宏大工程，推动一项事业发展，决不能平均使用力量，必须找准突破口，抓住关键环节，实施统筹推进。“六项倍增计划”、“五加一百亿工程”和“十大民生工程”,正是垦区实施跨越工程的突破口和总抓手。

要加速实施“六项倍增计划”。这是针对垦区经济社会发展不平衡，个别产业发展滞后，经济总量小、发展基数低的实际，综合分析东西部资源和产业布局特点，按照科学发展的理念，提出的追赶型、均衡式发展计划。一是绥化、哈尔滨等耕地资源少的西部小型局场要实现经济全面倍增，其他具备条件的局场要在率先实现倍增的基础上，进一步扬长避短，放大比较优势，实现滚动式加速发展。二是存续农场要克服无所作为思想，拓宽发展思路，树立大资源观，整合经营好非耕地资源，盘活存量资产，以存量引增量，实现林业产值、畜牧业产值和民营中小企业增加值的倍增。三是贫困农场要紧紧抓住国家政策机遇，集中精力做强独具特色的主导产业，实现经济总量和全口径利润倍增。四是东部分局要转变畜牧业发展方式，打破常规套路和传统模式，加快“两牛一猪”发展步伐，实现奶牛存栏量、肉牛饲养量和生猪饲养量倍增。五是重点龙头企业和民营企业要着力破解发展难题，迅速提升经济运行质量和效益，实现企业利润和销售收入倍增。六是保险、物流、房地产和旅游等现代服务业要迅速崛起，实现营业收入和经济效益倍增，成为拉动垦区经济发展，促进产业结构优化的重要新生力量。

要强力启动“五加一百亿工程”。这是针对目前垦区龙头企业大而不强，投资回报率不高，核心竞争力尚未形成的实际，基于对龙头企业效益增长空间巨大的判断，提出的跨越式发展路径。目标是:到2012年，通过对外合作购并、低成本扩张、上市融资、内部整合挖潜等经营策略，把九三集团、北大荒米业、完达山乳业、商贸集团和阳光保险等五家企业，打造成年销售收入超百亿元的大型企业集团；通过加强企业文化建设，加大外宣推介力度，完善诚信体系建设等有效措施，使北大荒品牌价值量率先突破100亿元，强力带动“完达山”、“九三”等一系列知名品牌向百亿元大关冲刺。

要扎实推进“十大民生工程”。社会要和谐，民生要先行。要秉持“六民”理念，在思想感情上爱民、亲民，在工作作风上为民、安民，在发展成果上惠民、富民，持之以恒地继续抓好“路、住、水、能、树、文、教、卫、保、富”等“十大民生工程”，让全体北大荒人共享改革发展成果。目标是：到2012年，公路建设实现区区通，硬化公路总里程达1万公里；基本消灭泥草房，人均居住面积25平方米；全面完成改水工程，居民全部喝上安全饮用水；清洁化生产普遍推广，更多的农场居民用上新能源；小城镇和管理区绿化覆盖率达35%，区域森林覆盖率超过20%；建成四级公共文化服务体系，居民公共文化权益得到基本保障；基本普及高中阶段教育，80%以上的从业人员达到高中文化程度；建成覆盖垦区居民的基本医疗卫生制度，实现人人享有安全有效、价廉便捷的医疗卫生服务；社会保障体系全覆盖，从业人员基本享有社会保障；农场职工家庭人均纯收入比2007年翻一番，达到或超过周边城镇居民收入水平。

明年是贯彻落实党的十七届三中全会精神的起步年，是开展深入学习实践科学发展观活动的实践年，也是垦区全面实施跨越工程的开局年，做好明年各项工作至关重要。2009年的主要预期目标是：保持经济增长速度15%，企业利润增长6%，固定资产投资增长15%，外贸进出口总额增长10%，农场职工家庭人均纯收入增长12%，万元GDP综合能耗下降4.5%以上，城镇登记失业率控制在4.5%以内，人口自然增长率控制在4‰以下。

三、继续解放思想，推进改革开放

要实施跨越工程，必须更加自觉地把继续解放思想落实到坚持改革开放、推动科学发展、促进社会和谐上来，毫不动摇地推动改革发展。要以新一轮的思想大解放，推动新一轮的大改革，促进新一轮的大发展。

（一）进一步解放思想，推动观念创新。垦区三十年改革发展的实践充分证明，解放思想是扫除障碍、推进改革、引领发展的“法宝”。在新形势下，继续解放思想，必须深刻审视所处环境的变化，深刻分析优势与不足，深刻反思思想精神状态，勇于打破习惯势力和主观偏见的束缚，真正把思想从不适应、不利于科学发展的认识中解放出来。要克服“自满思想”，增强“忧患意识”。近些年，垦区经济社会发展取得了一定成就，为国家做出了一定贡献，我们得到的表扬多了，听到的赞誉多了，一些干部自觉或不自觉地产生某种优越感，甚至骄傲情绪，满足于现有成绩、不思进取。但实际上我们取得的成绩还是初步的，与国内外强手比、与发达地区比、甚至与先进农村比，还有很大差距。必须居安思危，增强忧患意识，否则，不但不能实现我们的发展目标，甚至连原有的地位和优势也会丧失。要克服“畏难情绪”，增强“攻坚意识”。近两年来，我们在审慎分析内外形势基础上，明确改革任务，启动“倍增计划”，提出跨越发展目标。对此，有的干部顾虑重重、信心不足，存在消极畏难情绪。我们必须树立攻坚克难的信心，抓住机遇乘势而上，以新理念新思路破解发展难题，毫不动摇地推进改革发展。要克服“官本思想”，增强“民本意识”。垦区是在国有农场基础上发展起来的，农场的基本属性是企业。尽管省人大、省政府赋予了我们一定的行政职能，但本质上并非法定政府。而个别干部对此认识不清，把“官”级看得很重，挖空心思跑官要官，没把心思放在经济发展上，没把精力用在社会建设上。试想，如果垦区经济不发展，老百姓不能安居乐业，怎么会有垦区现行的体制，怎么会有我们所谓的“官”？因此，必须摒弃“官本思想”，增强“民本意识”，牢记为民宗旨，集中精力谋经济发展，一心一意为百姓办事，在推动垦区发展中实现为“官”的价值。要克服“等靠要思想”，增强“创新发展意识”。受计划经济体制惯势影响，有的领导干部凡事都等政策，靠扶持，要投入，丢掉了自力更生的优良传统。而发展等不来、靠不来，更要不来，必须弘扬艰苦奋斗的创业精神，切实增强工作的积极性、主动性和创造性，多谋发展之策，多思发展之举，学会用市场机制配置资源，学会用改革开放激发动力，在创新实践中实现跨越发展。

（二）全面深化改革，推进体制机制创新。党的十七届三中全会对推进农村改革发展作出了全面部署，并明确提出要“推进国有农场体制改革”。我们必须深刻领会全会精神，增强改革紧迫感，加快改革创新步伐。要完善北大荒集团管理体制。按照“人大立法授权、政府依法派出、农垦区域管理、内部政企分开”的要求，推进垦区管理体制改革。加快组建北大荒集团总公司法人治理结构，理顺集团成员企业产权关系，理顺总局与集团总公司的出资关系，形成以资本为纽带的集团母子公司管理体制，建立集团内部管控制度，完善激励与约束机制，为把北大荒集团建设成特大型现代农业企业集团奠定体制基础。要完善垦区行政管理体制。按照加强社会管理，强化公共服务的要求，比照市、县、乡级政府，相应调整总局、分局和农场社区管委会的行政管理职能，探索总局分局两级授权、农场一级派出的行政执法体制。积极探索相邻相近的中小型农场合并设置社区管委会，实行分区管理。要积极配合省政府、省人大搞好立法调研工作，争取《黑龙江省垦区条例》早日颁布实施。要深化农场内部政企分开改革。继续按照党群机构共设，综合部门合署，行政管理机构与企业经营机构分开，公益事业与企业分开、公益性事业资产与企业经营性资产分开，社会性收支与企业经营性收支分账核算的办法，把农场内部政企分开改革推进到位。改革管理区的管理方式，推进管理区居民自治。要完善农业经营体制。以家庭承包经营为基础，大农场套小农场、统分结合的双层经营体制，是适应市场经济体制要求、符合农业生产经营特点的农业基本经营制度，必须毫不动摇地坚持，并在实践中加以完善。继续完善“两田一地”土地承包制度，按照“基本田定项收费，规模田控制收费，机动地市场竞价”的原则，落实国有农场税费改革政策，保障农工土地承包权益，探索土地承包经营权流转机制，推进土地适度规模经营。创新农业生产组织方式，打破农场现行职能部门管理模式，鼓励和引导家庭农场本着自愿原则，按照产业构成和生产经营特点，组建农业专业协会、专业合作社、专业公司等现代农业经济组织，提高农户的组织化程度。

（三）坚定不移地扩大开放，提高对外经贸合作水平。扩大对外贸易，以北大荒品牌为核心，积极培育国际化、专业化的外贸出口龙头企业，重点把北大荒商贸集团、九三集团、北大荒米业、北大荒牛业和北大荒种业培育成为全省出口品牌企业。加大招商引资力度，深入挖掘产业和企业比较优势，选择那些资信好，具有产业发展共识，可实现优势互补的外部企业，尤其是国内外领军企业进行合资合作，积极推进北大荒薯业、北大荒牛业对外合资合作。坚持“引进来”与“走出去”相结合，充分利用国内外“两个市场、两种资源”，推动农业开放开发向纵深发展。继续鼓励和扶持有条件的企业和个人到境外进行资源开发，逐步建立境外粮食、木材、矿产等生产基地。按照中央关于“发挥国有农场运用先进技术和建设现代农业的示范作用”的要求和省委省政府的部署，本着“优势互补、互利双赢”的原则，继续推进场县合作共建，拓展共建领域，提高共建层次，推动区域经济协调发展。明年实现农机跨区作业2000万亩，推广良种面积2200万亩，农业保险覆盖农村面积3000万亩，龙头企业拉动地方种植基地2000万亩、拉动地方“两牛一猪”养殖285万头，现代农业辐射和龙头企业拉动农村农户160万户、占全省农户总数1/3左右。

四、推进产业结构调整，构建现代产业体系

以市场需求为导向、以科技创新为手段、以质量效益为目标，推进战略性结构调整，做强做大现代种植业、现代畜牧业、农产品加工业和现代服务业，努力构建现代产业体系，是垦区当前和今后一个时期经济发展的首要任务。

（一）巩固提升现代种植业。大力发展粮食生产，牢牢抓住国家实施粮食战略工程的契机，充分利用各项支持粮食生产的政策，加快实施300亿斤商品粮战略工程。稳定粮食播种面积，继续优化种植结构，开展高产创建和标准化提升活动，实现良种良法配套、农艺农机结合，进一步提高综合生产能力，明年粮食总产要突破300亿斤。加快发展高效农业，因地制宜扩种高效经济作物，积极发展现代设施农业，提高土地产出率和资源利用率。通过规划引导、政策支持和示范带动等办法，加快培育一批特色明显、主业突出、竞争力强的专业大场。坚持发展绿色有机食品，推进农产品地理标志登记，绿色有机食品认证面积扩大到1500万亩。加强农业基础设施建设，搞好水资源开发利用，加快江萝、勤得利灌区渠首和兴凯湖灌区总干渠，以及查哈阳等大型灌区续建配套、节水改造等工程建设，着力扩大西部旱作农业节水灌溉面积。实施现代农机装备工程，重点推进水稻、玉米和马铃薯生产的全程机械化。加强农业综合开发，加快中低产田改造，大幅度扩大高产稳产田面积。推进土地整理复垦，有效补充耕地资源。加强病险水库除险加固工程建设，消除水库病险隐患。完善灾害预警和防治机制，提高应对和抗御自然灾害能力。推进生态垦区建设，促进农业可持续发展。

（二）发展壮大现代畜牧业。加快实施畜牧业“115”工程，继续落实畜牧业倍增计划，进一步完善支持政策，切实提高畜牧业综合生产能力，保持“两牛一猪”饲养量20%以上的增速。尽快研究制定家庭牧场发展规划，鼓励和支持职工群众发展专业化规模化的家庭牧场、合作制养殖场和股份制养殖场，规模化家庭牧场增加到3.2万户以上。加强畜牧业基础设施建设，加快标准化养殖小区建设，引导职工群众转变养殖观念，积极推行健康养殖模式和现代管理方式，进一步提高规模饲养和集中饲养比重。加强奶源基地建设和质量监管，重点推进标准化奶牛小区建设，实现奶牛小区饲养率45%。加快推进畜牧业全程机械化，重点装备榨奶机械、鲜奶冷藏机械，实现垦区机械化制冷式奶站全覆盖。加强畜禽良种繁育体系建设，实行引进与自繁相结合，进一步调整和优化畜群结构。明年重点落实奶牛单产7吨计划，推进肉牛品种改良。完善动物疫病防控和兽医服务体系，落实重大动物疫病强制免疫措施，加快宝泉岭和红兴隆无规定疫病区建设，全面实施“放心奶”、“放心肉”工程，保障畜牧业健康发展。

（三）做强做大农产品加工业。围绕十大主导产业，做强十大龙头企业，推进结构调整和产业升级，形成2000万吨加工能力，进一步提高垦区农产品加工转化率。以食品加工为重点，调整优化产品结构，大力开发方便食品、休闲食品和功能食品，加快由初加工向精深加工、低附加值向高附加值转型。抓住国家支持油料生产和国内乳品行业重组契机，实施内扶外引、重组兼并和技改扩产等措施，提高重点龙头企业运行质量。强化市场营销，在巩固传统市场基础上，发挥北大荒品牌和原产地优势，积极开发高端市场，实现销售环节的价值倍增。充分发挥北大荒农业投资担保公司作用，支持民营中小企业发展。各分局、农场要积极推进工业园区建设，因地制宜发展符合本地区产业特点的中小型龙头企业，逐渐形成小规模、大群体，小产业、大市场的新型产业集群。加强节能减排工作，大力发展循环经济，推进废弃物综合利用和可再生资源开发，积极发展沼气、秸秆气化、稻壳发电等生物质产业。创新产业化经营方式，注重发挥种植（养殖）协会、专业服务公司、合作社等中介组织的桥梁纽带作用，注重保护基地农户的基本利益，鼓励龙头企业与基地农户建立紧密型利益联结机制，进一步提高农业产业化经营水平。

（四）加快发展现代服务业。大力发展现代粮食物流产业，完善物流节点和物流交易系统建设，有效整合存量资源，加快构建现代粮食物流体系，尽快形成100亿斤粮食物流能力。着手组建和启动粮食银行，确保明年正式开通运营。积极发展金融服务业，以阳光农业保险公司为龙头，立足政策性农业保险，大力拓展商业性保险，积极发展融资担保业务，实现营业收入跨越式增长。探索组建小型金融组织，发展多种形式的金融服务，鼓励有条件的专业合作社开展信用合作。加强诚信垦区建设，建立和完善企业信用体系。加快发展旅游产业，制定和完善旅游业发展规划，加快旅游资源开发，加强基础设施建设，促进景区提档升级，依托镜泊湖、兴凯湖、五大连池等省内名胜景区，开辟具有北大荒特色的精品旅游线路，打造北大荒旅游知名品牌，明年旅游收入争取突破10亿元。巩固发展商贸服务业，加强北大荒绿色食品专营店建设，逐步建成辐射全国的北大荒产品营销网络。继续推进“万村千乡市场工程”，逐步建立覆盖垦区的商贸流通网络，激活内贸流通价值链。实行自主开发与合作开发相结合，探索低密度、花园式、高档住宅的开发模式，稳步发展垦区房地产业。

五、全面加强社会建设，着力保障和改善民生

加强以改善民生为重点的社会建设，是推动科学发展、促进社会和谐的必然要求。要着眼于职工群众最关心、最直接、最现实的利益问题，加强基础设施建设，发展公共事业，完善社会管理，促进公平正义，维护垦区社会和谐稳定。

（一）*加强基础设施建设，推进农场城镇化。*按照“三个五”小城镇体系布局规划，加大投入力度，加快建设步伐，进一步完善城镇载体功能，引导人口和产业向中心城镇、重点城镇集聚，打造一批万人城镇。扎实推进新农村建设，创建一批示范管理区。积极争取国家危房改造政策，继续落实拆迁补贴政策，加快撤队建区步伐。加强新型住宅、经济适用房和廉租房建设，进一步改善职工群众居住条件。整合项目资金，统筹规划安排，加快安全饮水工程建设，解决12万人饮水安全问题。推广应用可再生能源技术，增加新能源用户5000户。按照公路建设“三年决战”计划，启动建设建三江至虎林高速公路，完成1200公里通村公路建设任务，不断完善垦区道路交通网络。继续推进“绿满垦区，共建生态家园”活动，建设园林化城镇，完成造林绿化面积20万亩，小城镇和管理区绿化覆盖率达到30%。全面加强小城镇规划建设管理，推进环境综合整治，坚持建管结合、建管并重的原则，建立健全小城镇长效管理机制。

（二）*发展公共事业，保障群众基本需求。*加强 四级公共文化体系建设，完善基层公共文化设施，加快文化信息共享等文化惠民工程建设。完善信息基础设施，加快信息资源整合，推进垦区信息化建设。巩固提高义务教育成果，做好“双高”普九工作。全面落实义务教育“两免一补”政策，切实解决贫困家庭子女上学难问题。推进标准化学校建设工程，改造初中校舍10万平方米。强化学前教育管理，促进学前教育发展。大力发展职业教育，集中力量办好中等职业教育，提高高职院校办学水平。加强从业人员学历教育，使3万人由初中文化程度提高到高中文化程度。完善惠及全体居民的医疗卫生服务网络，办好分局中心医院和农场医院，提高基层卫生所标准化管理水平，改善职工群众就医条件。完善公共卫生体系建设，扩大免费免疫和免费公共卫生服务范围，加大地方病、传染病和人畜共患疾病的防治力度。加强食品卫生监管，提高疾病预防控制和突发公共卫生事件应急处置能力。推进优生优育，继续稳定低生育水平。

（三）*健全保障体系，解除百姓后顾之忧。*继续扩大社会保险覆盖面，解决居民基本医疗保险问题，实现基本医疗保险全覆盖，探索解决非职工农业从业人员基本养老保险问题。将符合条件的7.3万困难居民全部纳入低保范围，最低生活保障标准提高到200元，人均月补差标准提高到125元。实施分类施保，对重点低保对象加发低保金，逐步推进“三无”老人免费集中供养。健全教育资助、就业援助、法律援助、医疗救助、住房救助等社会救助制度，发展以扶老、助残、救助、济困、赈灾为重点的社会福利和慈善事业。继续坚持开发式扶贫，实现最低生活保障制度和扶贫开发政策有效衔接。继续实施“扶低支富”工程，建立具有垦区特色的职工帮扶中心。完善政策措施，促进垦区残疾人事业发展。让更多的弱势群体共享改革发展成果。

（四）*促进劳动就业，健全合理分配机制。*深入贯彻落实国家关于劳动就业方面的法律法规，完善劳动合同制度，规范劳动用工行为，发展和谐稳定的劳动关系。用好用足国家积极就业政策，善于运用政策来解决就业和再就业工作中的实际问题。建立和完善覆盖垦区的人力资源市场，加强职业技能培训和创业指导，培训从业人员6万人。鼓励发展民营经济和职工自营经济，努力扩大社会就业规模。实现新增就业2万人，重点解决好6000名困难人员就业问题。重视调节收入分配格局，本着效率和公平兼顾、更加注重公平的原则，逐步扭转收入分配差距扩大趋势。加强农工负担监管，严禁基本田、规模田随意涨价。建立企业工资增长机制，逐步提高员工收入水平。严格执行所在市（县）的最低工资标准，保障员工最基本的生活需要。注重发挥各级工会组织的作用，健全完善“三方协商”和社会化大维权的长效机制，切实维护职工的合法权益。

（五）*加强社会管理，促进垦区社会和谐。*建立行政机关、社会组织和居民自治组织多元主体参与、分工协作的社会管理和服务机制。全面推进依法行政，加强执法监督，增强行政机关的执行力和公信力。加强基层民主制度建设，保障职工群众的民主权力。推进居民自治组织建设，充分发挥自治组织在协调居民利益关系、化解矛盾、排忧解难和协助公共管理等方面的作用。畅通信访渠道，落实信访包保责任制，力争把各种矛盾纠纷解决在基层、化解在萌芽状态。积极预防和妥善处置群体性事件，重点研究家属工生活保障等历史遗留问题，寻求有效的解决办法。继续推进“五五”普法，提高职工群众法律素质。注重发挥社区矫正和帮教作用，完善以人民调解为主的调防一体化机制。加强社会治安综合治理，健全社会治安防控体系，严密防范和严厉打击各种违法犯罪活动，推进“法治垦区”、“平安垦区”建设。继续做好民兵预备役工作。加强民族和宗教事务管理。落实安全生产责任制，加大责任追究力度，加强安全隐患排查和治理，完善应急体系和公共安全体系建设，有效处置各类自然灾难和突发事故，确保人民群众生命和财产安全。

六、完善创新支撑体系，增强垦区核心竞争力

增强自主创新能力，建设创新型垦区，是促进垦区可持续发展的需要。我们要进一步加强科技、人才、管理和文化等创新支撑体系建设，坚定不移地把创新理念融入到垦区发展实践中，不断完善适应垦区跨越发展的创新机制。

（一）增强自主创新能力，完善科技支撑体系。继续实施“科技兴垦”战略，构建以大专院校、科研院所、龙头企业为主体，产学研、农科教相结合的科研、推广和培训体系。抓住国家和省实施重大科技专项的机遇，推进关键领域和核心技术的科技攻关，提高科技创新能力和科技成果转化效力，明年力争完成科技创新成果20项。在农业方面，要重点推进良种培育、高产栽培、农业节水、防灾减灾等领域的科技创新，抓好先进适用技术的推广应用，创建一批科技成果转化基地和农业科技示范园区。完善公益性农业技术推广机构建设，进一步发挥其在推广新技术、新品种、新机械等方面的作用。在畜牧业方面，要抓好奶牛集约化生产、奶肉牛胚胎移植、畜禽粪便生物处理、动物重大疫病防治等关键技术的攻关，为畜牧业健康发展提供技术支撑。在工业方面，要按照新型工业化要求，突出企业在科技投入和技术创新上的主体地位，加大科技研发投入力度，加强新产品、新技术研发，在拓宽和延长产业链上下功夫，有效解决当前产品层次低、竞争力不强的问题。

（二）加强人才资源开发，构建智力支持体系。抓住培养、引进、使用三个关键环节，加强党政领导、企业经营管理者和专业技术人员等三支人才队伍建设。继续抓好与北大等高等院校的联合办学，发挥上海等挂职锻炼基地的作用，提升党政领导干部引领科学发展的能力。依托各级培训机构、大专院校和科研基地，多形式、多渠道培训一批农业专业技术人才，为农业增产增效和职工增收提供人才智力支持。积极拓宽吸纳外来优秀人才的“绿色通道”，充分利用北大荒博士后工作站等引智机构，引进国内外高层次智力和人才，特别是企业高管人才，以适应垦区集团化发展的需要。继续实施“管理区千名大学生”和“农场百名研究生”引进工程，切实把省和总局制定的人才政策落到实处，努力营造尊重知识、尊重人才的社会环境。积极推进年轻干部下派基层锻炼工作，充实基层人才队伍。建立人才管理长效机制，推进人才结构调整，实现人尽其才、才尽其用。完善留人用人机制，让有突出贡献的人在社会上有名、经济上有利、工作上有位。

（三）推进管理创新工程，打造现代管理体系。以提高管理效能为中心目标，加强战略管控、产权管控、财务管控、风险管控和质量管控，着力构建现代管理体系。研究制定北大荒集团发展战略和中长期发展规划，并加强对子公司的战略管控，形成以集团价值链管理为核心的战略管理体系。委派产权代表进入董事会、监事会，参与子公司重大决策管理，强化国有资产收益管理，确保国有资产安全运营、保值增值。构建现代财务管理体系与信息系统，实行财务总监委派制和财务信息定期报告制，加强预算、资金和审计控制，实现财务价值最大化。完善重大投资项目决策责任追究制度，加强风险管控，提高应对政策风险、法律风险、决策风险和资金运营风险的能力。近期发生的一系列食品药品安全事故再次警示我们，产品质量关乎大众生命健康，关系企业生死存亡。垦区作为国家重要的商品粮基地、畜产品基地和食品工业基地，必须强化产品质量管控，建立健全产品质量全程跟踪和可追溯体系，实行严格的责任追究制度，确保产品质量安全。

（四）加强北大荒文化建设，提升垦区文化软实力。按照中央关于繁荣发展农村文化的要求，进一步加强北大荒先进文化建设，扎实推进以北大荒精神教育为重点的核心价值体系建设。通过北大荒精神进课堂、树立时代楷模、普及传唱新垦歌等载体活动，在垦区广泛兴起弘扬北大荒精神的新热潮，使北大荒精神成为垦区人民共同的理想信念、价值取向和行为规范，成为凝聚和激励垦区人民奋发向上、干事创业的强大精神动力。全面加强广播电视、报刊、互联网三大载体建设，着力打造传播北大荒文化的主渠道，展示北大荒形象的主窗口、宣传北大荒品牌的主阵地。加快建设覆盖垦区、通畅全省的广播电视数字传输网络和数字平台，扩大垦视频道落地播出范围，努力把农垦电视台打造成品牌媒体。把《农垦日报》更名为《北大荒日报》，进一步提高办报办刊水平。加快门户网站建设，努力打造网上北大荒。加强北大荒品牌管理，规范北大荒商标和集团标识使用，努力提升北大荒品牌的知名度和美誉度，北大荒品牌价值量明年力争突破百亿元。

七、深入学习实践科学发展观，努力创建党的建设模范区

创建党的建设模范区，是在新时期、新阶段对垦区各级党组织、党员干部提出的新目标、新任务。要通过创建党的建设模范区，切实增强各级党组织的创造力、凝聚力和战斗力，践行为人民服务、对人民负责、受人民监督、让人民满意的执政承诺。

（一）认真开展深入学习实践科学发展观活动，在运用中国特色社会主义理论体系武装头脑上争创模范。各级党组织要把深入学习实践科学发展观活动作为当前工作的重中之重，按照党中央、省委的统一部署，加强领导，精心组织，牢牢把握党员干部受教育、科学发展上水平、人民群众得实惠的要求，以“解放思想，改革创新，优化环境，科学发展”为主题，以“实施跨越工程，推动垦区更好更快发展”为实践载体，扎扎实实开展好学习实践活动，着力转变不适应、不符合科学发展要求的思想观念，着力解决影响和制约科学发展的突出问题，着力构建有利于科学发展的体制机制，使垦区党的建设更加符合科学发展观的要求。将学习实践活动与经常性的党员干部学习教育培训有机结合起来，让广大党员干部充分领会科学发展观的基本内涵和精神实质。坚持理论联系实际，通过开展学习实践活动，把职工群众团结和凝聚起来，汇聚成推进垦区科学发展的强大力量，努力实现“思想进一步解放、思路进一步理清、民生进一步改善、能力进一步提高、作风进一步转变”的目标。

（二）大力加强领导班子和干部队伍建设，在提高领导科学发展能力、推动科学发展上争创模范。深入开展科学发展型领导班子建设活动，造就一批科学发展型的好班子、好干部，在垦区各级领导班子和领导干部中大力营造想发展、谋发展、促发展，甘于奉献、踏实肯干的良好风气。不断优化领导班子结构，加大选拔年轻干部力度，各农场和龙头企业领导班子要配备1名35岁左右的年轻干部，为垦区发展积蓄后备力量。切实加强民主集中制建设，各级领导干部特别是主要领导干部，要带头执行“集体领导、民主集中、个别酝酿、会议决定”制度，严格按照制度和程序办事，凡属“三重一大”问题必须坚持集体讨论决定，凡是集体作出的决定都必须认真贯彻执行。大力倡导“讲党性、重品行、作表率”，各级领导干部要牢固树立“六民”和“六公”理念，时刻保持与人民群众的血肉联系，为职工群众解难事、办实事、做好事，真正成为关心职工群众疾苦的贴心人，带领职工群众致富的领路人。

（三）坚持深化干部制度改革，在提高选人用人公信度上争创模范。按照民主、公开、竞争、择优的原则，继续推进干部制度改革，建立健全符合垦区实际的干部选拔任用和监督管理机制。继续完善体现科学发展观和正确政绩观要求的干部考核评价体系，加大竞争性选拔干部力度，积极推进民主选举农场场长试点工作。全面推行企事业单位和农场行政领导聘任制，积极探索党政领导干部任期制度，严格执行干部任职试用期和辞职制度，疏通干部“下”和“出”的渠道，努力构建干部能上能下、能进能出、科学合理的选拔任用机制。认真贯彻落实《干部任用条例》，推动干部选拔任用和监督的规范化、制度化。

（四）切实加强基层党组织和党员队伍建设，在有效发挥“两个作用”上争创模范。深入实施“北大荒先锋工程”，不断创新党建载体，把基层党组织建设成为推动发展、服务群众、凝聚人心、促进和谐的坚强领导核心，使广大党员成为投身垦区跨越发展伟大实践的先锋模范。重点开展基层党建示范单位创建活动，充分发挥示范单位的引领和带动作用，全面提升垦区基层党建工作整体水平。大力推进基层党内民主建设，在管理区党组织换届选举中积极推行“公推直选”，保障职工群众和党员的知情权、参与权、表达权和监督权。切实加强基层干部队伍建设，健全基层党员干部的培训、培养、选拔和任用机制，注重将致富能手、科技示范能手充实到管理区干部队伍中来。进一步加强党员队伍建设，加大在青年、一线职工、高知识群体、各类拔尖人才和“两新”组织中发展党员力度，不断优化党员队伍结构。继续完善党内激励、关怀、帮扶机制，积极探索新形势下加强流动党员教育管理的新办法和新途径。

（五）深入开展党风廉政建设和反腐败斗争，在营造风清气正的干事创业环境上争创模范。认真落实党风廉政建设责任制和追究制。大力开展党纪政纪教育和廉政文化建设，弘扬求真务实、公道正派、艰苦奋斗的作风，不断提高各级领导干部执政为民和拒腐防变的能力。坚持教育、制度、监督、改革、纠风、惩治相结合，推进惩治和预防腐败体系建设。以规范和制约权力运行为核心，继续推进和完善政务公开、场（厂）务公开、党务公开等制度，做到用制度管权、管事、管人。充分发挥审计监督作用，重点加强领导干部经济责任审计。坚决查处违纪违法案件，严厉惩处各类腐败分子，充分发挥办案工作的治本功能。各级党委和领导干部要牢固树立科学发展观和正确政绩观，坚持权为民所用、情为民所系、利为民所谋，大兴调查研究之风，坚决克服形式主义和官僚主义，努力创造实实在在的业绩，以优良的党风政风促进垦区经济社会更好更快发展。

同志们，坚持科学发展，实施跨越工程，顺应人民过上美好生活的新期待，是时代赋予我们的神圣使命，任务艰巨，责任重大。让我们在党的十七届三中全会精神的指引下，在省委省政府和农业部的正确领导下，以更加饱满的热情，更加务实的作风和更加有力的措施，为开创垦区现代化建设的新局面而努力奋斗！

明确任务 狠抓落实
努力实现垦区科学发展的新跨越

——在总局党委（扩大）会议上的总结讲话

张 成 国

（2008 年 10 月 31 日）

同志们:

总局党委（扩大）会议历时两天，现在就要结束了。农业部和省政府对我们这次会议非常重视，高鸿宾副部长、吕维峰副省长亲临会议进行指导并作了重要讲话，使全体与会同志倍感鼓舞，倍受激励。会议听取和讨论了凤富书记代表总局党委所作的工作报告，学习交流了建三江分局等六个单位的先进经验，在全体同志的共同努力下，这次会议已经达到了预期目的，取得了圆满成功，是一次继往开来的大会、团结鼓劲的大会、务实创新的大会。

这次大会始终洋溢着奋力开拓、求实创新的浓厚氛围，充分展示了新时期垦区人民昂扬向上、万众一心推动新跨越的崭新风貌。在分组讨论中，大家一致认为，凤富同志的《报告》主题鲜明、精辟深刻，任务明确、重点突出，创新求实、鼓舞斗志。《报告》突出了坚持科学发展、实现跨越工程这一主题，通篇贯穿了科学发展观要求，充分体现了求真务实的工作作风，顺应了垦区人民过上美好生活的新期待；《报告》紧密结合垦区发展实际，既客观总结了今年的重点工作，又科学谋划了明年及今后一个时期的发展思路，确定了实现新跨越的目标任务，定位科学，措施具体，催人奋进。六个单位的先进经验介绍，从不同侧面反映了垦区近三年来的改革发展成果，经验鲜活，概括准确，指导性、实践性和可操作性强，使全体与会同志既学到了经验，又看到了差距，既感到了压力，又增添了动力。大家纷纷表示，一定要以落实这次会议精神为契机，以学习先进典型为动力，以新的思路和新的办法，推动本单位新一轮大发展，为实现垦区科学发展的新跨越做出积极新贡献。

总的看来，这次大会开出了新气象，开出了新理念，集中体现在“三个更加”上：一是对垦区发展站在新起点上的思想认识更加统一了，一致认为垦区是站在改革开放三十年取得辉煌成就的新起点上，是站在保持垦区经济高位运行的新起点上，是站在推动垦区和谐社会建设的新起点上；二是对科学发展的思路更加清晰了，一致认为这次会议确定的跨越发展思路，是总局党委审视国内外发展趋势、紧紧围绕国家战略和全省发展大局、立足垦区发展实际确立的战略定位，是垦区近年来发展思路、发展战略和发展举措的继承、创新和发展，方向明确，任务具体，实现路径清晰，可操作性强。三是对实现跨越发展的信心更加坚定了，一致认为实施跨越工程是垦区经济社会科学发展的根本举措，垦区正面临着前所未有的最佳机遇，只要抓住机遇，奋力开拓，我们完全有基础、有条件、有潜力实现这个目标，一定能收到良好的预期效果。

下面，就落实好这次会议精神，我再讲三个方面的问题。

一、紧密联系实际，迅速掀起学习贯彻落实会议精神的新高潮

这次总局党委（扩大）会议，是对贯彻落实党的十七届三中全会和省委十届六次全会精神的再动员、再部署和再落实，对做好当前和今后一个时期的工作十分重要。各单位、各部门务必组织好会议精神的学习贯彻，迅速把思想和行动统一到总局党委的决策部署上来，切实做好“四个紧密结合”：

一要紧密结合学习贯彻十七届三中全会和省委十届六次全会精神抓好会议精神落实。十七届三中全会出台了《中共中央关于推进农村改革发展若干重大问题的决定》，提出了推进农村改革发展的总体思路和目标措施，是指导我国农村改革发展的纲领性文件，为我们指明了前进方向。省委十届六次全会对明年及今后一个时期推进我省农村改革发展作了全面部署。这次总局党委（扩大）会议对垦区学习贯彻十七届三中全会和省委十届六次全会精神提出了新要求，向垦区人民发出了实施跨越发展的动员令。因此，贯彻落实这次会议精神，必须与学习贯彻十七届三中全会和省委十届六次全会精神一同部署，一同检查，一同推进，迅速掀起学习宣传落实的新热潮。要吃透精神，把握实质，采取丰富多彩、行之有效的形式，广泛深入宣传这次会议精神，让会议精神进场区、入社区、到企业，以会议精神凝聚人心、鼓舞斗志、汇聚力量。各级领导干部要带头学习会议精神，通过学习把思想认识统一到总局党委对形势的分析和判断上来，统一到总局党委对当前和今后一个时期工作的安排部署上来，真正把会议精神变成职工群众的自觉行动，转化为推动垦区跨越发展的强大动力。

二要紧密结合深入开展学习实践科学发展观活动抓好会议精神落实。在全党深入开展学习实践科学发展观活动，是党中央用中国特色社会主义理论体系武装全党、推动我国新时期经济社会又好又快发展的重大战略举措。贯彻落实好这次会议精神，必须与深入开展学习实践科学发展观活动紧密结合起来。总的要求是，要对照《报告》中的目标任务，突出解放思想、改革创新、优化环境、科学发展这一主题，按照提高创新发展能力的要求，认真解决体制机制、工作作风、工作方式、干部队伍建设以及廉洁自律方面的问题；按照推进跨越式发展的要求，切实解决一些领导干部创新意识不强、压力感不大、紧迫感不足，想干事、干成事、干大事的愿望不迫切等问题。通过学习贯彻会议精神，切实增强垦区各级领导干部的事业心、责任心和使命感，消除一切制约发展的思想观念、体制机制和工作作风上的障碍，进一步解放思想，统一认识，不断创新发展思路，努力转变发展方式，积极破解发展难题，使我们的各项工作体现时代性、把握规律性、富于创造性，以新的理念、新的思路和新的举措，实现垦区科学发展的新跨越。

三要紧密结合完善科学发展的新思路抓好会议精神落实。好的发展思路是实现垦区又好又快发展的重要前提。风富书记讲话的核心是全力推进垦区科学发展的新跨越，这是解决垦区所有问题的根本，是前提，也是基础。落实好会议精神，必须深刻领会、全面把握和深刻理解新跨越的背景，按照风富书记关于新跨越的丰富内涵和愿景目标，立足站得更高一些、看得更远一些、想得更深一些，用战略思维思考和谋划本地、本单位、本部门科学发展的新思路。要善于把握“天下大势”，在全球经济一体化的大格局中扬长避短，利用国内国外两个市场、两种资源选准发展定位；要善于抓住国家出台的政策机遇，积极争取，乘势而上，在政策支持下发展自己；要善于发挥比较优势，以特色求发展，发展壮大独具特色的主导产业；要善于运用市场经济规律，靠市场化手段优化生产要素配置，转变发展方式，提升发展质量。在把握这些原则基础上，要结合如何推进产业优化升级、如何推进“五区建设”，怎样把“十大民生工程”落到实处，用什么样的措施、在什么时间内完成新跨越阶段性目标，来谋划和确定科学发展的新思路，并采取切实可行的有效措施，确保总局党委提出的目标任务顺利圆满完成。

四要紧密结合完善工作推进机制抓好会议精神落实。良好的工作机制，既是推动力又是约束力，既是执行力也是保障力。要把这次会议提出的任务目标落到实处，必须建立健全科学有序的推进机制。要完善责任分工机制。各级各部门要按照会议要求，把工作目标任务层层分解，逐一细化，明确责任，落实到具体部门、具体领导和具体承办人员。要落实督办问效机制。坚持以检查促落实，以公开促监督。责任单位领导要牵头定期组织自查自纠，检查工作进度和质量，及时发现和解决遇到的矛盾问题。各级督查组织要更好发挥职能作用，推动各项工作高效落实。要健全考核评价机制。继续完善目标考核评价体系，优化和细化考核办法，进一步提高目标考核的科学性和可操作性。进一步强化领导干部责任追究制，加大重奖和严惩工作力度，激励各级领导干部牢固树立立党为公、执政为民的理念，切实增强责任意识、危机意识和忧患意识，真正把总局党委提出的各项目标任务抓实落靠，为推动垦区更好更快发展提供有力保证。

二、狠抓落实推进，努力实现垦区科学发展的新跨越

贯彻好这次会议精神，根本在认识，重点在领导，关键在落实。这次会议提出的坚持科学发展、实现跨越工程的思路目标和任务措施，是经总局党委集体讨论研究，广泛征求各方面意见确定下来的，只要大家共同努力，是完全可以实现的。关键在于我们如何采取更加有效的措施，狠抓推进落实，真正把抓落实的实效体现在推动新跨越的成果中。

一是把实现跨越发展的措施落实到继续解放思想上。解放思想是发展的根本动力，创新实践没有尽头，思想解放永无止境。我国三十年改革开放的基本经验和最宝贵的财富就是解放思想。垦区近几年经济社会持续、健康、快速发展的实践，就是我们各级不断解放思想的结果。凤富书记在《报告》中对解放思想的意义、存在的突出问题及如何解放思想都作了具体而明确的阐述，我们一定要真信、真学、真懂、真用。从一定意义上讲，抓会议精神落实的过程，既是一个科学实践的过程，也是一个解放思想的过程。落实好这次会议精神，必须坚持解放思想，就是要求我们必须突破不合时宜观念的束缚，不断研究新情况、解决新问题，使广大党员干部的思想认识始终符合客观实际，永不停滞、永不僵化；就是要求我们的思想要始终跟上形势，与时俱进、打破常规，创造性地开展工作；就是要树立科学发展、以人为本、开放竞争的新意识，推进理念创新；就是要结合各自实际，总结成功经验，借鉴发达地区的做法，推进思路创新；就是要围绕破解发展难题，采取切实可行的举措办法，推进方法创新；就是要敢于攻坚克难，勇于正视矛盾、敢于碰硬，坚持用改革和发展的办法解决前进中的问题。要认真学习这次会议交流的典型经验，学会弄通他们的成功做法和精神实质，深刻反思别人做到的事情，我们想到了为什么没做，同样做事别人为何能够创新，等等。要以典型为楷模、为方向，来激励我们的斗志，坚定我们的信心。在今后工作中，我们一定要从广度和深度上继续解放思想，以新一轮思想大解放，推动新一轮大改革，实现垦区科学发展的大跨越，这既是我们最坚实的思想基础，也是垦区发展的不竭动力。

二是把实现跨越发展的措施落实到抓住最佳机遇上。为什么强调这个问题？这是因为当前垦区已经进入了前所未有的最佳机遇期，抓住机遇，我们就会乘势而上，加快发展，垦区就会跟上时代步伐；丧失机遇，我们就会贻误发展先机，丧失应有的地位，愧对垦区人民。因此，能不能抓住机遇，用好机遇，是摆在每位领导干部面前的一个重大而紧迫的任务。凤富书记在《报告》中主要讲了四方面的机遇，涵盖了垦区经济与社会、产业与区域、比较优势与内外部环境、科学发展与改善民生等方方面面，内涵丰富，分析精辟，非常值得我们认真研究和思考。从时间概念上讲，机遇具有较强的时效性，俗语说的“过了这个村就没有这个店”，就是指机遇等同机会，到了面前就应该紧紧抓住；从空间维度上讲，机遇给每个地区、每个人的机会都是均等的，要抢抓，抓住机遇，就会赢得更大的发展先机。正如凤富书记所说，抓住机遇，就能把困难压力变成发展动力，把挑战化为机遇，就会进一步加快发展步伐，拓展发展空间，实现又好又快发展。我们一定要按照总局党委的要求，从不同角度、不同层面来寻找机遇，以时不我待的紧迫感抢抓机遇，以对农垦事业高度负责的精神用好机遇，不断开拓发展空间，创新发展举措，赢得跨越发展的主动权，为垦区更好更快发展创造更加有利的条件。

三是把实现跨越发展的措施落实到推动改革开放上。改革开放的深度和广度决定发展的活力和速度，必须要以深化改革扩大开放来促进垦区科学发展。在深化改革方面，凤富书记在报告中对推进垦区改革的重要意义、坚持原则和重点任务进行了全面部署。我们要按照总局党委的统一要求，紧密结合各自实际，尽快统一思想认识，抓紧制定实施方案，采取行之有效措施，积极稳妥地启动本地、本单位改革，真正把总局党委提出的各项改革任务落到实处，切实增强垦区的发展活力。需要强调的是，要把垦区改革的目的意义向职工群众做广泛宣传，赢得绝大多数职工群众的认同和支持，坚持把改革的力度、推进的速度和职工群众的可承受度有机结合起来；改革实施方案要多方征求意见、提交职代会讨论通过后实施，杜绝引发新的矛盾。在扩大对外开放方面，《报告》从扩大对外贸易、加大招商引资力度、继续实施“走出去”战略和推进场县共建提档升级四个方面进行了部署，任务目标非常明确，保证措施也很具体，关键是在于我们用什么样的精神状态、怎样的思路和措施来完成新的历史跨越。垦区开放程度相对较低，要完成新跨越的目标任务，需要我们更要有一种开放的眼界和胸怀，放开一切能放开的领域、行业、地域，欢迎投资者进入；敞开一切可以敞开的资源、要素，为投资者、创业者所用；摈弃一切不利于发展、不利于开放的政策、做法、习惯，营造良好的招商引资、投资兴业环境，以全方位、多领域的开放，努力开创垦区扩大开放的新局面。

四是把实现跨越发展的措施落实到构建现代产业体系上。现代产业体系建设是构筑垦区发展新优势的根本所在。凤富书记提出四大支柱产业是垦区现代产业体系的核心，要全力实施“五加一百亿”工程。我们就是要按照夯实第一产业基础的部署，加快实施300亿斤商品粮战略工程，抓住政策机遇，完善农业基础设施建设，做强农业科技支撑，确保粮食总产稳定增长20亿斤，为全省千亿斤粮食产能工程做贡献，实现垦区粮食总产的新跨越；就是要按照发展壮大现代畜牧业的部署，加快推进畜牧业“115”工程，加快落实倍增计划，切实提高畜牧业综合生产能力，实现“两牛一猪”饲养量20%以上的增长，为全省千万吨奶、五千万头猪项目的实施提供支撑，实现垦区畜牧业发展的新跨越；就是要按照提升第二产业素质的部署，切实抓好北大荒米业稻米加工、完达山乳业购并扩张等重点工业项目建设，确保如期达产达效，不断扩大企业产能，力争使油脂、米业、完达山的销售收入分别达到100亿元，实现垦区农畜产品加工总量的新跨越；就是要按照扩大第三产业总量的部署，加快建设现代粮食物流体系，确保年内形成500万吨粮食物流能力，加快实施组建和启动粮食银行计划，抓紧实施原粮收储计划，切实把垦区粮食资源优势转化为经济发展优势。继续做强做大阳光农业保险公司，大力发展旅游产业，力争使商贸集团和阳光保险公司的主营收入分别达到100亿元，旅游业收入达到18亿元，实现垦区现代服务业发展的新跨越。同时，要把打造提升北大荒品牌放在更加突出的位置，在垦区上下形成以质量保品牌、以诚信树品牌的良好氛围，使北大荒品牌价值量突破100亿元，进一步提升“北大荒”的美誉度和影响力。

五是把实现跨越发展的措施落实到和谐社会建设上。建设和谐社会，既是社会理想，更是发展实践。促进垦区社会和谐，就是要把解决民生问题放在各项工作的首位，下大气力解决好群众反映强烈的突出问题，努力使垦区人民学有所教、劳有所得、病有所医、老有所养、住有所居，共享经济社会改革发展成果。近几年，垦区各级秉承民本思想，围绕职工群众最关心、最直接和最现实的问题，不断加大投入，扎实推进民生工程，取得了很好的成效，和谐垦区的氛围日渐浓厚。凤富书记在《报告》中对垦区和谐社会建设，提出了“十大民生”工程，部署了五大任务。对我们来说，既是沉甸甸的责任，更是庄严的承诺。各级各部门必须对照目标要求，采取有力措施，统筹兼顾，系统加以推进。促进垦区社会和谐，还要把推进农场城镇化结合起来，按照构建城乡经济社会一体化发展的要求，抓住政策机遇，加快撤队复垦步伐。要集中财力物力，干几件惠及更多垦区人民的大事，包括推进万人集中居住农场、千人集中居住管理区，全部解决非职工身份医疗保障问题等。在这里需要强调的是，各级一定要把握成熟时机，兼顾自身财力和职工群众的愿望，绝不能搞过分超财力、超职工群众可承受度的“政绩工程”，否则必将是劳民伤财，后患无穷。促进垦区社会和谐，还要把缩小内部差距和生态环境保护有机结合起来，这是促进垦区社会和谐的重要物质基础。我们就是要以全面落实“六项倍增计划”，来增强东西部分局和存续农场的发展活力，缩小垦区内部差距。生态环境是垦区人民世代赖以生存的基础，必须摆正发展与保护的关系，绝不能以牺牲环境为代价换取GDP的片面增长。只有这样，才会实现人口、资源、环境的协调发展，才能在和谐垦区建设上实现新跨越。

六是把实现跨越发展的措施落实到完善创新支撑体系上。科技引领未来，创新促进发展。对垦区来说，创新支撑体系是打基础、管长远的大事，对垦区可持续发展至关重要。凤富书记在《报告》中对完善垦区创新支撑体系进行了全面部署，目标任务和具体措施都十分明确，我们一定要从战略的高度、全局的高度来统一思想认识，把此项工作摆上重要议事日程，狠抓推进落实，务求取得实实在在的成效。在这里我强调两个问题，一个是关于科技创新的问题。这次中央三中全会对加快农业科技创新有了新的要求和部署，核心还是政策支持方向的问题。我们一定要抓住国家对公益性农业科研机构、农业院校和国家农业高新技术产业示范区支持力度加大的机遇，扎实工作，在完善垦区科技创新、信息化服务、科技成果转化等方面实现新跨越。另一个是关于建立新型农业社会化服务体系的问题。中央对新型农业社会化服务体系界定十分清楚，就是以公共服务机构为依托、合作经济组织为基础、龙头企业为骨干、其他社会力量为补充，公益性服务和经营性服务相结合、专项服务和综合服务相协调。这为垦区加快完善农业技术推广、动植物疫病防控、农产品质量监管等公共服务体系提供了十分难得的机遇。我们一定要抓住机遇，积极争取，扎实工作，努力在垦区农业公共服务体系建设上实现新跨越。

三、立足当前，着眼长远，认真抓好几项具体工作

明年是垦区实施“十一五”规划的攻坚年，是全面实施跨越工程的开局年，也是加快推进新农村建设和构建和谐社会至关重要的一年。扎实做好当前工作，对于完成全年工作任务具有十分重要的意义。当前，我们要以贯彻这次总局党委（扩大）会

议精神为动力，突出抓好以下几项工作：

一是积极向上争取政策支持。这项工作我主要针对总局机关层面讲的。十七届三中全会后国家将密集出台一系列支农政策，省委十届六中全会刚刚结束，我省的相关政策也将陆续出台。在这种形势下，抓住发展机遇和政策机遇，争得上级主管部门的重视支持，是当前落实这次会议精神的中心任务。10月10日，凤富书记对这项工作已经做了部署，从现在起，机关各部门要积极行动起来，在吃透上级政策基础上，做到对上要善于争，争得项目、资金、技术的支持，争得政策、信息的倾斜，特别是发改、财务、劳动、农业、农机等重点相关部门要把对上关系协调好，把各种时机抓准，把能争取到的资金全部争取到位；对内要敢于放，摒弃以部门利益为重的思想，事事以大局为重，时时以发展为重，处处以服务为重，真正做到眼界放宽、环境放开、形成多军团协同作战氛围。特别是对土地整理、撤队复垦等重大项目，要改变单兵作战方式，由总局统一谋划实施，最大限度降低成本，最大限度争取更大支持；对抓落实，要凝心聚力、群策群力、劳而苦干、真抓实干，做到一件事情抓出头，一项工作抓到底，不达目的不罢休。这样，才能保证我们能够争取到足够的政策，用政策机遇推动垦区科学发展的新跨越，用政策效应鼓舞职工群众干劲，继续保持垦区又好又快发展的良好势头。

二是全力做好粮食后续工作和明年生产准备。当前，要把粮食收获、储运和销售当作重点工作任务。各有关部门、单位要做好粮食信息发布、现场指导工作。要按照总局党委和总局要求，紧紧抓住国家提高粮食最低收购价的有利时机，全力做好水稻、大豆的集中收储工作。要创造性地开展工作，尝试以多种方式收储职工手中余粮，确保垦区粮食丰产丰收。要抓好龙头企业与基地的利益联接，保证油脂、米业、乳业等龙头企业原料的充足供应。要抓好工业在建续建项目的收尾工作，确保达产达效。要做好明年备春耕工作，以领导责任到位、科技含量到位、作业标准到位为目的，抓好备春耕生产，从最容易做到和最容易见效的环节抓起，做好农机检修、种子和生产资料采购等各项春耕准备工作。要结合“三冬”活动，加强农业科学技术的培训，提高职工科技素质和生产技能。要突出抓好畜牧业生产服务体系建设，加强疫病防治，超前抓好标准化养殖小区建设各项措施的落实，为夺取明年农业生产全面胜利打牢基础。

三是千方百计维护社会稳定。在当前各项改革深入推进，发展步伐加快的情况下，保持社会稳定尤为重要。要坚持打防结合、预防为主、专群结合、依靠群众的方针，完善社会治安防控体系，深入开展“平安垦区”建设，依法严厉打击各种刑事犯罪活动。要搞好矛盾排查，坚持“抓早、抓小、抓了”的工作方针，畅通信访渠道，积极疏导社会情绪，从根本上减少和化解各种社会矛盾。认真贯彻落实中央和省委维护社会稳定会议精神，落实信访包保责任制，积极预防和妥善处置群体性事件，重点研究解决家属工生活保障等历史遗留问题。特别指出的是，由于近两年局场主要领导更迭较大，一定要做到“新官理旧账”，切实负起维护稳定的责任，坚决把矛盾化解在基层和萌芽状态。要进一步完善应急管理体制机制，提高应对突发公共事件的能力。要通过更加有力的措施，为垦区经济社会发展创造稳定、安全、公平、有序的良好社会环境。

四是切实抓好安全生产工作。安全生产是一个永恒的话题，时刻都不能放松。要高度重视安全生产，加强监督检查，杜绝重特大安全事故。确保节日安全。要认真做好道路交通、森林防火、特种设备、民爆器材等重点行业和重点领域的安全专项整治，及时清除安全隐患，始终防患于未然。突出抓好学校安全管理工作，加强以饮食安全条件和消防安全保障为重点的安全监督检查，确保学生的生命安全。要加强食品、药品的安全监督检查，做好食品市场的质量监管，坚决杜绝不合格食品流入市场，确保人民群众身体健康。要严格落实安全责任制，加大责任的追究力度。对因工作不力，玩忽职守、失职、渎职造成重特大安全事故的责任人要依法从严处理，构成犯罪的要坚决追究其刑事责任，全力维护垦区安全生产的良好局面。

五是切实安排好困难职工群众的生活。现在即将进入严冬季节，各级党委要从构建和谐社会的高度，结合煤电油运和生活必须品涨价的实际，采取一切切实可行的办法，更加积极主动地抓好扶贫解困工作，切实解决好下岗和困难职工的吃饭、穿衣、就医、子女上学和越冬等方面的问题，保证他们正常的生产生活。各级领导和机关干部要深入到受灾和贫困场队、特困家庭，深入到劳模、老复转军人、军烈属、残疾人和离退休人员、科技人员等家庭，通过走访慰问，体察社情民意，解决实际困难，把党的温暖送到千家万户，让他们实实在在地感受到垦区大家庭的和谐与温暖。

同志们，目标任务已经明确，进军的号角已经吹响。让我们在总局党委的正确领导下，振奋精神，凝聚力量，顽强拼搏，开拓进取，真正把这次会议精神落实到科学发展的实践中，体现在推动跨越发展的成果中，更加信心百倍地团结和带领全体北大荒人，去开创垦区更加和谐美好的明天！

黑龙江省农垦总局2008年经济和社会发展统计公报

2008年，垦区各级在总局党委的领导下，以科学发展观为统领，以构建和谐垦区为目标，按照推进“三化进程”、建设“四个基地”、实现“两个率先”的总体部署，加快经济发展方式转变，推进体制创新和科技创新，扎实推进新农村建设，更加重视和着力改善民生。垦区宏观经济持续快速增长，社会事业全面进步，人民生活水平不断提高，为垦区改革开放30周年增光添彩，并以辉煌的成就奠定了垦区经济和社会发展新的起点。

一、综　合

经济总量跃上新台阶。全年垦区生产总值首次突破400亿元大关，达到454.5亿元，比上年增加94.1亿元，增长15.5%，增速连续五年超过13%。人均生产总值27467元，比上年增加5253元，增长13.2%。全年实现非公有制经济增加值199.7亿元，比上年增长21.4%。

三次产业均保持两位数增长。第一产业增加值245亿元，增长15.7%，第二产业增加值89.8亿元，增长16%，第三产业增加值119.7亿元,增长14.7%。一、二、三产业对垦区当年经济增长的贡献率分别为53.2%、20.7%和26.1%。

经济结构调整有新变化。三次产业结构为53.9:19.8:26.3，第一产业比重比上年提高1.4个百分点；农林牧渔业结构为72.2:0.7:25.2:0.5，畜牧业占农林牧渔业增加值的比重比上年提高2.8个百分点；所有制经济结构为56.1:43.9，非公有制经济比重比上年提高2.9个百分点，呈逐年上升态势。

改革开放30年，垦区经济总量登上历史性大台阶，农场职工家庭人均纯收入水平向一万元目标迈进。2008年垦区生产总值由1978年的9.7亿元增加到454.5亿元，按可比价格计算，增长14.4倍，翻了3.9番，年均增长9.5%，其中：三次产业分别增长23.3倍、8.9倍和11.9倍，年均分别增长11.2%、7.9%和8.9%；农场职工家庭人均纯收入由1978年的246元提高到9525元，按可比价格计算，增长7.6倍，翻了3.1番，年均增长7.4%；住居环境更加宽敞舒适，人均住宅面积达到20.8平方米，比1978年增长2.3倍，年均增长4.0%。

2008年垦区经济和社会发展取得了新成就，综合经济实力明显增强，但经济运行中还存在着一些矛盾和问题，主要是：国际金融危机的影响和国内外市场形势的急剧变化，给企业发展带来诸多困难和压力，对企业管理水平和产品质量安全体系提出更高要求；局场间的发展差距和职工群众收入的差距在加大，种、养成本的连续攀升大大增加了职工增收的难度；经济结构战略性调整的任务仍很繁重。

二、农、林、牧、渔业

粮食生产连续五年实现播种面积、综合单产和总产量历史性突破。2008年垦区种植各种农作物250.2万公顷，实现农业增加值176.9亿元，增长15.1%。其中：粮食种植面积229.6万公顷，比上年增长6.7%，占全部农作物的比重达91.8%，比上年提高2个百分点。高产作物水稻和玉米分别达到103万公顷和40.2万公顷，两者占粮食面积的比重为62.4%，为垦区粮食总产量跃上新台阶奠定了坚实的基础。粮食综合单产实现6186公斤/公顷，比上年提高6.8%。粮食综合生产能力再创历史新高，总产量达到142.06亿公斤，比上年增长14%。在我省粮食生产中的地位和对全省粮食增产的贡献进一步增强，粮食产量占全省粮食总产量的33.6%，比上年提高2.2个百分点，当年粮食增加量占全省粮食增加量的67.1%，比上年提高5.5个百分点。为国家提供的商品粮达到129.95亿公斤，粮食商品率达91.5%，比上年提高0.4个百分点。

改革开放三十年，垦区粮食综合生产能力实现跨越式发展，累计生产粮食3592亿斤，累计向国家交售商品粮2760亿斤，分别是改革开放前三十年（1949–1978年）累计总和的6.2倍和10.2倍。粮食年产量、商品率分别比1978年增长5.1倍和提高了46.9个百分点。

表1　2008年主要农产品产量

产品名称	产量(万吨)	比上年增长(%)
粮　食	1420.6	.14.0
其中：水　稻	842.2	5.5
小　麦	56.1	10.5
玉　米	299.1	.19.0
大　豆	140.2	27.5
大　麦	35.8	109.4
杂　豆	22.7	20.0
马铃薯(折粮)	23.9	78.2
油　料	10.4	15.0
亚　麻	7.4	-10.2
甜　菜	79.1	-7.1
蔬　菜	49.2	8.8
瓜　类	39.3	-17.4
饲料作物	262.7	-0.1

绿色食品及无公害农产品认证工作继续推进。年末垦区有效使用绿色食品标志产品数达到240个，比上年增加6个，占全省30%，全年种植绿色、有机农作物91.3万公顷，占垦区农作物总播种面积的36.5%；无公害农产品产地认定总数达到761个，比上年增加39个，产地认定面积206万公顷，比上年增长8.1%，占全省的27 %，无公害农产品489个，占全省的12%。示范基地建设取得新进展，到2008年末，垦区累计创建全国农业标准化示范农场20个，全国绿色食品标准化原料生产基地60个，比上年增加15个，中国名牌农产品3个。

林业生产快速增长。垦区林业以“绿满垦区、共建生态家园”为目标，加大林业基础建设投人，积极推进林业经济倍增计划，以森林防火、造林绿化为重点，大力发展林业产业，促进了垦区林业协调可持续发展。全年实现林业增加值1.7亿元，比上年增长50.9%。当年完成造林绿化10.2万亩，栽植绿化大苗860万株，栽植绿篱130万延长米，栽植花草146万平方米，绿化公路1175公里，使城镇暨管理区绿化覆盖率提高3个百分点。全年未发生大的森林火灾，火灾受害率控制在省控指标以内，林业有害生物成灾率控制在4.4‰以下,森林病虫害防治率达82%以上。

畜牧业发展势头良好，两牛一猪保持较快增长。今年，垦区加大资金投入，加快推进标准化、规模化养殖进程，使畜牧业继续呈现较快增长的态势，全年实现畜牧业增加值61.8亿元，比上年增长16.5%。主要畜禽存出栏和产品产量实现全面增长，“两牛一猪”饲养量达到历史最好水平。

表2　2008年主要畜产品产量和年末存栏

指标名称	计量单位	绝对值	比上年增长(%)
肉类总产量	万吨	46.8	32.5
其中:猪肉	万吨	29.5	32.1
牛肉	万吨	8.4	33.3
羊肉	万吨	2.4	21.1
禽肉	万吨	6.2	43.8
禽蛋产量	万吨	5.9	44.6
牛奶产量	万吨	101.8	16.2
大牲畜存栏	万头	86.2	3.8
其中:奶牛	万头	33	11.7
黄牛	万头	52.8	-0.4
猪存栏	万头	218.2	12.0
其中:能繁母猪	万头	26.5	25.6
羊存栏	万只	173.4	3.2
其中:绒山羊	万只	90.6	-4.7
家禽存栏	万只	1391.8	5.6
其中:鹅	万只	132.6	-5.3
鹿存栏	万只	2.6	19.9
兔存栏	万只	19.9	-4.3

改革开放三十年间，垦区畜牧业经济总量翻了5番，年均增长12.3%。年末垦区肉、蛋、奶产量分别达到46.8万吨、5.9万吨和101.8万吨，比1978年分别增长6.4倍、58倍和39.7倍；奶牛、肉牛和生猪存栏分别为33万头、52.8万头和218.2万头，比1978年分别增长27.3倍、7倍和1.3倍。

渔业生产保持增长势头。全年实现渔业增加值1.3亿元，比上年增长49.8%。全年养殖面积为3.3万公顷，水产品产量达到2.3万吨，分别比上年增长2.6%和53%。

农业基础设施不断完善，现代化水平进一步提高。年末垦区基本建立起防洪、除涝、灌溉和水土保持四大水利工程体系，形成了网、带、片结合的防护林和生态公益林体系，建设完善了226个现代农机装备作业区，农业生产田间作业综合机械化率提高到95%。年末拥有农用机械总动力564.3万千瓦，比上年增长8.7%；农用大中型拖拉机4.38万台，增长12.7%，其中100马力以上拖拉机4451台，增加74台；机动水稻插秧机4.94万台，增长12.6%；联合收获机1.6万台，增长9.6%。现有农用飞机47架，垦区航化作业面4.8万公顷，比上年增长7.2%。农业基础设施建设进一步加强，年末有效灌溉面积达111.2万公顷，增长3%，其中节水灌溉面积22万公顷；机电井6.7万眼，增长7.6%。现有粮食处理中心168座，种子加工厂77个，金属粮仓1941座，水泥晒场2075万平方米，农用飞机场59处，粮食仓储能力达到419万吨，比上年增长12.3%。

三、工业和建筑业

工业生产持续较快增长。垦区继续突出抓好重点项目建设，着力做强做大米、面、油、乳、肉、药、薯等主导产业的龙头，提高企业的竞争能力和运行质量。全年实现工业增加值69.2亿元，比上年增长12.7%。其中，规模以上企业完成增加值41.7亿元，增长14.4%；公有控股企业完成增加值27.0亿元，增长9.0%；大中型企业完成增加值27.9亿元，增长8.3%；省级以上龙头企业完成增加值20.1亿元，增长9.0%。食品加工与制造行业完成增加值44.3亿元，增长16.3%，占全部工业增加值的64.1%。小型工业企业和个体工业经济成长迅速，完成工业增加值41.3亿元，增长14.9%，占全部工业增加值的59.7%，成为拉动垦区工业经济增长的重要力量。改革开放三十年间，工业增加值由1978年的2.9亿元增加到2008年的69.2亿元，增长了8.6倍，翻了3.3番，年均增长7.8%。

规模以上工业效益继续提高，全年实现利税总额9.5亿元，比上年增长0.1%，其中利润5.2亿元，增长6.1%。工业经济效益综合指数136.9，比上年提高7.1点。

建筑业持续高增长。全年垦区完成建筑业产值59.5亿元，比上年增长30.2%，其中在垦区系统外完成产值7.5亿元，占建筑业总产值12.6%。实现建筑业增加值20.6亿元，比上年增长28.5%，比1978年增长9.9倍，翻了3.5番，年均增长8.3%。当年新开工的单位工程施工个数2512个，比上年增加119个。当年单位工程竣工个数2481个，比上年增加298个。年内房屋建筑施工面积和竣工面积分别达到282.9万平方米和212.1万平方米，分别比上年增长35.7%和28.4%。

表3　2008年主要工业产品产量

指标名称	计量单位	产量	比上年增长(%)
小麦粉	万吨	17.7	-19.9
大米	万吨	238.7	3.4
食用植物油	万吨	42.1	-3.4
乳制品	万吨	26.1	35.2
其中:液体乳	万吨	18.0	45.2
成品糖	万吨	3.1	-24.4
鲜冷藏冻肉	万吨	4.6	-30.3
白酒	千升	37861	13.9
大麦芽	万吨	20.1	-23.0
配混合饲料	万吨	24.2	31.5
豆粕	万吨	179.6	-11.8
中成药	万吨	1.19	-12.5
化肥(实物量)	万吨	21.3	10.9
水泥	万吨	128.3	14.5
焦炭	万吨	18.7	-9.2
发电量	亿度	5.4	-6.9
机制纸及纸板	万吨	5.3	20.5
豆制品	万吨	2.9	20.8
精甲醇	万吨	8.6	4.9
淀粉	万吨	6.5	150.0

四、固定资产投资

固定资产投资大幅提高。今年垦区继续抓住国家加大农业投入和推进新农村建设的机遇，加大对农产品龙头加工项目、优质粮产业工程、国家大型商品粮基地、农业水利设施、水稻收储中心、畜牧标准化养殖小区、粮食物流、公路交通、小城镇建设、居民住宅等重点项目的投入力度，使固定资产投资呈现较大幅度增长。全年完成固定资产投资总额83.9亿元，比上年增长20.9%，增速比上年提高11.4个百分点。其中，生产性建设投资55.4亿元，增长23.4%，非生产性建设投资28.5亿元，增长16.7%。从产业投向上看，第一产业26.4亿元，增长32%，占31.5%；第二产业10.1亿元，下降5.7%，占12%；第三产业47.4亿元，增长23.1%，占56.5%，一、三产业投资比重分别比上年提高2.7和1个百分点,当年投资对经济增长的贡献率达到15.4%。

改革开放三十年来，垦区累计完成全社会固定资产投资656.4亿元，累计新增固定资产501.7亿元，投资总规模由1978年的3.1亿元扩大到2008年的83.9亿元，增长了26.1倍，年均增速达11.6%，有力地促进了垦区经济社会又好又快地发展。

五、交通运输业和通讯业

交通运输业继续较快发展。全年垦区完成运输场站和公路绿化风景线工程投资0.87亿元，新建和维修分局、农场客运站11个，新建管理区客运站27个，货运站8个，作业区停靠站159个，运输基础设施进一步完善，运输生产能力显著增强。全年共完成道路客运量942万人次，客运周转量57536万人公里，货运量1808万吨，货运周转量111016万吨公里。

公路建设大跨步发展。全年完成公路建设投资18.3亿元，增长29%，完成交工通车里程2340.8公里，其中，通达工程386公里，通畅新续建项目工程1954.8公里，使垦区农村公路硬化里程突破5000公里大关，为垦区新农村建设做出了突出贡献。

通信事业继续加快发展。年末农垦通信拥有通信线路26272公里，比上年增加946公里。其中，光缆线路总长度13253公里，增加1070公里，市话电缆总长度11395公里，增加17公里，微波线路总长度1629波道公里，减少143公里。总局至各局场共开通电路14.14万路，交换机总容量47.2万线，比上年增加0.4万线。垦区固定电话达到42.6万部，比上年增长2.1%，户均电话普及率达到71.4%，比上年提高0.4个百分点。宽带用户达到7.7万户，比上年增加2.5万户，增长48.5%。

六、国内贸易和对外经济

消费品市场保持活跃发展。全年垦区实现社会消费品零售总额88.8亿元，比上年增长13.8%。其中，农场及农场以下消费品零售额77亿元，增长16.1%；批发零售贸易业消费品零售额75.7亿元，增长13.8%，餐饮业零售额11.7亿元，增长12.5%；食品类商品零售额36.1亿元，增长20.7%，占全部零售额的比重为40.7%。

对外贸易和引资合作实现历史性突破。外贸进出口总额首次突破7亿美元大关，达到7.4亿美元，比上年增长12.1%，其中：自营出口总额0.7亿美元。创新外贸增长方式，提高外贸运行质量，精心培育和发展“北大荒”等品牌，北大荒牛业和完达山乳业荣膺2008-2009年度全省重点培育和发展的出口名牌。招商引资和对外经济贸易合作呈现前所未有的好势头，全年实际利用国内外资金30.9亿元，比上年增长12%，其中合同利用外资到位额0.46亿美元,比上年增长7.3%。实施“走出去”战略取得新成效。在俄罗斯、菲律宾、朝鲜、阿联酋、美国、巴西、香港等国家和地区实施农业和资源类开发项目36个，在境外租种土地67.8万亩，实现经济效益8000万元。

改革开放三十年来，消费需求和出口发生巨大变化，垦区社会消费品零售总额由1978年的3.5亿元增加到2008年的88.8亿元，增长了24.4倍，年均增长11.4%；全年实现出口总额4.2亿美元，比1979年增长了26.5倍，年均增长12.1%。

七、科技、教育、卫生、文化和体育

科技事业扎实推进。2008年垦区科技事业以“集成创新、加速转化、服务产业、支撑领先”为指导工作方针，加强科研院所及高等院校的科研投入力度，扶持龙头企业研发中心建设，完善科技创新和推进体系，为垦区经济可持续发展提供强有力的科技支撑。垦区现有专业科研院所19个，年内开展的研发推广项目171个，比上年增加44个。全年投入科技攻关、开发和推广等总局以上项目经费达到2542万元，其中获得国家、省项目经费1362万元。共有17项科技成果通过总局级以上鉴定。评审出总局级科技进步奖24项，获得省科学技术奖三等奖5项。年内，共有4个分局承担农业部三项科技入户示范项目，经省科技厅认定的高新技术企业7家、高新技术产品11项。

教育事业稳步发展。垦区各级积极筹措资金，着力改善百姓子女就学条件和实施义务教育阶段“两免一补”的工作，加强了职工贫困生的救助工作，继续在宝泉岭分局高中举办“宏志班”，促进了教育的公平发展。分局办高中体制进一步完善，普通高中继续向分局集中，高中学校减少到18所，全面完成了高中布局调整任务。垦区现有独立普通小学78所、九年一贯制学校50所、普通中学76所，普通小学在校生为10.6万人，普通中学在校生为12.1万人。当年高考普本分数线以上的有2606人，比去年增加75人，全国普通高等学校在垦区共录取新生9854人，比去年增加611人，创历史新高。高等和中等教育持续健康发展，现有普通高等院校4所，中等职业学校8所，在校生分别为2.67万人和0.54万人，比上年分别增长0.8%和28.6%。

卫生医疗保健和防疫工作进一步加强。年末垦区共有各级各类卫生机构2601个，其中综合医院116所，专科医院1所，疗养院1所；疾病预防控制中心112个，卫生监督所104个，妇幼保健院89所。卫生技术人员10767人，其中：执业医师和执业助理医师7124人，注册护士3560人。拥有住院床位和观察床位9069张。当年报告甲、乙、丙类传染病共18种，比全省少7种，报告发病率为158.19/10万，比全省发病率低46.2%。适龄儿童国家免疫规划“五苗”接种率达到98%以上，均高于省和国家的规定水平。

文化艺术事业进一步繁荣发展。年末垦区共有博物馆5个，图书馆（室）587个，俱乐部（文化站）167个，文化广场245个。现有一报四刊，《农垦日报》全年总印数为1612.7万份，比上年增长4.6%；杂志4种，全年总印数7.8万册。专业艺术表演273场次。2008年建设文化信息资源共享工程159个，其中分局支中心3个；文化下乡工作成效显著，为243个管理区购置了图书，为120个管理区各配备了文化娱乐音响一套，为北大荒文工团和9个分局各购置了1台流动文化车。为纪念改革开放30周年、知识青年上山下乡40周年和转业官兵开发建设北大荒50周年，垦区举办各类的展览40余个，展出各类艺术作品3000余幅（个），其中北大荒博物馆举办专题展览4个；拍摄并制作完成了宣传垦区改革开放巨大成就的电视专题片《历久弥新北大荒》。作为北大荒文化杰出代表，二九〇农场荒娃少儿版画、八五三农场北大荒版画被文化部命名为“中国民间文化艺术之乡”称号。

广播电视电影事业稳步发展。年末垦区共有109个广播电视台（站），有线电视光缆16159公里，有线电视用户24.76万户。年内，全部实现节目采编播设备的数字化更新，三个电视节目频道全天24小时贯通播出。全年共采播新闻2500条，开办专栏节目360期、播出专题片64部。为精办频道，进一步提高宣传和收视效果，对农业频道自办节目进行了改版，新增《科技空间》等6档节目，使自办节目数由原来的5个增加到11个。全面完成320个“村村通”工程建设，使14445户偏远场队居民看到了有线电视节目。组建27个数字电影放映队，规划了815个电影放映点，共巡回放映电影2200场次，初步解决了基层群众看电影难的问题。

体育事业广泛深入开展。年末垦区拥有体育场馆149个，全年组织各类体育运动会及体育比赛386次，有14.1万人参加了各种类型的体育运动项目。继续加大全民健身工程建设力度，在全垦区共建设了健身苑9个，城市健身路径工程23个，农村健身路径工程24个，轮滑场地2个，省级农民健身工程5个。

八、社会保障和环境保护

社会保障体系进一步完善。2008年，垦区基本养老、失业、基本医疗、工伤、生育保险覆盖面达到100%，“五险”统筹层次逐步提高。参加企事业单位基本养老保险人员为44.2万人，25.2万名企事业单位离退休人员的养老金全部按时足额发放，退休人员调整待遇补发工资及时落实到位。全年累计发放养老金29亿元，其中企业离退休人员养老金支出27.4亿元。基本医疗保险参保人员69.7万人，全年基本医疗保险费支出5亿元。参加失业保险人员43.3万人，全年享受失业保险待遇人员2.4万人，发放失业保险金4055万元。工伤保险参保人员41.8万人，享受工伤待遇人数3293人，全年工伤保险待遇支出1875万元。生育保险参保人员41.3万人，享受生育保险待遇5337人次，全年生育保险待遇支出1032万元。社会保障能力不断提高，充分体现了职工老有所养、病有所医、伤有所保，解除了企事业单位的事务负担，维护了从业人员的合法权益。

农业相互保险业务和防灾体系建设得到加强。2008年，阳光农业相互保险公司稳步推进垦区保险业务，大力开拓全省农业保险市场。全年保费收入16.1亿元，比上年增长198%，在全省14家保险公司中排名第2位。其中，农险保费收入12.6亿元，增长294%，财产险保费收入3.5亿元，增长59%。当年农险赔付支出9.98亿元，财产险赔付支出1.27亿元。全年增雨防雹有效面积3000万亩，共减损增效7.6亿元。年末阳光公司在全省建立了12个分支公司、69个营销服务部、94个保险社，网络基本覆盖黑龙江省。

环境保护工作取得新进展。年末垦区已建各级各类自然保护区22个，保护地132个，总面积74.9万公顷，使垦区受保护区面积达到13.8%。垦区在全面完成创建国家级生态示范区基础上，进一步完善了建设内容，由生态示范区建设提升到生态垦区建设，纳入局场两级目标管理。继续加大环境监管力度，严格控制“三同时”制度，对无治理设施的21家单位限期治理，对超标排放、存在环境安全隐患的29家排污单位责令停止生产，限期整改，对不符合国家产业政策的1家排污单位限期淘汰落后生产设备。认真落实全民环境教育工作，开展了“促发展维护环境安全，创和谐共建生态文明”为主题的垦区环保工作纪实摄影展，展出作品100幅；举办了垦区首届环境教育教师培训班，有110名教师参加了培训。

九、人口与人民生活

人口保持低速增长。全年垦区人口出生率为4.11‰，比上年下降0.44个千分点，人口自然增长率为-0.91‰，比上年下降0.55个千分点。年末垦区总人口166万人，比年初增加1.02万人。其中，农场人口146万人，占总人口的88%。

从业人员收入更加稳固。年末垦区从业人员90.7万人,全年从业人员劳动报酬104.8亿元，比上年增长9.6%；年末全部在岗职工36.2万人,比上年增加0.1万人，在岗职工年平均工资为13066元/人，比上年增长13.3%。

农场职工收入再创历史新高。全年农场职工家庭人均纯收入首次突破九千元大关，达到9525元，比上年增加1438元，扣除物价因素实际增长12.2%。农场职工家庭人均生活消费支出6972元，比上年增长35.5%，其中食品消费支出所占比重即恩格尔系数为36.8%。农场职工家庭耐用消费品数量稳中有增，年末，平均每百户拥有彩电106台、洗衣机87台、电冰箱60台、空调3台、摩托车70辆、热水器19台、微波炉10台、照相机17台、影碟机46台、家用计算机29台、移动电话152部。

小城镇建设日新月异。垦区继续加快小城镇基础设施和城区环境绿化美化建设，增强城镇的综合载体功能。全年新建小城镇住房153.3万平方米，比上年增加32.7万平方米，增长27.1%，小城镇人均拥有住房面积24平方米，比上年增加2平方米；集中供热面积1385.9万平方米，比上年增长17.3%；城镇高等级混凝土路面已达1004公里，增长11.9%；人均绿地面积21平方米，增长10.5%。

居民居住条件日臻完善。全年继续加快居民住宅基础设施、公共设施建设步伐，用于住宅的投资达12.6亿元，比上年增长35.5%。到年末，垦区居民住房面积达到3446万平方米，比上年增长7.5%，人均住房面积20.8平方米，比上年增加1.4平方米。居民储蓄存款继续增加。

年末垦区居民储蓄总额161.4亿元，比上年增长13.5%，人均储蓄额9723元。

注：垦区生产总值、各产业及各行业增加值的绝对数按现价计算，增长速度按可比价格计算。

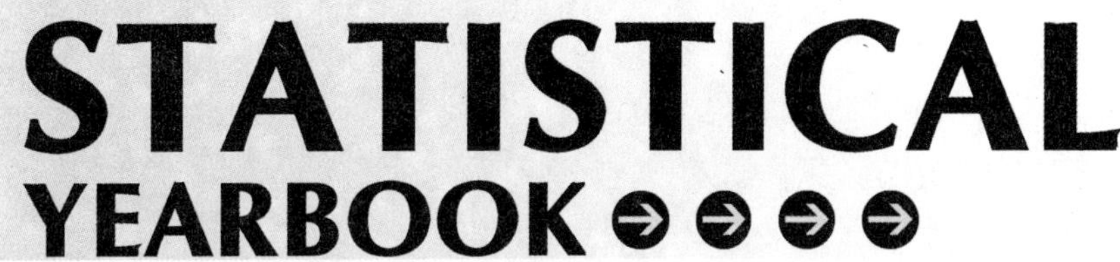

STATISTICAL YEARBOOK

1 行政区划和自然资源

1-1 各部门机构数(一)

(2008年) 单位:个

项目	合计	宝泉岭分局	红兴隆分局	建三江分局	牡丹江分局
一、农业					
农牧场个数	113	13	12	15	14
#农场	104	13	12	15	14
牧场	7				
农林牧渔业单位数	1266	307	111	212	208
#管理区	650	44	75	156	112
二、工业					
工业企业及生产单位数	482	52	73	40	106
#国有及国有控股	123	9	14	5	7
法人	406	46	61	38	105
农场属	397	46	56	33	94
三、建筑业					
建筑企业单位数	106	18	19	14	18
#国有及国有控股	28	6	7	5	3
四级以上资质等级	56	6	11	4	7
农场属	72	14	13	9	16
四、交通运输、仓储业					
交通运输、仓储业单位数	105	12	18	34	22
#国有及国有控股	99	12	17	33	19
法人	11	1	2	3	2
农场属	94	11	16	30	20
五、批发和零售业					
批发和零售业单位数	271	38	26	28	63
#国有及国有控股	172	26	20	14	32
法人	193	25	9	16	58
农场属	188	30	23	24	47
六、住宿和餐饮业					
住宿和餐饮业单位数	48	11	8	10	6
#国有及国有控股	43	11	8	10	5
法人	13	3	1	2	1
七、居民服务及其他服务业					
居民服务及其他服务业单位数	49	10	15	1	18
#国有及国有控股	42	10	11	1	16
法人	8	4			3
八、信息传输、计算机服务和软件业					
信息传输、计算机服务和软件业单位数	32		4	12	
九、房地产业					
房地产业单位数	33	8	8	3	2
十、租赁与商务服务业					
租赁与商务服务业单位数	61	3	10	5	3

1-1(1)续表　　　　　　　　　(2008年)　　　　　　　　　单位:个

项　　目	北安分局	九三分局	齐齐哈尔分局	绥化分局	哈尔滨分局	总局直属
一、农业						
农牧场个数	15	11	11	11	11	
#农　场	15	11	8	7	9	
牧　场			3	2	2	
农林牧渔业单位数	147	112	64	59	40	6
#管理区	104	79	29	41	10	
二、工业						
工业企业及生产单位数	69	36	15	55	26	10
#国有及国有控股	30	16	7	18	9	8
法　人	42	25	11	53	15	10
农场属	60	23	12	50	23	
三、建筑业						
建筑企业单位数	15	4	1	2	2	13
#国有及国有控股	3		1			3
四级以上资质等级	12	2			2	12
农场属	11	4	1	2	2	
四、交通运输、仓储业						
交通运输、仓储业单位数	14	3		1		1
#国有及国有控股	14	2		1		1
法　人	1	1				1
农场属	14	2		1		
五、批发和零售业						
批发和零售业单位数	33	20	6	16	6	35
#国有及国有控股	20	19	5	3	5	28
法　人	21	8	3	16	2	35
农场属	22	16	6	15	5	
六、住宿和餐饮业						
住宿和餐饮业单位数	8	3	1			1
#国有及国有控股	7	2				
法　人	1	3	1			1
七、居民服务及其他服务业						
居民服务及其他服务业单位数	1	2				2
#国有及国有控股	1	2				1
法　人						1
八、信息传输、计算机服务和软件业						
信息传输、计算机服务和软件业单位数	1				1	14
九、房地产业						
房地产业单位数	3			2	1	6
十、租赁与商务服务业						
租赁与商务服务业单位数	2	15	2			21

1-1 各部门机构数(二)

(2008年) 单位:个

项目	合计	宝泉岭分局	红兴隆分局	建三江分局	牡丹江分局
十一、个体经营户	29049	4055	4651	5910	4105
农林牧渔业	508	72	272		14
工　业	2003	449	220	323	302
建筑业	32		6	1	14
交通运输业	1437	904	22	99	68
批发和零售业	15338	940	2945	3013	2429
住宿和餐饮业	4819	1111	553	1189	647
其　他	4912	579	633	1285	631
十二、卫生事业					
医疗卫生机构	2564	441	481	395	446
1.医　院	116	14	13	16	14
综合医院	115	14	13	16	14
专科医院	1				
2.卫生院、门诊部(所)	2132	384	431	332	389
#基层卫生所	2090	384	406	332	380
3.疗养院	1				
4.卫生监督及防保机构	309	42	36	47	40
卫生监督所	103	14	12	16	14
疾病预防控制中心	114	14	12	16	13
妇幼保健站	92	14	12	15	13
十三、体育、教育、文化、电视事					
1.体育机构:体校	1		1		
2.教育事业					
普通高等学校	4				
成人高等学校	3				
普通中等专业学校	2	1			
成人中等专业学校	3		1	1	
普通中学	126	16	15	18	16
职业中学	2		1		
小　学	78	10	17	1	1
3.文化、艺术事业					
艺术表演团体	1				
艺术创作机构	1				
俱乐部、文化站	167	10	17	5	103
图书馆、室	581	125	150	17	189
报　社	1				
4.广播电视事业					
电视转播台(座)	37	9	7	7	6
有线电视站(个)	105	13	12	15	13
十四、科学研究事业					
独立科学研究机构	19	1	1	1	1
自然科学	17	1	1	1	1
社会科学	1				
科学技术情报和文献机构	1				

注:本表第十一、十二、十三(4)、十四部分的数据分别由总局工商局、卫生局、广电局、科技局提供。

1-1(2)续表　　(2008年)　　单位:个

项　　目	北安分局	九三分局	齐齐哈尔分局	绥化分局	哈尔滨分局	总局直属
十一、个体经营户	2729	3168	2221	1107	699	404
农林牧渔业	23	26	55	12	29	5
工　　业	128	246	110	87	138	
建 筑 业	1	4		1	5	
交通运输业	46	93	14	82	23	86
批发和零售业	1766	1885	1346	523	300	191
住宿和餐饮业	311	405	246	208	72	77
其　　他	454	509	450	194	132	45
十二、卫生事业						
医疗卫生机构	296	184	153	104	49	15
1. 医　院	15	13	8	9	9	5
综合医院	15	13	8	9	9	4
专科医院						1
2.卫生院、门诊部（所）	248	144	121	70	12	1
#基层卫生所	248	144	113	70	12	1
3.疗　养　院						1
4. 卫生监督及防保机构	33	27	24	25	28	7
卫生监督所	15	1	8	10	10	3
疾病预防控制中心	15	13	8	10	10	3
妇幼保健站	3	13	8	5	8	1
十三、体育、教育、文化、电视事业						
1. 体育机构: 体校						
2. 教育事业						
普通高等学校						4
成人高等学校						3
普通中等专业学校	1					
成人中等专业学校						
普通中学	17	12	10	9	11	2
职业中学		1				
小　　学	15	13	10	9	2	
3. 文化、艺术事业						
艺术表演团体						1
艺术创作机构						1
俱乐部、文化站	10	13		3		6
图 书 馆、室	20	49	10	5	5	17
报　　社						1
4. 广播电视事业						
电视转播台（座）	2	3	2	1		
有线电视站（个）	14	11	7	9	11	
十四、科学研究事业						
独立科学研究机构	1	1				13
自然科学	1	1				11
社会科学						1
科学技术情报和文献机构						1

1-2 自然状况及资源

(2008 年)

项　　目	单 位	数 量	项　　目	单 位	数 量
一、自然状况			#可开发量	亿立方米	33.04
1. 地理位置			水库数量	座	165
北　纬	度	43°56′-50°21′	水库容量	万立方米	105324
东　经	度	123°32′-134°33′	大型水库	座	2
2. 土地总面积	万公顷	543.55		万立方米	31020
构成：山　地	%	11.7	八五二农场蛤蟆通水库	万立方米	15720
丘　陵	%	29.0	查哈阳农场太平湖水库	万立方米	15300
漫　岗	%	24.6	中型水库	座	14
平　原	%	16.5		万立方米	36229
沼　泽	%	18.2	八五三农场清河水库	万立方米	2588
3. 气　候			云山农场云山水库	万立方米	6447
年平均气温	摄氏度	-0.9-4.0	八五六农场青山水库	万立方米	4288
有效积温≥10	摄氏度	2100-2500	七星泡农场东风水库	万立方米	2700
年降水总量	亿立方米	265	红五月农场南阳河水库	万立方米	1614
年平均降水量	毫米	450-600	二龙山农场跃进水库	万立方米	5757
相对湿度	%	66-74	赵光农场工农水库	万立方米	2000
全年日照时数	小时	2400-2900	尾山农场三七水库	万立方米	1238
年无霜期	天	100-140	建设农场青石岭水库	万立方米	1470
二、自然资源			襄河农场襄河水库	万立方米	1519
1. 土地资源			格球山农场炮台山水库	万立方米	1286
耕地面积	万公顷	253.6	大西江农场西江水库	万立方米	2219
水面面积	万公顷	27.8	八五五农场红星水库	万立方米	1940
#已养殖面积	万公顷	3.2	海林农场双峰水库	万立方米	1163
林地面积	万公顷	90.3	小（I）型水库	座	99
草地面积	万公顷	37.3		万立方米	35565
2. 林木资源			小（II）型水库	座	50
森林蓄积量	万立方米	5725		万立方米	2510
森林覆盖率	%	17	未建成水库	座	5
3. 水利资源				万立方米	5170
河流入境水量	亿立方米	3000	4. 矿产资源		
水资源总量	亿立方米	97.59	煤　炭	万吨	15000
（1）地表水量	亿立方米	56.66	石灰石	亿吨	10
（2）地下水量	亿立方米	40.93	黄　金	吨	15.4

注：气候资料为多年平均值；矿产资源为以前调查数；林木资源和水利资源分别由总局林业局和水务局提供。

1-3 土地资源利用情况

单位:公顷

年份 单位	土地 总面积	耕地	林地	#苗圃	园地	牧地草原
2002	5433474	2053594	825837	1740	3082	366557
2003	5431578	2025515	869946	2163	2452	366264
2004	5439339	2123679	891033	2128	2302	363969
2005	5439344	2268907	895467	2055	1899	355370
2006	5435462	2336514	894377	2094	2050	354314
2007	5542002	2390906	913324	2080	2410	372214
2008	5542014	2535598	903042	2044	2285	372585
宝泉岭局	575667	317526	78538	354	72	22421
红兴隆局	880811	418882	162443	148	1249	20189
建三江局	1237514	674150	166127	156		23459
牡丹江局	852335	375991	163241	217	338	51851
北安局	898483	292953	128168	442	54	84446
九三局	564448	230341	87018	290	25	94810
齐齐哈尔局	265189	114068	46662	168	415	47156
绥化局	216401	88948	60241	209	97	20189
哈尔滨局	46828	19927	10516	59	33	8063
总局直属	4338	2812	88	1	2	

1-3续表

单位:公顷

年份 单位	苇塘	水面	可垦荒地	宜林地	场址道路 及其他建 筑占地	其他土地
2002	39319	277735	562564		237587	1067199
2003	39273	274152	508051	22602	235266	1088058
2004	38654	272944	475973	21422	234633	1014730
2005	37297	268335	395013	17662	234451	964943
2006	34370	267959	365521	17687	233958	928712
2007	37356	280048	357070	18656	245366	924654
2008	37341	277510	270969	21150	242915	878619
宝泉岭局	926	44216	25739	2172	27040	57017
红兴隆局	12170	58627	67363	5360	65612	68916
建三江局	9281	47486	74522	8292	50767	183430
牡丹江局	6704	74151	42441	694	32937	103987
北安局	1	12925	28225	576	25038	326098
九三局	1600	10149	18538	104	15705	106158
齐齐哈尔局	4834	11983	6370	3696	11800	18206
绥化局	1728	16117	7051	256	9136	12638
哈尔滨局	97	1687	720		3891	1894
总局直属		169			991	276

1-4 各分局平均气温

（2008年） 单位：摄氏度

月份	宝泉岭分局	红兴隆分局	建三江分局	牡丹江分局	北安分局	九三分局	齐齐哈尔分局	绥化分局	哈尔滨分局
一月	-18.2	-18.0	-20.3	-17.8	-22.3	-22.8	-20.8	-21.4	
二月	-10.6	-11.0	-13.6	-11.1	-15.1	-16.1	-14.2	-15.4	
三月	1.3	1.5	0.5	1.1	-0.7	-1.8	-1.1	1.0	
四月	8.5	9.9	8.4	8.2	7.1	7.3	7.9	8.8	
五月	12.0	12.4	12.0	12.1	12.2	12.6	12.9	12.3	
六月	21.2	21.2	21.0	20.1	20.8	21.3	21.4	20.8	
七月	23.6	23.7	23.2	22.9	21.9	22.2	22	22.8	
八月	20.9	21.2	20.4	20.8	19.9	20.0	20.6	21.0	
九月	14.5	15.6	14.3	15.8	13.2	12.8	13.7	13.7	
十月	6.3	7.3	6.1	7.9	5.3	4.7	5.4	6.4	
十一月	-6.7	-5.8	-7.5	-5.5	-9.7	-10.1	-9.1	-8.1	
十二月	-15.9	-12.3	-15.0	-12.1	-18.6	-19.5	-18.3	-16.2	
全年	**4.7**	**5.5**	**4.1**	**5.2**	**2.8**	**2.6**	**3.4**	**3.8**	
比历年(+\-)	2.3	1.6	1.8	1.8	2.0	2.1	2.0	2.2	

注：1-4表至1-7表的数据由农业局提供。

1-5 各分局降水量

（2008年） 单位：毫米

月份	宝泉岭分局	红兴隆分局	建三江分局	牡丹江分局	北安分局	九三分局	齐齐哈尔分局	绥化分局	哈尔滨分局
一月			0.2		0.3	0.6	0.3	0.7	
二月	5.6	2.4	1.9	0.3	1.2	2.0	1.9	6.8	
三月	34.1	29.7	30.1	28.5	42.3	18.2	22.8	30.8	
四月	15.7	27.1	32.8	47.6	25.9	10.2	12.2	35.7	
五月	107.2	83.9	89.6	105.2	46.2	67.9	45.4	81.7	
六月	42.5	30.5	18.1	41.9	49.1	52.1	75.5	65.0	
七月	167.7	166.7	112.4	109.8	127.7	158.7	117.2	86.3	
八月	77.5	31.1	31.3	121.1	76.5	74.0	32.5	94.7	
九月	54.4	51.3	45.7	26.5	34.7	37.1	50.9	94.4	
十月	47.1	29.9	33.2	27.0	43.8	33.4	23.6	38.7	
十一月	1.8	12.0	12.0	12.3	6.0	6.5	5.3	11.7	
十二月	6.5	2.8	4.2	5.0	6.7	6.7	7.2	13.3	
全年	**560.1**	**467.4**	**411.5**	**525.2**	**460.4**	**467.4**	**394.8**	**559.8**	
比历年(+\-)	-13.0	-26.2	-129.6	-42.6	-110.5	-30.2	-107.7	-69.6	

1-6 各分局日照时数

(2008年)

单位:小时

月份	宝泉岭分局	红兴隆分局	建三江分局	牡丹江分局	北安分局	九三分局	齐齐哈尔分局	绥化分局	哈尔滨分局
一月	178.2	184.2	194.0	199.0	185.1	192.4	210.1	97.4	
二月	183.5	215.5	222.9	216.2	199.4	211.7	205.3	161.5	
三月	167.6	152.7	173.6	164.3	186.6	217.2	201.6	173.2	
四月	160.1	205.3	181.3	207.6	194.1	212.1	202.8	152.1	
五月	131.0	198.8	182.7	179.2	212.3	217.4	196.2	179.5	
六月	268.9	306.1	273.8	276.9	253.5	253.1	233.4	259.5	
七月	234.7	243.9	221.2	210.5	221.4	245.5	233.9	202.2	
八月	244.7	252.5	235.3	232.3	243.1	275.2	255.2	213.6	
九月	211.6	244.5	227.9	232.4	199.9	227.4	225.2	183.5	
十月	197.8	206.0	186.8	186.6	156.2	183.6	159.1	150.8	
十一月	158.7	144.0	150.9	159.6	147.6	177.8	167.9	107.9	
十二月	128.4	113.6	125.4	127.3	107.2	132.1	132.8	98.5	
全年	**2265.2**	**2467.1**	**2375.8**	**2391.9**	**2306.4**	**2545.5**	**2423.5**	**1979.7**	
比历年(+\-)	-164.1	-89.7	40.8	-70.9	-389.6	-125.3	-189.4	-354.6	

1-7 各分局无霜期及≥10℃积温

(2008年)

单位	初终霜日期(日/月)及无霜期(天)				≥10℃初终日期(日/月)及积温(℃)			
	终日	初日	无霜期	比历年(+/-)	初日	终日	积温	比历年(+\-)
宝泉岭局	28/4	24/9	148	14	7/5	24/9	2711.6	205.5
红兴隆局	8/5	5/10	149	6	4/5	25/9	2786.4	188.8
建三江局	10/5	29/9	141	6	27/5	22/9	2398.2	-74.6
牡丹江局	9/5	29/9	142	-9	29/4	4/10	2869.9	289.7
北安局	17/9	20/5	119	-2	17/5	22/9	2561.4	305.4
九三局	20/5	17/9	119	-2	10/5	22/9	2582.4	314.8
齐齐哈尔局	10/5	23/9	136	14	10/5	24/9	2638.4	298.6
绥化局	10/5	24/9	136	17	10/5	22/9	2628.2	216.0
哈尔滨局								

主要统计指标解释

森林面积　指生长着乔木和竹林，郁闭度在0.3以上（不包括0.3）的林地面积，即有林地面积。它是反映森林资源总面积的重要指标。森林面积包括天然林面积和人工林面积。但不包括灌木林地和疏林地面积。

森林覆盖率　通常是指森林面积占土地总面积之比，一般用百分数表示。但国家规定在计算森林覆盖率时，森林面积还包括灌木林面积、农田林网树占地面积以及四旁树木的覆盖面积。森林覆盖率，是反映一个国家或地区森林资源和绿化水平的重要指标。计算公式：

$$森林覆盖率(\%)=\frac{森林面积}{土地总面积}\times 100\%$$

森林蓄积量　指森林面积上生长着的林木树干材积总量。它是反映一个国家或地区森林资源总规模和水平的重要指标。

草地面积　指牧区和农区用于放牧牲畜或割草，植被盖度在5%以上的草原、草坡、草山等面积。包括天然的和人工种植或改良的草地面积。

淡水总面积　指江、河、湖泊、塘堰、水库等各种流水或蓄水的水面占地面积。

矿产保有储量　指探明的矿产储量（包括工业储量和远景储量）扣除已开采部分和地下损失量后的年底实有储量。它反映国家矿产资源的现状。

≥0℃积温　为稳定通过0℃的各日平均温度累计值。

有效积温　为稳定通过0℃的各日平均温度累计值。

STATISTICAL YEARBOOK

2 综 合

垦区生产总值（亿元）

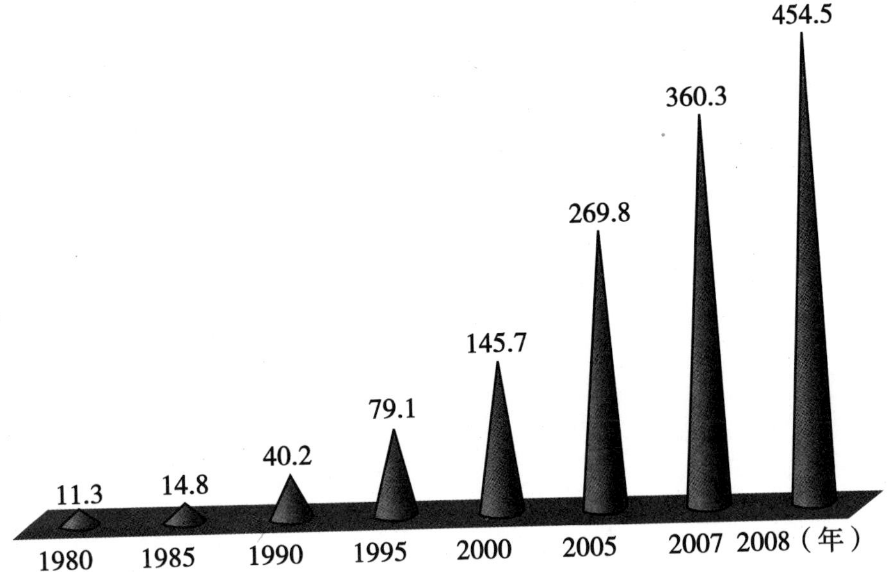

垦区生产总值构成（%）

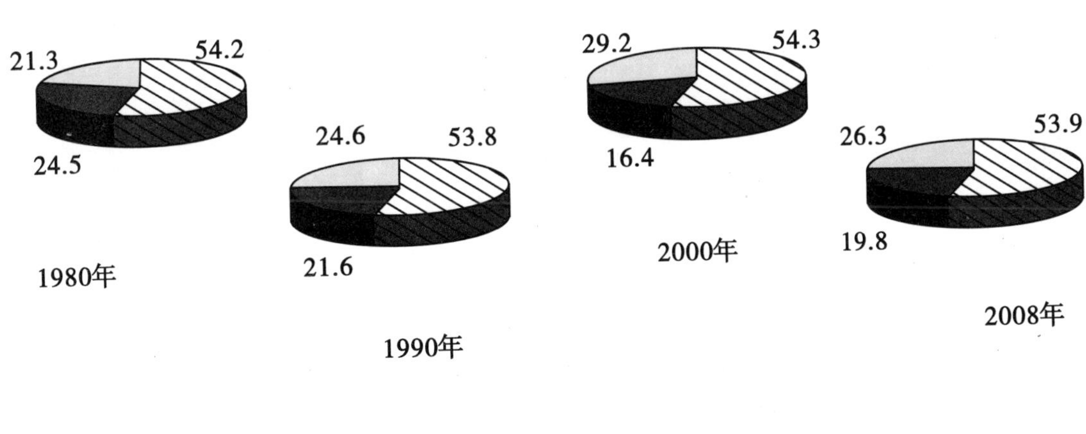

2-1 国民经济主要指标总量

指　　标	单位	1978	1980	1990	2000	2005	2007	2008
一、年末总人口	万人	**166.3**	**156.7**	**155.4**	**157.5**	**158.6**	**165.0**	**166.0**
二、从业人员数	万人	**86.4**	**74.2**	**81.4**	**70.7**	**74.4**	**88.4**	**90.7**
#职　工	万人	80.9	68.5	73.1	43.4	34.5	36.1	36.2
三、生产总值	亿元	**9.7**	**11.3**	**40.2**	**145.7**	**269.8**	**360.3**	**454.5**
#第三产业增加值	亿元	2.6	2.4	9.9	42.6	70.9	98.8	119.7
四、工农业总产值	亿元	**16.3**	**18.7**	**71.6**	**211.4**	**495.7**	**634.1**	**788.6**
五、固定资产投资								
1.全社会固定资产投资总额	万元	30651	43826	69629	219391	593665	693974	839411
生产性建设	万元	21545	30897	54044	149840	396246	448900	547608
非生产性建设	万元	9106	12929	15585	69551	197419	245074	291803
#住　宅	万元	4099	2590	7916	17777	56095	93082	129725
2.国有单位固定资产投资额	万元	30651	43826	63569	184210	421309	506764	605349
六、企业主要财务指标(统营)								
1.固定资产原值	亿元	21.1	23.9	43.4	124.2	222.5	279.3	335.9
2.固定资产净值	亿元	14.8	17.6	31.3	89.7	160.2	154.4	173.8
3.销售(经营)收入	亿元	14.7	22.8	65.7	111.8	207.8	234.5	300
4.利润总额	万元	-13110	13719	22646	16831	49384	127408	150782
七、职工收入和消费								
1.职工工资总额	亿元	4.2	5.3	10.6	24.8	32.3	41.8	46.2
2.职工平均工资	元/人	518	763	1445	5593	9205	11531	13066
3.农场职工家庭人均纯收入	元/人	246	327	1217	3337	6179	8087	9525
4.农场职工家庭人均消费支出	元/人			816	2511	3373	5144	6972
八、农林牧渔业								
1.农林牧渔业总产值	亿元	10	13.2	44.9	144.0	279.7	359.7	464.5
2.主要农产品产量								
粮　食	万吨	234.6	324.9	460.3	814.1	1026.5	1246.4	1420.6
油　料	万吨	0.9	0.3	6.4	7.7	11.4	9.0	10.4
甜　菜	万吨	5.9	19.5	98.9	30.7	51.6	85.1	79.1
水　果	万吨		0.49	0.31	0.40	0.63	1.53	1.84
肉　类	万吨	6.3	5.1	3.5	10.0	32.4	45.7	46.8
牛　奶	万吨	2.5	1.9	21.9	28.0	82.5	97.7	101.8
水产品	万吨	0.19	0.17	0.69	1.21	1.90	2.77	2.26

注:本表第六、十、十二、十三(1)、十四部分的数据分别由总局财务处、交通局、商务局、教育局、卫生局提供。

2-1续表

指　　标	单位	1978	1980	1990	2000	2005	2007	2008
九、工　业								
1. 工业总产值	亿元	6.3	5.5	26.7	67.4	216.0	274.4	324.1
2. 主要工业产品产量								
原　煤	万吨	91.2	98.5	178.5	82.7	33.0	36.8	31.4
焦　炭	万吨	4.0	2.3	14.2	3.3	21.4	20.6	18.7
发电量	万度	13874	9464	47219	43917	51646	58034	54018
水　泥	万吨	8.6	10.9	38.8	77.0	134.8	112.1	128.3
化　肥(实物量)	万吨	3.4	0.1	10.9	9.9	20.8	19.2	21.3
机制纸及纸板	万吨	0.9	1.4	3.5	1.5	2.6	4.4	5.3
机制糖	万吨	0.8	1.9	8.8	1.5	1.7	4.1	3.1
乳制品(含液体乳)	万吨	0.1	0.2	2.8	4.4	17.8	19.3	26.1
十、交通运输								
1. 货物周转量	万吨公里	42298	41435	30933	50882	126138	111809	111016
2. 旅客周转量	万人公里			29178	29378	52308	58157	57536
十一、国内商业								
1. 商品销售总额	亿元			14.0	90.3	110.1	154.9	160
2. 社会消费品零售总额	亿元	3.5	4.2	12.0	35.4	58.8	78.0	88.8
十二、对外贸易								
进出口总额	万美元		5669.8	11174.9	6998.1	46100	66401	74394
进口额	万美元			912.0	229.2	21800	31449	42120
出口额	万美元		5669.8	10262.9	6768.9	24300	34952	32274
十三、教育文化								
1. 在校学生数								
高等学校	人	1225	1396	3030	7933	20659	24115	27032
中等专业学校	人	992	2131	3070	8080	7221	4108	3353
普通中学	万人	14.7	14.9	11.6	13.8	13.9	12.6	12.1
小　学	万人	26.9	27.8	16.9	14.6	12.8	10.8	10.7
2. 出版数量								
杂　志	万册	10.8	9.0	37.9	11.0	7.8	7.6	7.8
报　纸	万份	756.4	680.6	688.6	1650	1269.0	1541.8	1612.7
十四、卫　生								
卫生机构床位数	张	9197	9677	9324	7838	7352	7724	7974
卫生技术人员	人	17331	16324	14903	11487	10103	10767	11482
#医　生	人	3852	4882	7628	6392	6347	7209	6553

2-2　国民经济主要指标发展速度

指　　标	发展速度(2008年为以下各年)(%)						平均年增长速度(%)	
	1978	1980	1990	2000	2005	2007	1978-2008	2000-2008
一、年末总人口	**99.8**	**105.9**	**106.8**	**105.4**	**104.7**	**100.6**	**-0.01**	**0.66**
二、从业人员数	**105.0**	**122.2**	**111.4**	**128.3**	**121.9**	**102.6**	**0.16**	**3.16**
#职　工	44.7	52.8	49.5	83.4	104.9	100.3	-2.64	-2.24
三、生产总值	**1540.3**	**1329.3**	**591.4**	**267.7**	**148.3**	**115.5**	**9.54**	**13.10**
#第三产业增加值	1296.5	1326.7	651.5	250.4	149.2	114.7	8.92	12.16
四、固定资产投资								
1.全社会固定资产投资总额	2738.6	1915.3	1205.5	382.6	141.4	121.0	11.67	18.26
生产性建设	2541.7	1772.4	1013.3	365.5	138.2	122.0	11.39	17.59
非生产性建设	3204.5	2257.0	1872.3	419.6	147.8	119.1	12.25	19.63
#住　宅	3164.8	5008.7	1638.8	729.7	231.3	139.4	12.20	28.20
2.国有单位固定资产投资额	1975.0	1381.3	952.3	328.6	143.7	119.5	10.45	16.03
五、企业主要财务指标								
1.固定资产原值	1591.9	1405.4	774.0	270.5	151.0	120.3	9.66	13.24
2.固定资产净值	1174.3	987.5	555.3	193.8	108.5	112.6	8.56	8.62
3.销售(经营)收入	2040.8	1315.8	456.6	268.3	144.4	127.9	10.58	13.13
4.利润总额	1350.1	1099.1	665.8	895.9	305.3	118.3	9.06	31.53
六、职工收入和消费								
1.职工工资总额	1100.0	871.7	435.8	186.3	143.0	110.5	8.32	8.09
2.职工平均工资	2522.4	1712.5	904.2	233.6	141.9	113.3	11.36	11.19
3.农场职工家庭人均纯收入	3872.0	2912.8	782.7	285.4	154.2	117.8	12.96	14.01
4.农场职工家庭人均消费支出			854.4	277.7	206.7	135.5		13.62
七、农林牧渔业								
1.农林牧渔业总产值	980.7	742.2	425.1	233.4	143.7	115.1	7.91	11.18
2.主要农产品产量								
粮　食	605.5	437.2	308.6	174.5	138.4	114.0	6.19	7.21
油　料	1155.6	3466.7	162.5	135.1	91.2	115.6	8.50	3.83
甜　菜	1340.7	405.6	80.0	257.7	153.3	92.9	9.04	12.56
水　果		375.5	593.5	460.0	292.1	120.3		21.02
肉　类	742.9	917.6	1337.1	468.0	144.4	102.4	6.91	21.28
牛　奶	4072.0	5357.9	464.8	363.6	123.4	104.2	13.15	17.51
水产品	1189.5	1329.4	327.5	186.8	118.9	81.6	8.60	8.12

注:生产总值、人均纯收入、农林牧渔业总产值、工业总产值的发展速度和平均年增长速度均按可比价计算。

2-2 续表

指　标	发展速度(2008年为以下各年)(%)						平均年增长速度(%)	
	1978	1980	1990	2000	2005	2007	1978-2008	2000-2008
八、工　业								
1. 工业总产值	1626.6	1850.4	647.5	361.0	134.6	110.1	9.74	17.41
2. 主要工业产品产量								
原　煤	34.4	31.9	17.6	38.0	95.2	85.3	-3.49	-11.40
焦　炭	467.5	813.0	131.7	566.7	87.4	90.8	5.28	24.21
发 电 量	389.3	570.8	114.4	123.0	104.6	93.1	4.64	2.62
水　泥	1491.9	1177.1	330.7	166.6	95.2	114.5	9.43	6.59
化　肥(实物量)	626.5	21300.0	195.4	215.2	102.4	110.9	6.31	10.05
机制纸及纸板	588.9	378.6	151.4	353.3	203.8	120.5	6.09	17.09
机 制 糖	387.5	163.2	35.2	206.7	182.4	75.6	4.62	9.50
乳制品(含液体乳)	26100.0	13050.0	932.1	593.2	146.6	135.2	20.38	24.92
九、交通运输								
1. 货物周转量	262.5	267.9	358.9	218.2	88.0	99.3	3.27	10.24
2. 旅客周转量			197.2	195.8	110.0	98.9		8.77
十、国内商业								
1. 商品销售总额			1142.9	177.2	145.3	103.3		7.41
2. 社会消费品零售总额	2537.1	2114.3	740.0	250.8	151.0	113.8	11.38	12.18
十一、对外贸易								
进出口总额		1312.1	665.7	1063.1	161.4	112.0		34.38
进口额			4618.4	18377.0	193.2	133.9		91.88
出口额		569.2	314.5	476.8	132.8	92.3		21.56
十二、教育文化								
1. 在校学生数								
高等学校	2206.7	1936.4	892.1	340.8	130.8	112.1	10.86	16.56
中等专业学校	338.0	157.3	109.2	41.5	46.4	81.6	4.14	-10.41
普通中学	82.3	81.2	104.3	87.7	87.1	96.0	-0.65	-1.63
小　学	39.8	38.5	63.3	73.3	83.6	99.1	-3.03	-3.81
2. 出版数量								
杂　志	72.2	86.7	20.6	70.9	100.0	102.6	-1.08	-4.21
报　纸	213.2	237.0	234.2	97.7	127.1	104.6	2.56	-0.29
十三、卫　生								
卫生机构床位数	86.7	82.4	85.5	101.7	108.5	103.2	-0.47	0.22
卫生技术人员	66.3	70.3	77.0	100.0	113.6	106.6	-1.36	-0.01
#医　生	170.1	134.2	85.9	102.5	103.2	90.9	1.79	0.31

2-3　国民经济主要比例关系

单位:%

指　　标	1978	1980	1990	2000	2005	2007	2008
一、生产总值三次产业比例							
第一产业	37.4	54.2	53.8	54.3	55.0	52.5	53.9
第二产业	35.6	24.5	21.6	16.4	18.7	20.1	19.8
第三产业	27.0	21.3	24.6	29.3	26.3	27.4	26.3
二、生产总值所有制结构比例							
公　　有				59.8	59.7	59	56.1
非 公 有				40.2	40.3	41	43.9
第一产业:公　有				75.5	77.6	75.7	73
非公有				24.5	22.4	24.3	27
第二产业:公　有				47	39.0	36.7	36.2
非公有				53	61.0	63.3	63.8
第三产业:公　有				38	37.0	43.4	36.4
非公有				62	63.0	56.6	63.6
三、社会总产出五大部门比例							
农林牧渔业	50.5	56.4	54.1	55.5	47.5	47.6	47.7
工　业	31.9	23.8	32.1	26.4	36.4	34.4	33.7
建筑业	8.8	10.6	5.8	5.7	4.9	5.6	6.1
运输仓储和邮电业	1.7	2.0	1.8	3.9	3.4	3.7	3.8
贸易和餐饮业	7.1	7.2	6.2	8.5	7.8	8.7	8.7
四、固定资产投资资金来源比例							
国家预算内投资	50.6	32.9	20.2	26.8	15.8	20.5	24.7
国内贷款			23.2	7.1	4.7	0.7	0.6
利用外资				7.1	0.03	0.4	1.1
自筹投资	46.1	67.1	46.3	51.1	67.3	73.7	65.9
其他投资	3.3		10.3	7.9	12.17	4.7	7.7
五、固定资产投资生产与非生产比例							
生产性建设	70.3	70.5	77.6	68.3	66.7	64.7	65.2
非生产性建设	29.7	29.5	22.4	31.7	33.3	35.3	34.8
#住　宅			11.4	8.1	9.4	13.4	15.5
六、固定资产投资主要行业投资比例							
农林牧渔业	50.6	40.6	46.5	65.2	28.9	28.8	31.7
工　　业	20.1	20.4	31.6	11.7	37.9	15.4	10.7
交通运输、通讯业	5.6	7.7	4.1	3.8	4.7	19.9	21.8
教育文化艺术和广电事业	1.8	3.6	3.7	3.7	5.8	6.8	4.5
科技事业		0.1	0.6	1.1	0.4	0.1	0.3

注:生产总值、社会总产出、工业总产值、农林牧渔业总产值的比例按现价计算。

2-3续表

指　　标	1978	1980	1990	2000	2005	2007	2008
七、国有固定资产投资三次产业比例							
第一产业	50.6	40.6	46.5	58.0	30.6	24.9	31.7
第二产业	20.1	20.4	31.6	14.4	38.2	18.2	10.8
第三产业	29.3	39.0	21.9	27.6	31.2	56.9	57.5
八、国有固定资产投资农工比例							
农林牧渔业	50.6	40.6	46.5	58.0	45.2	58.3	71.9
工　业	49.4	59.4	53.5	42.0	54.8	41.7	28.1
九、工农业总产值农轻重比例							
农林牧渔业	61.3	70.4	62.7	68.1	56.4	58.4	65.1
轻工业	20.7	19.2	26.6	24.4	37.2	34.8	30.1
重工业	18.0	10.4	10.7	7.5	6.4	6.8	4.8
十、工业总产值轻重工业比例							
轻工业	51.2	55.8	71.4	76.5	85.6	83.8	83.4
重工业	48.8	44.2	28.6	23.5	14.4	16.2	16.6
十一、农林牧渔业总产值各业比例							
农　业	90.4	93.6	90.7	84.9	73.2	71.8	68.7
林　业	0.8	0.9	0.8	0.9	0.6	0.6	0.7
牧　业	8.6	5.4	7.9	13.5	24.3	25.9	28.8
渔　业	0.2	0.1	0.6	0.7	0.7	0.4	0.5
服务业					1.2	1.3	1.3
十二、农林牧渔业总产值所有制结构比例							
农　业:国　有				89.1	99.0	99.1	98.4
非国有				10.9	1.0	0.9	1.6
林　业:国　有				64.8	73.4	77.0	72.2
非国有				35.2	26.6	23.0	27.8
牧　业:国　有				4.2	0.9	0.5	0.5
非国有				95.8	99.1	99.5	99.5
渔　业:国　有				20.1	12.6	32.0	27.3
非国有				79.9	87.4	68.0	72.7
服务业:国　有					48.2	32.6	47.0
非国有					51.8	67.4	53.0
十三、全社会从业人员人数比例							
1.按三次产业分							
第一产业	59.4	55.0	54.3	59.6	62.5	67.3	67.4
第二产业	22.3	23.3	24.5	14.3	14.1	13.3	13.3
第三产业	18.3	21.7	21.2	26.1	23.4	19.4	19.3
2.按经济类型分							
国有经济			89.8	81.2	73.1	74.0	74.0
非国有经济			10.2	18.8	26.9	26.0	26.0

2-4 主要经济指标占全国农垦和全省的比重

(2008年)

指　标	单 位	全国农垦	黑龙江省	黑龙江垦　区	占全国农　垦(%)	占黑龙江　省(%)
一、年末总人口	万人	1303.9	3825.0	166.0	12.7	4.3
二、全部从业人员	万人	582.2	1852.4	90.7	15.6	4.9
#在岗职工人数	万人	296.2	423.5	36.2	12.2	8.5
三、生产总值	亿元	2344.7	8310.0	454.5	19.4	5.5
#农林牧渔业增加值	亿元	841.9	1089.1	250.0	29.7	23.0
工业增加值	亿元	711.7	4365.9	69.2	9.7	1.6
四、固定资产投资						
全社会固定资产投资总额	亿元	931.2	3669.3	83.9	9.0	2.3
#国有及国有控股	亿元	433.2	1538.9	60.5	14.0	3.9
五、收　入						
农场职工家庭(农村居民)人均纯收入	元/人	6389.0	4855.6	9525	149.1	196.2
在岗职工平均工资	元/人	13456.0	23046.0	13066	97.1	56.7
六、主要农产品产量						
粮　食	万吨	2421.5	4225.0	1420.6	58.7	33.6
#水　稻	万吨	1240.4	1518.0	842.2	67.9	55.5
小　麦	万吨	258.4	89.5	56.1	21.7	62.7
玉　米	万吨	574.2	1822.0	299.1	52.1	16.4
大　豆	万吨	170.8	620.5	140.2	82.1	22.6
油　料	万吨	78.4	28.5	10.4	13.3	36.5
甜　菜	万吨	261.9	260.0	79.1	30.2	30.4
亚　麻	万吨	9.2	15.0	7.4	80.8	49.3
水　果	万吨	250.6	59.4	1.84	0.7	3.1
肉　类	万吨	192.0	303.3	46.8	24.4	15.4
牛　奶	万吨	320.8	577.1	101.8	31.7	17.6
七、主要工业产品产量						
大　米	万吨	377.2	457.9	238.7	63.3	52.1
食用植物油	万吨	111.3	74.4	42.1	37.8	56.6
乳制品	万吨	189.2	168.5	26.1	13.8	15.5
#液体乳	万吨	160.1	114.3	18.0	11.2	15.7
成品糖	万吨	190.1	28.3	3.1	1.6	11.0
焦　炭	万吨	100.4	781.2	18.7	18.6	2.4
水　泥	万吨	1517.0	1968.2	128.3	8.5	6.5
化　肥(折纯)	万吨	26.8	55.8	9.7	36.2	17.4
机制纸及纸板	万吨	138.1	52.7	5.3	3.8	10.1
中成药	万吨	2.6	2.3	1.2	46.5	52.2
八、交通运输						
1.货物周转量	亿吨公里		1375.9	11.1		0.8
2.旅客周转量	亿人公里		652.8	5.8		0.9
九、批发零售贸易						
社会消费品零售总额	亿元	1631.3	2838.6	88.8	5.4	3.1
十、对外贸易						
进出口总额	亿美元		229.0	7.4		3.2
进口额	亿美元		165.7	3.2		1.9
出口额	亿美元	107.9	63.2	4.2	3.9	6.6

2-5　平均每天主要社会经济活动及主要经济指标人均占有量

指　　标	单位	1990	2000	2004	2005	2007	2008
一、平均每天主要社会经济活动							
（一）每天创造的财富							
生产总值	万元	1101.4	3991.8	6468.5	7391.8	9872.6	12451.2
农林牧渔业总产值	万元	1230.1	3945.2	6424.7	7663.1	9854.2	12727.0
工业总产值	万元	731.5	1848.6	4315.1	5917.8	7517.8	8879.4
销售（经营）收入	万元	1800.0	3063.0	4515.1	5693.2	6424.4	8218.2
利润总额	万元	62.0	46.1	127.8	135.3	349.1	413.1
水　泥	吨	1063.0	2109.6	3816.4	3693.2	3071.2	3515.1
化　肥	吨	298.6	271.2	347.9	569.9	526.0	582.6
（二）每天消费（销售）量							
消费总额	万元	328.8	969.9	1284.9	1611	2137.0	2433.0
平均每人消费额	元	2.1	6.2	8.1	10.2	12.9	14.7
粮食（原粮）	吨	894.6	541.2	565.7	670.3	524.3	502.1
肉　类	吨	46.2	67.2	58.8	76.4	68.8	74.3
食用植物油	吨	30.3	35.0	42.9	41.8	53.1	57.0
（三）每天其他经济活动							
新建住宅面积	平方米	121	1845	1532	1426	3534	4384
（四）每天人口变动							
出　生	人	46	29.1	20.8	19.6	19.0	18.3
死　亡	人	17	17.5	19.6	18.6	20.0	21.7
二、主要经济指标人均占有量							
（一）人均创造财富							
生产总值	元	2586	9254	14953	17012	22945	27467
销售（经营）收入	元	4231	7100	10437	13103	14212	18074
利润总额	元	145.6	106.4	295.5	311.4	772.4	908.5
水　泥	公斤	250	488.7	882.2	849.9	679.4	773.0
化　肥	公斤	70	63	80.4	131.2	116.4	128.1
粮　食	公斤	2962	5170.2	5937.3	6472.5	7556.1	8559.4
肉　类	公斤	22.5	63.5	147.6	204.3	214.2	282.0
（二）人均占有生产资料							
耕　地	公顷	1.3	1.3	1.3	1.4	1.4	1.5
森　林	公顷	0.5	0.5	0.6	0.6	0.6	0.5
草　原	公顷	0.3	0.2	0.2	0.2	0.2	0.2
水　域	公顷	0.2	0.2	0.2	0.2	0.2	0.2
固定资产（净值）	元	2011	5785	8581	10101	9359	10471
（三）其他人均占有量							
纯收入	元	1217	3337	5593	6179	8087	9525
生活消费	元	816	2511	3119	3373	5144	6771

2-6　主要经济指标与以往历史最高水平对比

指　　标	单位	以往历史最高水平		2007年	2008年	2008年比历史最高水平增长(%)
		年份	数量			
年末总人口	万　人	1978	166.3	165.0	166.0	-0.2
从业人员	万　人	2007	88.4	88.4	90.7	2.6
生产总值	亿　元	2007	360.3	360.3	454.5	15.5
农林牧渔业总产值	亿　元	2007	359.7	359.7	464.5	15.1
工业总产值	亿　元	2007	274.4	274.4	324.1	10.1
耕地面积	万公顷	2007	239.1	239.1	253.6	6.1
林地面积	万公顷	1978	98	91.3	90.3	-7.9
草原面积	万公顷	1978	105	37.2	37.3	-64.5
总播种面积	万公顷	2007	239.7	239.7	250.2	4.4
粮食作物面积	万公顷	2007	215.1	215.1	229.6	6.7
粮食总产量	万　吨	2007	1246.4	1246.4	1420.6	14.0
粮食平均单产	公斤/公顷	2007	5793	5793	6186	6.8
水稻单产	公斤/公顷	2007	7978	7978	8176	2.5
小麦单产	公斤/公顷	2007	4612	4612	4917	6.6
玉米单产	公斤/公顷	2005	7294	6241	7446	2.1
大豆单产	公斤/公顷	2005	2596	2324	2603	0.3
奶牛年末存栏	万　头	2005	30.4	29.5	33.0	8.6
黄牛年末存栏	万　头	2007	53	53.0	52.8	-0.4
猪年末存栏	万　头	2007	194.9	194.9	218.2	12.0
羊年末存栏	万　只	2003	210.4	168.1	173.4	-17.6
肉类总产量	万　吨	2007	35.3	35.3	46.8	32.6
#猪　肉	万　吨	2007	22.4	22.4	29.5	31.7
牛　肉	万　吨	2007	6.28	6.28	8.37	33.3
羊　肉	万　吨	2005	2.03	1.98	2.40	18.2
牛奶产量	万　吨	2007	87.6	87.6	101.8	16.2
禽蛋产量	万　吨	2005	4.67	4.07	5.88	25.9
水产品产量	万　吨	2005	1.90	1.48	2.26	18.9
交售粮食	万　吨	2007	1135.5	1135.5	1299.5	14.4
粮食商品率	%	2007	91.1	91.1	91.5	+0.4个百分点
出口大豆	万　吨	1989	50	12.3	9.9	-80.2
农场职工家庭人均纯收入	元/人	2007	8087	8087	9525	12.2
利润总额	万　元	2007	127408	127408	150782	18.3

注：生产总值、农林牧渔业总产值、工业总产值、农场职工家庭人均纯收入的增长速度均按可比价计算。

2-7　垦区生产总值

单位:万元

年　份	生产总值	第一产业	第二产业	工业	建筑业	第三产业	#交通运输、仓储及通讯业	#贸易业及餐饮业
1978	96866	36259	34476	29068	5408	26131	1506	5424
1980	113420	61462	27759	21086	6673	24199	1780	6290
1985	148093	66627	40622	34530	6092	40844	3589	9183
1990	401974	216131	86835	70856	15979	99008	10278	33453
1995	791074	454339	133478	110943	22535	203257	13710	51670
2000	1457251	791863	239595	191459	48136	425793	54207	129855
2001	1606628	865574	263036	212872	50164	478018	66735	140661
2002	1718555	874150	308845	246834	62011	535560	79257	177678
2003	1879502	938360	354302	279843	74459	586840	91421	214219
2004	2361168	1301394	432031	338494	93537	627743	100126	226270
2005	2698322	1484469	504860	405276	99584	708993	112212	268807
2006	3014742	1578985	622940	501038	121902	812817	134632	284547
2007	3603481	1892367	723288	572210	151078	987826	158832	372605
2008	4544690	2449720	898008	692135	205873	1196962	198462	471668

注:2006和2007年数据为第二次农业普查衔接后数据。

2-8　垦区生产总值构成

（以生产总值为100）

单位:%

年　份	第一产业	第二产业	工业	建筑业	第三产业	#交通运输、仓储及通讯业	#贸易业及餐饮业	人均生产总值(元)
1978	37.4	35.6	30.0	5.6	27.0	1.6	5.6	585
1980	54.2	24.5	18.6	5.9	21.3	1.6	5.5	729
1985	45.0	27.4	23.3	4.1	27.6	2.4	6.2	927
1990	53.8	21.6	17.6	4.0	24.6	2.6	8.3	2589
1995	57.4	16.9	14.0	2.9	25.7	1.7	6.5	4981
2000	54.3	16.4	13.1	3.3	29.3	3.7	8.9	9254
2001	53.9	16.4	13.2	3.2	29.7	4.2	8.8	10169
2002	50.9	18.0	14.4	3.6	31.1	4.6	10.3	10877
2003	49.9	18.9	14.9	4.0	31.2	4.9	11.4	11601
2004	55.1	18.3	14.3	4.0	26.6	4.2	9.6	14973
2005	55.0	18.7	15.0	3.7	26.3	4.2	10.0	17049
2006	52.4	20.7	16.6	4.0	27.0	4.5	9.4	19400
2007	52.5	20.1	15.9	4.2	27.4	4.4	10.3	22214
2008	53.9	19.8	15.2	4.6	26.3	4.4	10.4	27467

2-9　垦区生产总值指数

（以1980年为100）　　单位:%

年份	生产总值	第一产业	第二产业	工业	建筑业	第三产业	#交通运输、仓储及通讯业	#贸易业及餐饮业
1978	86.22	58.99	117.96	132.17	81.09	102.34	84.69	92.63
1980	100	100	100	100	100	100	100	100
1985	138.55	110.80	131.81	151.84	79.83	192.64	195.05	116.43
1990	224.80	259.22	185.43	209.60	122.69	203.68	408.03	245.63
1995	276.50	296.50	238.31	271.22	152.92	279.00	397.03	278.03
2000	496.60	552.00	363.00	406.87	249.53	529.85	1270.30	550.77
2001	553.21	616.03	401.48	455.69	260.01	590.25	1415.11	592.08
2002	605.76	641.90	480.97	538.63	327.87	669.96	1702.38	757.86
2003	672.39	711.23	546.86	607.04	385.90	734.24	1963.70	913.68
2004	792.75	888.32	632.72	699.31	451.51	786.37	2150.64	964.20
2005	896.60	1000.25	725.10	817.49	480.86	889.38	2380.76	1132.94
2006	1016.74	1107.28	879.55	991.62	582.32	1001.44	2805.96	1178.03
2007	1150.95	1236.83	1003.57	1121.52	687.72	1156.66	3146.60	1466.29
2008	1329.35	1431.01	1164.14	1263.95	883.72	1326.69	3723.06	1767.76

2-10　垦区生产总值指数

（以上年为100）　　单位:%

年份	生产总值	第一产业	第二产业	工业	建筑业	第三产业	#交通运输、仓储及通讯业	#贸易业及餐饮业
1978	100.00	100.00	100.00	100.00	100.00	100.00	100.00	100.00
1980	108.97	152.42	80.43	72.80	110.49	95.00	119.86	99.81
1985	101.52	100.63	105.89	106.86	101.39	99.67	98.00	98.00
1990	117.26	120.55	113.88	110.09	134.39	113.46	115.24	138.25
1995	121.49	125.83	121.70	121.99	120.41	114.14	88.25	120.34
2000	107.20	103.90	105.30	106.70	99.80	115.10	116.10	114.50
2001	111.40	111.60	111.60	112.00	104.20	111.40	111.40	107.50
2002	109.50	104.20	119.80	118.20	126.10	113.50	120.30	128.00
2003	111.00	110.80	113.70	112.70	117.70	109.60	115.35	120.56
2004	117.90	124.90	115.70	115.20	117.00	107.10	109.52	105.53
2005	113.10	112.60	114.60	116.90	106.50	113.10	110.70	117.50
2006	113.40	110.70	121.30	121.30	121.10	112.60	117.86	103.98
2007	113.20	111.70	114.10	113.10	118.10	115.50	112.14	124.47
2008	115.50	115.70	116.00	112.70	128.50	114.70	118.32	120.56

2-11　垦区生产总值

(2008年)　　　　单位:万元

指　　标	合　计	劳动者报　酬	固定资产折旧	生产税净　额	#补　贴	营　业盈　余
生产总值	**4544690**	**1856973**	**532018**	**-39217**	**216608**	**2194916**
第一产业	**2449720**	**1069986**	**210174**	**-210956**	**211110**	**1380515**
1. 农林牧渔业	2449720	1069986	210174	-210956	211110	1380515
(1) 农业	1768880	784093	155376	-208570	208582	1037981
(2) 林业	16855	9053	801	-73	110	7074
(3) 畜牧业	617816	254459	48603	-2330	2402	317084
(4) 渔业	12873	6374	1432	17	3	5049
(5) 农林牧渔服务业	33296	16007	3963	-1	14	13327
第二产业	**898008**	**289872**	**117958**	**100742**	**5185**	**389437**
2. 工　业	692135	193503	103648	78871	5185	316112
3. 建筑业	205874	96369	14309	21871		73325
第三产业	**1196963**	**497115**	**203886**	**70997**	**313**	**424964**
4. 交通运输及仓储业	188664	63620	22945	15541	45	86559
(1) 交通运输业	185847	62756	22444	15535	45	85112
(2) 仓储业	2816	863	501	6		1446
5. 信息传输、计算机服务及软件业	10066	5777	3298	1030		-39
#电信	9798	5514	3293	1030		-39
6. 批发和零售业	377022	114059	34629	28684	203	199650
7. 住宿和餐饮业	102958	37655	9603	10598		45102
#餐饮业	94646	34043	8423	9700		42480
8. 金融保险业	5102	3148	331	261		1362
9. 房地产业	76130	2028	69524	797		3782
#职工自有住房	69045		69045			
10. 租赁和商务服务	16416	9839	2538	180		3859
11. 科学研究和综合技术服务业	12279	10534	1263	367		116
12. 水利、环境和公共设施管理业	11049	6477	3365	225		982
13. 居民服务和其它服务业	148800	50045	12396	12758		73602
14. 教　育	98206	81760	15255	66		1125
15. 卫生、社会保障和社会福利业	50148	37934	9112	122	63	2979
16. 文化、体育和娱乐业	3282	2194	709	97	2	282
17. 公共管理和社会组织	96841	72048	18920	271		5603

2-12　各分局生产总值、构成和指数

(2008年)

单　位	生产总值	第一产业	#农业	#畜牧业	第二产业	工业	建筑业	第三产业	#贸易和餐饮业	人均生产总值(元)
绝对数(万元)	**4544690**	**2449720**	**1768880**	**617816**	**898008**	**692135**	**205873**	**1196962**	**471668**	**27467**
宝泉岭局	682518	386535	252460	129948	111831	87618	24213	184152	79493	32118
红兴隆局	943465	505977	363742	123499	171759	129259	42500	265729	96765	27308
建三江局	769093	561555	504720	51412	74344	51525	22819	133193	47762	37478
牡丹江局	769770	448719	350997	92786	144826	112305	32521	176225	63063	38500
北安局	335231	187917	137662	45664	36150	26555	9595	111165	42700	16542
九三局	350727	191952	131613	50268	30314	21319	8995	128460	46902	21982
齐齐哈尔局	223856	131950	65917	60853	15467	11460	4007	76439	29940	15831
绥化局	227691	120669	64812	50309	38212	30839	7373	68811	31960	31186
哈尔滨局	82622	37338	20380	12570	25056	23144	1912	20227	5631	19617
总局直属	357698	2122	1589	508	250049	198111	51938	105528	27452	49193
构成%(总值=100)	**100**	**53.9**	**38.9**	**13.6**	**19.5**	**15.2**	**4.5**	**26.3**	**10.4**	
宝泉岭局	100	56.6	37.0	19.0	16.4	12.8	3.5	27.0	11.6	
红兴隆局	100	53.6	38.6	13.1	18.2	13.7	4.5	28.2	10.3	
建三江局	100	73.0	65.6	6.7	9.7	6.7	3.0	17.3	6.2	
牡丹江局	100	58.3	45.6	12.1	18.8	14.6	4.2	22.9	8.2	
北安局	100	56.1	41.1	13.6	10.8	7.9	2.9	33.2	12.7	
九三局	100	54.7	37.5	14.3	8.6	6.1	2.6	36.6	13.4	
齐齐哈尔局	100	58.9	29.4	27.2	6.9	5.1	1.8	34.1	13.4	
绥化局	100	53.0	28.5	22.1	16.8	13.5	3.2	30.2	14.0	
哈尔滨局	100	45.2	24.7	15.2	30.3	28.0	2.3	24.5	6.8	
总局直属	100	0.6	0.4	0.1	69.9	55.4	14.5	29.5	7.7	
指数%(上年=100)	**115.5**	**115.7**	**115.1**	**116.5**	**116.0**	**112.7**	**128.5**	**114.7**	**120.6**	**113.2**
宝泉岭局	115.5	120.0	119.9	121.1	107.5	102.8	129.2	112.3	115.0	114.0
红兴隆局	114.0	114.2	111.6	121.0	115.1	114.0	118.5	113.0	133.8	114.1
建三江局	114.9	116.4	116.6	122.5	113.9	116.6	108.2	109.9	112.6	113.1
牡丹江局	116.6	111.8	110.5	115.6	130.1	123.9	156.9	118.4	112.6	115.1
北安局	117.4	109.4	107.4	117.0	124.2	122.6	128.6	131.4	152.4	115.2
九三局	119.0	117.2	124.6	99.2	114.2	121.2	100.4	123.0	112.6	118.5
齐齐哈尔局	115.8	116.0	106.8	124.5	129.0	126.8	135.8	113.2	106.8	104.1
绥化局	115.8	118.3	116.0	122.7	118.3	121.2	107.7	110.6	107.3	112.6
哈尔滨局	116.5	114.6	104.1	135.6	119.5	120.0	112.9	116.5	119.4	105.4
总局直属	112.0	109.2	120.7	84.0	110.5	104.9	145.5	115.5	142.6	112.7

2-13　各分局生产总值要素

单位:万元

年份 单位	生产总值	劳动者报酬	固定资产折旧	生产税净额	#补贴	营业盈余
2001	1606628	677408	226783	97703	2953	604734
2002	1718555	706516	222037	100807	2207	689195
2003	1952822	825657	229181	119341	6373	778643
2004	2361168	998773	279839	39015	56481	1043541
2005	2698322	1119155	337362	42417	57730	1199388
2006	3014742	1279975	371311	33955	92848	1329501
2007	3603481	1517882	444800	24775	123183	1616024
2008	4544690	1856973	532018	-39217	216608	2194916
宝泉岭局	682518	206782	67300	-10139	31264	418576
红兴隆局	943465	417144	121105	2880	39002	402336
建三江局	769093	338950	90778	-24447	42253	363812
牡丹江局	769770	221760	94906	-16462	38158	469567
北安局	335231	137768	54874	-17036	24464	159625
九三局	350727	151992	39438	-10693	19975	169991
齐齐哈尔局	223856	95648	35507	-967	8185	93668
绥化局	227691	97486	20372	-391	7258	110224
哈尔滨局	82622	36929	11092	2205	1618	32396
总局直属	357698	153692	68067	35913	4431	100027

2-14　各分局生产总值要素构成

（以生产总值为100）

单位:%

年份 单位	生产总值	劳动者报酬	固定资产折旧	生产税净额	#补贴	营业盈余
2001	100	42.2	14.1	6.1	0.2	37.6
2002	100	41.1	12.9	5.9	0.1	40.1
2003	100	42.3	11.7	6.1	0.3	39.9
2004	100	42.3	11.9	1.7	2.4	44.2
2005	100	41.5	12.5	1.6	2.1	44.4
2006	100	42.5	12.3	1.1	3.1	44.1
2007	100	42.1	12.3	0.7	3.4	44.8
2008	100	40.9	11.7	-0.9	4.8	48.3
宝泉岭局	100	30.3	9.9	-1.5	4.6	61.3
红兴隆局	100	44.2	12.8	0.3	4.1	42.6
建三江局	100	44.1	11.8	-3.2	5.5	47.3
牡丹江局	100	28.8	12.3	-2.1	5.0	61.0
北安局	100	41.1	16.4	-5.1	7.3	47.6
九三局	100	43.3	11.2	-3.0	5.7	48.5
齐齐哈尔局	100	42.7	15.9	-0.4	3.7	41.8
绥化局	100	42.8	8.9	-0.2	3.2	48.4
哈尔滨局	100	44.7	13.4	2.7	2.0	39.2
总局直属	100	43.0	19.0	10.0	1.2	28.0

2-15　各分局生产总值所有制构成及指数

单位:万元

年份 单位	生产总值			构成(%)		指数%(上年=100)	
	合计	公有经济	非公有经济	公有经济	非公有经济	公有经济	非公有经济
2001	1606628	921066	685562	57.3	42.7	106.8	118.4
2002	1718555	947513	771042	55.1	44.9	105.4	115.2
2003	1952822	1094896	857926	56.1	43.9	112.9	108.7
2004	2361168	1408770	952398	59.7	40.3	122.3	111.0
2005	2698322	1610853	1087469	59.7	40.3	113.1	113.0
2006	3014742	1785274	1229468	59.2	40.8	110.3	117.5
2007	3603481	2126799	1476682	59.0	41.0	111.5	115.5
2008	4544690	2547458	1997232	56.1	43.9	111.4	121.4
宝泉岭局	682518	307335	375183	45.0	55.0	112.9	117.8
红兴隆局	943465	432303	511162	45.8	54.2	111.8	115.9
建三江局	769093	559070	210023	72.7	27.3	117.9	107.5
牡丹江局	769770	417597	352173	54.2	45.8	115.2	118.2
北安局	335231	191938	143293	57.3	42.7	109.4	130.3
九三局	350727	182267	168460	52.0	48.0	116.6	121.7
齐齐哈尔局	223856	86875	136981	38.8	61.2	108.2	121.2
绥化局	227691	78242	149449	34.4	65.6	114.5	116.4
哈尔滨局	82622	32402	50220	39.2	60.8	107.9	122.8
总局直属	357698	337856	19842	94.5	5.5	113.8	110.9

注:本表公有经济为全部国有、集体经济及国有集体控股经济,2005年以前称国有经济。

2-16　各分局总产出

单位:万元

年份 单位	总产出	第一产业	第二产业	工业	建筑业	第三产业	#交通运输、仓储及通讯业	#贸易业及餐饮业
2001	3269706	1575981	894335	740993	153342	799390	127894	246734
2002	3593217	1561395	1147811	964031	183780	884011	142507	312322
2003	4283166	1711008	1603099	1363948	239151	969059	164491	366954
2004	5295840	2344534	1893431	1613925	279506	1057875	180985	416270
2005	6476202	2797343	2495947	2199109	296838	1182912	204145	471878
2006	7245997	2964399	2878622	2500072	378550	1402976	257541	515319
2007	8542381	3596771	3235100	2778363	456737	1710510	297128	702274
2008	10567719	4645351	3881360	3287011	594349	2041008	373262	830562
宝泉岭局	1403885	738507	379737	319702	60036	285641	49925	121619
红兴隆局	1870786	918052	525742	412645	113097	426993	100479	157906
建三江局	1491263	1004377	254438	195305	59133	232448	41911	86705
牡丹江局	1562366	826863	477073	412824	64250	258430	67051	88806
北安局	716534	396340	125597	97437	28160	194597	29481	83511
九三局	678658	376787	92923	66259	26664	208949	21975	86331
齐齐哈尔局	466763	293366	50736	40882	9854	122661	17908	53531
绥化局	447671	243800	91914	77348	14566	111957	23587	54861
哈尔滨局	195389	73389	84410	79713	4697	37590	6401	11814
总局直属	2039305	5504	1798790	1584897	213893	235011	16908	85478

注:2006和2007年数据为第二次农业普查衔接后数据。

主要统计指标解释

国民经济核算体系　是联合国各国推荐的统计制度。它以国民经济作为一个整体，是用帐户形式，进行系统核算的体系，是宏观经济管理、计划、预测和决策的重要手段。

1947年联合国发表关于《国民收人的测算及社会帐户的建立》的报告，1953年联合国制定了《国民经济核算帐户体系辅助表》(简称旧SNA)，标志着规范化的国民经济核算体系的诞生，1968年，联合国在完善国民收入和生产核算的同时，引进投人产出核算、资金流量核算、国际收支核算和资产负债核算，从而形成了比较完整的国民经济核算体系，即新SNA，可以清晰地描述国民经济循环全过程。

1993年联合国统计委员会通过了新修订的SNA，我国目前正在实现向新国民经济核算体系的全面过渡 。

国民生产总值　也叫国民总收入(GNI)。是指一个国家(或地区)所有常住单位在一定时期内收入初次分配的最终成果。国民生产总值是一个收入概念。我国常住单位从事生产活动所创造的增加值在初次分配过程中主要分配给我国的常住单位，但也有一部分以生产税及进口税(扣除生产和进口补贴)、劳动者报酬和财产收入等形式分配给非常住单位；同时，国外所创造的增加值也有一部分以劳动者报酬和财产收入等形式分配给我国常住单位，从而产生了国民生产总值概念。它等于国内生产总值加上来自国外的劳动者报酬和财产收入减去支付给国外的劳动者报酬和财产收入。

国内生产总值　是指一个国家(或地区)所有常住单位在一定时期内生产活动的最终成果。国内生产总值是一个生产概念。从价值形态看，它是所有常住单位在一定时期内所生产的全部货物和服务价值超过同期投入的全部非固定资产货物和服务价值的差额，即所有常住单位的增加值之和；从收入形态看，它是所有常住单位在一定时期内所创造并分配给我们常住单位和非常住单位的初次分配收入之和，由劳动者报酬、固定资产折旧、生产税净额、营业盈余四部分构成；从产品形态看，它是最终使用的货物和服务减去进口货物和服务。在核算中，国内生产总值的三种表现形态表现为三种计算方法，即生产法、收入法(分配法)和支出法。三种方法分别从不同的方面反映国内生产总值及其构成。多年来，我国习惯上将国家和某一地区(省、市、县)的GDP统称为“国内生产总值”，其英文全称为Gross Domestic Product，考虑到“Domestic”词有“国内、地区”等多种含义，将一个地区的GDP称为国内生产总值是不够恰当的。因此，为了准确的表达该指标，从2004年起各地区的GDP的中文译名不再叫“国内生产总值”统一改称为“××地区生产总值”，如“××市生产总值”，简称为“××市GDP”。

三次产业　按照我国现行计算国内生产总值的有关规定，将各物质生产部门和非物质生产部门在国民经济和社会发展中的地位和作用不同划分为三次产业。

第一产业　是指农林牧渔业。

第二产业　是指采矿业，制造业，电力、燃气及水的生产和供应业，建筑业。

第三产业　是指除第一、二产业以外的其他行业。包括：交通运输、仓储和邮政业，信息传输、计算机服务和软件业，批发和零售业，住宿和餐饮业，金融业，房地产业，租赁和商务服务业，科学研究、技术服务和地质勘查业，水利、环境和公共设施管理业，居民服务和其他服务业，教育，卫生、社会保障和社会福利业，文化、体育和娱乐业，公共管理和社会组织，国际组织。

总产出　指一定时期内一个国家(或地区)常住单位生产的所有货物和服务的价值，既包括新增价值，也包括被消耗的货物和服务价值及固定资产的转移价值。总产出按生产者价格计算，它反映常住单位生产活动的总规模。

中间投入　指常住单位在生产或提供货物与服务过程中，消耗和使用的所有非固定资产货物和服务的价值。中间投入也称中间消耗，一般按购买者价格计算。

增加值　指常住单位生产过程创造的新增价值和固定资产的转移价值。它可以按生产法计算，也可以按收入法计算，按生产法计算，它等于总产出减中间投入；按收入法计算，它等于劳动者报酬、生产税净额、固定资产折旧和营业盈余之和。

劳动者报酬　指劳动者因从事生产活动所获得的全部报酬。包括劳动者获得的各种形式的工资、奖金和津贴，既包括货币形式，也包括实物形式的，还包括劳动者所享受的公费医疗和医药卫生费、上下班交通补贴、单位支付的社会保险费、住房公积金等。

生产税净额　指生产税减生产补贴后的余额。生产税指政府对生产单位从事生产、销售和经营活动以及因从事生产活动使用某些生产要素（如固定资产、土地、劳动力）所征收的各种税、附加费和规费。生产补贴与生产税相反，指政府对生产单位的单方面转移支出，因此视为负生产税，包括政策亏损补贴、价格补贴等。

固定资产折旧　指一定时期内为弥补固定资产损耗按照规定的固定资产折旧率提取的固定资产折旧，或按国民经济核算统一规定的折旧率虚拟计算的固定资产折旧。它反映了固定资产在当期生产中的转移价值。各类企业和企业化管理的事业单位的固定资产折旧是指实际计提的折旧费；不计提折旧的政府机关、非企业化管理的事业单位和居民住房的固定资产折旧是按照统一规定的折旧率和固定资产原值计算的虚拟折旧。

营业盈余　指常住单位创造的增加值扣除劳动者报酬、生产税净额和固定资产折旧后的余额。它相当于企业的营业利润加上生产补贴，但要扣除从利润中开支的工资和福利等。

社会总产值　也称社会总产出。是反映一个国家（或地区）在一定时期内生产的全部物质产品的总和的重要指标。在实物形态上，它可分为生产资料和消费资料两大类；在价值形态上，它可分为：(1)生产过程中消耗掉的生产资料转移价值；(2)劳动者所创造的价值，其中包括相当于劳动报酬的那部分必要产品的价值和为社会创造的剩余产品的价值。在社会生活中，农业、工业、建筑业直接生产物质产品，运输业和商业担负着产品生产过程继续的职能，也创造和增加一部分价值。因此，农业、工业、建筑业、运输业、商业(包括饮食业和物质供应业)五个物质生产部门总产值(当年价格)之和，就是社会总产值。社会总产值的统计范围，是以地域为原则的。

当年价格　指报告期的实际价格，如工厂的出厂价格，农产品的收购价格，商业的零售价格等。按当年价格计算，是指一些以货币表现的物量指标，如社会总产值、工农业总产值、国民收入、国民生产总值等，按照当年的实际价格来计算总量，是为了使国民经济各项指标互相衔接，便于考察当年社会经济效益，便于对生产和流通、生产和分配、生产和消费进行经济核算和综合平衡。

按当年价格计算的价值指标，在不同年份之间进行对比时，因为包含有各年间价格变动的因素，不能确切地反映实物量的增减变动，必须消除价格变动因素后才能真实反映经济发展动态。因此，在计算增长速度时都使用可比价格计算的数字。

可比价格　指在不同时期的价格指标对比时，扣除了价格变动的因素，以确切表示物量的变动，按可比价格计算有两种方法：一种是直接按产品产量乘其不变价格计算；一种是用物价指数换算。

发展速度　发展速度是报告期发展水平与基期水平之比。它是从相对数方面来说明现象发展程度的重要指标。

增长速度　增长速度是表明现象增长程度的相对指标。是根据增长量与基期水平之比计算的，也可用发展速度减1来计算，说明现象报告期水平比基期水平增长了多少倍或百分之几。

平均每年增长速度　在我国计算平均增长速度有两种方法，一种是习惯上经常使用的“水平法”，又称几何平均法，是以间隔期最后一年的水平同基期水平对比来计算平均每年增长（或下降）速度的。另一种是“累计法”，又称代数平均法和方程法，是以间隔期内各年水平的总和同基期水平对比来计算平均每年增长（或下降）速度的。（具体计算方法，可参阅中国财政经济出版社出版的(平均增长速度查对表)。

在一般正常情况下，两种方法计算的平均年增长速度比较接近，但在经济不平衡出现大起大落时，两种方法计算的结果差别较大，本《年鉴》内所列的平均每年年增长速度，都是用“水平法”计算的。

指数　指数是表明现象数量对比关系的相对数。广义上的指数，就是相对数。狭义上的指数，是一种特殊的相对数，是用来表明不能直接相加的各种要素所构成的复杂现象总体的数量对比关系的相对数。

国有经济　是指生产资料归国家所有的经济类型，它包括中央和地方各级国家机关、事业单位和社会团体使用国有资产投资举办的企业，也包括实行企业化经营，国家不再核拨经费或核拨部分经费的事业单位和从事经营活动的社会团体。

集体经济　是指生产资料归公民集体所有的一种经济类型，它包括城乡所有使用集体投资举办的企业，以及部分个人通过集体自愿放弃所有权并依法经工商管理机关认定为集体经济的企业。

个体经济　指生产资料归劳动者个人所有，以个体劳动为基础，劳动成果归劳动者个人占有和支配的一种经济类型，它包括所有登记注册的个体工商户和个人合伙。

STATISTICAL
YEARBOOK

3 人口、从业人员和职工工资

从业人员三次产业构成（%）

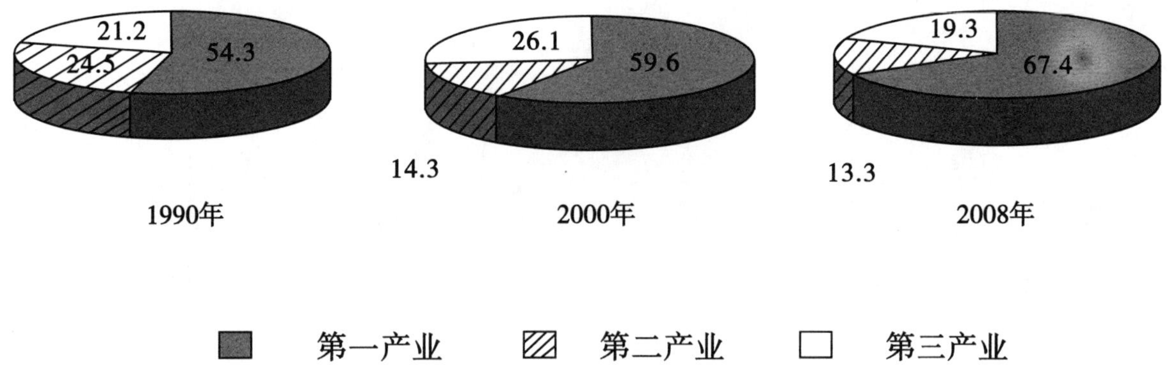

职工平均工资（元）

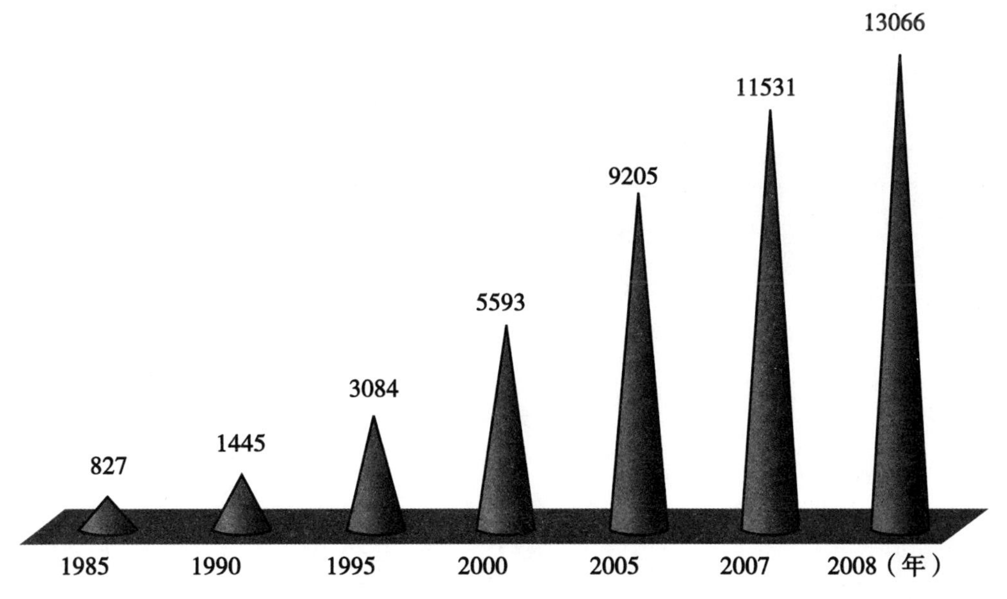

注：2000年及以后年份为在岗职工平均工资，以前年份为全部职工平均工资

3-1 历年年末户数和人口数

年　份	总户数（户）	农场户	非农场户	总人口（人）	农场人口	非农场人口
1949	1008	1008		4836	4836	
1950	1744	1744		9557	9557	
1951	2182	2182		20006	19306	700
1952	3057	3057		26699	25303	1396
1953	4398	4253	145	35286	32137	3149
1954	5434	5126	308	43431	37088	6343
1955	9891	8789	1102	81368	73098	8270
1956	18929	18694	235	154664	146401	8263
1957	27136	26725	411	194157	184181	9976
1958	58558	57245	1313	423728	403463	20265
1959	92314	89872	2442	695754	647588	48166
1960	116074	114259	1815	845814	790964	54850
1961	126957	125053	1904	786068	732406	53680
1962	127627	125633	1994	735683	682999	52684
1963	143450	138409	5041	748974	711476	37498
1964	139721	138543	1178	782495	738221	44274
1965	148639	144963	3676	853410	808494	44916
1966	176408	164830	11578	960571	863576	96995
1967	182203	172720	9483	956213	908389	47824
1968	205272	193309	11963	1162770	1096069	66701
1969	195158	181837	13321	1364831	1284793	80038
1970	199688	186254	13434	1426115	1341899	84216
1971	210764	195732	15032	1490392	1391233	99159
1972	217068	201456	15612	1492790	1385534	107256
1973	226752	209249	17503	1526608	1406482	120126
1974	241190	222834	18356	1534111	1419799	114312
1975	252320	236604	15716	1560671	1466163	94508
1976	265322	247804	17518	1609681	1475938	133743
1977	287719	265219	22500	1649667	1532771	116896
1978	308553	274437	34116	1663485	1509127	154358
1979	308255	286403	21852	1544882	1419951	124931
1980	333997	290889	43108	1567498	1417376	150122
1981	341806	312675	29131	1578689	1442805	135884
1982	364111	331392	32719	1596901	1457331	139570
1983	376948	342469	34479	1608840	1463934	144906
1984	390008	350737	39271	1612954	1465712	147242
1985	396939	357237	39702	1582424	1428940	153484
1986	406125	366585	39540	1576941	1423474	153467
1987	417000	375087	41913	1569000	1404137	164863
1988	417005	371586	45419	1551050	1380516	170534
1989	425613	386040	39573	1551257	1395910	155347
1990	444939	396467	48472	1554242	1383853	170389
1991	458444	409170	49274	1562401	1387522	174879
1992	466431	412990	53441	1558581	1370455	188126
1993	469268	420014	49254	1566351	1313572	252779
1994	470143	407047	63096	1553486	1370395	183091
1995	480926	429076	51850	1553051	1354009	199042
1996	489908	434803	55105	1566168	1363310	202858
1997	494924	434041	60883	1569137	1303196	265941
1998	499906	437884	62022	1579481	1370286	209195
1999	502246	445101	57145	1580554	1377611	202943
2000	510477	450073	60404	1574655	1371087	203568
2001	518438	460517	57921	1579927	1363533	216394
2002	520350	458559	61791	1582752	1349727	233025
2003	523822	462631	61191	1574558	1356351	218207
2004	529588	468388	61200	1579389	1365675	213714
2005	545198	484845	60353	1585954	1379391	206563
2006	552652	494864	57788	1594897	1390611	204286
2007	586854	525004	61850	1649509	1452205	197304
2008	596355	534825	61530	1659685	1460384	199301

3-2 各分局年末人口数

单位:人

年份 单位	总户数 (户)	总人口	按性别分		按农场、非农场户口分	
			男	女	农场	非农场
2001	518438	1579927	830911	749016	1363533	216394
2002	520350	1582752	836669	746083	1349727	233025
2003	523822	1574558	822635	751923	1356351	218207
2004	529588	1579389	825065	754324	1365675	213714
2005	545198	1585954	821075	764879	1379391	206563
2006	552652	1594897	824151	770746	1390611	204286
2007	586854	1649509	857094	792415	1452205	197304
2008	596355	1659685	861105	798580	1460384	199301
宝泉岭局	81138	214091	108618	105473	199142	14949
红兴隆局	128161	344211	178529	165682	315355	28856
建三江局	70441	206600	105808	100792	192559	14041
牡丹江局	76430	200596	107101	93495	175649	24947
北安局	68331	203301	108661	94640	195577	7724
九三局	55885	159932	82175	77757	130127	29805
齐齐哈尔局	49794	140533	70645	69888	132982	7551
绥化局	29196	74078	36673	37405	71867	2211
哈尔滨局	15049	42722	22300	20422	34470	8252
总局直属	21930	73621	40595	33026	12656	60965

3-3 各分局计划生育情况

年份 单位	计划生育率 (%)	女性晚婚率 (%)	综合节育率 (%)	一孩生育率 (%)	二孩生育率 (%)	多孩生育率 (%)
2001	99.70	64.95	93.85	95.44	4.50	0.06
2002	99.81	63.01	93.64	94.93	4.98	0.09
2003	99.86	60.42	96.36	94.22	5.68	0.10
2004	99.81	60.71	93.04	94.22	5.72	0.06
2005	99.54	60.51	93.11	92.79	7.16	0.05
2006	99.60	57.82	93.15	91.71	8.22	0.07
2007	99.72	58.07	93.28	91.13	8.80	0.07
2008	99.66	54.48	92.44	90.38	9.49	0.13
宝泉岭局	100.00	54.73	90.01	90.20	9.68	0.12
红兴隆局	98.80	64.55	93.88	89.69	9.97	0.34
建三江局	99.92	55.85	93.13	89.56	10.44	
牡丹江局	100.00	48.44	91.45	88.75	11.25	
北安局	100.00	44.96	92.51	92.77	7.23	
九三局	99.07	51.89	91.69	90.88	8.75	0.37
齐齐哈尔局	99.76	50.00	93.63	92.05	7.71	0.24
绥化局	100.00	50.27	92.25	91.96	8.04	
哈尔滨局	100.00	75.58	92.64	93.64	6.36	
总局直属	100.00	100.00	93.73	96.15	3.85	

注：本表资料由总局计划生育委员会提供。

3-4 各分局按年龄分组的人口数

单位:人

单位	总人口	0-6岁	7-14岁	15-50岁	#女性
总局	**1659685**	**66661**	**154603**	**1041488**	**500731**
宝泉岭局	214091	7832	19185	130743	64941
红兴隆局	344211	12217	32364	202749	99243
建三江局	206600	9476	19233	140831	69203
牡丹江局	200596	7872	19818	122373	57736
北安局	203301	9898	21922	126103	57378
九三局	159932	6281	14817	99593	49042
齐齐哈尔局	140533	6875	12204	86290	42053
绥化局	74078	2987	6971	48727	24139
哈尔滨局	42722	1291	3576	27788	13595
总局直属	73621	1932	4513	56291	23401

3-4续表

单位:人

单位	51-60岁	#女性	61-64岁	#女性	65岁以上
总局	**203957**	**92517**	**88873**	**42580**	**104103**
宝泉岭局	27298	12581	12030	5855	17003
红兴隆局	49506	23133	19075	9547	28300
建三江局	20495	9444	8904	4230	7661
牡丹江局	23123	9829	11425	5244	15985
北安局	25690	10630	10056	4023	9632
九三局	20642	9853	9972	4936	8627
齐齐哈尔局	17662	8682	9723	5219	7779
绥化局	7858	3623	3649	1655	3886
哈尔滨局	4784	2121	2100	957	3183
总局直属	6899	2621	1939	914	2047

3-5　各分局民族人口数

（2000年11月30日第五次人口普查资料）

单　位	总人口（人）	汉　族	满　族	朝鲜族	蒙古族	回　族	其他民族
宝泉岭局	212896	208388	1847	1349	370	331	611
红兴隆局	345452	335036	5508	1790	469	252	1895
建三江局	190795	186774	2241	896	278	191	415
牡丹江局	207829	201349	3344	1560	532	277	764
北　安局	194358	185199	6196	322	751	345	1545
九　三局	158965	157223	1002	120	200	250	170
齐齐哈尔局	102248	98240	987	819	900	121	1181
绥　化局	74113	71130	925	413	1410	121	114
哈尔滨局	30626	29958	189	335	51	71	22

3-6　各分局6岁以上按文化程度分的人口数

（2000年11月30日第五次人口普查资料）

单　位	合　计（人）	大学本科	大学专科	中　专	高　中	初　中	小　学
宝泉岭局	197565	3321	6656	10854	30060	78698	50827
红兴隆局	326817	10464	22029	17850	53164	113052	60115
建三江局	175149	2532	6982	7084	29673	72783	56095
牡丹江局	197819	1968	7532	7524	23662	78362	61860
北　安局	184172	1306	5395	7439	24882	80344	51859
九　三局	150823	412	3150	3981	43260	56510	43510
齐齐哈尔局	93538	534	2999	2606	13031	44726	22835
绥　化局	69306	998	1951	5054	13544	29979	16412
哈尔滨局	29307	942	986	1254	8619	8756	8750

3-7 各分局人口增减变动情况

年份 单位	年初人口数（人）	年内增加数（人）	迁入	出生	年内减少数（人）	迁出
2001	1574655	81288	73584	7704	76016	70469
2002	1579927	75661	67500	8161	72836	67065
2003	1582752	57506	50451	7055	65700	59055
2004	1574558	64689	57101	7588	59858	52715
2005	1579389	56147	48994	7153	49582	42795
2006	1585954	66027	58854	7173	57084	49712
2007	1594897	110616	103676	6940	56004	48720
2008	1649509	56390	49716	6674	46214	38291
宝泉岭局	210916	6170	5381	789	2995	1810
红兴隆局	346763	4865	3472	1393	7417	5897
建三江局	203819	8828	7755	1073	6047	5289
牡丹江局	199287	6546	5699	847	5237	4032
北安局	202015	7183	6488	695	5897	4894
九三局	159176	5092	4473	619	4336	3426
齐齐哈尔局	142270	3868	3268	600	5605	4922
绥化局	71943	3859	3576	283	1724	1340
哈尔滨局	41514	2303	2162	141	1095	942
总局直属	71806	7676	7442	234	5861	5739

3-7续表

年份 单位	死亡	年末人口数（人）	年平均人口数（人）	出生率（‰）	死亡率（‰）	自然增长率（‰）
2001	5547	1579927	1577291	6.40	4.08	2.32
2002	5771	1582752	1581340	6.07	4.20	1.87
2003	6645	1574558	1578655	5.26	4.47	0.79
2004	7143	1579389	1576974	5.28	4.68	0.60
2005	6787	1585954	1582672	5.17	4.74	0.43
2006	7372	1594897	1590425	4.97	5.05	-0.08
2007	7284	1649509	1622203	4.55	4.91	-0.36
2008	7923	1659685	1654597	4.03	4.79	-0.75
宝泉岭局	1185	214091	212504	3.71	5.58	-1.86
红兴隆局	1520	344211	345487	4.03	4.40	-0.37
建三江局	758	206600	205210	5.23	3.69	1.54
牡丹江局	1205	200596	199942	4.24	6.03	-1.79
北安局	1003	203301	202658	3.43	4.95	-1.52
九三局	910	159932	159554	3.88	5.70	-1.82
齐齐哈尔局	683	140533	141402	4.24	4.83	-0.59
绥化局	384	74078	73011	3.88	5.26	-1.38
哈尔滨局	153	42722	42118	3.35	3.63	-0.28
总局直属	122	73621	72714	3.22	1.68	1.54

3-8 各分局从业人员人数

单位:人

单位	从业人员	国有单位	集体单位	其他单位
2001	698104	557264	3669	137171
2002	709310	541217	3192	164901
2003	704813	529426	1529	173858
2004	731203	527703	384	203116
2005	743997	544052	233	199712
2006	781497	552547	213	228737
2007	883865	654430	213	229222
2008	906730	671054	236	235440
宝泉岭局	126588	91930	43	34615
红兴隆局	190616	148243	50	42323
建三江局	124975	95717		29258
牡丹江局	98822	72619		26203
北安局	95728	77174		18554
九三局	84942	70326		14616
齐齐哈尔局	67606	55158		12448
绥化局	44196	30062		14134
哈尔滨局	20822	12482		8340
总局直属	52435	17343	143	34949

3-9 各分局按三次产业分的从业人员人数

单位	绝对数(人)			构成%(以全部从业人员为100)		
	第一产业	第二产业	第三产业	第一产业	第二产业	第三产业
2001	452056	91417	154631	64.7	13.1	22.2
2002	437878	95156	176276	61.7	13.4	24.9
2003	439954	98965	165894	62.4	14.0	23.6
2004	465737	94588	170878	63.7	12.9	23.4
2005	465073	105950	172974	62.5	14.2	23.2
2006	497173	109934	174390	63.6	14.1	22.3
2007	594990	117256	171619	67.3	13.3	19.4
2008	611059	120317	175354	67.4	13.3	19.3
宝泉岭局	88625	15032	22931	70.0	11.9	18.1
红兴隆局	140183	20188	30245	73.5	10.6	15.9
建三江局	87222	8687	29066	69.7	7.0	23.3
牡丹江局	62588	12859	23375	63.3	13.0	23.7
北安局	72044	7376	16308	75.3	7.7	17.0
九三局	63513	5660	15769	74.7	6.7	18.6
齐齐哈尔局	54071	4439	9096	79.9	6.6	13.5
绥化局	29439	5418	9339	66.6	12.3	21.1
哈尔滨局	11808	4262	4752	56.7	20.5	22.8
总局直属	1566	36396	14473	3.0	69.4	27.6

3-10 各分局分行业从业人员人数

单位:人

年份 单位	合计	农林牧渔业	工业	建筑业	交通运输仓储和邮政业	批发、零售及住宿、餐饮业
2001	698104	452056	70225	21192	21219	49001
2002	709310	437878	72325	22831	25241	54048
2003	704813	439954	75541	23424	23727	55803
2004	731203	465737	73471	21117	21582	58950
2005	743997	465073	77850	28100	20383	58568
2006	781497	497173	83846	26088	20824	59145
2007	883865	594990	89508	27748	19836	58419
2008	906730	611059	91146	29171	19836	62377
宝泉岭局	126588	88625	12134	2898	3261	8836
红兴隆局	190616	140183	16136	4052	3461	10065
建三江局	124975	87222	5980	2707	3329	12010
牡丹江局	98822	62588	10884	1975	3579	7499
北安局	95728	72044	5025	2351	2113	5388
九三局	84942	63513	4875	785	1065	5430
齐齐哈尔局	67606	54071	3237	1202	1351	3469
绥化局	44196	29439	4355	1063	857	3472
哈尔滨局	20822	11808	3911	351	663	1799
总局直属	52435	1566	24609	11787	157	4409

3-10续表

单位:人

年份 单位	房地产业居民服务和其他服务业	卫生、社会保障和社会福利业	教育、文化、体育和娱乐业	科学研究、技术服务和地质勘察业	公共管理和社会组织	其他
2001	22762	14198	29778	1685	7660	8328
2002	25988	14757	29746	1580	7630	17286
2003	28313	13313	28665	1958	12999	1116
2004	19366	11886	28411	1911	13325	15447
2005	17791	13764	27315	2292	13143	19718
2006	19817	13771	26753	2101	13616	18363
2007	17505	12247	26831	1657	16532	18592
2008	17258	12614	26409	2082	16773	18005
宝泉岭局	2842	1841	3166	186	1697	1102
红兴隆局	3622	2552	3517	110	2135	4783
建三江局	3147	1314	3492	133	3604	2037
牡丹江局	2751	1697	3168	133	1883	2665
北安局	1287	1372	2806	158	2749	435
九三局	1196	883	2340	56	985	3814
齐齐哈尔局	843	760	1635	6	888	144
绥化局	944	397	2516		963	190
哈尔滨局	410	144	792		912	32
总局直属	216	1654	2977	1300	957	2803

3-11 年末按登记注册类型分的各行业从业人员人数

单位:人

行业	从业人员人数	国有单位	#在岗职工人数	集体单位	其他单位
总计	**906730**	**671054**	**321361**	**236**	**235440**
一、按国民经济行业分组					
(一)农林牧渔业	611059	571754	240235	27	39278
1. 农业	490831	474611	205366		16220
2. 林业	5540	5107	2928		433
3. 畜牧业	102713	81633	25668	27	21053
4. 渔业	3822	3183	1187		639
5. 农林牧渔服务业	8153	7220	5086		933
(二)工业	91146	11395	10366	143	79608
(三)建筑业	29171	2419	1261	16	26736
#房屋和土木工程建筑业	28525	2275	1132	16	26234
(四)交通运输、仓储和邮政业	19836	3479	2733		16357
#道路运输业	18740	2889	2288		15851
(五)批发、零售和住宿、餐饮业	62377	5998	4028		56379
(六)房地产、居民服务和其他服务业	17258	2839	1904		14419
#居民服务业	9500	2182	1340		7318
(七)租赁和商务服务业	6501	6316	2899		185
(八)卫生、社会保障和社会福利业	12614	12614	11691		
(九)教育、文化、体育和娱乐业	26409	26409	25081		
1. 教育	25894	25894	24635		
#高等教育	2628	2628	2592		
中等教育	18594	18594	17697		
初等教育	3847	3847	3649		
2. 文化艺术业	39	39	39		
3. 广播、电影、电视和音像业	476	476	407		
(十)科学研究、技术服务和地质勘查业	2082	1472	1315		610
(十一)公共管理和社会组织	16773	16773	13848		
#国家机构	16122	16122	13433		
(十二)其他行业	11504	9586	6000	50	1868
二、按三次产业分组					
第一产业	611059	571754	240235	27	39278
第二产业	120317	13814	11627	159	106344
第三产业	175354	85486	69499	50	89818

3-12 各分局分行业全部职工人数

单位:人

年份 单位	合计	农林牧渔业	工业	建筑业	交通运输仓储和邮政业	批发、零售及住宿、餐饮业
2001	408959	276730	40881	8234	7608	10347
2002	405320	264940	37665	9163	9857	9252
2003	397428	270287	35532	8251	7668	9142
2004	386510	268998	31746	6533	4895	7271
2005	345249	230132	31414	6287	4026	7313
2006	346037	227088	37729	5936	3543	7546
2007	360922	243959	34577	6342	3589	7135
2008	361783	243171	36019	6504	3236	7819
宝泉岭局	43814	31065	3304	614	210	808
红兴隆局	85437	68463	4917	737	677	576
建三江局	14891	4412	1259	101	693	678
牡丹江局	32403	19701	4017	153	510	560
北安局	45966	35272	1992	492	450	528
九三局	47888	38233	1840	71	284	493
齐齐哈尔局	31284	27237	334	20	192	418
绥化局	19415	13139	1564	192	63	483
哈尔滨局	6176	4324	339	1		38
总局直属	34509	1325	16453	4123	157	3237

3-12续表

年份 单位	房地产业居民服务和其他服务业	卫生、社会保障和社会福利业	教育、文化、体育和娱乐业	科学研究、技术服务和地质勘察业	公共管理和社会组织	其他
2001	7940	13375	28256	1328	6769	7491
2002	7894	13509	28265	1328	7313	16134
2003	11847	12475	27427	1721	12165	913
2004	4369	11318	27085	1590	12451	10254
2005	3108	12902	25783	1722	11905	10657
2006	3562	10957	25173	1631	12640	10232
2007	2393	11306	25424	1378	13996	10823
2008	2178	11708	25081	1809	14138	10120
宝泉岭局	311	1796	3084	152	1659	811
红兴隆局	716	2274	3309	93	2081	1594
建三江局	28	1146	3344	133	2274	823
牡丹江局	523	1613	2831	39	1432	1024
北安局	260	1307	2747	158	2403	357
九三局	145	806	2144	56	954	2862
齐齐哈尔局	29	686	1398	6	873	91
绥化局		393	2512		959	110
哈尔滨局	13	126	741		563	31
总局直属	153	1561	2971	1172	940	2417

3-13 各分局国有单位按用工形式分的职工人数

年份 单位	绝对数（人）			构成%（以全部从业人员为100）	
	合计	长期职工	临时职工	长期职工	临时职工
1985	699207	661945	37262	94.7	5.3
1990	731015	691766	39249	94.6	5.4
1991	745278	707145	38133	94.9	5.1
1992	745195	706913	38282	94.9	5.1
1993	721225	695663	25562	96.5	3.5
1994	705025	680782	24243	96.6	3.4
1995	660854	636498	24356	96.3	3.7
1996	627075	608472	18603	97.0	3.0
1997	606115	587337	18778	96.9	3.1
1998	547569	536716	10853	98.0	2.0
1999	446953	436559	10394	97.7	2.3
2000	414995	405604	9391	97.7	2.3
2001	388898	383814	5084	98.7	1.3
2002	376970	370981	5989	98.4	1.6
2003	371308	366348	4960	98.7	1.3
2004	350794	330680	20114	94.3	5.7
2005	313509	310944	2565	99.2	0.8
2006	300074	295629	4445	98.5	1.5
2007	360922	350395	10527	97.1	2.9
2008	361783	353621	8162	97.7	2.3
宝泉岭局	43814	42066	1748	96.0	4.0
红兴隆局	85437	84485	952	98.9	1.1
建三江局	14891	14333	558	96.3	3.7
牡丹江局	32403	32134	269	99.2	0.8
北安局	45966	45695	271	99.4	0.6
九三局	47888	47202	686	98.6	1.4
齐齐哈尔局	31284	30909	375	98.8	1.2
绥化局	19415	19270	145	99.3	0.7
哈尔滨局	6176	6111	65	98.9	1.1
总局直属	34509	31416	3093	91.0	9.0

3-14 国有单位按性别和专业技术分的各行业从业人员数

(2008年) 单位:人

行业	从业人员人数	#女性	比重(%)	#专业技术人员	#女性	比重(%)
总计	906730	369754	40.8	56396	26979	47.8
一、按企业、事业、机关分组						
1.企业	849661	340665	40.1	26930	8808	32.7
2.事业	46224	26593	57.5	27103	17494	64.5
3.机关	10845	2496	23.0	2363	677	28.7
二、按国民经济行业分组						
(一)农林牧渔业	611059	248776	40.7	12375	3209	25.9
1.农业	490831	199829	40.7	9688	2510	25.9
2.林业	5540	1866	33.7	310	89	28.7
3.畜牧业	102713	43947	42.8	754	98	13.0
4.渔业	3822	775	20.3	71	22	31.0
5.农林牧渔服务业	8153	2359	28.9	1552	490	31.6
(二)工业	91146	30826	33.8	5250	2270	43.2
(三)建筑业	29171	6717	23.0	2543	644	25.3
#房屋和土木工程建筑业	28525	6565	23.0	2463	630	25.6
(四)交通运输、仓储和邮政业	19836	2905	14.6	491	137	27.9
#道路运输业	18740	2726	14.5	323	109	33.7
(五)批发、零售和住宿、餐饮业	62377	35128	56.3	1380	558	40.4
(六)房地产、居民服务和其他服务业	17258	8781	50.9	491	161	32.8
#居民服务业	9500	4819	50.7	364	119	32.7
(七)租赁和商务服务业	6501	2412	37.1	1119	454	40.6
(八)卫生、社会保障和社会福利业	12614	8020	63.6	8919	6320	70.9
(九)教育、文化、体育和娱乐业	26409	16422	62.2	17204	11192	65.1
1.教育	25894	16231	62.7	16969	11100	65.4
#高等教育	2628	1246	47.4	1004	505	50.3
中等教育	18594	11587	62.3	12427	7983	64.2
初等教育	3847	2771	72.0	3010	2281	75.8
2.文化艺术业	39	13	33.3	34	12	35.3
3.广播、电影、电视和音像业	476	178	37.4	201	80	39.8
(十)科学研究、技术服务和地质勘查业	2082	657	31.6	1223	435	35.6
(十一)公共管理和社会组织	16773	4387	26.2	3649	1050	28.8
#国家机构	16122	4114	25.5	3562	1020	28.6
(十二)其他行业	11504	4723	41.1	1752	549	31.3

3-15　各分局国有单位分行业职工人数

单位:人

年份 单位	合计	农林牧渔业	工业	建筑业	交通运输仓储和邮政业	批发、零售及住宿、餐饮业
2001	388898	274867	27271	6360	6945	8765
2002	376970	260168	19748	5865	9146	8192
2003	371308	268240	18130	4949	7169	6527
2004	350794	263815	7794	3475	4394	4698
2005	313509	228243	10552	3505	3413	4415
2006	300074	220177	6259	1637	2872	6356
2007	320089	240048	5628	2879	2962	4234
2008	321361	240235	10366	1261	2733	4028
宝泉岭局	40393	30741	641	328	210	681
红兴隆局	80127	68329	214	360	668	527
建三江局	14121	4343	738	66	693	639
牡丹江局	28603	19699	430	120	504	427
北安局	43500	34911	797	337	357	264
九三局	45200	37149	655		93	437
齐齐哈尔局	29673	26387	181	20		48
绥化局	17738	13069	455		51	189
哈尔滨局	6162	4321	339			28
总局直属	15844	1286	5916	30	157	788

3-15续表

单位:人

年份 单位	房地产业居民服务和其他服务业	卫生、社会保障和社会福利业	教育、文化、体育和娱乐业	科学研究、技术服务和地质勘察业	公共管理和社会组织	其他
2001	7497	13375	28256	1325	6769	7468
2002	7434	13390	28265	1328	7307	16127
2003	11675	12412	27427	1721	12165	893
2004	4231	11236	27085	1566	12451	10049
2005	2946	10740	25783	1604	11905	10403
2006	2820	10957	25173	1540	12557	9726
2007	2215	11306	25424	1268	13996	10129
2008	1904	11691	24992	1315	13848	8988
宝泉岭局	290	1796	3084	152	1659	811
红兴隆局	678	2274	3309	93	2081	1594
建三江局	28	1146	3344	99	2274	751
牡丹江局	499	1613	2831	31	1432	1017
北安局	230	1307	2747	85	2113	352
九三局	73	806	2144	27	954	2862
齐齐哈尔局		669	1398	6	873	91
绥化局		393	2512		959	110
哈尔滨局	13	126	741		563	31
总局直属	93	1561	2882	822	940	1369

3-16 各分局国有单位分行业女性从业人员数

单位:人

年份 单位	合计	农林牧渔业	工业	建筑业	交通运输仓储和邮政业	批发、零售及住宿、餐饮业
2001	225986	166087	12310	2760	3331	3960
2002	212708	155191	8317	2169	3732	3232
2003	210947	159259	7055	2045	3006	3077
2004	213172	167478	3136	1334	1964	2543
2005	217827	170414	4235	2438	1655	2507
2006	233207	190671	2534	564	1393	3379
2007	271406	227743	1895	741	1407	2527
2008	277511	233083	3445	442	1258	2479
宝泉岭局	37508	32567	158	70	104	347
红兴隆局	61854	54388	90	138	330	317
建三江局	38858	32765	234	35	309	332
牡丹江局	30816	24883	198	62	381	232
北安局	29257	24803	341	110	88	238
九三局	30071	25918	272		19	183
齐齐哈尔局	25175	23283	70	17		57
绥化局	12486	10087	206		10	116
哈尔滨局	4830	3754	201			9
总局直属	6656	635	1675	10	17	648

3-16续表

单位:人

年份 单位	房地产业居民服务和其他服务业	卫生、社会保障和社会福利业	教育、文化、体育和娱乐业	科学研究、技术服务和地质勘察业	公共管理和社会组织	其他
2001	5553	9078	17999	601	1671	2636
2002	5951	8858	17945	576	1722	5015
2003	7307	8135	17315	678	2865	205
2004	2626	7533	17309	676	2647	5926
2005	1656	6931	16746	657	3030	7558
2006	1279	7299	16298	707	3302	5781
2007	1104	7794	16432	475	4267	7021
2008	1122	8007	16391	501	4259	6524
宝泉岭局	151	1116	2076	56	410	453
红兴隆局	319	1625	2250	31	382	1984
建三江局	45	902	2436	24	1063	713
牡丹江局	468	1120	2118	10	377	967
北安局	83	917	1718	24	772	163
九三局	10	572	1379	14	133	1571
齐齐哈尔局		439	1038	1	201	69
绥化局		239	1450		340	38
哈尔滨局	3	98	418		339	8
总局直属	43	979	1508	341	242	558

3-17 各分局集体单位分行业从业人员数

单位:人

年份 单位	合计	农林牧渔业	工业	建筑业	交通运输仓储和邮政业	批发、零售及住宿、餐饮业	房地产业居民服务和其它服务业	其他
2001	3669	80	2532	435		32	567	23
2002	3192	105	1962	342		14	496	273
2003	1529	105	1065	308		14	17	20
2004	384	105	229	20			30	
2005	233	27	153	39			14	
2006	213	27	150	16				20
2007	213	29	150	17				17
2008	236	27	143	16				50
宝泉岭局	43	27		16				
红兴隆局	50							50
建三江局								
牡丹江局								
北安局								
九三局								
齐齐哈尔局								
绥化局								
哈尔滨局								
总局直属	143		143					

3-18 各分局分行业个体劳动者人数

单位:人

年份 单位	合计	农林牧渔业	工业	建筑业	交通运输仓储和邮政业	批发、零售及住宿、餐饮业	房地产业居民服务和其它服务业	其他
2001	63469	2885	8491	355	10852	33582	6048	1256
2002	64019	2092	8977	900	11228	33199	6693	930
2003	62922	1955	8703	763	11091	33062	6556	792
2004	63381	1370	8949	177	11569	32872	5129	3315
2005	63702	1624	8677	179	10350	32069	6036	4767
2006	59882	1584	8221	179	9553	31789	6538	2018
2007	64669	1589	8430	169	9132	36798	6221	2330
2008	54703	1069	6317	341	2889	25279	13	18795
宝泉岭局	13730	151	2562		2066	3800		5151
红兴隆局	8099	408	327	20	74	5501	5	1764
建三江局	8820		790	3	146	3649		4232
牡丹江局	7010	60	733	74	87	3651		2405
北安局	4633	130	337	90	180	2341		1555
九三局	3793	35	312	13	93	2065		1275
齐齐哈尔局	4441	117	276		32	2936	7	1073
绥化局	1459	12	284	8	82	549		524
哈尔滨局	1762	143	557	30	26	460	1	545
总局直属	956	13	139	103	103	327		271

注:3-18 表资料由总局工商局提供。

3-19 单位职工人员增减变动情况

（2008年） 单位:人

项 目	职工数	项 目	职工数
上年年末职工人数	360922	(二)减少人数	20252
(一)增加人数	21113	1．离休、退休、退职	8406
1.招收职工子女	544	2．开除、除名、辞退	291
2.录用复转军人	236	3．终止、解除合同	2171
3.录用大中专技工学校毕业生	1892	4.调出人数	4418
4.调入人数	7398	#调到省外	76
#由省外调入	55	5.离岗职工	3044
5. 其他增加	11043	6.其他减少	1922

3-20 各分局职工增减变动情况

年份 单位	年末职工人数	1.增加人数	#招收职工子女	#调入人数	2.减少人数	#离退休退职	#调出人数
2001	408959	48585	983	14934	73589	5836	10456
2002	405320	48871	940	20443	52510	6024	11879
2003	397428	32463	874	16320	40355	5168	11085
2004	386510	31631	1005	12086	42549	5918	11402
2005	345249	17064	248	9375	58325	6775	6894
2006	346037	23201	251	9215	22413	6926	3442
2007	360922	33046	418	6573	18161	6798	3510
2008	361783	21113	544	7398	20252	8406	4418
宝泉岭局	43814	2243	39	1076	2549	1185	261
红兴隆局	85437	3503	141	2017	3831	2189	1332
建三江局	14891	1456	123	255	1929	482	202
牡丹江局	32403	2286	35	730	3581	923	421
北安局	45966	2139	6	667	1253	800	142
九三局	47888	3720	5	1426	2731	1160	849
齐齐哈尔局	31284	571	65	278	1322	834	313
绥化局	19415	1020	34	40	796	432	66
哈尔滨局	6176	227	1	141	217	102	93
总局直属	34509	3948	95	768	2043	299	739

3-21 各分局新就业和失业人数

单位:人

年份 单位	新就业 人数	国有 单位	集体 单位	从事个体 劳动	其他	失业 人数
2001	29242	17044	138	12060		20666
2002	20317	7945	379	11993		25742
2003	44722	29110	44	5124	10444	29298
2004	27418	9432		10015	7971	24810
2005	53975	2816		7140	44019	24151
2006	85981	9488		7140	69353	20523
2007	52584	7282		38007	7295	23127
2008	48263	11409		27968	8886	22570
宝泉岭局	5737	2575		2719	443	2302
红兴隆局	12576	3754		8565	257	6632
建三江局	4682	17		3372	1293	3338
牡丹江局	5182	343		4615	224	941
北安局	6705	4367		2021	317	1614
九三局	3911	338		1267	2306	2379
齐齐哈尔局	4520			3204	1316	1761
绥化局	1457			1372	85	2971
哈尔滨局	3034			389	2645	273
总局直属	459	15		444		359

3-22 各分局离退休、退职人员人数

单位:人

年份 单位	离退休 人员总数	离休人员	退休人员	退职人员
2001	196332	8534	180769	7029
2002	203575	8043	187044	8488
2003	209503	8031	193130	8342
2004	209645	8020	192217	9408
2005	215859	8010	199292	8557
2006	222334	7998	207464	6872
2007	230577	7908	214548	8121
2008	245583	6079	231728	7776
宝泉岭局	34382	851	32823	708
红兴隆局	63852	1581	60930	1341
建三江局	22102	547	19998	1557
牡丹江局	46661	1155	44565	941
北安局	22102	547	20810	745
九三局	22102	547	20382	1173
齐齐哈尔局	14735	365	14183	187
绥化局	7367	182	6817	368
哈尔滨局	4912	122	4652	138
总局直属	7368	182	6568	618

注:3-21和3-22表由总局劳动局提供。

3-23　年末按登记注册类型分的各行业从业人员劳动报酬

(2008年)　　单位:千元

行业	全国从业人员劳动报酬	国有单位	集体单位	其他单位
总　　计	**10475525**	**7356015**	**3083**	**3116427**
一、按企业、事业、机关分组				
1.企　　业	9268649	6149139	3083	3116427
2.事　　业	973852	973852		
3.机　　关	233024	233024		
二、按国民经济行业分组				
(一)农林牧渔业	5873266	5600441	300	272525
1.农　　业	4525245	4497090		28155
2.林　　业	71366	62697		8669
3.畜　牧　业	1103868	877755	300	225813
4.渔　　业	39937	33413		6524
5.农林牧渔服务业	132850	129486		3364
(二)工　　业	1234240	165316	1483	1067441
(三)建　筑　业	509103	45740	420	462943
#房屋和土木工程建筑业	501080	45082	420	455578
(四)交通运输、仓储和邮政业	323502	33334		290168
#道路运输业	306360	23909		282451
(五)批发、零售和住宿、餐饮业	842965	72386		770579
(六)房地产、居民服务和其他服务业	257156	28133		229023
#居民服务业	161653	23474		138179
(七)租赁和商务服务业	68465	63709		4756
(八)卫生、社会保障和社会福利业	247071	247071		
(九)教育、文化、体育和娱乐业	571641	571641		
1.教　育	556604	556604		
#高等教育	92715	92715		
中等教育	368936	368936		
初等教育	81991	81991		
2.文化艺术业	2614	2614		
3.广播、电影、电视和音像业	12423	12423		
(十)科学研究、技术服务和地质勘查业	62268	49998		12270
(十一)公共管理和社会组织	341923	341923		
#国家机构	334858	334858		
(十二)其他行业	143925	136323	880	6722

3-24 各分局分行业全部从业人员劳动报酬

单位:千元

年份 单位	合计	农林牧渔业	工业	建筑业	交通运输仓储和邮政业	批发、零售及住宿、餐饮业
2001	4089868	2294765	424764	176166	172337	352535
2002	4436127	2205988	519111	244632	218173	404729
2003	4870588	2525887	615392	246772	212466	439699
2004	5562184	3075426	657431	235296	197172	479837
2005	6501056	3463713	802006	289679	192556	572917
2006	7794297	4253952	988187	413963	236658	627307
2007	9559671	5423367	1146185	421674	256672	717709
2008	10475525	5873266	1234240	509103	323502	842965
宝泉岭局	1317616	747588	131506	51378	71282	108785
红兴隆局	2077427	1374348	193190	74822	56001	128771
建三江局	1582034	1054828	93860	40646	48896	132744
牡丹江局	935549	481664	136845	36558	46402	81708
北安局	834653	544858	41423	42403	26238	51850
九三局	1199932	822158	73821	16860	16345	99656
齐齐哈尔局	722759	418370	36319	12862	34410	108092
绥化局	444764	275056	54312	11070	11200	42440
哈尔滨局	240509	116823	51919	6218	9083	18814
总局直属	1120282	37573	421045	216286	3645	70105

3-24续表

单位:千元

年份 单位	房地产业居民服务和其他服务业	卫生、社会保障和社会福利业	教育、文化、体育和娱乐业	科学研究、技术服务和地质勘察业	公共管理和社会组织	其他
2001	132471	111547	271154	14663	89431	50035
2002	143494	131712	326896	16343	101588	123461
2003	181167	128157	319473	19440	174767	7368
2004	127824	126654	345101	22852	180147	114444
2005	200582	188410	379600	28637	223240	159716
2006	236829	176005	421832	37251	246808	155505
2007	282986	210320	545382	47190	323712	184474
2008	257156	247071	571641	62268	341923	212390
宝泉岭局	44914	37398	73671	2491	41833	6770
红兴隆局	59922	42804	80297	2328	44986	19958
建三江局	34751	18825	76992	3148	53764	23580
牡丹江局	28564	24100	47843	1662	37358	12845
北安局	8878	16711	56245	2740	37728	5579
九三局	18760	20363	53597	4520	29510	44342
齐齐哈尔局	42473	12944	32738	220	22694	1637
绥化局	9810	4150	20381		14025	2320
哈尔滨局	6250	1413	15514		14207	268
总局直属	2834	68363	114363	45159	45818	95091

3-25 历年职工工资总额及指数

年份	绝对数（万元）			指数%(以上年为100)		
	全部工资总额	#国有单位	#集体单位	全部工资总额	#国有单位	#集体单位
1980	53083	53083		112.4	112.4	
1981	49232	49232		92.7	92.7	
1982	53829	51536	2293	109.3	104.7	
1983	59919	57340	2579	111.3	111.3	112.5
1984	56220	54301	1919	93.8	94.7	74.4
1985	59625	58357	1268	106.1	107.5	66.1
1986	71514	70085	1429	119.9	120.1	112.7
1987	75577	74081	1496	105.7	105.7	104.7
1988	83782	82320	1462	110.9	111.1	97.7
1989	98052	96550	1502	117.0	117.3	102.7
1990	105714	104587	1127	107.8	108.3	75.0
1991	122926	121398	1528	116.3	116.1	135.6
1992	128583	127369	1214	104.6	104.9	79.5
1993	134022	132909	891	104.2	104.3	73.4
1994	159523	158477	907	119.0	119.2	101.8
1995	206936	204441	445	129.7	129.0	49.1
1996	225754	223234	352	109.1	109.2	79.1
1997	293753	289674	562	130.1	129.8	159.7
1998	293082	281792	3889	99.8	97.3	692.0
1999	255899	247033	2371	87.3	87.7	60.9
2000	247612	237619	1642	96.8	96.2	69.3
2001	255055	242167	1361	103.0	101.9	82.9
2002	271122	247702	1667	106.3	102.3	122.5
2003	289497	262480	826	106.8	105.9	49.6
2004	321104	282633	229	110.9	107.7	27.7
2005	323252	287772	128	100.7	101.8	55.9
2006	367043	305834	145	113.5	106.3	113.3
2007	418058	360559	121	113.9	117.9	83.4
2008	462402	401942	181	110.6	111.5	149.6

3-26 历年职工平均工资及指数

年份	平均货币工资(元)			指数%(以上年为100)		
	全部职工	#国有职工	#集体职工	全部职工	#国有职工	#集体职工
1980	763	763		119.4	119.4	
1981	720	720		94.4	94.4	
1982	732	761	391	101.7	105.7	
1983	802	839	402	109.6	110.2	102.8
1984	763	783	442	95.1	93.3	110.0
1985	827	842	449	108.4	107.5	101.6
1986	971	986	556	117.4	117.1	123.8
1987	1004	1011	745	103.4	102.5	134.0
1988	1146	1151	887	114.1	113.8	119.1
1989	1363	1370	1041	118.9	119.0	117.4
1990	1445	1455	913	106.0	106.2	87.7
1991	1641	1646	1329	113.6	113.1	145.6
1992	1713	1718	1327	104.4	104.4	99.8
1993	1835	1843	1163	107.1	107.3	87.6
1994	2242	2248	1669	122.2	122.0	143.5
1995	3084	3077	2643	137.6	136.9	158.4
1996	3541	3544	2205	114.8	115.2	83.4
1997	4714	4730	3048	133.1	133.5	138.2
1998	4985	5024	3844	105.7	106.2	126.1
1999	5360	5366	4065	107.5	106.8	105.7
2000	5593	5621	4827	104.3	104.8	118.8
2001	6158	6138	5421	110.1	109.2	112.3
2002	6639	6544	7031	107.8	106.6	129.7
2003	7256	7060	5492	109.3	107.9	78.1
2004	8255	8026	7099	113.8	113.7	129.3
2005	9205	9012	6574	111.5	112.3	92.6
2006	10291	10094	7591	111.8	112.0	115.5
2007	11531	11291	7402	125.3	125.3	112.6
2008	13066	12806	8036	127.0	126.9	105.9

3-27 各分局分行业全部职工工资总额

单位:万元

年份 单位	合计	农林牧渔业	工业	建筑业	交通运输仓储和邮政业	批发、零售及住宿、餐饮业
2001	255055	153357	26503	6624	4844	8024
2002	271122	137751	29697	13903	9479	8279
2003	289497	164036	33086	5522	6785	9722
2004	321104	193608	33375	6647	3191	6626
2005	323252	175497	36032	6166	3343	8525
2006	367043	199091	45815	7269	3373	10221
2007	418058	224825	50338	8357	3127	7575
2008	462402	239064	58372	13051	3340	11395
宝泉岭局	47165	25533	3225	900	214	1034
红兴隆局	98299	71184	6079	1003	512	493
建三江局	26634	6668	2395	162	917	934
牡丹江局	29869	12609	5125	100	305	765
北安局	42369	27537	1657	661	485	591
九三局	69082	51670	2128	152	275	561
齐齐哈尔局	32936	25142	402	25	257	414
绥化局	15648	10376	1025	63	10	159
哈尔滨局	8174	4833	408	2		48
总局直属	92226	3512	35928	9983	365	6396

3-27 续表

单位:万元

年份 单位	房地产业居民服务和其他服务业	卫生、社会保障和社会福利业	教育、文化、体育和娱乐业	科学研究、技术服务和地质勘察业	公共管理和社会组织	其他
2001	3793	10962	26483	1396	8635	4435
2002	4352	12705	31865	1560	9936	11594
2003	7487	12301	31130	1862	16942	622
2004	2125	12378	33679	2190	17580	9705
2005	2140	18310	36792	2527	21645	12275
2006	3006	17079	40428	3134	23710	13917
2007	2578	20362	52527	3989	30173	14207
2008	2540	23874	55758	5788	32338	16882
宝泉岭局	322	3671	7310	239	4148	569
红兴隆局	1237	4123	7841	213	4465	1149
建三江局	29	1766	7455	315	4635	1358
牡丹江局	397	2349	4432	71	3219	497
北安局	34	1624	5593	274	3539	374
九三局	222	1941	5183	452	2931	3567
齐齐哈尔局	29	1193	3098	22	2258	96
绥化局		409	2036		1400	170
哈尔滨局	44	125	1515		1173	26
总局直属	226	6673	11295	4202	4570	9076

3-28 各分局国有单位分行业职工工资总额

单位:万元

年份 单位	合计	农林牧渔业	工业	建筑业	交通运输仓储和邮政业	批发、零售及住宿、餐饮业
2001	242167	152489	18424	4989	4286	6520
2002	247702	135175	14204	10942	8777	6863
2003	262480	162302	16144	2609	6050	5244
2004	282633	187920	7163	4026	2700	3747
2005	287772	173724	13189	3451	2833	4263
2006	305834	197941	7091	1270	2629	8359
2007	360559	223055	7029	1612	2322	5772
2008	401942	241724	15395	1693	2626	5788
宝泉岭局	45179	25306	1853	543	214	894
红兴隆局	91616	72007	202	449	499	422
建三江局	26390	6628	1551	105	917	890
牡丹江局	28500	13605	151	19	300	489
北安局	41039	28318	521	511	282	320
九三局	66388	53006	712		48	479
齐齐哈尔局	33249	24215	256	25		103
绥化局	14756	10317	229		1	36
哈尔滨局	8159	4830	408			38
总局直属	46666	3492	9512	41	365	2117

3-28 续表

单位:万元

年份 单位	房地产业居民服务和其他服务业	卫生、社会保障和社会福利业	教育、文化、体育和娱乐业	科学研究、技术服务和地质勘察业	公共管理和社会组织	其他
2001	3561	10962	26483	1395	8635	4422
2002	4141	12705	31865	1560	9936	11534
2003	7331	12256	31130	1862	16942	609
2004	1983	12333	33679	2176	17580	9326
2005	2063	15363	36792	2448	21645	12001
2006	2672	16442	35353	2903	22203	8971
2007	2371	20362	52527	3811	30173	11525
2008	2251	23874	55758	4684	32338	15811
宝泉岭局	304	3671	7310	238	4148	698
红兴隆局	1208	4123	7841	213	4465	187
建三江局	29	1766	7455	219	4635	2195
牡丹江局	379	2349	4432	64	3219	3493
北安局	15	1624	5593	137	3539	179
九三局	109	1941	5183	412	2931	1567
齐齐哈尔局		1193	3098	22	2258	2079
绥化局		409	2036		1400	328
哈尔滨局	44	125	1515		1173	26
总局直属	163	6673	11295	3379	4570	5059

主要统计指标解释

总户数 是农垦辖区内农(牧)场和各级机构主办的各企事业单位中的常住户数。一般按户口所在单位进行统计。为全面反映和掌握农垦辖区内农垦系统总户数，凡在城镇居住的属本系统企事业单位正式职工(户主)的户数，均应统计在内。虽居住在辖区，但不是本系统职工(户主)则不能统计在农垦总户数内。

农场户数 指独立核算的农(牧)场总户数。包括农(牧)内所有各行各业的户数。

总人口 指一定时点，农垦辖区内农(牧)场和各级机构主办的各类企事业单位的有生命的个人总和，一般按户口上常住人口统计。为全面反映和掌握农垦辖区内农垦系统总人口数，对户口不在本系统，而本人是本系统正式职工的也要统计在内。如果本人是户主，则户口上的非职工家庭成员(即供养人员)也要统计在内，虽然居住在辖区，但不是本系统职工或供养人，不能统计在农垦总人口数内。

农场人口 指独立核算的农(牧)场的有生命的全部人口数。

年初人口 指一月一日零时的人口数，当年年初人口数实际上就是上年年末人口数。年初人口=上年初人口数+上年内出生人数+上年内迁入人数一上年内死亡人数一上年内迁出人数

年末人口 指十二月三十一日二十四时的人口数，实际上就是下一年的年初人口数。

年末人口＝年初人口数＋年内出生人数＋年内迁入人数一年内死亡数一年内迁出人数

出生人数 是指一定时期(一般是一年)内出生的有生命标志的婴儿的总和。出生人数只包括有生命现象的活产数，不包括死产数。婴儿出生时只要有过一瞬间的生命现象，都算作活婴。如刚出生有生命而又很快死去的，则既作出生人数统计，又作死亡人数统计。统计出生人数时，无论婚生子女与非婚生子女，都要包括在内。

出生率 又称粗出生率或总出生率，是指一定时期(通常为一年)内出生人数与同期平均人口数之比，以千分数表示。若出生人数计算期不是一年(或大于一年)的，需折算为年出生人数。公式：

人口出生率＝年内出生人数／年平均人数×1000‰。

死亡人数 指一定时期(一般是一年)内丧失生命的人口数。

凡丧失生命的人均包括在内。统计死亡人数时，不包括死产。但有生命现象的活婴出生后发生死亡，不论其生存时间长短，均应加入统计。

死亡率又称粗死亡率或总死亡率。死亡率是一个国家或地区在一定时期(通常为一年)内的死亡人数与同期平均人口数之比，以千分比表示。公式为:

人口死亡率＝年内死亡人数／年平均人数×1000‰。

死亡率一般按年计算，如统计期满一年或超过一年，年内死亡人数与同年平均人口数之比应折算成一年计算。

人口自然增长率 指一定时期内(通常为一年)某一地区人口的净增(减)数与年平均人口数的比例，一般用千分率表示。计算公式：

$$人口自然增长率(‰)=\frac{本年出生人口数-本年死亡人口数}{年平均人口数}\times 100‰$$

或＝人口出生率(‰)－人口死亡率(‰)

从业人员 指从事一定社会劳动并取得劳动报酬或经营收入的人员。包括：(1)全部职工；(2)城镇私营企业从业人员；(3)城镇个体劳动者；(4)农村社会劳动者；(5)其他社会劳动者。这一指标反映了一定时期内全部劳动力资源的实际利用情况，是研究我国基本国情国力的重要指标。

单位从业人员 指在各级国家机关、政党机关、社会团体及企业、事业单位中工作，并取得劳动报酬的全部人员。包括：职工、再就业的离退休人员、民办教师以及在各单位中工作的外方人员和港、澳、台方人员。各单位的从业人员反映了各单位实际参加生产或工作的全部劳动力。

其他从业人员 指劳动统计制度规定不作职工统计但实际参加社会劳动并取得劳动报酬的人员。各单位的其他从业人员是指单位中除职工以外的全部参加单位生产或工作并取得劳动报酬的人员。包括再就业的离退休人员、民办教师以及在各单位中工作的外方人员和港、澳、台方人员、兼职人员、借用的外单位人员和从事第二职业的人员。

职工 指在国有经济、城镇集体经济、联营经济、股份制经济、外商和港、澳、台投资经济、其

他经济单位及其附属机构工作，并由其支付工资的各类人员。不包括私营企业。(1998年以后的数据均为在岗职工数据，其他相关指标如职工工资总额，职工平均工资等指标也从1998年按此口径进行了相应调整。)

在岗职工 指在本单位工作并由单位支付工资的人员，以及有工作岗位，但由于学习、病伤产假等原因暂未工作，仍由单位支付工资的人员。

合同制职工 指各单位根据国务院国发(1986)77号文件和国务院令第99号的规定，通过签订有固定期限劳动合同、无固定期限劳动合同的以完成一项工作为期限劳动合同所使用的职工。包括实行全员劳动合同制单位的全部职工。

长期职工 指用工期限在一年以上(含一年)的在岗职工。

临时职工 指用工期限不超过一年的在岗职工。

离开本单位仍保留劳动关系的职工 指由于各种原因，已经离开本人的生产或工作岗位，并已不在本单位从事其他工作，但仍与用人单位保留劳动关系的职工。

内部退养职工 指接近正常退休年龄但因各种原因退出工作岗位，并办理了内退手续，在办理正式退休手续前由单位按月发给一定生活费的职工。

从业人员劳动报酬 指各单位在一定时期内直接支付给本单位全部从业人员的劳动报酬总额。包括在岗职工工资总额和其他从业人员劳动报酬两部分。

其他从业人员劳动报酬 指各单位在一定时期内直接支付给本单位其他从业人员的全部劳动报酬。

工资总额 是指各单位在一定时期内直接支付给本单位全部职工的劳动报酬总额。

工资总额的计算原则应以直接支付给职工的全部劳动报酬为根据。各单位支付给职工的劳动报酬以及其他根据有关规定支付的工资，不论是计人成本的还是不计人成本的，不论是按国家规定列入计征奖金税项目的，还是未列入计征奖金税项目的，不论是以货币形式支付的还是以实物形式支付的，均应列人工资总额的计算范围。

在岗职工工资总额 指各单位在一定时期内直接支付给本单位全部在岗职工的劳动报酬总额。

工资总额包括:计时工资、计件工资、奖金、津贴、补贴、加班加点工资、其他工资。

离开本单位仍保留劳动关系职工的生活费 指离开本单位仍保留劳动关系的职工在离开本单位期间从本单位领取的生活费用。

职工平均工资 指企业、事业、机关单位的职工在一定时期内平均每人所得的货币工资额。它表明一定时期职工工资收入的高低程度，是反映职工工资水平的主要指标。计算公式为：

$$职工平均工资=\frac{报告期实际支付的全部职工工资总额}{报告期全部职工平均人数}$$

职工平均实际工资 指扣除物价变动因素后的职工平均工资。计算公式为：

$$职工平均实际工资=\frac{报告期职工平均工资}{报告期城镇居民消费价格指数}$$

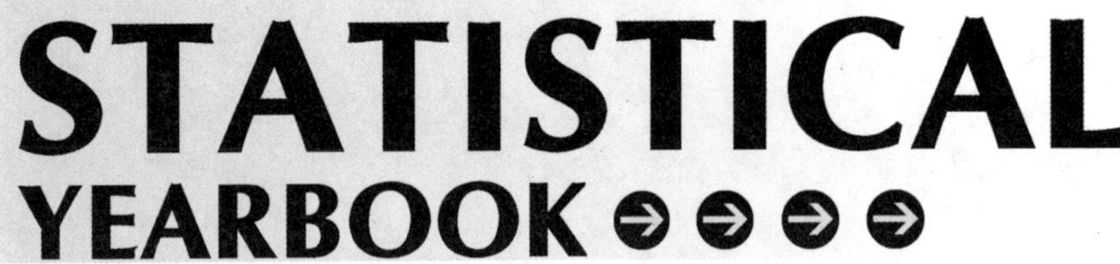

4 固定资产投资

固定资产投资资金来源构成情况（%）

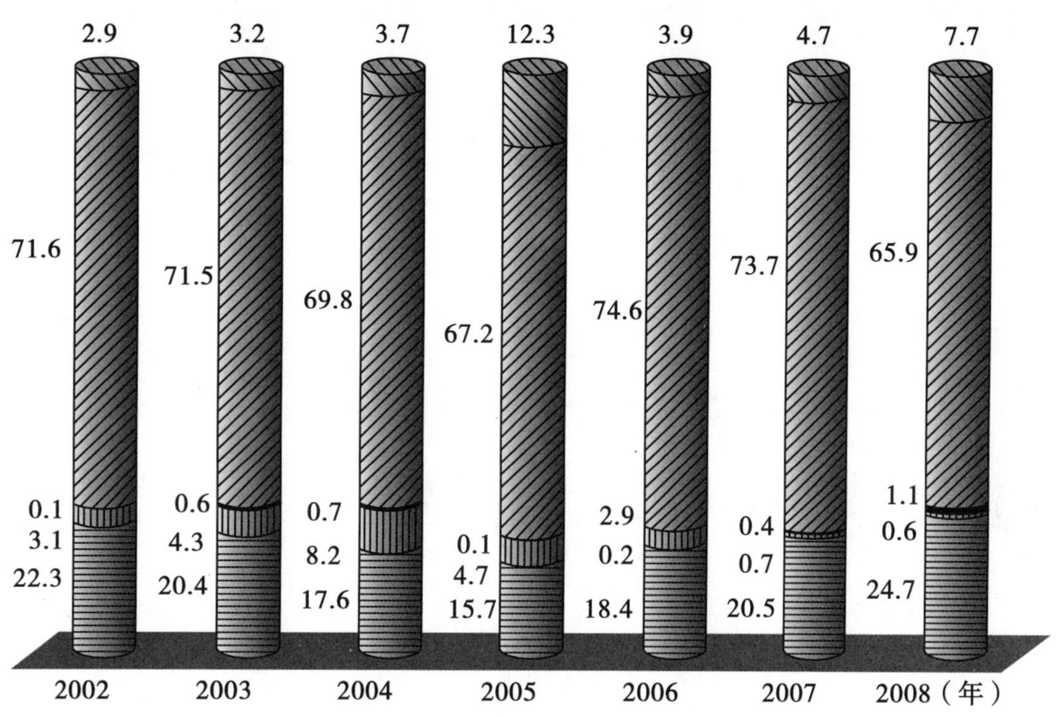

固定资产投资完成额（万元）

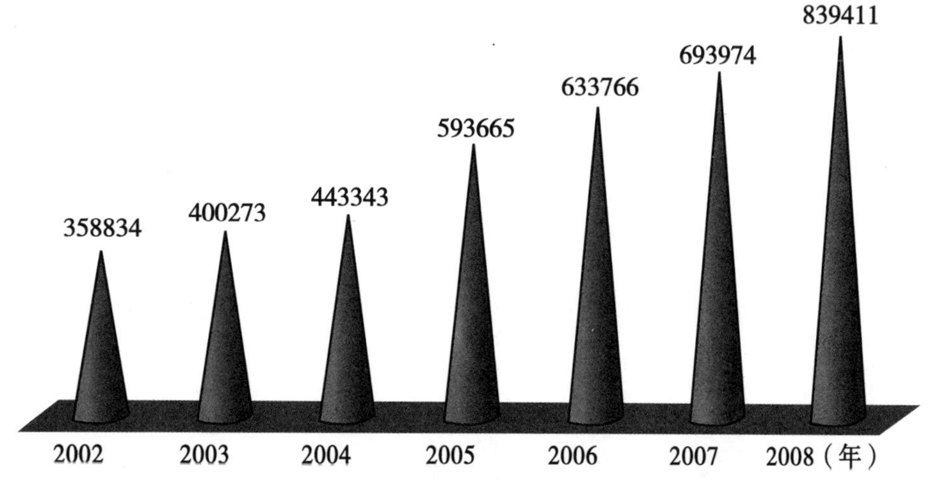

4-1 固定资产投资构成

指标	2002	2003	2004	2005	2006	2007	2008
一、投资总额（万元）	**358834**	**400273**	**443343**	**593665**	**633766**	**693974**	**839411**
按资金来源分							
国家预算内投资	83097	82615	82930	93632	117553	142785	207941
国内贷款	11602	17320	38740	27798	18233	5223	5147
利用外资	206	2519	3204	187	1509	2778	9652
自筹资金	266622	289009	329385	399571	475769	513280	554824
其他投资	10626	12478	17388	73468	24609	32603	64835
按用途分							
生产性建设	276430	281964	299859	396246	422826	448900	547608
非生产性建设	82404	118309	143484	197419	210940	245074	291803
# 住宅	28275	30489	41094	56095	85943	93082	129725
按产业分							
第一产业	158710	176318	151919	171316	174809	199543	266469
第二产业	112787	113952	123039	247080	130295	109290	90639
第三产业	87337	110003	168385	175269	328662	385141	482303
二、构成（%）							
按资金来源分							
国家预算内投资	22.3	20.4	17.6	15.7	18.4	20.5	24.7
国内贷款	3.1	4.3	8.2	4.7	2.9	0.7	0.6
利用外资	0.1	0.6	0.7	...	0.2	0.4	1.1
自筹资金	71.6	71.5	69.8	67.2	74.6	73.7	65.9
其他投资	2.9	3.2	3.7	12.4	3.9	4.7	7.7
按用途分							
生产性建设	77.0	70.4	67.6	66.7	66.7	64.7	65.2
非生产性建设	23.0	29.6	32.4	33.3	33.3	35.3	34.8
# 住宅	7.8	7.6	9.3	9.4	13.6	13.4	15.5
按产业分							
第一产业	44.2	44.0	34.3	28.9	27.6	28.8	31.7
第二产业	31.4	28.5	27.7	41.6	20.6	15.7	10.8
第三产业	24.4	27.5	38.0	29.5	51.8	55.5	57.5
三、新增固定资产	**236800**	**330447**	**378991**	**483168**	**487710**	**599310**	**663222**

4-2 各分局固定资产投资完成情况

（2008年） 单位:万元

单位名称	本年固定资产投资				比重(以投资总额为100)		
	合计	公有控股经济	非公有控股经济	#个体	公有控股经济	非公有控股经济	#个体
总计	**839411**	**605349**	**234062**	**159054**	**72.1**	**27.9**	**18.9**
宝泉岭局	139866	82455	57411	34497	59.0	41.0	24.7
红兴隆局	110250	83380	26870	24610	66.5	24.4	22.3
建三江局	125309	92866	32443	32407	74.1	25.9	25.9
牡丹江局	134173	93890	40283	22726	70.0	30.0	16.9
北安局	77072	61337	15735	12418	79.6	20.4	16.1
九三局	54975	32849	22126	16115	59.8	40.2	29.3
齐齐哈尔局	41660	32272	9389	8939	77.5	22.5	21.5
绥化局	44104	37482	6622	6622	85.0	15.0	15.0
哈尔滨局	17157	13661	3496	720	79.6	20.4	4.2
总局直属	94845	75158	19687		79.2	20.8	

4-3 各分局按用途分的固定资产投资

（2008年） 单位:万元

单位名称	生产性建设投资				生产性建设投资			
	合计	公有控股经济	非公有控股经济	#个体	合计	公有控股经济	非公有控股经济	#个体
总计	**547608**	**462483**	**85126**	**70962**	**291803**	**142867**	**148936**	**88092**
宝泉岭局	92411	59542	32869	28209	47455	22913	24542	6288
红兴隆局	72371	57423	14948	13848	37880	25958	11922	10762
建三江局	83389	71806	11583	11547	41920	21060	20860	20860
牡丹江局	88713	76861	11852	5232	45460	17029	28431	17494
北安局	49763	43504	6259	6159	27309	17833	9476	6259
九三局	30221	26515	3707	2059	24754	6334	18420	10457
齐齐哈尔局	25381	24267	1114	1114	16279	8005	8275	7825
绥化局	29459	27385	2074	2074	14645	10097	4548	4548
哈尔滨局	12066	11346	720	720	5091	2315	2776	
总局直属	63835	63835			31010	11323	19687	

4-4 各分局按用途分的固定资产投资

年 份 单 位	绝 对 数（万元）			比 重%（以投资总额为100）		
	生产性建 设	非生产性建设	#住 宅	生产性建 设	非生产性建设	#住 宅
2002	276430	82404	28275	77.0	23.0	7.8
2003	281964	118309	30489	70.4	29.6	7.6
2004	299859	143484	41094	67.6	32.4	9.3
2005	396246	197419	56095	66.7	33.3	9.4
2006	422826	210940	85943	66.7	33.3	13.6
2007	448900	245074	93082	64.7	35.3	13.4
2008	547608	291803	129725	65.2	34.8	15.5
宝泉岭局	92411	47455	21732	66.1	33.9	15.5
红兴隆局	72371	37880	12272	65.6	34.4	11.1
建三江局	83389	41920	17333	66.5	33.5	13.8
牡丹江局	88713	45460	25331	66.1	33.9	18.9
北 安 局	49763	27309	9027	64.6	35.4	11.7
九 三 局	30221	24754	16884	55.0	45.0	30.7
齐齐哈尔局	25381	16279	6597	60.9	39.1	15.8
绥 化 局	29459	14645	5768	66.8	33.2	13.1
哈尔滨局	12066	5091	3432	70.3	29.7	20.0
总局直属	63835	31010	11350	67.3	32.7	12.0

4-5 各分局按产业分的固定资产投资

年 份 单 位	绝 对 数（万元）			比 重%（以投资总额为100）		
	第一产业	第二产业	第三产业	第一产业	第二产业	第三产业
2002	158710	112787	87337	44.2	31.4	24.4
2003	176318	113952	110003	44.0	28.5	27.5
2004	151919	123039	168385	34.3	27.7	38.0
2005	171316	247080	175269	28.9	41.6	29.5
2006	174809	130295	328662	27.6	20.6	51.8
2007	199543	109290	385141	28.8	15.7	55.5
2008	266469	90639	482303	31.7	10.8	57.5
宝泉岭局	66044	3052	70770	47.2	2.2	50.6
红兴隆局	41041	5506	63703	37.2	5.0	57.8
建三江局	43834	726	44560	35.0	0.6	35.6
牡丹江局	42442	8754	82977	31.6	6.5	61.8
北 安 局	21810	2869	52393	28.3	3.7	68.0
九 三 局	16938	4833	21771	30.8	8.8	39.6
齐齐哈尔局	11801	10456	19704	28.3	25.1	47.3
绥 化 局	11659	7546	24899	26.4	17.1	56.5
哈尔滨局	10716	395	6586	62.5	2.3	38.4
总局直属	965	46502	47378	1.0	49.0	50.0

4-6 各分局按行业分的固定资产投资完成情况

（2008年）　　　　单位:万元

单位名称	(一)农林牧渔业投资				1.农　业			
	合　计	公有控股经济	非 公 有控股经济	#个　体	合　计	公有控股经济	非 公 有控股经济	#个　体
总　　局	266469	198736	67733	62465	182649	146051	36598	34710
宝泉岭局	66044	36038	30007	26605	25378	19515	5863	4447
红兴隆局	41041	31318	9723	8623	34314	26663	7651	7651
建三江局	43834	32397	11437	11437	37756	26364	11392	11392
牡丹江局	42442	37459	4983	4983	31047	27778	3269	3269
北 安 局	21810	15811	5998	5898	17271	11854	5417	5317
九 三 局	16938	14338	2600	1934	10787	9258	1529	1158
齐齐哈尔局	11801	11610	191	191	7463	7382	81	81
绥 化 局	11659	9585	2074	2074	7856	6461	1395	1395
哈尔滨局	10176	9456	720	720	7690	7690		
总局直属	965	965			965	965	965	

4-6续表1　　　　单位:万元

单位名称	其中：农机具购置				2.林　业			
	合　计	公有控股经济	非 公 有控股经济	#个　体	合　计	公有控股经济	非 公 有控股经济	#个　体
总　　局	44350	13065	31285	30578	5384	5335	49	45
宝泉岭局	5800	1213	4587	4347	1408	1404	4	
红兴隆局	7766	1486	6280	6280	98	98		
建三江局	12912	2225	10687	10687	677	632	45	45
牡丹江局	5756	2628	3128	3128	1118	1118		
北 安 局	6996	1921	5075	4608	163	163		
九 三 局	2238	2093	145	145	917	917		
齐齐哈尔局	908	843	65	65	571	571		
绥 化 局	1561	243	1318	1318	307	307		
哈尔滨局	61	61			125	125		
总局直属	352	352						

4-6续表2

单位:万元

单位名称	3.畜牧业				4.渔业			
	合计	公有控股经济	非公有控股经济	#个体	合计	公有控股经济	非公有控股经济	#个体
总局	77499	46573	30926	27550	121	61	60	60
宝泉岭局	39229	15089	24139	22158				
红兴隆局	6629	4557	2072	972				
建三江局	3196	3196						
牡丹江局	9796	8142	1654	1654	60		60	60
北安局	4375	3794	581	581				
九三局	5134	4163	971	676				
齐齐哈尔局	3522	3412	110	110	61	61		
绥化局	3256	2577	679	679				
哈尔滨局	2361	1641	720					
总局直属								

4-6续表3

单位:万元

单位名称	5.农林牧渔服务业				(二)工业			
	合计	公有控股经济	非公有控股经济	#个体	合计	公有控股经济	非公有控股经济	#个体
总局	817	717	100	100	89753	77804	11949	7133
宝泉岭局	29	29			3026	1731	1295	1295
红兴隆局					5191	123	5068	5068
建三江局	84	84			726	580	146	110
牡丹江局	420	420			8741	3744	4970	190
北安局					2677	2677	2677	
九三局	100		100	100	4624	4574	50	50
齐齐哈尔局	184	184			10352	9932	420	420
绥化局	240	240			7546	7546		
哈尔滨局					395	395		
总局直属					46502	46502		

4-6续表4

单位:万元

单位名称	(三)建筑业				(四)交通运输、仓储业			
	合计	公有控股经济	非公有控股经济	#个体	合计	公有控股经济	非公有控股经济	#个体
总局	886	599	287	287	183373	180433	2940	700
宝泉岭局	26		26	26	23227	21761	1466	208
红兴隆局	315	158	157	157	25824	25824		
建三江局					37051	37051		
牡丹江局	40	40			35617	35558	59	59
北安局	192	192			24823	24823		
九三局	209	209			8430	7393	1037	55
齐齐哈尔局	104		104	104	3103	2725	378	378
绥化局					10254	10254		
哈尔滨局					1495	1495		
总局直属					13308	13308		

4-6续表5

单位:万元

单位名称	(五)信息传输、计算机服务				(六)批发和零售业			
	合计	公有控股经济	非公有控股经济	#个体	合计	公有控股经济	非公有控股经济	#个体
总局	857	847	10	10	7127	4910	2217	377
宝泉岭局					87	12	75	75
红兴隆局								
建三江局					1778	1778		
牡丹江局					1900	60	1840	
北安局	56	56			261		261	261
九三局	10		10	10	20		20	20
齐齐哈尔局	115	115			21		21	21
绥化局								
哈尔滨局								
总局直属	676	676			3060	3060		

4-6续表6

单位:万元

单位名称	(七)住宿和餐饮业				(八)房地产业			
	合计	公有控股经济	非公有控股经济	#个体	合计	公有控股经济	非公有控股经济	#个体
总局	1840	1050	790	790	153454	9029	144424	83980
宝泉岭局	604	564	40	40	24932	1186	23750	5751
红兴隆局	650		650	650	11272		11272	10112
建三江局	28	28			20860		20860	20860
牡丹江局	141	141			31174	3103	28071	17134
北安局					10683	1207	9476	6259
九三局	100		100	100	18400	1005	17395	13172
齐齐哈尔局	317	317			7247	7147	652	6595
绥化局					5768	1220	4548	4548
哈尔滨局					3432	656	2776	
总局直属					19687		19687	

4-6续表7

单位:万元

单位名称	(九)科学、技术服务业				(十)水利、环境和公共设施业			
	合计	公有控股经济	非公有控股经济	#个体	合计	公有控股经济	非公有控股经济	#个体
总局	2148	2052	96	96	45564	44955	609	609
宝泉岭局					7778	7681	97	97
红兴隆局					11650	11650		
建三江局					5585	5585		
牡丹江局	65	65			6514	6514		
北安局	36	36			6152	6152		
九三局					1832	1832		
齐齐哈尔局	227	131	96	96	2843	2331	512	512
绥化局					2605	2605		
哈尔滨局					604	604		
总局直属	1820	1820						

4-6续表8

单位:万元

单位名称	(十一)居民服务和其他服务				(十二)教育				(十三)卫生、社会保	
	合计	公有控股经济	非公有控股经济	#个体	合计	公有控股经济	非公有控股经济	#个体	合计	公有控股经济
总局	8727	7102	1625	1585	30664	30204	460	360	20211	20011
宝泉岭局	1975	1575	400	400	2400	2400			4638	4558
红兴隆局	463	463			5203	5203			4265	4265
建三江局	1709	1709			6930	6930			2116	2116
牡丹江局	1254	1254			2271	1911	360	360	1261	1261
北安局	537	537			4630	4630			726	726
九三局	1815	1015	800	760	954	854	100		514	514
齐齐哈尔局	623	198	425	425	3194	3194			756	636
绥化局	350	350			1795	1795			577	577
哈尔滨局					489	489				
总局直属					2797	2797	2797		5124	5124

4-6续表9

单位:万元

单位名称	障和福利业		(十四)文化、体育和娱乐业				(十五)公共管理和社会组织			
	非公有控股经济	#个体	合计	公有控股经济	非公有控股经济	#个体	合计	公有控股经济	非公有控股经济	#个体
总局	200	120	7100	6872	228	228	20940	20446	494	494
宝泉岭局	80		2303	2303			2825	2645	180	
红兴隆局			457	457			3919	3919		
建三江局			644	644			4048	4048		
牡丹江局			1230	1230			1549	1549		
北安局			650	650			3840	3840		
九三局			652	637	15	15	477	477		
齐齐哈尔局	120	120	390	177	213	213	569	255	314	314
绥化局			294	294			3256	3256		
哈尔滨局							332	332		
总局直属			480	480			126	126		

4-7 各分局新增固定资产及资金来源

（2008年）　　　　单位:万元

单位名称	本年新增固定资产	公有控股经济	非公有控股经济	#个体	本年资金来源	公有控股经济	非公有控股经济	#个体
总　　局	663222	482440	180782	119056	842399	606376	236023	155246
宝泉岭局	79127	40200	38928	17314	139380	79491	59889	31416
红兴隆局	88405	66288	22116	19856	110150	83260	26890	24630
建三江局	121521	89078	32443	32407	125309	92866	32443	32407
牡丹江局	110906	75563	35343	20511	134097	93890	40207	22650
北 安 局	56888	46830	10057	9645	77072	61337	15753	12418
九 三 局	13394	9215	4180	4180	54975	32849	22126	16115
齐齐哈尔局	43643	34784	8859	8409	45642	36924	8718	8268
绥 化 局	40261	33956	6305	6305	44647	38025	6622	6622
哈尔滨局	11077	8212	2865	430	17642	13937	3705	720
总局直属	98000	78314	19687		93485	73798	19687	

4-8 各分局按资金来源分的固定资产投资

单位:万元

年份 单位	投资总额	国家预算内投资	国内贷款	利用外资	自筹资金	其他资金
2002	372153	83097	11602	206	266622	10626
2003	403941	82615	17320	2519	289009	12478
2004	471647	82930	38740	3204	329385	17388
2005	594656	93632	27798	187	399571	73468
2006	637673	117553	18233	1509	475769	24609
2007	696670	142785	5223	2778	513281	32603
2008	842399	207941	5147	9652	554824	64835
宝泉岭局	139380	41615			97746	20
红兴隆局	110250	28817	640		75765	4928
建三江局	125309	40499	200		84610	
牡丹江局	134097	28208			98232	7657
北 安 局	77072	77072	22535		39017	15520
九 三 局	54975	14384			28205	12422
齐齐哈尔局	45642	9477	20	3152	25796	7197
绥 化 局	44647	10203	43		33498	903
哈尔滨局	17642	3776	350		13516	
总局直属	93485	8463	3894	6500	58439	16189

4-9 全社会房屋年末实有面积及构成

单位:万平方米

指　　标	2002	2003	2004	2005	2006	2007	2008
总　计	**4011.1**	**4134.5**	**4335.6**	**4494.5**	**4798.6**	**5215.1**	**5590.1**
农业用房	231.1	232.9	243.5	247.5	252.8	263.4	270.0
畜牧用房	186.2	231.5	297.6	333.0	344.9	378.7	451.5
科学研究用房	5.8	4.3	6.4	6.5	7.0	6.2	7.3
文教卫生用房	262.7	281.8	305.0	287.5	310.4	335.9	349.5
住宅	2452.4	2468.9	2580.1	2700.5	2896.4	3206.0	3446.0
其他用房	872.9	915.1	903.0	919.5	987.1	1024.9	1065.8
构成(%)							
农业用房	5.8	5.7	5.6	5.5	5.3	5.1	4.8
畜牧用房	4.6	5.6	6.9	7.4	7.2	7.3	8.1
科学研究用房	0.1	0.1	0.1	0.1	0.1	0.1	0.1
文教卫生用房	6.6	6.8	7.0	6.4	6.5	6.4	6.3
住宅	61.1	59.7	59.5	60.1	60.4	61.5	61.6
其他用房	21.8	22.1	20.9	20.5	20.5	19.7	19.1

主要统计指标解释

全社会固定资产投资 包括国有经济单位投资、集体经济单位投资、其他各种经济类型的单位投资和城乡居民个人投资。按照我国现行计划管理体制，全社会固定资产投资总额又包括基本建设、更新改造、房地产开发投资和其它固定资产投资。

固定资产投资按用途分 固定资产投资按其不同的经济用途，分为生产性建设和非生产性建设两大类，其目的在于反映固定资产投资在各种不同用途的建设工程中的分配情况，以便研究固定资产投资的使用方向。

生产性建设 指用于物质生产和直接为物质生产服务的建设。包括工业建设；建筑业建设；农、林、牧、渔水利建设；交通、运输、邮电建设；批发零售贸易业建设。

非生产性建设 指用于满足人们的生活需要的建设和非物质生产部门的建设。包括：住宅建设、文化、教育、卫生建设、房地产和公用事业建设、生活服务事业建设、科学研究建设、综合技术服务事业建设等。如企业、事业单位的职工食堂、浴室以及医院、学校、招待所等建筑物和设备。

本年新增固定资产 指报告期内交付使用的固定资产价值。包括本年内建成投入生产或交付使用的工程投资和达到固定资产标准的设备、工具、器具的投资及有关应摊人的费用。

属于增加固定资产价值的其他建设费用，应随同交付使用的工程一并计人新增固定资产。

自开始建设至本年底累计新增固定资产 指建设项目开始建设以来至本年底已累计交付使用的固定资产价值，它是自开始建设累计完成投资中开始发挥效益的部分，是反映整个建设项目的建设进度和建设成果的指标。

本年资金来源小计 指固定资产投资单位在报告期收到的，用于固定资产投资的各种货币资金。包括国内预算的资金、国内贷款、债券、利用外资、自筹资金和其他资金。

国家预算内资金 分为财政拨款和财政安排贷款两部分。包括中央财政的基本建设基金、(分经营性基金和非经营性基金两部分)、农业开发基金、扶贫以工代赈、水利专项基金、小水资金。回收再贷等。

国内贷款 指报告期固定资产投资单位向银行及非银行金融机构借入的用于固定资产投资的各种国内借款，包括银行利用自有资金及吸收的存款发放的贷款、上级主管部门拨入的国内贷款、地方财政专项资金安排的贷款、国家专项贷款、周转贷款等。

银行贷款 指向各商业银行、政策性银行借入的用于固定资产投资的各种贷款。

利用外资 指报告期收到的用于固定资产建造和购置投资的境外资金(包括设备、材料、技术在内)。包括外商直接投资、对外借款(外国政府贷款、国际金融组织贷款、出口信贷、外国银行商业贷款、对外发行债券和股票)，以及外商其他投资(包括补偿贸易和加工装配由外商提供的设备价款、国际租贷)。不包括我国自有外汇资金(即国家外汇、地方外汇、留成外汇、调剂外汇和中国银行自有资金发行的外汇贷款等)。

自筹资金 指固定资产投资单位报告期收到的，由各地区、各部门及企业、事业单位筹集用于固定资产投资的预算外资金，包括中央各部门、各级地方政府和企业、事业单位的自有资金。

其他资金来源 指在报告期收到的除以上各种资金之外其他用于固定资产投资的资金。包括社会集资、个人资金、无偿损赠的资金及其他单位拨入的资金等。

STATISTICAL YEARBOOK

5 能源和原材料消费

5-1 主要年份主要能源、原材料消费量

指标	单位	2000	2002	2003	2004	2005	2006	2007	2008
生铁	吨	2045	995	1342	1133	2582	3087	7149	4691
钢材	吨	31243	51392	45469	52132	70023	81894	75632	121596
硫酸	吨	392	400	539	398	369	302	104	143
烧碱	吨	2476	8001	6809	11534	7408	7215	7147	5372
纯碱	吨	1449	1050	534	543	1023	528	625	653
橡胶	吨	202	41	20	243	249	247	320	315
水泥	吨	230264	273439	348808	400271	456191	564188	692571	872198
平板玻璃	重量箱	14994	17296	10348	10598	34369	27164	18278	55277
原木	立方米	38817	31130	40693	54324	74156	94308	76225	110455
锯材	立方米	13092	18065	27444	33473	43525	55000	61764	78445
煤炭	吨	1922201	2033478	2342538	2435324	2650825	3070674	3384038	4209353
焦炭	吨	8946	3072	1409	2076	2245	1373	2056	833
燃料油	吨	47132	75960	53779	20601	2460	2215	1815	1920
汽油	吨	54970	61281	56594	45099	56175	56462	71092	84701
柴油	吨	226558	237907	239612	248105	265944	283950	334204	359172
润滑油	吨	8440	6002	6062	5685	5880	5880	2572	3621
电力	万千瓦小时	73288	73069	84170	104305	128486	146665	165058	184855
化肥	吨	521503	541886	538960	620081	646843	716715	795617	829956
#氮肥	吨	205518	214774	203466	233596	239490	270401	305369	318168
磷肥	吨	137579	149185	152372	179177	194291	207374	238890	252647
钾肥	吨	53072	65182	66832	81351	89259	108526	124134	139243
复合肥	吨	125334	112745	116290	125957	123803	130414	127224	119898
农药	吨	6721	6682	7030	8412	8363	9233	11022	11159
农膜	吨	5583	8081	7082	7444	8839	10890	13412	14008

5-2 各分局原材料、能源消费量

年份 单位	生铁 （吨）	钢材 （吨）	硫酸 （公斤）	烧碱 （吨）	纯碱 （吨）	橡胶 （吨）
2000	2045	31243	392400	2476	1449	202
2002	995	51392	400422	8001	1050	41
2003	1342	45469	539369	6809	534	20
2004	1133	52132	397684	11534	543	243
2005	2582	70023	368586	7408	1023	249
2006	3087	87495	301542	7215	528	247
2007	7149	75632	104497	7147	625	320
2008	4691	121596	142791	5372	653	315
宝泉岭局	106	12710		17	22	
红兴隆局	452	14268	93026	6	3	
建三江局	442	14246	5753			
牡丹江局	378	9199	4193	4650	8	14
北安局	88	2717	271	2		11
九三局	40	1813	10702	4	23	
齐齐哈尔局	1060	335	24050			
绥化局	109	2681				
哈尔滨局	1847	5198				290
总局直属	169	58429	4796	693	597	

5-2 续表 1

年份 单位	水泥 （吨）	平板玻璃 （重量箱）	原木 （立方米）	锯材 （立方米）	煤碳 （吨）	焦碳 （吨）
2000	230264	14994	38817	13092	1922201	8946
2002	273439	17296	31130	18065	2033478	3072
2003	348808	10348	40693	27444	2342538	1409
2004	400271	10598	54324	33473	2435324	2076
2005	456191	34369	74156	43525	2650825	2245
2006	564188	27164	94308	55000	3070677	1373
2007	692571	18278	76225	61764	3384042	2056
2008	872198	55227	110455	78445	4209353	833
宝泉岭局	147187	13136	4001	6863	264270	
红兴隆局	78633	2134	26288	20179	896378	833
建三江局	67884	2251	2008	5399	319356	
牡丹江局	52918	1493	7596	6014	1201838	
北安局	88776	16646	2680	2184	111928	
九三局	25627	587	308	1309	153908	
齐齐哈尔局	909	68	3121	1639	45650	
绥化局	20076	227	14506	286	107082	
哈尔滨局	11360	251	25	1548	45136	
总局直属	378828	18434	49922	33024	1063807	

5-2续表2

年份 单位	润滑油（吨）	汽油（吨）	柴油（公斤）	燃料油（吨）	电力（万千瓦时）	农膜（吨）
2000	8440	54970	226558	47132	73288	5883
2002	6002	61281	237907	75960	73069	8081
2003	6062	56594	239612	53779	84170	7082
2004	5685	45099	248105	20601	104305	7444
2005	5880	56175	265944	2460	128486	8839
2006	5880	56462	283950	2215	147014	10890
2007	2572	71092	334204	1815	165058	13412
2008	3621	84701	359172	1920	184855	14008
宝泉岭局	428	24721	58075		22101	988
红兴隆局	792	12295	66876		32681	2220
建三江局	465	14204	84742		22648	5259
牡丹江局	1224	8359	53403		22138	4177
北安局	301	7609	32112	430	7066	18
九三局	164	3772	20449	1	5958	8
齐齐哈尔局	92	2139	18381	59	5599	665
绥化局	112	5542	15726		4617	532
哈尔滨局	14	1157	5430	4	3356	138
总局直属	29	4903	3978	1426	58691	3

5-2续表3

年份 单位	化肥（实物量）（吨）	氮肥	磷肥	钾肥	复合肥	农药（吨）
2000	521503	205518	137579	53072	125334	6712
2002	541886	214774	149185	65182	112745	6682
2003	538960	203466	152372	66832	116290	7030
2004	620081	233596	179177	81351	125957	8412
2005	646843	239490	194291	89259	123803	8363
2006	716715	270401	207374	108526	130414	9233
2007	795617	305369	238890	124134	127224	11022
2008	829956	318168	252647	139243	119898	11159
宝泉岭局	128248	54467	31188	19568	23025	1230
红兴隆局	131457	55327	34009	18478	23643	1994
建三江局	215477	84876	71887	51276	7438	2917
牡丹江局	138041	54389	43740	24880	15032	1985
北安局	70928	19014	24909	8276	18729	1200
九三局	61345	18066	27549	6242	9488	842
齐齐哈尔局	45210	18321	11712	6356	8821	381
绥化局	28929	9559	5289	2563	11518	456
哈尔滨局	9349	3740	2054	1504	2051	145
总局直属	972	409	310	100	153	9

主要统计指标解释

单位GDP能耗　GDP，即国内（地区）生产总值。单位GDP能耗，即一个国家或地区生产（创造）一个计量单位（通常为万元）的GDP所消费的能源。能源消费的核算范围既包括全部三次产业的生产、经营及其他活动用能，也包括居民生活用能。

能源消费总量　指一定时期内全国（地区）物质生产部门、非物质生产部门和生活消费的各种能源的总和，是观察能源消费水平、构成和增长速度的总量指标，能源消费总量包括原煤和原油及其制品、天然气、电力。能源消费总量分为三部分，即终端能源消费量、能源加工转换损失量和损失量。

能源消费总量＝终端能源消费量折标准煤之和＋能源加工转换投入量折标准煤之和－能源加工转换产出量折标准煤之和＋能源损失量折标准煤之和

能源消费的两种形式　能源消费有两种形式。一种是一次性直接消费，又称终端消费；另一种是加工转换消费，又称中间消费。

终端消费是对中间消费而言，是指能源不用于中间加工转换，而是直接投入到各种加热、动力等设备，用于生产和非生产活动的消费。主要包括：

1. 作为燃料、动力使用的能源。是指将能源投入到各种加热、动力等设备，产生光、热、功所消费的能源。

2. 作为原料使用的能源。是指在工业生产活动中，把能源作为原料投入使用，经过一系列化学反应，逐步转化为另一种新的非能源产品，如化肥厂生产的合成氨、化工厂生产的合成橡胶等产品所消耗的天然气、煤炭、焦炭；生产染料、塑料、轻纺产品所消耗的原料油等。

3. 作为材料使用的能源。是指一些能源的使用，不构成产品的实体，只起辅助作用的消费。如洗涤用的汽油、柴油、煤油；各种设备所使用的润滑油等。

4. 工艺用能。是指在生产过程中既不作为原料使用，也不作为燃料、动力使用的工艺用能。如生产电石用电、电解用电等。

中间消费，是指能源加工、转换企业（或车间）生产二次能源产品所消费的能源数量。其特点是在能源加工转换过程中投入消费的是能源，产出的主要产品仍是能源，其生产的目的是为了提高能源的质量和使用价值，为社会提供更高级的能源产品。

某品种的能源中间消费量＝该种能源加工转换投入量。

上式只代表单一能源品种在中间消费的物量消耗，不是能源的能量消耗，中间消费的能量消耗（能源加工转换损失）应按下式计算：

能源中间消费量（能源加工转换损失）＝能源加工转换投入量折标准煤之和－能源加工转换产出量折标准煤之和。

终端能源消费量　能源消费分两个部分，即加工转换消费和终端消费。终端能源消费，是在能源核算时，为反映能源的实际消费情况而设置的一个综合指标，它是指没有经过加工转换的一次能源或经过加工转换后的二次能源直接用作原料、材料、燃料、动力以及工艺性消费的数量，不包括二次能源在加工转换过程中再投入的部分。

终端能源消费量＝终端消费的各种能源折标准煤之和。

工业综合能源消费量　指报告期内工业企业在工业生产活动中实际消费的各种能源的总和。计算综合能源消费量时，需要先将使用的各种能源折算成标准燃料后再进行计算。根据生产活动的性质，综合能源消费量在不同的企业有不同的计算方法。

非能源加工转换企业综合能源消费量，就是企业工业生产消费的各种一次能源和二次能源的总和，即：综合能源消费量＝工业生产消费的能源合计。

能源加工转换企业综合能源消费量，是企业工业生产消费的各种一次能源和二次能源扣除加工转换产出的二次能源后的实际能源消费量。计算公式为：综合能源消费量＝工业生产消费的能源合计－能源加工转换产出合计。

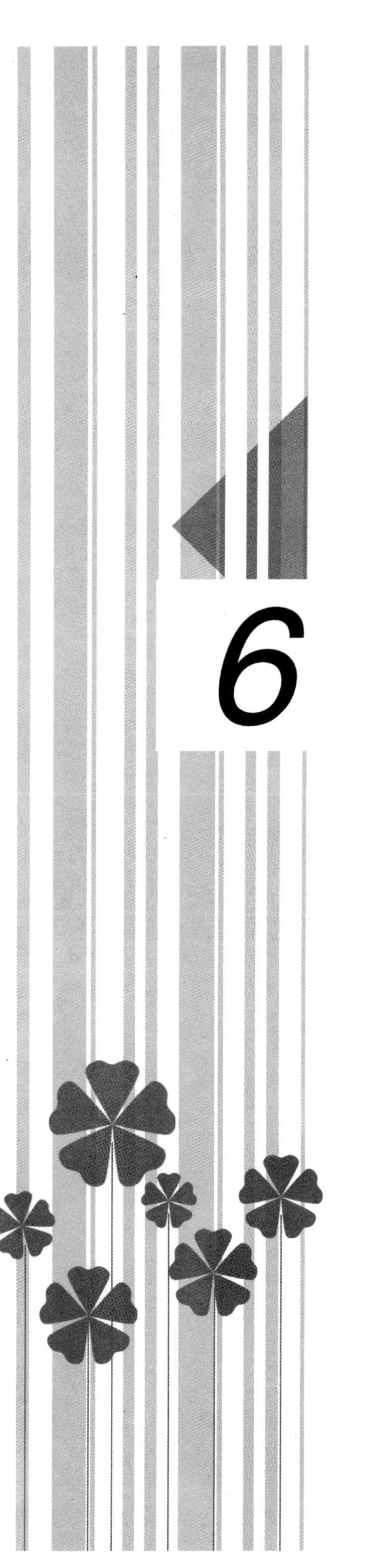

STATISTICAL YEARBOOK

6 主要财务指标

利润总额（万元）

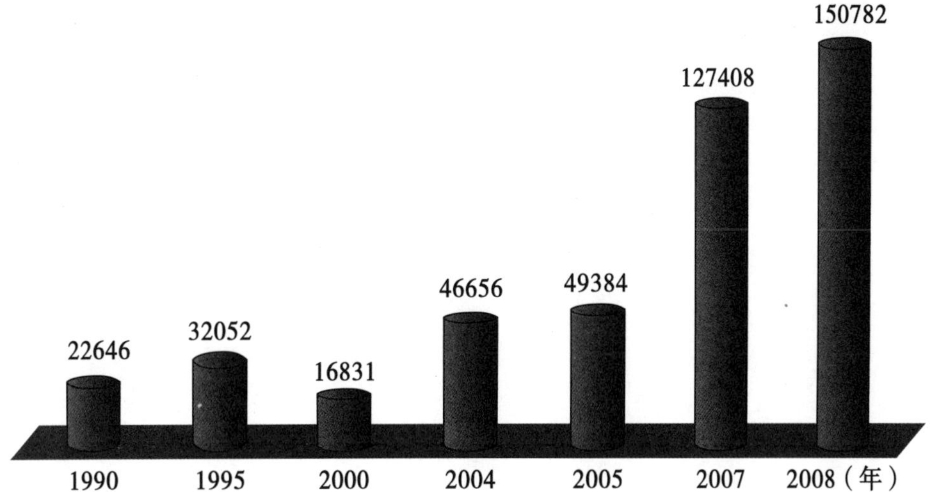

资产总额（亿元）

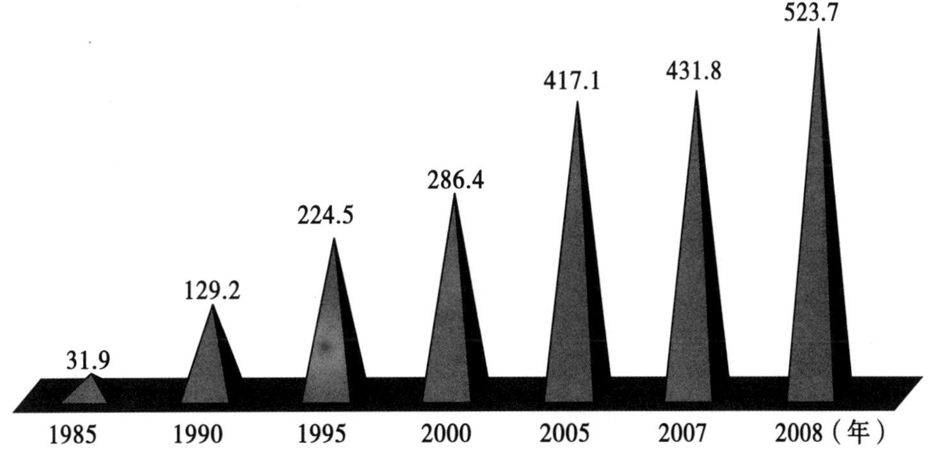

6-1 资产负债表

（2008 年）

单位:万元

资　产	金　额	负债及所有者权益	金　额
流动资产：		流动负债：	
货币资金	868389	短期借款	1423529
交易性金融资产		交易性金融负债	
短期投资	1950	应付权证	
应收票据	4338	应付票据	13400
应收股利	6	应付账款	413060
应收利息		预收款项	105551
应收账款	203752	应付职工薪酬	108480
其他应收款	427290	#应付工资	65486
#应收家庭农场款	23736	应付福利费	4843
减:待转家庭农场上交款	464	应交税费	-46149
应收家庭农场款净额	23272	#应交税金	-47314
预付账款	165270	应付利息	1921
存货	1151501	应付股利	5319
#原材料	442159	其他应付款	1209842
库存商品(产成品)	442626	#应付家庭农场款	55702
一年内到期的非流动资产	286	一年内到期的非流动负债	294
其他流动资产	9336	其他流动负债	34554
流动资产合计	**2832118**	内部往来	
非流动资产：		**流动负债合计**	3269801
可供出售金融资产		非流动负债：	
持有至到期投资		长期借款	231899
长期债权投资	675	应付债券	85020
长期应收款		长期应付款	1388
长期股权投资	415359	专项应付款	24995
股权分置流通权		预计负债	70246
投资性房地产	1027	递延所得税负债	
固定资产原价	3359001	递延税款贷项	
减:累计折旧	1621069	其他非流动负债	1158
固定资产净值	1737932	#特准储备基金	
减:固定资产减值准备	14061	**非流动负债合计**	**414706**
固定资产净额	1723871	**负 债 合 计**	**3684507**
在建工程	162183	所有者权益(或股东权益)：	
工程物资	4973	实收资本(股本)	1103874
固定资产清理	149	国家资本	711969
生产性生物资产		集体资本	
油气资产		法人资本	305827
无形资产	67570	#国有法人资本	299532
#土地使用权	56770	集体法人资本	6295
开发支出		个人资本	67217
商誉		外商资本	18861
合并价差	115	资本公积	580020
长期待摊费用(递延资产)	21461	减:库存股	
递延所得税资产	551	盈余公积	118465
递延税款借项		一般风险准备	
其他非流动资产(其他长期资产)	7085	未确认投资损失(以“-”号填列)	-4117
#特准储备物资		未分配利润	-358195
非流动资产合计	**2405019**	#现金股利	
		外币报表折算差额	181
		归属于母公司所有者权益合计	1440228
		少数股东权益	112402
		所有者权益合计	1552630
		减:资产损失	
		所有者权益合计(剔除资产损失后的金额)	**1552630**
资 产 总 计	**5237137**	**负债和所有者权益总计**	**5237137**

注:6-1 表至 6-13 表资料由总局财务处提供。

6-2 利润表

（2008年）　　　　单位:万元

指　　标	合计	农业	工业	商业	运输业	建筑业	服务业
一、营业总收入	**3446032**	**1098009**	**1415124**	**580866**	**322**	**165516**	**186195**
#营业收入	3446032	1098009	1415124	580866	322	165516	186195
#主营业务收入	2999628	719523	1351234	578049	93	165486	185243
其他业务收入	446404	378486	63890	2817	229	30	952
二、营业总成本	**3185626**	**844476**	**1416982**	**573879**	**304**	**162152**	**187833**
#营业成本	2687938	573278	1301519	518835	33	153112	141161
#主营业务成本	2584141	526978	1245429	517978		153105	140651
其他业务成本	103797	46300	56090	857	33	7	510
营业税金及附加	11429	1295	1079	734	14	5615	2692
销售费用	126968	28293	49254	26562		250	22609
管理费用	278354	198628	35125	19207	260	3221	21913
#业务招待费	7587	4819	1151	846	6	214	551
研究与开发费	2083	1184	895	4			
财务费用	71675	33782	30005	8541	-3	-46	-604
#利息支出	81067	37840	33879	8737		321	290
利息收入	14219	7220	5228	409	3	419	940
汇兑净损失	-1908	-245	-1699				36
资产减值损失	9262	9200					62
其他							
加:公允价值变动收益							
投资收益	14774	1538	14131	-898	1		2
#对联营企业和合营企业的投资收益	-769	-777	-14	22			
三、营业利润	**275180**	**255071**	**12273**	**6089**	**19**	**3364**	**-1636**
加:营业外收入	55821	39870	5525	6147	1	250	4028
#非流动性资产处置利得	3222	2449	344	192		210	27
非货币性资产交换利得	98	98					
政府补助(补贴收入)	47699	33318	4616	5744		28	3993
债务重组利得	492	453		38		1	
减:营业外支出	180219	174872	2569	2439		139	200
#非流动资产处置损失	3769	1936	183	1639		2	9
非货币性资产交换损失							
债务重组损失	22	17	5				
社会性收支差额(结余用"-"表示)	167806	167675	108				23
四、利润总额	**150782**	**120069**	**15229**	**9797**	**20**	**3475**	**2192**

6-3 农牧场损益表

（2008年）　　　　单位:万元

指标	合计	农业单位					工业单位	商业单位	运输单位	建筑单位	服务单位
			种植业	林业	畜牧业	渔业					
一、营业总收入	**1098009**	**613656**	**608120**	**4589**	**891**	**56**	**355853**	**118800**	**19**	**4010**	**5671**
#营业收入	1098009	613656	608120	4589	891	56	355853	118800	19	4010	5671
#主营业务收入	719523	245673	243641	1979	53		352116	116090	19	2753	2872
其他业务收入	378486	367983	364479	2610	838	56	3737	2710		1257	2799
二、营业总成本	**844476**	**354346**	**351123**	**2082**	**1078**	**63**	**359086**	**119890**	**19**	**4075**	**7060**
#营业成本	573278	138975	137678	783	463	51	322611	103659	10	3229	4794
#主营业务成本	526978	100448	99779	623	46		320479	101414	10	2517	2110
其他业务成本	46300	38527	37899	160	417	51	2132	2245		712	2684
营业税金及附加	1295	183	183				277	665	1	140	29
销售费用	28293	7210	7163	47			15135	5465			483
管理费用	198628	179669	177787	1255	615	12	9349	7142	8	716	1744
#业务招待费	4819	3692	3580	69	42	1	466	439		42	180
研究与开发费	1184	710	710				30	444			
财务费用	33782	21028	21031	-3			9795	2959		-10	10
#利息支出	37840	26198	26196		2		8609	3022			11
利息收入	7220	3679	3671	6	2		3240	290		10	1
汇兑净损失	-245	369	369				-617	3			
资产减值损失	9200	7281	7281				1919				
其他											
加:公允价值变动收益											
投资收益	1538	1930	1930				-396	4			
#对联营企业和合营企业的投资收益	-777	-381	-381				-396				
三、营业利润	**255071**	**261240**	**258927**	**2507**	**-187**	**-7**	**-3629**	**-1086**		**-65**	**-1389**
加:营业外收入	39870	33256	33187		69		4896	1716		2	
#非流动性资产处置利得	2449	2060	2009		51		62	327			
非货币性资产交换利得	98	98	98								
政府补助(补贴收入)	33318	28063	28063				3931	1324			
债务重组利得	453	147	147				306				
减:营业外支出	174872	174603	174324	273		6	126	103		31	9
#非流动资产处置损失	1936	1895	1895				39	2			
非货币性资产交换损失											
债务重组损失	17	17	17								
社会性收支差额	167675	167675	167423	252							
四、利润总额	**120069**	**119893**	**117790**	**2234**	**-118**	**-13**	**1141**	**527**		**-94**	**-1398**

6-4 按行业分的资产负债表（一）

（2008 年）　　　　单位:万元

资　　产	合 计	农 业	工 业	商 业	运输业	建筑业	服务业
流动资产：							
货币资金	868389	470885	245788	56353	489	8873	86001
交易性金融资产							
短期投资	1950		1950				
应收票据	4338		4258			80	
应收股利	6		6				
应收利息							
应收账款	203752	13442	109505	15880		48600	16325
其他应收款	427290	472755	-164663	80757	6	35322	3113
# 应收家庭农场款	23736	23736					
减:待转家庭农场上交款	464	464					
应收家庭农场款净额	23272	23272					
预付账款	165270	2107	67773	87954		6280	1156
存货	1151501	287540	590952	218219		45225	9565
# 原材料	442159	20734	379461	31819		5429	4716
库存商品(产成品)	442626	61171	197885	179712		437	3421
一年内到期的非流动资产	286		286				
其他流动资产	9336	338	3573	5395		6	24
流动资产合计	**2832118**	**1247067**	**859428**	**464558**	**495**	**144386**	**116184**
非流动资产：							
可供出售金融资产							
持有至到期投资							
长期债权投资	675	572	3	100			
长期应收款							
长期股权投资	415359	387698	11668	14982	20	115	876
股权分置流通权							
投资性房地产	1027		1027				
固定资产原价	3359001	2117853	999860	130824	479	20140	89845
减:累计折旧	1621069	1299908	239429	33681	75	11379	36597
固定资产净值	1737932	817945	760431	97143	404	8761	53248
减:固定资产减值准备	14061	9909	1000	2777		106	269
固定资产净额	1723871	808036	759431	94366	404	8655	52979
在建工程	162183	88470	63545	2434	133	3114	4487
工程物资	4973	98	4875				
固定资产清理	149	122		27			
生产性生物资产							
油气资产							
无形资产	67570	8944	38000	20167		14	445
# 土地使用权	56770	8845	30797	17128			
开发支出							
商誉							
合并价差	115		120	16		-21	
长期待摊费用(递延资产)	21461	13794	4455	2590		26	596
递延所得税资产	551		551				
递延税款借项							
其他非流动资产(其他长期资产)	7085	7083		2			
# 特准储备物资							
非流动资产合计	**2405019**	**1314817**	**883675**	**134684**	**557**	**11903**	**59383**
资 产 总 计	**5237137**	**2561884**	**1743103**	**599242**	**1052**	**156289**	**175567**

6-4　按行业分的资产负债表（二）

（2008 年）　　单位:万元

负　　债	合　计	农　业	工　业	商　业	运输业	建筑业	服务业
流动负债:							
短期借款	1423529	495820	660779	260404		6456	70
交易性金融负债							
应付权证							
应付票据	13400			13400			
应付账款	413060	59487	208315	68257	25	39206	37770
预收款项	105551	46044	31929	14202		8135	5241
应付职工薪酬	108480	83174	12472	6658	3	1830	4343
# 应付工资	65486	48010	8953	4888		1131	2504
应付福利费	4843	2303	573	805		326	836
应交税费	-46149	6503	-57290	-2532	6	6052	1112
# 应交税金	-47314	6266	-57874	-2602	6	5872	1018
应付利息	1921	1634	287				
应付股利	5319	1001	4074	244			
其他应付款	1209842	951644	106685	94547	228	36260	20478
# 应付家庭农场款	55702	55702					
一年内到期的非流动负债	294	294					
其他流动负债	34554	16518	10512	6607		891	26
内部往来		-280758	207700	36440	53	31573	4992
流动负债合计	**3269801**	**1381361**	**1185463**	**498227**	**315**	**130403**	**74032**
非流动负债:							
长期借款	231899	198806	14555	11767		4877	1894
应付债券	85020	85020					
长期应付款	1388	1355		33			
专项应付款	24995	18822	3530	1279			1364
预计负债	70246		1506				68740
递延所得税负债							
递延税款贷项							
其他非流动负债	1158		945	213			
# 特准储备基金							
非流动负债合计	**414706**	**304003**	**20536**	**13292**		**4877**	**71998**
负 债 合 计	**3684507**	**1685364**	**1205999**	**511519**	**315**	**135280**	**146030**
所有者权益(或股东权益):							
实收资本(股本)	1103874	505112	448250	97565	297	14537	38113
国家资本	711969	554101	48189	79779	297	8890	20713
集体资本							
法人资本	305827	-99443	367636	16013		4305	17316
# 国有法人资本	299532	-99443	361649	15705		4305	17316
集体法人资本	6295		5987	308			
个人资本	67217	52512	11506	1773		1342	84
外商资本	18861	-2058	20919				
资本公积	580020	490479	65029	10880	364	3955	9313
减:库存股							
盈余公积	118465	89817	22052	3962	29	2402	203
一般风险准备							
未确认投资损失(以“-”号填列)	-4117		-4117				
未分配利润	-358195	-229990	-22983	-82563	47	-4614	-18092
# 现金股利							
外币报表折算差额	181		181				
归属于母公司所有者权益合计	1440228	855418	508412	29844	737	16280	29537
少数股东权益	112402	21102	28692	57879		4729	
所有者权益合计	**1552630**	**876520**	**537104**	**87723**	**737**	**21009**	**29537**
减:资产损失							
所有者权益合计(剔除资产损失后的金额)	**1552630**	**876520**	**537104**	**87723**	**737**	**21009**	**29537**
负债和所有者权益总计	**5237137**	**2561884**	**1743103**	**599242**	**1052**	**156289**	**175567**

6-5 各分局主要财务指标

单位:万元

年份 单位	资产	# 流动资产	# 应收帐款	# 预付帐款	# 存货	非流动资产合计
2001	2923675	1747043	238501	35718	505157	1043785
2002	3529433	2097620	265343	104859	559776	1228550
2003	3821119	2168939	264170	267901	573352	1398092
2004	3745979	1827833	188821	95291	579766	1639353
2005	4171046	2118534	180163	75303	878118	1782765
2006	3998404	1822591	226707	137305	654949	1602268
2007	4317605	2224625	171979	217952	872362	3558006
2008	5237137	2832118	203752	165270	1151501	2405019
宝泉岭局	269370	117675	9205	367	34751	151695
红兴隆局	251185	129382	2763		57270	121803
建三江局	236402	77849	1368	55	21803	158553
牡丹江局	263990	129438	858	109	64272	134552
北安局	237540	96032	6869	348	31369	141508
九三局	183221	101569	4753	1919	39954	81652
齐齐哈尔局	119300	54520	567	163	26938	64780
绥化局	118307	35482	319	59	14496	82825
哈尔滨局	96732	30647	1356	35	7441	66085
总局直属	3461090	2059524	175694	162215	853207	1401566

注：2007 年和 2008 年应收账款、存货以净值列示；由于财务决算表指标调整，非流动资产合计这列数据，2008 年以前均是固定资产合计数。

6-5 续表 1

单位:万元

年份 单位	# 固定资产原价	# 固定资产净值	# 长期投资	# 无形资产	负债及所有者权益	# 流动负债
2001	1342605	968718	78504	3093	2923675	1837430
2002	1547536	1100429	133307	27282	3529433	2043681
2003	1711720	1210918	164580	52056	3821119	2221488
2004	1867618	1355429	196107	48922	3745979	2083350
2005	2224673	1602275	185653	49434	4171046	2473301
2006	2505085	1492599	320708	52336	3998404	2537910
2007	2793450	1543826	395239	53019	4317605	2691632
2008	3359001	1737932	416034	67570	5237137	3269801
宝泉岭局	246136	95561	32246	651	269370	159489
红兴隆局	289372	100769	11580	530	251185	369101
建三江局	336899	116962	15073		236402	261194
牡丹江局	330710	110774	9860	799	263990	202080
北安局	286748	110308	20816	95	237540	206790
九三局	159136	59974	18678		183221	112486
齐齐哈尔局	117158	52749	10362		119300	64551
绥化局	133010	54150	12904	1729	118307	33765
哈尔滨局	84934	50811	6051	1895	96732	57998
总局直属	1374898	985874	278464	61871	3461090	1802347

注：长期投资为长期债权投资和长期股权投资的合计数。

6-5续表2 单位:万元

年份 单位	# 短期借款	# 应付账款	# 预收账款	# 非流动负债	# 长期借款	# 所有者权益
2001	562076	254544	35574	435206	428435	636774
2002	801461	231680	43569	431570	426234	1046520
2003	1007613	227343	66697	447752	440433	1142535
2004	1071715	181688	46608	409099	399624	1204826
2005	1052651	301423	53080	392342	360154	1256457
2006	1089745	256663	88125	370262	349937	1032167
2007	1221164	267603	94218	401515	262139	1224458
2008	1423529	413060	105551	414706	231899	1552630
宝泉岭局	21701	8863	1114	14758	11814	95123
红兴隆局	82349	9443	2685	48702	46906	-166618
建三江局	87361	15512	2685	71140	69799	-95932
牡丹江局	38168	21455	1012	35426	28871	26484
北安局	40032	10594	2415	13887	12735	16863
九三局	10967	11840	1002	13025	12748	57710
齐齐哈尔局	23956	5359		11784	11784	42965
绥化局	8622	742	728	10643	6926	73899
哈尔滨局	16856	2409	24	10416	7751	28318
总局直属	1093517	326843	93886	184925	22565	1473818

注：非流动负债2006年以前数据为长期负债。

6-5续表3 单位:万元

年份 单位	# 实收资本	# 资本公积	# 未分配利润	主营业务收入	营业税金及附加	利润总额
2001	473759	110281	-5067	999926	3380	31105
2002	725574	146399	-55772	1240905	4003	46622
2003	782938	169025	-75693	1317813	4810	36743
2004	756809	328618	3380	1648039	5410	46656
2005	841613	351218	-55186	2077918	6164	49384
2006	984899	353186	-399910	2249809	6847	67175
2007	1013973	445224	-425498	2344900	6784	127408
2008	1103874	580020	-358195	2999628	11429	150782
宝泉岭局	63718	48916	-26905	77412	577	11850
红兴隆局	55087	41083	-264190	31445	129	3626
建三江局	18412	46844	-164130	18619	132	4684
牡丹江局	43073	61989	-88781	38392	92	7302
北安局	67270	37391	-89889	23899	469	3551
九三局	40868	19840	-10229	10673	25	16405
齐齐哈尔局	17955	24658	324	5686	31	4931
绥化局	39690	20672	11623	18508	3	2445
哈尔滨局	27102	28708	-29368	6945	404	1819
总局直属	730699	249919	303350	2768049	9567	94169

6-6 各分局分行业资产总额

单位：万元

年份 单位	合计	农业	工业	商业	运输业	建筑业	服务业
2001	2923675	1932767	560169	282528	6644	90332	51235
2002	3529433	2202099	890495	283810	6957	86166	59906
2003	3821119	2246069	1108813	320631	367	91230	54009
2004	3745979	1966593	1297040	335634	1532	83511	61669
2005	4171046	1945449	1662793	410488	847	84785	66684
2006	3998404	1861344	1612216	378575	844	84699	60726
2007	4317605	2179644	1534665	441259	890	105278	55869
2008	5237137	2561884	1743103	599242	1052	156289	175567
宝泉岭局	269370	185491	74737	655		6786	1701
红兴隆局	251185	212637	32404	3616		2087	441
建三江局	236402	219228	13860	871	622		1821
牡丹江局	263990	238663	14986	7892		69	2380
北安局	237540	210323	14586	3955		7202	1474
九三局	183221	140914	28906	1384			12017
齐齐哈尔局	119300	103092		13108		3100	
绥化局	118307	94047	24050	210			
哈尔滨局	96732	77106	15007	46		4536	37
总局直属	3461090	1080383	1524567	567505	430	132509	155696

6-7 各分局分行业固定资产净值

单位：万元

年份 单位	合计	农业	工业	商业	运输业	建筑业	服务业
2001	968718	643905	213366	49527	4001	17972	39947
2002	1100429	731199	250000	60301	4029	13212	41688
2003	1210314	796744	287214	74088	81	13360	38827
2004	1355429	836313	388877	73100	707	13649	42783
2005	1602275	864482	599560	77418	446	12944	47425
2006	1492599	635858	722450	76573	402	11463	45853
2007	1543826	707502	705666	80371	390	9637	40260
2008	1737932	817945	760431	97143	404	8761	53248
宝泉岭局	95561	47039	46983	299		55	1185
红兴隆局	100769	77052	22422	816		469	10
建三江局	116962	105399	9787	117	368		1291
牡丹江局	110774	99962	6560	2355		43	1854
北安局	110308	97547	10126	877		771	987
九三局	59974	41068	14951	701			3254
齐齐哈尔局	52749	44563		5975		2211	
绥化局	54150	43554	10585	11			
哈尔滨局	50811	41572	8837	35		367	
总局直属	985874	220189	630180	85957	36	4845	44667

6-8　各分局分行业利润总额

单位:万元

年份 单位	合计	农业	工业	商业	运输业	建筑业	服务业
2001	31105	31324	10192	-6939	-186	-2060	-1226
2002	46622	40214	9303	-2568	-71	-74	-182
2003	36743	36228	1678	-578	4	-195	-394
2004	46656	30214	17653	5697	-175	-5591	-1142
2005	49384	38342	5150	6117	7	-34	-198
2006	67175	78697	8842	-18008	1	753	-3110
2007	127408	107141	25824	-7562		2013	-8
2008	150782	120050	16213	10324	20	3377	798
宝泉岭局	11850	12314	-648	14		107	63
红兴隆局	3626	5377	-1358	-129		-100	-164
建三江局	4684	5717	44	-81	2		-998
牡丹江局	7302	9034	-1344	-215		-5	-168
北安局	3551	4138	-617	48		56	-74
九三局	16405	17399	-1279				285
齐齐哈尔局	4931	5757		-364		-101	-361
绥化局	2445	4072	-1605	-22			
哈尔滨局	1819	1471	27	-5		327	-1
总局直属	94169	54771	22993	11078	18	3093	2216

6-9　各分局分行业营业税金及附加

单位:万元

年份 单位	合计	农业	工业	商业	运输业	建筑业	服务业
2001	3380	133	931	292	12	1635	377
2002	4003	112	1531	256	16	1683	405
2003	4810	118	1705	466	7	2078	436
2004	5410	95	1746	406	12	2674	477
2005	6164	35	1944	431	9	3229	516
2006	6847	16	1210	389	7	4592	633
2007	6784	147	1059	580	13	4303	682
2008	11429	183	1357	1399	15	5754	2721
宝泉岭局	577	1	91	3		441	41
红兴隆局	129	2	4	1		113	9
建三江局	132	39	28		9		56
牡丹江局	92	30	33	2			27
北安局	469	2	2	5		427	33
九三局	25	6		7			12
齐齐哈尔局	31			3		28	
绥化局	3		3				
哈尔滨局	404	73	5			326	
总局直属	9567	30	1191	1378	6	4419	2543

6-10　各分局分行业非流动负债

单位:万元

年份 单位	合计	农业	工业	商业	运输业	建筑业	服务业
2001	435206	369017	51091	5968	73	4537	4520
2002	431570	333598	82701	8932	73	1394	4872
2003	447752	324739	103709	9489		5032	4783
2004	409099	267415	119595	9155		4660	8274
2005	392342	266345	104689	9647		4731	6930
2006	370262	266155	82994	9150		4772	7191
2007	401515	354066	27669	9677		4672	5431
2008	414706	304003	20536	13292		4877	71998
宝泉岭局	14758	14631	127				
红兴隆局	48702	41552	7135			15	
建三江局	71140	70031	120				989
牡丹江局	35426	33889	1300				237
北安局	13887	13681		140		66	
九三局	13025	13025					
齐齐哈尔局	11784	11640		128		16	
绥化局	10643	10643					
哈尔滨局	10416	8961	1455				
总局直属	184925	85950	10399	13024		4780	70772

注：非流动负债2006年以前数据为长期负债。

6-11　各分局分行业所有者权益

单位:万元

年份 单位	合计	农业	工业	商业	运输业	建筑业	服务业
2001	646774	429591	140806	55651	4116	6126	10484
2002	1046520	750345	206075	63349	4192	10264	12295
2003	1142535	776635	228335	111879	35	9277	16374
2004	1204826	812493	282245	82294	250	8866	18678
2005	1256457	800800	356839	71279	359	7694	19486
2006	1032167	583695	396565	29185	616	10235	11871
2007	1224458	678251	450806	62095	618	17708	14980
2008	1552630	876520	537104	87723	737	21009	29537
宝泉岭局	95123	63080	29769	490		426	1358
红兴隆局	-166618	-162087	-1453	-2100		-1350	372
建三江局	-95932	-97335	4142	360	386		-3485
牡丹江局	26484	23464	3803	784		-479	-1088
北安局	16863	10337	7469	-1142		355	-156
九三局	57710	45566	11500	-495			1139
齐齐哈尔局	42965	47625		-5577		1014	-97
绥化局	73899	57487	16197	215			
哈尔滨局	28318	26605	-719	-494		2926	
总局直属	1473818	861778	466396	95682	351	18117	31494

6-12 各分局分行业流动负债

单位:万元

年份 单位	合计	农业	工业	商业	运输业	建筑业	服务业
2001	1837430	1134159	364007	220910	2455	79668	36231
2002	2043681	1118156	594057	211529	2692	74508	42739
2003	2168939	1209199	676084	197566	266	74950	10874
2004	2083350	875260	885217	216889	1282	69985	34717
2005	2473301	867261	1196409	296515	488	72360	40268
2006	2537910	1175212	969981	283177	228	67648	41664
2007	2691632	1147327	1056190	369487	272	82898	35458
2008	3269801	1381361	1185463	498227	315	130403	74032
宝泉岭局	159489	107780	44841	165		6360	343
红兴隆局	369101	333172	26722	5716		3422	69
建三江局	261194	246532	9598	511	236		4317
牡丹江局	202080	181310	9883	7108		548	3231
北安局	206790	186305	7117	4957		6781	1630
九三局	112486	82323	17406	1879			10878
齐齐哈尔局	64551	43827		18557		2070	97
绥化局	33765	25917	7853	-5			
哈尔滨局	57998	41540	14271	540		1610	37
总局直属	1802347	132655	1047772	458799	79	109612	53430

6-13 各分局分行业流动资产

单位:万元

年份 单位	合计	农业	工业	商业	运输业	建筑业	服务业
2001	1747043	1141275	308615	216688	2509	69508	8448
2002	2097620	1261059	551879	196516	2567	70909	14690
2003	2221488	1144654	767466	199263	332	76921	32852
2004	1827833	872532	648687	223962	513	67943	14196
2005	2118534	825144	907291	300704	356	69233	15806
2006	1822591	702748	779958	255050	347	72237	12251
2007	2224625	1030089	760219	325632	357	94412	13916
2008	2832118	1247067	859428	464558	495	144386	116184
宝泉岭局	117675	87226	22874	356		6731	488
红兴隆局	129382	116660	8221	2502		1618	381
建三江局	77849	74240	2204	754	121		530
牡丹江局	129438	119107	4715	5193		32	391
北安局	96032	82116	4233	2832		6431	420
九三局	101569	79712	12074	866			8917
齐齐哈尔局	54520	46371	0	7443		706	
绥化局	35482	28431	6855	196			
哈尔滨局	30647	22180	4273	11		4146	37
总局直属	2059524	591024	793979	444405	374	124722	105020

主要统计指标解释

资本金　通俗地讲就是办企业的本钱。根据财政部颁布的《企业财务通则》规定，资本金是指企业在工商行政管理部门登记的注册资金。

资产　是指企业拥有或控制的能以货币计量的经济资源，包括各种财产、债权和其他权利。

流动资产　是指可以在一年内或者超过一年的一个生产周期内变现或者耗用的资产。流动资产可以按变现能力(程度)划分，包括现金及各种存款、短期投资、应收及预付款项、存货等。

长期投资　是指不可能或者不准备在一年内变现的投资。

固定资产　是指使用年限在一年以上，单位价值在规定标准以上，并在使用过程中保持原有形态的资产，包括房屋及建筑物、机器设备、运输设备、工具器具等。

无形资产　是指企业长期使用而没有实物形态的资产，包括专利权、非专利技术、商标权、著作权、土地使用权、商誉等。

长期待摊费用(递延资产)　指企业已经发生但应由本期和以后各期负担的分摊期限在一年以上的各项费用，如以经营租赁方式租人的固定资产发生的改良支出等。

其他资产　是指除以上各项之外的资产，如特种储备资产、银行冻结存款、冻结物资、涉及诉讼中的财产等。

负债　是指企业所承担的以货币计量，将以资产或劳务偿付的债务。其偿还形式可以用货币，也可以用资产或提供劳务的方式进行偿还。负债一般按其偿还期长短分为流动负债和长期负债。

流动负债　是指在一年内或超过一年的一个营业周期内偿还的负债，其中包括短期借款、应付货款、应付工资、应交税金和应交利润等。

非流动负债　是指偿还期在一年以上或者超过一年的一个营业周期以上的债务，其中包括长期借款、应付债务、长期应付款项等。

所有者权益　是指企业投资人对企业净资产的所有权，企业净资产等于企业全部资产减去全部负债后的余额，其中包括企业投资人对企业的最初投入以及资本公积金、盈余公积金和分配利润；对股份制企业，所有者权益即为股东权益。

营业收入　是指企业在销售产品(商品)或提供劳务等经营业务中实现的收入。一般分为主营业务收入(或基本业务收入)和其他业务收入(或附营业务收入)两部分。

主营业务收入　是指企业从事主要营业活动所取得的营业收入。其内容和范围因企业性质的不同而有所差别。如工业企业的主营业务收人为产品销售收入；贸易企业为商品销售收入；建筑业企业为工程价款结算收入；交通运输企业为运输收入；服务企业为服务收入等。

税金　是指企业规定从管理费用中支付的各种税金，包括房产税、车船使用税、土地使用税和印花税等。

利润总额　是企业在一定时期内实现的盈亏总额。是企业最终的财务成果，包括营业利润、补贴收人、投资收益、营业外净收入等，即

利润总额＝营业利润＋营业外收入－营业外支出

投资收益　是指企业以各种方式对外投资所取得的收益，包括分得利润、股票投资收益、债券投资收益等。投资收益反映的是企业所获得的投资净损益，即投资收人扣除投资所发生的损失后的余额。

营业外净收入　是指营业外收入与营业外支出的差额。营业外收入是指与企业生产经营没有直接关系的各种收入，包括固定资产盘盈、处理固定资产收益和因债务人原因确实无法支付的款项等；营业外支出是指与生产经营没有直接关系的各项支出，包括固定资产盘亏、处理固定资产损失、非常损失、停工损失，以及其他法定项目等。

政府补助(补贴收入)　是指企业从政府无偿取得的货币性资产或非货币性资产，但不包括政府作为企业所有者投入的资本。

应付工资　是指企业在一定时期内支付给职工的全部劳动报酬，它不同于会计报表中的应付工资余额，而是反映企业本期应付工资的全部发生额。

应付福利费　是指企业在一定时期内用于职工福利方面的资金，同应付工资一样，应付福利费反映的也是本期应付福利费的全部发生额，而不是期末余额。

STATISTICAL YEARBOOK

7 人民生活

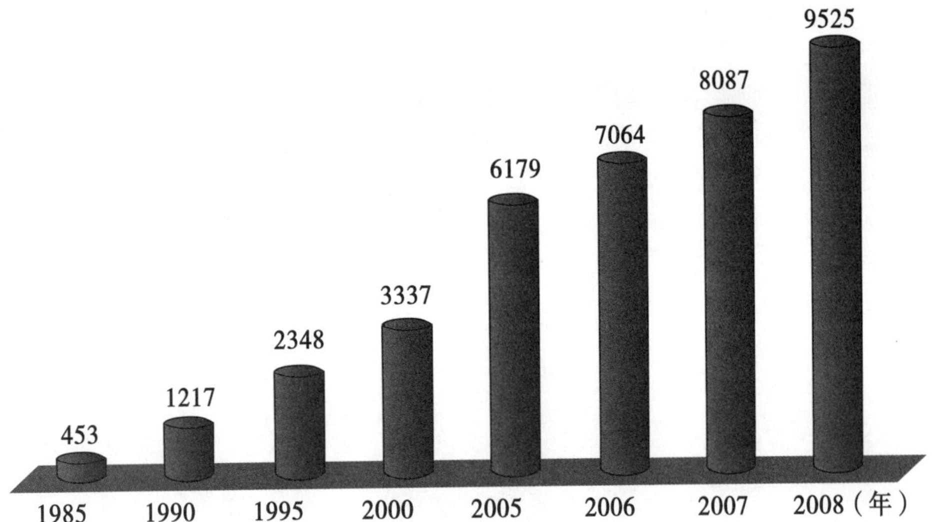
职工家庭人均纯收入（元）
453
1217
2348
3337
6179
7064
8087
9525
1985
1990
1995
2000
2005
2006
2007
2008（年）

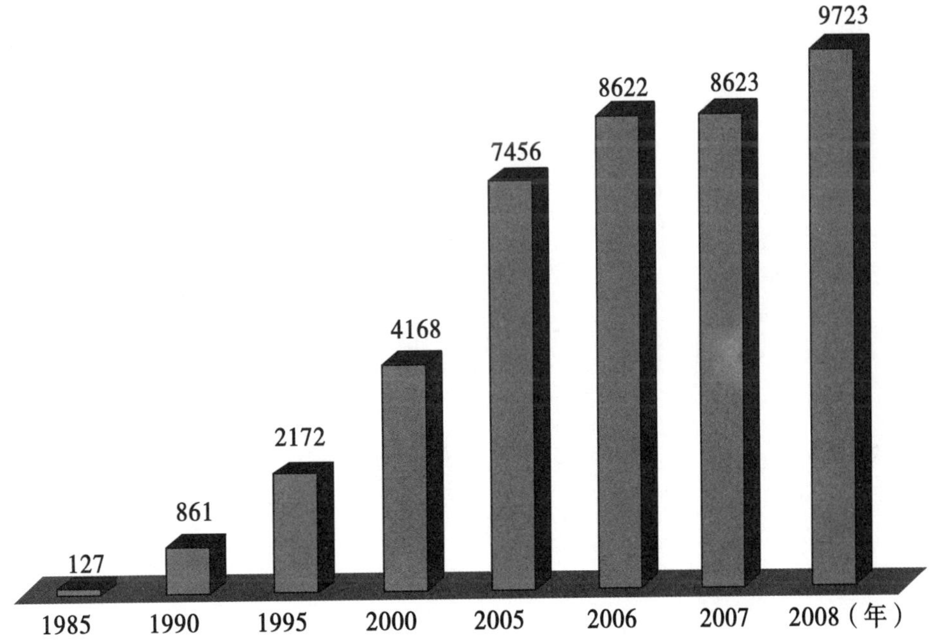
职工家庭人均存款余额（元）
127
861
2172
4168
7456
8622
8623
9723
1985
1990
1995
2000
2005
2006
2007
2008（年）

7-1 物质文化生活水平

指 标	单 位	1985	1990	1995	2000	2005	2007	2008
一、收 入								
农牧场职工家庭人均纯收入	元	453	1217	2348	3337	6179	8087	9525
职工年平均工资	元	827	1445	3084	5593	9205	11531	13066
二、消费水平								
人均生活消费	元	327.00	816.00	1674.00	2510.80	3372.80	5143.51	6771.71
消费品支出	元	307.00	701.00	1628.55	1815.10	2221.92	3106.56	4113.54
服务性支出	元	20.00	115.00	38.10	695.70	1150.88	2036.95	2658.17
三、储 蓄								
居民年末储蓄存款余额	亿元	2.01	13.35	33.73	65.63	118.25	142.24	161.38
人均储蓄存款余额	元	127	861	2172	4168	7456	8623	9723
四、住 房								
年末住宅总面积	万平方米	1449.20	1767.70	2040.30	2315.50	2700.50	3206.03	3446.05
平均每人居住面积	平方米	9.10	11.40	13.10	14.70	17.03	19.44	20.76
五、交 通								
每百人拥有自行车	辆	23.80	38.60	40.00	37.46	24.00	27.00	26.46
每百人拥有摩托车	辆	0.80	1.40	2.70	12.00	18.00	22.00	25.23
六、公用事业								
已安装自来水管理区	个		891	1410	1659	644	647	647.00
管理区自来水普及率	%		35.10	58.70	72.90	97.40	99.00	99.54
七、文 化								
每百人拥有彩色电视机	台	17.00	24.80	29.30	32.25	33.00	36.00	38.21
每百人拥有电脑	台						7.00	10.45
每百人每天有报纸	份	1.20	1.20	2.40	14.20	4.14	2.56	2.68
每百人每年有杂志	册	17.60	24.40	8.60	18.75	4.92	4.61	4.47
八、教 育								
学龄儿童入学率	%	98.80	99.70	100.00	100.00	100.00	100.00	100.00
每万人口有在校大学生数	人	14.70	19.50	27.50	47.30	131.84	146.20	162.87
九、卫 生								
每万人拥有医院病床数	张	50.70	57.90	60.00	49.78	46.36	44.89	48.05
每万人拥有医生人数	人	25.10	49.10	43.10	40.59	40.02	43.70	39.48
十、就 业								
每一劳动力负担人数	人	1.73	1.60	1.37	1.57	1.45	1.50	1.35

注：公用事业部分2004年前为生产队数，2005年后为管理区数，由总局建设局提供。

7-2 各分局物质文化生活水平主要指标

年份 单位	农场职工家庭人均纯收入（元）	职工年平均工资（元）	居民年末储蓄存款余额（万元）	人均储蓄存款余额（元）	人均居住面积（平方米）
2000	3337	5593	656293	4168	14.7
2002	3863	6639	863444	5455	15.5
2003	4267	7256	959461	6094	15.6
2004	5593	8255	1067537	6759	16.3
2005	6179	9205	1182537	7456	17.0
2006	7064	10291	1375160	8622	18.2
2007	8087	11531	1422358	8623	19.4
2008	9525	13066	1613778	9723	20.8
宝泉岭局	11016	10645	347358	16225	25.3
红兴隆局	10784	11895	299149	8691	20.4
建三江局	10831	18219	349385	16911	19.7
牡丹江局	10813	9409	143306	7144	23.1
北安局	8875	9305	115196	5666	17.3
九三局	9751	14661	124779	7802	17.2
齐齐哈尔局	8057	10433	70297	5002	21.5
绥化局	10816	8500	39217	5294	19.9
哈尔滨局	9402	12752	17896	4189	20.8
总局直属		29240	107195	14560	22.6

注：人均纯收入、职工年平均工资指标总局合计数为抽样调查数，分局为分局上报数。

7-2续表

年份 单位	自来水普及率（%）	学龄儿童入学率（%）	每万人拥有医院病床数（张）	每万人拥有医生数（人）	每一就业者负担人数（人）
2000	77.5	100	49.8	40.6	2.23
2002	77.6	100	45.6	39.2	2.23
2003	94.0	100	38.5	42.1	2.23
2004	94.6	100	42.1	39.3	2.23
2005	95.1	100	46.4	40.0	2.13
2006	95.8	100	46.9	48.7	2.04
2007	95.9	100	44.9	43.7	1.87
2008	96.0	100	48.0	39.5	1.83
宝泉岭局	99.0	100	48.3	44.9	1.69
红兴隆局	96.0	100	35.8	33.9	1.81
建三江局	98.1	100	36.8	45.1	1.65
牡丹江局	94.9	100	57.0	51.4	2.03
北安局	100.0	100	31.3	36.4	2.12
九三局	99.0	100	34.9	31.6	1.88
齐齐哈尔局	82.0	100	34.2	36.5	2.08
绥化局	100.0	100	38.5	29.3	1.68
哈尔滨局	83.4	100	36.0	23.2	2.05
总局直属	100.0	100	229.8	52.2	1.40

7-3 农场职工家庭基本情况

指 标	单 位	1985	1990	1995	2000	2005	2007	2008
调查户数	户	**560**	**252**	**336**	**500**	**500**	**500**	**500**
调查人口								
1.常住人口	人	2392	956	1157	1528	1383	1395	1387
2.平均每户常住人口	人	4.27	3.79	3.44	3.06	2.77	2.79	2.77
3.平均每户整、半劳动力	人	2.47	2.37	2.34	1.95	1.88	1.86	2.05
4.平均每个劳动力负担人口	人	1.73	1.60	1.37	1.57	1.47	1.50	1.35
平均每人全年收入								
1.总 收 入	元	1197.60	1456.04	6910.62	5545.60	15726.03	20968.42	26674.18
2.纯 收 入	元	453.29	1216.72	2348.00	3337.20	6179.40	8087.04	9524.60
3.现金收入	元	894.45	1436.27	6056.55	5203.60	14610.91	19550.25	23943.33
按人均纯收入分组的户数								
占调查户数比重								
1000元以下	%	60.4	40.9	20.8	18.3	14.4	5.2	5.0
1000-2000元	%	39.6	43.2	45.3	30.4	4.2	5.8	4.4
2000-4000元	%		15.9	33.9	51.3	14.8	14.4	13.6
4000-6000元	%					22.4	16.0	13.0
6000-8000元	%					17.4	16.4	14.8
8000-10000元	%					9.6	14.0	20.6
10000元以上	%					17.2	28.2	28.6
平均每人全年支出								
1.总 支 出	元	1163.81	1122.40	6143.19	4929.28	13868.78	18492.78	24883.55
家庭经营费用支出	元	792.22	209.92	4357.84	1410.55	6965.64	9170.12	12209.45
生活消费支出	元	327.23	816.36	1666.65	2510.80	3372.80	5143.51	6771.71
其他非生产性支出	元	44.36	96.12	118.70	1007.90	3530.34	4179.15	5902.39
2.现金支出	元	805.49	1296.69	5767.51	5402.13	13814.40	16701.83	24512.36
生产性费用和开发性生产投资	元	217.78	166.60	1847.60	1350.50	7437.57	8144.87	12797.69
缴纳税金和上交集体承包费	元	121.54	11.77	888.05	365.80	2283.16	2516.39	3026.04
生活消费支出	元	315.02	788.70	1522.88	1809.40	3332.74	5065.41	6683.62
储蓄借贷支出	元	113.42	239.35	1392.55	1297.10	1907.71	6908.04	13051.19
其他非生产性支出	元	20.51	37.73	116.43	579.30	760.93	975.17	2005.01

注：①本表至7-16表为农场住户调查资料。②自2003年起现金支出不包括储蓄借贷支出。③按人均纯收入分组的户数占调查户数比重中，1985年以前2000元以上没有进行分组全部包括在1000-2000元组；1990-2000年4000元以上没有进行分组全部包括在2000-4000元组。

7-4 农场职工家庭人均全年纯收入

（2008年） 单位:元

指　　标	数 量	指　　标	数 量
纯收入	**9524.60**	3.其他股息和红利	2.62
一、工资性收入	**2418.52**	4.租金(包括农业机械)	83.74
二、家庭经营收入	**4613.61**	5.储蓄性保险投资收入	2.98
1.第一产业收入	4053.70	6.转让承包土地经营权收入	29.43
(1)农业收入	3177.70	7.其他投资收益	2.16
(2)林业收入	-6.42	8.其他	82.36
(3)牧业收入	881.10	四、转移性收入	**2238.42**
(4)渔业收入	1.32	1.家庭非常住人口寄回和带回	29.17
2.非农产业收入	559.91	2.城市亲友赠送	46.04
A.第二产业收入	21.18	3.离退休金、养老金	625.86
(1)工业收入	21.19	4.城市亲友支付赡养费	1.83
(2)建筑业收入	-0.01	5.农场亲友支付赡养费	
B.第三产业收入	538.73	6.救济金	0.45
(1)交通、运输、邮电业收入	117.86	7.抚恤金	0.94
(2)批零贸易业、饮食业收入	258.00	8.报销医疗费	23.8
(3)社会服务业收入	95.77	9.得到赔款	4.26
(4)文教卫生业收入	4.30	10.无偿扶贫或扶持款	0.41
(5)其他行业收入	62.80	11.退税	
三、财产性收入	**254.05**	12.其他	1505.66
1.利息	29.89	# 粮食直补、良补收入	507.42
2.集体分配股息和红利	20.87	综合补贴收入	937.18

7-5 农场职工家庭平均每人总收入和纯收入

单位:元

指　　标	1985	1990	1995	2000	2005	2007	2008
一、总　收　入	**1197.60**	**1456.04**	**6910.62**	**5545.60**	**15726.03**	**20968.42**	**26674.18**
(一)基本收入	1157.24	1388.64	6686.65	5257.10	14594.87	18978.82	24127.63
1.劳动者的报酬收入	260.90	837.88	1272.76	2043.90	1648.15	2132.74	2418.52
(1)在国有经济单位得到的	250.75	812.16	1261.66	1188.80	1137.22	1219.93	1402.74
(2)在非国有经济单位得到的	10.15	25.72	11.10	855.10	510.93	912.81	1015.78
2.家庭经营收入	896.34	550.76	5419.89	3211.90	12946.72	16846.08	21709.11
(1)种植业收入	714.40	264.93	4766.50	2434.30	10495.49	13572.45	18139.58
# 粮食收入	714.40	136.32	4244.59	2308.80	9479.63	12279.77	16938.71
(2)林业收入		4.15	0.03	0.40	24.73	5.53	2.92
(3)牧业收入	92.70	163.98	324.78	329.10	1464.17	1778.21	2075.45
(4)渔业收入	2.37	0.07	6.93	4.20	1.29	9.82	1.82
(5)工业收入			4.34	13.40	44.57	38.48	32.44
(6)建筑业收入				59.50	14.54	6.09	
(7)交通、运输、邮电业收入	12.95	50.82	50.12	77.80	98.62	201.44	180.05
(8)批零贸易业、饮食业收入	1.60	1.16	6.39	103.60	578.37	1080.21	1077.65
(9)社会服务业收入	1.79	9.12	87.85	22.80	39.83	78.85	113.16
(10)其他家庭经营收入	17.18	38.82	166.95	166.76	185.11	68.56	86.04
(二)转移性收入	40.36	67.40	176.26	239.70	851.06	1730.52	2292.50
# 家庭非常住人口寄回和带回	1.67	1.05	9.97	12.80	22.11	10.68	29.17
城市亲友赠送收入	5.82	13.06	29.14	7.70	42.09	33.52	46.04
(三)财产性收入			47.71	49.40	280.1	259.08	254.05
# 利息收入			37.00	18.10	26.91	12.21	29.89
股息收入			0.27	3.66	27.87	14.08	23.49
二、纯　收　入	**453.29**	**1216.72**	**2348.00**	**3337.20**	**6179.40**	**8087.45**	**9524.60**

注：1994年以前的财产性收入含在转移性收入内。

7-6 农场职工家庭平均每人总收入、总支出和纯收入

(2008年)

单位:元

指标	数量	指标	数量
总收入	**26674.18**	**总支出**	**24883.54**
一、工资性收入	**2418.52**	**一、家庭经营费用支出**	**12209.44**
1. 在国有经济单位得到的收入	1402.74	(一)第一产业生产费用支出	11347.92
2. 在非国有经济单位得到的收入	1015.78	1. 农业生产支出	10403.13
二、家庭经营收入	**21709.11**	2. 林业生产支出	3.27
1. 第一产业收入	20219.77	3. 牧业生产支出	941.08
(1)农业收入	18139.58	4. 渔业生产支出	0.44
# 粮食收入	16938.71	(二)第二产业生产费用支出	7.25
(2)林业收入	2.92	1. 工业生产支出	7.25
(3)牧业收入	2075.45	2. 建筑业支出	
(4)渔业收入	1.82	(三)第三产业生产费用支出	854.27
2. 第二产业收入	32.44	1. 交通运输邮电业生产费用支出	49.30
(1)工业收入	32.44	2. 批零贸易餐饮业生产费用支出	786.59
(2)建筑业收入		3. 社会服务业生产费用支出	8.81
3. 第三产业收入	1456.90	4. 其他行业生产费用支出	9.57
# 交通、运输、邮电业收入	180.05	**二、购置生产用固定资产支出**	**702.90**
批零贸易业、饮食业收入	1077.65	**三、建造生产性固定资产雇工支出**	**2.16**
社会服务业收入	113.16	**四、税费支出**	**3192.10**
三、转移性收入	**2292.50**	1. 第一产业的税金	
# 家庭非常住人口寄回和带回	29.17	2. 第二产业的税金	3.03
城市亲友赠送收入	46.04	3. 第三产业的税金	6.49
农场亲友赠送收入	87.51	4. 其他各种收费	3182.58
四、财产性收入	**254.05**	**五、生活消费支出**	**6771.71**
1. 利息收入	29.89	**六、财产性支出**	**699.50**
2. 股息收入	23.49	1. 宅基地有偿使用费	72.10
3. 租金收入(包括农业机械)	83.74	2. 承包其他农户转让费	579.81
4. 储蓄性保险投资收入	2.98	3. 其他	47.59
5. 土地征用补偿收入		**七、转移性支出**	**1305.73**
6. 转让承包土地经营权收入	29.43	# 寄给带给家庭非常住人口	182.30
7. 其他投资收益	2.16	赠送农场亲友	172.62
8. 出让无形资产净收入		赠送城市亲友	63.85
9. 其他财产收入	82.36	**纯收入**	**9524.60**

7-7 农场职工家庭平均每人消费性支出与构成

指标	1985	1990	1995	2000	2005	2007	2008
消费性支出(元)	**327.23**	**816.36**	**1666.70**	**2510.75**	**3372.80**	**5143.51**	**6771.71**
1. 食品	187.40	381.33	916.88	906.37	1214.28	1928.04	2492.00
# 主食	64.62	128.55	355.94	232.61	239.32	228.91	235.22
副食	79.50	151.76	366.10	367.81	783.12	1248.32	1278.84
其他食品	34.13	77.51	168.85	211.23	191.84	450.81	376.49
2. 衣着	46.03	115.26	201.07	287.79	332.12	518.07	609.50
# 服装			96.50	163.58	202.61	401.05	421.02
3. 家庭设备、用品及服务	41.81	93.20	84.61	206.00	195.10	206.82	305.13
4. 医疗保健	9.65	40.66	55.99	221.56	270.13	404.20	520.96
5. 交通通讯	5.97	19.88	34.04	210.80	369.59	565.40	760.46
6. 文化教育娱乐用品及服务	15.26	67.84	127.55	367.80	524.49	808.24	1069.93
# 文化教育娱乐用品	7.49	26.16	31.72	80.35	101.59	161.25	217.76
7. 居住	19.75	81.45	193.55	185.74	394.20	585.92	812.61
# 住房	10.92	51.90	63.89	57.70	270.05	242.58	353.80
8. 其他商品和服务	1.36	16.74	52.95	124.68	72.88	126.82	201.12
消费支出构成(%)							
1. 食品(恩格尔系数)	57.30	46.70	55.00	36.10	36.00	37.48	36.80
# 主食	34.50	33.70	38.80	25.66	19.70	11.87	9.44
副食	42.40	39.80	39.90	40.58	64.49	64.75	51.32
其他食品	18.20	20.30	18.40	23.31	15.80	23.38	15.11
2. 衣着	14.10	14.10	12.10	11.46	9.85	10.07	9.00
# 服装			48.00	56.84	61.01	77.41	69.08
3. 家庭设备、用品及服务	12.80	11.40	5.10	8.20	5.78	4.02	4.51
4. 医疗保健	2.90	5.00	3.40	8.82	8.01	7.86	7.69
5. 交通通讯	1.80	2.40	2.00	8.40	10.96	10.99	11.23
6. 文化教育娱乐用品及服务	4.70	8.30	7.60	14.65	15.55	15.71	15.80
# 文化教育娱乐用品	49.10	38.60	24.90	21.85	19.37	19.95	20.35
7. 居住	6.00	10.00	11.60	7.40	11.69	11.39	12.00
# 住房	55.30	63.70	33.00	31.60	68.50	41.40	43.54
8. 其他商品和服务	0.40	2.10	3.20	4.97	2.16	2.47	2.97

7-8 农场职工家庭平均每人全年消费性支出

（2008年）

单位:元

指　　标	数 量	指　　标	数 量
消费支出总计	**6771.71**	(4)家俱类	42.17
其中:服务性支出	2658.17	(5)机电设备	114.78
一、食品	**2492.00**	2.家庭设备用品服务性消费支出	14.94
1.食品消费品支出	1890.55	**四、医疗保健**	**520.96**
(1)谷物	212.35	1.医疗保健用品	158.71
(2)薯类	11.03	2.医疗保健服务消费支出	362.25
(3)豆类	11.84	**五、交通和通讯**	**760.46**
(4)食用油	137.73	1.交通和通讯用品支出	345.58
(5)蔬菜及制品	438.24	# 交通工具	161.70
(6)肉、禽、蛋、奶及制品	449.65	通讯工具	85.83
(7)水产品及制品	68.70	2.交通和通讯服务消费支出	414.88
(8)烟、酒	154.69	(1)交通消费服务支出	247.78
(9)茶叶、饮料	29.83	(2)通讯消费服务支出	167.10
(10)其他类食品	376.49	**六、文化教育娱乐用品及服务**	**1069.93**
2.食品消费服务性支出	601.45	1.文化教育、娱乐用品	217.76
(1)在外饮食	593.73	2.教育服务	753.45
(2)食品加工费	3.82	3.文化、体育、娱乐服务	98.72
(3)其他服务性支出	3.90	**七、居住**	**812.61**
二、衣着	**609.50**	1.居住消费品	544.32
1.衣着消费品支出	605.00	(1)建筑生活用房材料	94.86
(1)服装	421.02	(2)维修生活用房材料	22.73
(2)服装材料	6.70	(3)装修生活用房材料	77.19
(3)鞋类	155.31	(4)生活用房	159.02
(4)其他	21.97	(5)生活用燃料	190.52
2.衣着消费服务性支出	4.50	2.居住消费服务性	268.29
# 衣着加工费	3.46	# 生活用电	106.53
三、家庭设备、用品	**305.13**	生活用水	22.72
1.家庭设备用品消费品支出	290.19	**八、其他商品和服务**	**201.12**
(1)日用品	98.58	1.商品性支出	137.72
(2)床上用品	24.06	2.服务支出	63.40
(3)室内装饰品	10.59		

7-9　农场职工家庭平均每人全年现金收入与支出

（2008年）　　单位:元

指　　标	数 量	指　　标	数 量
一、期内现金收入	**23934.57**	牧业生产支出	895.18
1. 工资性收入	2418.52	渔业生产支出	0.44
2. 家庭经营收入	18997.58	工业生产支出	7.25
# 出售农产品的现金收入	14677.62	交通运输邮电业生产支出	49.30
出售林业产品的现金收入	2.92	批零贸易餐饮业生产支出	778.30
出售牧业产品的现金收入	1974.26	社会服务业生产支出	8.81
工业现金收入	32.44	(2)购置生产用固定资产支出	702.90
交通、运输、邮电业的现金收入	180.05	# 购买役畜、产品畜	12.40
批零贸易业、饮食业的现金收入	1077.65	农林牧渔业机械	494.17
3. 转移性收入	2264.42	(3)建、造生产性固定资产雇工支出	2.16
# 家庭非常住人口寄回和带回	48.45	2. 税费支出	3026.04
亲友赠送收入	111.49	3. 生活消费支出	6683.62
4. 财产性收入	254.05	4. 财产性支出	699.50
# 利息收入	29.89	5. 转移性支出	1305.51
二、非收入现金所得	**15930.71**	# 赠送亲友	236.25
1. 非借贷性现金所得	558.78	**四、非消费性支出**	**13775.84**
# 出售财物	127.62	1. 非借贷性支出	724.65
出售役畜、产品畜	37.06	2. 储蓄、借贷性支出	13051.19
2. 借贷性现金所得	15371.93	# 归还银行、信用社	2834.18
# 银行、信用社的贷款	2727.90	归还借款	2518.37
借入款	1434.97	存入银行信用社	6884.15
收回借出款	4230.63	**五、期末金融资产余额**	**16985.77**
三、期内现金支出	**24512.36**	# 手存现金	3107.22
1. 生产费用支出的现金	12797.69	银行存款	13419.58
(1)家庭经营费用支出的现金	12092.63	**六、期末债务余额**	**487.74**
# 农业生产支出	10340.50	# 银行、信用社贷款	449.89
林业生产支出	3.27	个人借款	37.85

7-10 农场职工家庭人均收入与支出情况

（1978-2008 年）　　单位：元

年 份	总收入	总支出	#生活消费支出	人均纯收入	人均纯收入指数(%)(上年=100)	人均纯收入指数(%)(1978=100)
1978				246	100.0	100.0
1979				289	104.1	104.1
1980				327	105.8	110.1
1981				321	98.5	108.5
1982	370	330	288	351	103.9	112.7
1983	429	373	309	405	107.1	120.7
1984	466	384	317	440	103.7	125.2
1985	1198	1164	327	453	96.2	120.4
1986	994	894	366	507	104.4	125.7
1987	920	764	465	655	120.2	151.1
1988	1469	1164	553	789	105.5	159.4
1989	1885	1584	675	938	103.6	165.2
1990	1456	1122	816	1217	120.7	199.4
1991	1246	1149	888	1058	86.8	173.1
1992	1274	1116	825	1049	97.2	168.2
1993	2679	2210	983	1491	127.3	214.1
1994	4361	3870	1254	1831	104.9	224.6
1995	6911	6143	1674	2348	111.5	250.4
1996	6541	5893	2394	2832	111.7	279.8
1997	8128	6785	2644	3321	114.7	320.9
1998	5610	5066	2703	3448	104.8	336.3
1999	5462	4814	2463	3216	100.0	336.3
2000	5546	4929	2511	3337	104.8	352.4
2001	6062	5387	2675	3650	109.3	385.2
2002	6789	6275	2761	3863	106.5	410.2
2003	11180	10638	2912	4267	109.1	447.5
2004	13994	12198	3119	5593	125.1	559.8
2005	15726	13869	3373	6179	109.2	611.3
2006	18203	16200	4078	7064	112.3	686.5
2007	20968	18493	5144	8087	111.1	762.7
2008	26674	24883	6772	9525	112.2	855.7

7-11 农场职工家庭平均每人主要消费品消费量

品　　名	单 位	1985	1990	1995	2000	2004	2005	2007	2008
粮　　食	公斤	161.71	210.10	229.13	125.45	130.73	154.27	115.98	110.42
蔬　　菜	公斤	142.23	140.33	150.75	187.99	63.99	70.31	78.56	70.20
食　　油	公斤	7.11	8.12	12.31	8.71	9.92	9.62	11.75	12.54
肉　　类	公斤	8.60	10.86	11.82	15.57	13.58	15.17	15.21	16.33
家　　禽	公斤	1.06	2.32	1.86	2.03	2.05	2.52	2.91	3.59
蛋　　类	公斤	4.80	6.69	5.89	6.43	5.92	6.23	6.71	7.08
鱼　　虾	公斤	2.75	3.42	5.24	5.70	4.32	5.18	6.52	5.72
食　　糖	公斤	2.32	2.10	2.51	1.75	1.53	1.21	1.11	1.22
水　　果	公斤		11.84	9.87	36.76	24.53	26.97	23.92	23.05
卷　　烟	盒	13.41	33.61	40.41	18.63	25.56	25.04	22.1	21.06
酒	公斤	4.60	7.58	9.75	12.98	13.82	13.64	14.79	13.7

7-12 农场职工家庭平均每人主要消费品消费量

(2008年)

指　　标	单 位	数 量	指　　标	单 位	数 量
谷物	公斤	106.38	蛋类及蛋制品	公斤	7.08
# 小麦	公斤	62.12	奶和奶制品	公斤	6.72
豆类	公斤	2.34	水产品	公斤	5.72
# 大豆	公斤	0.74	#鱼类	公斤	5.24
豆制品	公斤	1.16	虾类	公斤	0.28
蔬菜	公斤	70.20	食糖	公斤	1.22
油脂类	公斤	12.54	酒	公斤	13.70
植物油	公斤	12.52	#白酒	公斤	3.80
动物油	公斤	0.02	啤酒	公斤	9.74
肉禽及其制品	公斤	19.93	干鲜瓜果类	公斤	33.58
# 猪肉	公斤	12.05	坚果及果仁制品	公斤	16.86
牛肉	公斤	0.64	服装	件	4.34
羊肉	公斤	0.71	鞋类	双	2.03
家禽	公斤	3.59			

7-13 农场职工家庭平均每户生产性固定资产拥有情况

品　　名	单 位	1985	1990	1995	2000	2005	2007	2008
一、年末生产性固定资产原值	元	**90382**	**66403**	**401127**	**608456**	**1804506**	**2085780**	**3063062**
# 役畜	元	6873	3274	12548	9281	14400	26640	4942
农牧渔业机械(具)	元	53444	10595	279360	552084	1078186	1121420	1571780
生产用房	元		952	9821	22989	274860	713308	595880
二、年末拥有固定资产数量								
1. 役畜	头		5.16	8.93	6.11	16.00	1.80	1.60
2. 胶轮大车	辆			1.79	3.06	3.00	2.40	3.20
3. 小型和手扶拖拉机	台		3.17	13.99	21.39	34.00	28.80	27.40
4. 大中型拖拉机	台		0.79	6.25	13.10	9.00	14.20	18.60
5. 联合收割机	台			1.19	8.91	3.00	4.40	3.80
6. 汽车	辆		0.40	0.30	2.12	1.00	1.20	1.20

7-14 农场职工家庭平均每百户年末耐用消费品拥有量

品　　名	单 位	1985	1990	1995	2000	2005	2007	2008
自 行 车	辆	101.79	146.43	137.80	116.13	77.00	76.60	73.40
电 话 机	部					82.00	86.00	84.40
移 动 电 话	部					88.00	131.40	151.60
汽车(生活用)	辆						3.60	2.60
洗 衣 机	台	50.89	46.83	52.08	75.20	74.00	83.40	86.80
家用电冰箱	台		1.98	7.74	24.80	28.00	46.20	59.80
摩 托 车	辆	3.22	5.16	9.23	37.20	49.00	61.20	70.00
微 波 炉	台					3.00	11.20	10.40
摄 像 机	台					1.00	1.00	3.40
热 水 器	台					9.00	13.60	18.80
彩色电视机	台	72.50	32.14	64.88	98.90	96.00	98.00	106.00
家用计算机	台						19.80	29.00
照 相 机	架		5.56	7.44	11.62	17.00	14.60	16.80
抽 油 烟 机	台			5.06	17.24	16.00	25.80	25.80
吸 尘 器	台			1.49	3.22	3.00	2.00	4.00

7-15 农场职工家庭平均每人全年购买的主要商品数量

品　　名	单位	1985	1990	1995	2000	2005	2007	2008
粮　　食	公斤	137.45	230.79	207.95	125.32	153.58	114.76	109.05
蔬　　菜	公斤	45.81	49.12	76.75	40.84	33.70	32.12	32.68
食用植物油	公斤	5.54	6.41	9.70	8.58	9.62	11.75	12.54
猪　　肉	公斤	6.77	7.52	10.72	9.71	10.62	9.79	10.40
牛 羊 肉	公斤	0.29	0.82	1.39	0.86	1.30	1.12	1.34
家　　禽	公斤	0.82	0.49	1.27	2.38	1.65	1.64	1.75
鲜　　蛋	公斤	1.41	1.29	2.46	6.43	5.05	4.89	5.05
鱼　　虾	公斤	1.87	2.91	4.28	3.35	5.07	6.13	5.48
食　　糖	公斤	2.08	1.90	1.74	1.75	1.21	1.11	1.22
卷　　烟	盒	13.09	33.53	40.41	18.63	25.04	22.10	21.06
酒	公斤	3.94	7.21	9.66	12.98	13.52	14.74	13.67
服　　装	件		1.36	1.34	2.52	3.72	4.00	4.34
鞋　　类	双	0.23	0.31	0.39	1.43	2.25	1.97	2.03

7-16 农场职工家庭房屋建设与使用情况

品　　名	单位	1985	1990	1995	2000	2005	2007	2008
户均年末使用房屋								
1. 使用间数	间		2.49	2.69	2.77	2.65	2.68	2.85
2. 使用面积	平方米	38.45	42.49	47.65	60.32	54.46	58.07	62.46
# 私有房屋面积	平方米	7.95	18.37	43.14	60.32	54.46	58.04	62.40
私有房屋价值	元	1351.19	2142.73	8262.67	18305.66	24042.56	34580.40	44746.28
人均年末使用房屋面积	平方米	9.00	11.20	13.84	19.21	24.91	27.13	29.71
1. 生产用房	平方米		0.03	0.45	2.28	5.22	6.31	7.19
2. 生活用房	平方米	9.00	11.17	13.39	16.93	19.69	20.82	22.52
# 砖木结构	平方米	7.28	9.02	12.72	14.31	16.37	14.54	16.18
户均本年新建(购)房屋								
1. 新建(购)房屋面积	平方米	1.11	0.76	0.51	0.68	0.21	0.59	0.96
2. 新建(购)房屋价值	元	82.32	138.10	148.81	185.00	112.00	424.00	1235.00
3. 每平方米价值	元	74.47	181.25	294.71	272.06	533.33	718.64	1286.46
人均本年新建(购)房屋面积	平方米	0.26	0.20	0.15	0.22	0.07	0.21	0.35

主要统计指标解释

常住人口 指全年经常在家或在家居住六个月以上，而且经济生活和本户连成一体的人口。在外劳动超过六个月的合同工、临时工和其他副业工，其收入主要带回家中或交钱给国有或集体单位的，仍要计算在内。在家居住，生活和本户连成一体的国家职工、退休人员也要计算在内。不包括参军人员，以及已成家，经济自理，不在一起用饭，但因住房问题仍住在一起的人口。

职工家庭整半劳动力 指常住职工家庭成员中有劳动能力并经常参加实际劳动的人员。它是生产的基本要素指标之一，是发展生产增加职工家庭收入的重要源泉。按规定，男 18 周岁至 50 周岁、女 13 周岁至 45 周岁为整劳动力；男 16 周岁到 17 周岁、51 周岁到 60 周岁，女 16 周岁到 17 周岁、46 周岁到 55 周岁为半劳动力。职工家庭整半劳动力既包括在上述规定劳动的年龄内和在劳动年龄以外有劳动能力并经常参加实际劳动的男女整半劳动力，也包括家庭常住人员中属于职工的劳动力。但不包括在劳动年龄内已丧失劳动能力的人员。

平均每个劳动力负担人口 指职工家庭中每个整半劳动力负担的人口数量，包括劳动者本人。

总收入 指调查期内农场住户和住户成员从各种来源渠道得到的收入总和。按收入的性质划分为工资性收入、家庭经营收入、财产性收入和转移性收入。

纯收入 指农场住户当年从各个来源得到的总收入相应地扣除所发生的费用后的收入总和。纯收入主要用于再生产投入和当年生活消费支出，也可用于储蓄和各种非义务性支出。“农场职工人均纯收入”按人口平均的纯收入水平，反映的是一个地区或一个农场住户居民的平均收入水平。计算方法：纯收人 = 总收入一家庭经营费用支出一税费支出一生产性固定资产折旧一赠送农场外部亲友支出。

总支出 指农场住户用于生产、生活和再分配方面的全部支出。包括家庭经营费用支出、购置生产性固定资产支出、生产性固定资产折旧、税费支出、生活消费支出、财产性支出和转移性支出。

生活消费支出 指农场住户用于物质生活和精神生活方面的支出。包括食品、衣着、居住、家庭设备用品及服务、医疗保健、交通和通讯、文化教育娱乐用品及服务、其他商品和服务等消费支出。

现金收入 指农场住户和住户成员在调查期内得到以现金形态表现的收入。按来源分成工资性收入、家庭经营现金收入、财产性收入、转移性收入。

现金支出 指农场住户在调查期内用于生产、生活和再分配所支付的现金。包括家庭经营费用支出、缴纳的税费、购买生产性固定资产、生活消费、财产性和转移性支出。

居民年底储蓄存款余额 指农垦系统的居民存入银行及信用社储蓄的年底时点数(存入数扣除取出数的余额),不包括居民的手存现金。

恩格尔系数 指食物支出金额在消费性总支出金额中所占的比例。计算公式为：

$$恩格尔系数 = \frac{食品支出金额}{消费性总支出金额} \times 100\%。$$

STATISTICAL YEARBOOK

8 农林牧渔业

本年农作物面积结构（%）

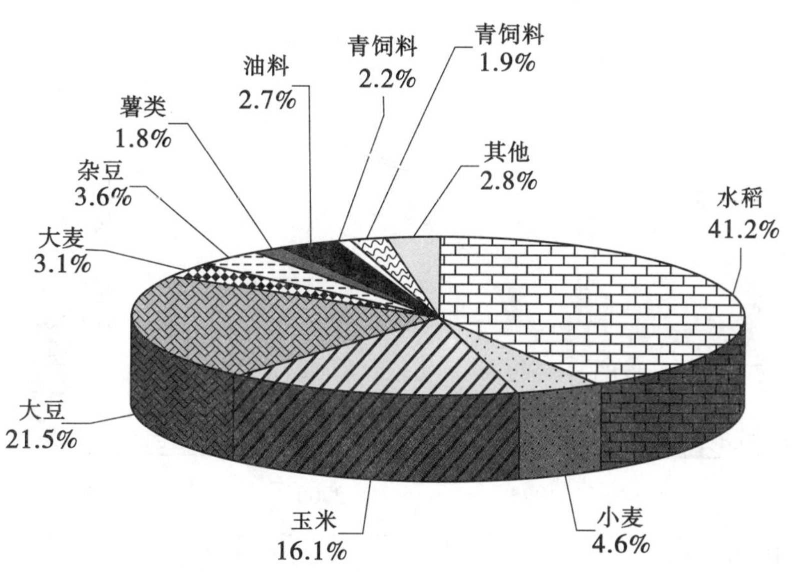

主要年度粮食产量（万吨）

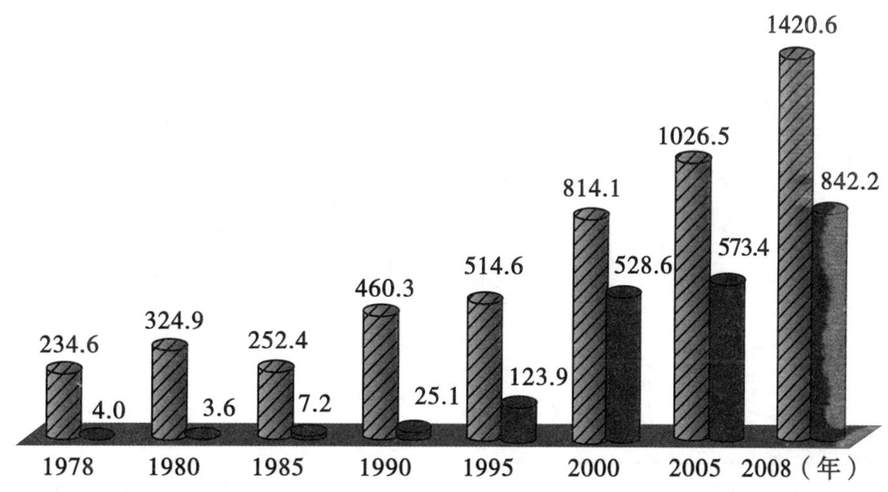

畜牧业生产情况

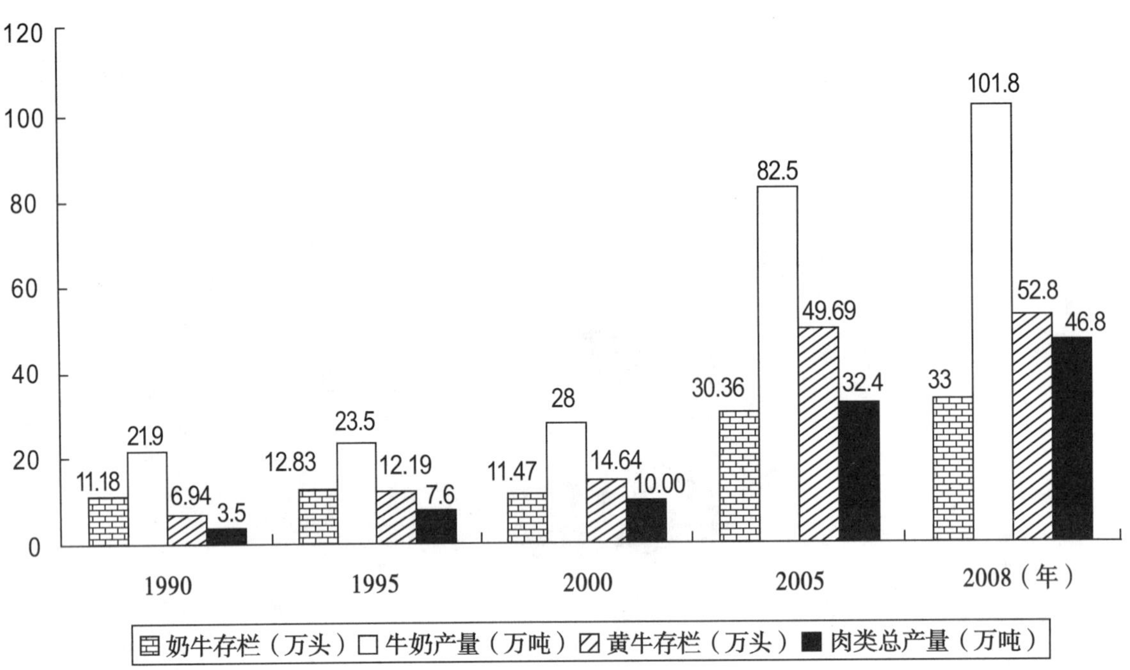

农业机械情况

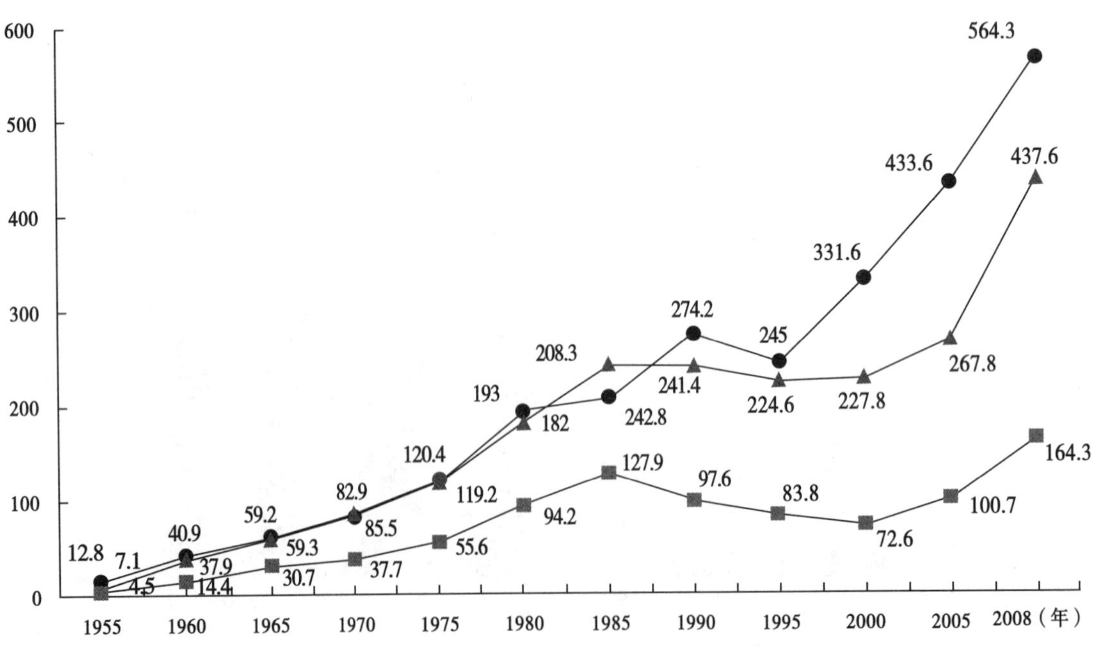

8-1 各分局农林牧渔业总产值

（当年价格） 单位:万元

年份 单位	农林牧渔业总产值	农业	#粮食主产品	林业	畜牧业	渔业	农林牧渔服务业
2002	1561395	1210540	973539	12954	325104	12797	
2003	1711008	1331122	1071201	21316	328016	14802	15752
2004	2344538	1806636	1523628	17005	487221	16068	17608
2005	2797343	2047212	1665820	18019	680610	19150	32352
2006	2964399	2228693	1819436	18662	670104	10890	36049
2007	3596771	2581066	2129675	20994	930663	15385	48663
2008	4645351	3191650	2707029	30124	1336385	25264	61928
宝泉岭局	738507	447910	393128	1984	283438	1488	3687
红兴隆局	918052	624514	491430	12545	260232	5015	15746
建三江局	1004377	888997	845432	1522	105884	3065	4910
牡丹江局	820793	616519	531425	2042	194901	6737	594
北安局	396340	289413	238614	2471	98254	2121	4081
九三局	376787	246339	213283	2774	112304	957	14413
齐齐哈尔局	293366	143255	114953	2313	139688	710	7401
绥化局	243800	119778	78307	1755	111135	4147	6985
哈尔滨局	73389	37434	23057	2718	28247	879	4111
总局直属	5504	3057	2966		2302	145	

8-2 各分局农林牧渔业总产值构成

（以农林牧渔总产值为100） 单位:%

年份 单位	农林牧渔业总产值	农业	#粮食主产品	林业	畜牧业	渔业	农林牧渔服务业
2002	100	77.5	62.4	0.9	20.8	0.8	
2003	100	77.8	62.6	1.2	19.2	0.9	0.9
2004	100	77.1	65.0	0.7	20.8	0.7	0.7
2005	100	73.2	59.6	0.6	24.3	0.7	1.2
2006	100	75.2	61.4	0.6	22.6	0.4	1.2
2007	100	71.8	59.2	0.6	25.9	0.4	1.3
2008	100	68.7	58.3	0.6	28.8	0.5	1.3
宝泉岭局	100	60.7	53.2	0.3	38.4	0.2	0.5
红兴隆局	100	68.0	53.5	1.4	28.3	0.5	1.7
建三江局	100	88.5	84.2	0.2	10.5	0.3	0.5
牡丹江局	100	75.1	64.7	0.2	23.7	0.8	0.1
北安局	100	73.0	60.2	0.6	24.8	0.5	1.0
九三局	100	65.4	56.6	0.7	29.8	0.3	3.8
齐齐哈尔局	100	48.8	39.2	0.8	47.6	0.2	2.5
绥化局	100	49.1	32.1	0.7	45.6	1.7	2.9
哈尔滨局	100	51.0	31.4	3.7	38.5	1.2	5.6
总局直属	100	55.5	53.9		41.8	2.6	

注:2006年、2007年畜牧业和渔业产值是与第二次全国农业普查衔接后数据。

8-3 各分局农林牧渔业总产值

（可比价格）　　单位：万元

年份 单位	农林牧渔业总产值	农业	#粮食主产品	林业	畜牧业	渔业	农林牧渔服务业
2004	2111854	1624381	1341021	17083	438026	15401	16963
2005	2762561	2010338	1631347	18019	683495	18741	31968
2006	2952404	2198700	1794658	18662	688653	11047	35342
2007	3205535	2371062	1946744	20994	753138	14084	46257
2008	4141137	2951295	2473518	30124	1077896	22843	58979
宝泉岭局	651485	418734	364031	1984	225851	1405	3512
红兴隆局	826441	583745	452126	12545	210728	4427	14996
建三江局	870706	773899	730656	1522	87940	2668	4676
牡丹江局	719991	555625	471634	2042	155586	6171	567
北安局	379326	292854	242441	2471	78196	1919	3886
九三局	357497	248860	216345	2775	91270	865	13727
齐齐哈尔局	251284	129461	103363	2313	111825	637	7048
绥化局	218056	114196	73199	1755	91623	3830	6652
哈尔滨局	65645	35168	21059	2718	23042	802	3915
总局直属	4672	2718	2628		1835	119	

8-4 各分局农林牧渔业总产值指数

（以上年为100）　　单位：%

年份 单位	农林牧渔业总产值	农业	#粮食主产品	林业	畜牧业	渔业	农林牧渔服务业
2002	98.0	95.2	90.7	82.2	115.6	122.7	
2003	104.1	96.7	97.1	159.4	132.5	113.8	
2004	123.4	122.0	125.2	80.1	133.5	104.0	107.7
2005	117.8	111.3	107.1	106.0	140.3	116.6	181.6
2006	111.1	107.4	107.7	103.6	122.5	118.2	109.2
2007	109.3	106.4	107.0	112.5	116.2	118.3	128.3
2008	115.1	114.3	116.1	143.5	115.8	148.5	121.2
宝泉岭局	116.7	115.1	114.4	67.3	120.2	177.0	115.4
红兴隆局	116.2	111.9	110.3	201.5	123.2	148.2	161.6
建三江局	116.4	117.2	118.3	154.5	114.7	102.6	64.7
牡丹江局	109.2	111.6	110.2	146.6	104.6	176.6	92.8
北安局	108.1	106.7	111.5	135.6	111.8	150.0	112.1
九三局	118.5	127.1	132.1	107.5	99.5	198.9	122.3
齐齐哈尔局	114.9	107.2	117.7	222.2	121.2	120.2	174.5
绥化局	115.2	108.3	121.7	95.7	125.2	165.3	101.3
哈尔滨局	115.0	105.3	108.2	125.7	131.5	100.4	121.9
总局直属	109.9	114.2	116.0		106.4	79.9	

8-5 各分局国有经济农林牧渔业总产值

单位:万元

年份 单位	农林牧渔 业总产值	农业	林业	畜牧业	渔业	农林牧渔 服务业
2002	1183982	1162086	11117	8782	1997	
2003	1319206	1276394	18006	10028	3133	11645
2004	1795512	1759781	13263	6237	2167	14064
2005	2064474	2027107	13231	6144	2405	15587
2006	2231095	2198394	13214	2527	4178	12782
2007	2591438	2552862	17360	3255	4493	13468
2008	3203746	3139525	21756	6428	6909	29128
宝泉岭局	451693	447678	1783		1247	985
红兴隆局	633955	622215	7873	491	1877	1499
建三江局	893435	886678	1411		516	4830
牡丹江局	584733	581414	1624	915	425	355
北安局	291886	287486	1535		126	2739
九三局	262586	246338	2632		726	12890
齐齐哈尔局	150289	143251	2313	163	42	4520
绥化局	114284	111084	1473		1727	
哈尔滨局	40637	33306	1112	4819	90	1310
总局直属	2992	2819		40	133	

8-6 各分局非国有经济农林牧渔业总产值

单位:万元

年份 单位	农林牧渔 业总产值	农业	林业	畜牧业	渔业	农林牧渔 服务业
2002	377413	48454	1837	316322	10800	
2003	391802	54728	3310	317988	11669	4107
2004	549026	46855	3742	480984	13901	3544
2005	732869	20105	4788	674466	16745	16765
2006	733304	30299	5448	667577	6712	23267
2007	1005333	28204	3634	927408	10892	35195
2008	1441605	52125	8368	1329957	18355	32800
宝泉岭局	286814	232	201	283438	241	2702
红兴隆局	284097	2299	4672	259741	3138	14247
建三江局	110942	2319	111	105884	2549	80
牡丹江局	236060	35105	418	193986	6312	239
北安局	104454	1927	936	98254	1995	1342
九三局	114201	1	142	112304	231	1523
齐齐哈尔局	143077	4	0	139525	668	2881
绥化局	129516	8694	282	111135	2420	6985
哈尔滨局	32752	4128	1606	23428	789	2801
总局直属	2512	238		2262	12	

注:8-5 表和 8-6 表按当年价格计算。

8-7 农林牧渔业分项产值

(2008 年)　　单位:万元

指　　标	现价产值	可比价产值	构成(%)
农林牧渔总产值	**4645351**	**4141137**	**100.0**
一、农业产值	**3191650**	**2951295**	**68.7**
(一)主产品产值	3001613	2761259	94.0
1. 谷物	2053078	1812981	68.4
#水稻	1517185	1264321	73.9
小麦	87694	90406	4.3
玉米	387151	387151	18.9
大麦	59771	69826	2.9
2. 大豆	498022	508186	16.6
3. 杂豆	92712	92712	3.1
4. 薯类	63217	59638	2.1
5. 油料	87403	82164	2.9
#白瓜籽	46877	44265	53.6
向日葵	11386	8759	13.0
花　生	2722	2722	3.1
6. 麻类	19021	19021	0.6
#亚麻	15286	15286	80.4
7. 糖类	31057	31057	1.0
8. 烟叶	447	434	…
9. 药材	14326	14326	0.5
10. 蔬菜	36454	35789	1.2
#叶菜类	15790	15182	43.3
瓜菜类	5775	5717	15.8
11. 食用菌	10420	9648	0.3
12. 瓜果类	28789	28636	1.0
#果用瓜	25565	25565	88.8
13. 花卉园艺	1011	1011	…
14. 饲料饲草	43149	43149	1.4
15. 其他种植业	22506	22506	0.7
(二)副产品产值	190037	190037	6.0
#粮食副产品	183389	183389	96.5

注：分项产值构成按当年价格计算。

8-7 续表

单位:万元

指　　标	现价产值	可比价产值	构成(%)
二、林业产值	**30124**	**30124**	**0.6**
（一）林木的培育和种植	13425	13425	44.6
1. 育种育苗	2040	2040	15.2
2. 造林	5069	5069	37.8
3. 抚育和管理	6316	6316	47.0
（二）林产品采集	13286	13286	44.1
（三）林木采运	3414	3414	11.3
三、牧业产值	**1336385**	**1077896**	**28.8**
（一）牲畜的饲养	566615	448748	42.4
1. 黄牛(含肉牛)	214733	165179	37.9
2. 奶　牛	14945	11496	2.6
3．马、驴、骡	375	375	0.1
4. 羊	70635	61960	12.5
5. 奶产品	251827	193715	44.4
# 牛奶	251821	193708	99.9
6. 毛绒产品	14100	16023	2.5
(1) 羊毛	4329	4920	30.7
(2) 羊绒	9771	11104	69.3
（二）猪的饲养	568051	454441	42.5
（三）家禽的饲养	162081	135068	12.1
1. 肉禽	117009	97507	72.2
2. 禽蛋	45073	37561	27.8
（四）其他畜牧业	39638	39638	3.0
# 兔	3183	3183	8.0
鹿茸	4931	4931	12.4
狐	13884	13884	35.0
四、渔业产值	**25264**	**22843**	**0.5**
1. 鱼类	22884	20463	90.6
# 鲤鱼	10493	8072	45.9
鲢鳙鱼	3560	3560	15.6
鲫鱼	4998	4998	21.8
2. 虾蟹类	2380	2380	9.4
五、农林牧渔服务业产值	**61928**	**58979**	**1.3**

8-8 耕地面积增减变动情况

单位:公顷

指　　标	2002	2003	2004	2005	2006	2007	2008
一、年初耕地面积	**2067923**	**2053594**	**2025515**	**2123679**	**2268907**	**2336514**	**2390906**
二、年内增加面积	**4288**	**5550**	**112095**	**160149**	**71367**	**55814**	**145225**
三、年内减少面积	**18617**	**33629**	**13931**	**14921**	**3760**	**1422**	**533**
1. 国家基建占地		28	56	11	172		1
2. 场队基建占地	94	25		28	4	10	2
3. 个人建房占地			19				
4. 农业结构调整	11516	32748	9881	2633	100		
退耕改林	7791	32348	9881	1370	100		
退耕改牧	3725	333		1263			
退耕改园地		67					
退耕改渔池							
5. 划归系统外				59	20		
6. 其他减少	7007	828	3975	12190	3464	1412	530
四、年末耕地面积	**2053594**	**2025515**	**2123679**	**2268907**	**2336514**	**2390906**	**2535598**
1. 水田	692962	554475	679773	726971	867962	994524	1021350
2. 旱田	1360632	1471040	1443906	1541936	1468552	1396382	1514248
#水浇地	42496	66157	53159	54456	50377	81724	87154

8-9 各分局耕地面积增减变动情况

单位：公顷

年份 单位	年初耕地面积	年内增加面积	年内减少面积	国家基建占地	场队基建占地	农业结构调整占地	#退耕改林
2002	2067923	4288	18617		94	11516	7791
2003	2053594	5550	33629	28	25	32748	32348
2004	2025515	112095	13931	56		9881	9881
2005	2123679	160149	14921	11	28	2633	1370
2006	2268907	71367	3760	172	4	100	100
2007	2336514	55814	1422		10		
2008	2390906	145225	533	1	2		
宝泉岭局	313102	4424					
红兴隆局	418882						
建三江局	545393	128757					
牡丹江局	375542	467	18				
北安局	292411	614	72				
九三局	224395	6385	439				
齐齐哈尔局	113868	200					
绥化局	84676	4272					
哈尔滨局	19825	104	2		2		
总局直属	2812	2	2	1			

8-9 续表

单位：公顷

年份 单位	#退耕改牧	划归系统外	其他减少	年末耕地面积	水田面积	旱田面积	#水浇地
2002	3725		7007	2053594	692962	1360632	42496
2003	333		828	2025515	554475	1471040	66157
2004			3994	2123679	679773	1443906	53159
2005	1263	59	12190	2268907	726971	1541936	54456
2006		20	3464	2336514	867962	1468552	50377
2007			1412	2390906	994524	1396382	81724
2008			530	2535598	1021350	1514248	87154
宝泉岭局				317526	117108	200418	31603
红兴隆局				418882	162333	256549	10236
建三江局				674150	449067	225083	278
牡丹江局			18	375991	220746	155245	1059
北安局			72	292953	1738	291215	2253
九三局			439	230341	3400	226941	2785
齐齐哈尔局				114068	39336	74732	31656
绥化局				88948	19318	69630	6410
哈尔滨局				19927	6838	13089	874
总局直属			1	2812	1466	1346	

8-10 各分局主要农业机械年末拥有量

单位:台

年份 单位	农业机械总动力(万千瓦)	农用大中型拖拉机	#100马力以上	农用小型拖拉机	大中型拖拉机配套农具	小型拖拉机配套农具
2002	368.2	22736	2797	10162	12574	68965
2003	370.9	23131	3037	70015	54461	60579
2004	401.3	23929	3830	71579	54958	66913
2005	433.6	26775	4166	71920	57954	68406
2006	472.3	34345	4353	70186	67056	68875
2007	519.3	38834	4374	76771	74987	74477
2008	564.3	43757	4451	73315	87143	76220
宝泉岭局	78.4	8293	529	7766	11364	7768
红兴隆局	105.2	7868	1079	14427	15585	14755
建三江局	137.3	11586	523	10330	25968	13252
牡丹江局	102.1	8533	404	14007	12831	14941
北安局	48.3	3210	863	9657	11179	10676
九三局	34.9	1681	571	5614	5484	6669
齐齐哈尔局	29.7	1124	291	6498	2577	4256
绥化局	16.1	857	162	2606	1629	2683
哈尔滨局	8.1	531	23	2235	456	1071
总局直属	4.4	74	6	175	70	149

8-10续表1

单位:台

年份 单位	机动水稻插秧机	水稻工厂化育秧设备(套)	农用排灌动力机械	#柴油机	农用水泵	喷灌机(套)
2002	21255	352	55460	47000	52576	3593
2003	21805	329	53827	45212	49876	5024
2004	25870	180	53405	47996	51270	4936
2005	29546	167	54686	48435	52617	4898
2006	37170	158	59959	50431	55239	4655
2007	43895	140	66860	55328	60973	5434
2008	49408	145	73219	57279	68855	5676
宝泉岭局	6505	2	11144	9967	10543	1138
红兴隆局	8534	11	16358	12292	17394	1456
建三江局	19125	16	19877	14512	18105	494
牡丹江局	10981	2	18044	14861	15513	343
北安局		2	155	68	80	85
九三局	6		508	444	433	71
齐齐哈尔局	2528		4320	3885	4159	1674
绥化局	902		1056	432	1217	277
哈尔滨局	767		1620	799	1225	124
总局直属	60	112	137	19	186	14

8-10续表2

单位:台

年份 单位	联合 收获机	自走式	牵引式	水稻收获机	机动 割晒机	其他收 获机械
2002	7870	7636	234	1651		
2003	8115	7790	325	1650		
2004	9710	9095	615	2271	6268	845
2005	11065	10442	623	3460	6153	819
2006	13107	12669	438	5329	5758	972
2007	14992	14157	835	7020	5659	1076
2008	16429	15649	780	8700	5334	1243
宝泉岭局	2345	2255	90	646	445	107
红兴隆局	3112	2980	132	1360	1136	84
建三江局	4307	4100	207	3405	696	22
牡丹江局	3324	3199	125	2476	2856	306
北安局	975	922	53		89	588
九三局	868	868	0	5	17	49
齐齐哈尔局	700	546	154	424	59	76
绥化局	569	562	7	218	17	
哈尔滨局	200	192	8	153	9	7
总局直属	29	25	4	13	10	4

8-10续表3

单位:台

年份 单位	机动 脱粒机	谷物 烘干机	种子 包衣机	种子 清选机	机动 喷雾(粉)机	牧草 播种机
2002	17537	262	144	837	2606	13
2003	15685	287	164	840	3198	16
2004	13797	225	193	894	3579	44
2005	11545	232	213	893	3726	37
2006	8459	239	216	886	4386	32
2007	7732	287	247	913	6763	33
2008	6657	345	261	917	10752	40
宝泉岭局	821	105	20	162	1257	1
红兴隆局	1412	37	50	122	1470	11
建三江局	1613	28	34	144	6877	5
牡丹江局	2528	37	15	107	752	4
北安局	68	97	79	181	105	10
九三局	36	21	22	107	187	8
齐齐哈尔局	68		32	35	72	
绥化局	58	5	4	11	3	1
哈尔滨局	19			6		
总局直属	34	15	5	42	29	

8-10续表4

单位:台

年份 单位	牧草收割机(台)	牧草打捆机(台)	铡草机(台)	电动挤奶机(部)	机动渔船(艘)	农用汽车(辆)	#农用载重汽车	农用运输车(辆)
2002	359	27	655	1492	271	2730	1229	4680
2003	383	31	962	1652	254	2642	1182	4356
2004	437	36	1559	1950	273	2560	1156	4832
2005	451	65	2051	2414	248	2204	937	4904
2006	374	97	2656	3540	259	2484	1049	4842
2007	374	104	2932	4021	350	2125	904	5361
2008	402	114	3096	4063	358	2244	965	5005
宝泉岭局	3	21	1180	1053	63	125	16	1102
红兴隆局	11	57	886	123	20	854	244	1675
建三江局	8	8	149	55	82			420
牡丹江局	113		492	1292	73	176	77	626
北安局	1	5	15	816	9	657	425	416
九三局	16	5	49	194	2	330	181	294
齐齐哈尔局	233	18	50	434		45	10	192
绥化局	7		43	28	108	19	5	97
哈尔滨局	10		232	62	1	18	4	144
总局直属				6		20	3	39

8-10续表5

单位:台

年份 单位	农产品加工机械	#碾米机	#磨面机	#榨油机	农用飞机(架)	飞机场(处)	推土机	挖掘机
2002	4293	1219	554	308	26	53	738	359
2003	4293	1160	560	312	30	53	791	382
2004	3294	1386	604	287	30	54	761	376
2005	3874	1443	438	306	31	57	739	396
2006	3848	1277	431	292	29	56	806	460
2007	3859	1178	422	374	30	58	851	512
2008	4639	1139	419	362	47	59	881	558
宝泉岭局	820	121	48	120		8	111	64
红兴隆局	631	257	46	30		8	165	115
建三江局	493	358	35	15		15	103	121
牡丹江局	601	164	38	26		9	179	61
北安局	375	15	86	46		7	81	54
九三局	283	4	63	50		8	37	12
齐齐哈尔局	190	109	17	27		2	54	18
绥化局	196	71	17	34		1	38	30
哈尔滨局	444	35	6	4			47	7
总局直属	606	5	63	10	47	1	66	76

注：农用运输车、农产品加工机械、推土机和挖掘机数据为全社会口径。

8-11 各分局农业机械化情况

单位：公顷

年份 单位	机械耕整地面积	# 水田机整地面积	机械播种面积	# 水稻机播、机插面积	机械田间管理面积
2002	1975573		1641820	367164	
2003	1949989		1712582	345037	
2004	2114501	676056	1859299	501302	1715444
2005	2134745	726266	1917673	562235	1805795
2006	2343532	868896	2112513	697203	2050482
2007	2387852	994664	2175739	823841	2099025
2008	2491193	1022185	2327993	918933	2230271
宝泉岭局	315350	117108	306784	113462	285753
红兴隆局	417208	162309	386892	146937	374163
建三江局	624967	449067	584392	402276	593383
牡丹江局	394950	222029	350436	199292	290239
北安局	289421	1335	280852		283682
九三局	227127	3400	223834	2100	222045
齐齐哈尔局	114847	39336	107938	35560	105022
绥化局	85269	19318	67972	12850	68701
哈尔滨局	19331	6838	16604	5361	6589
总局直属	2723	1445	2289	1095	694

8-11 续表

单位：公顷

年份 单位	# 飞机作业面积	# 飞机施肥面积	# 飞机防治病虫害面积	机械收获面积	# 水稻机收面积
2002	404227	266095	121676	1399197	
2003	442953	316748	109471	1462257	
2004	584593	382329	176903	1742184	474698
2005	719148	450008	302841	1797027	555772
2006	879996	580338	502509	2032304	713622
2007	884759	644472	504625	2108505	858733
2008	948340	660514	585735	2278186	948323
宝泉岭局	161071	94011	80260	299653	114444
红兴隆局	176887	99249	137408	383797	152808
建三江局	376262	322930	209953	597363	424854
牡丹江局	96090	62370	82078	352023	194767
北安局	57925	37161	34704	277069	1255
九三局	30816	26586	8574	214526	3400
齐齐哈尔局	49289	18207	32758	83598	37997
绥化局				57944	13664
哈尔滨局				10930	4534
总局直属				1283	600

8-12　各分局农用肥料、农药、农膜、电力使用量

单位:吨

年　份 单　位	化肥施用总量		氮　肥		磷　肥		钾　肥	
	实物量	折纯量	实物量	折纯量	实物量	折纯量	实物量	折纯量
2002	541886	260909	214774	102207	149185	66763	65182	31634
2003	538960	261618	203466	97004	152372	69050	66832	32781
2004	620081	300601	233596	112740	179177	82270	81351	38533
2005	646843	310988	239490	116246	194291	88618	89259	41815
2006	716715	339182	270401	128302	207374	93282	108526	50318
2007	795617	379139	305369	146460	238890	106431	124134	59128
2008	829956	394732	318168	152613	252647	111748	139243	67816
宝泉岭局	128248	63431	54467	26818	31188	14076	19568	9545
红兴隆局	131457	64846	55327	27253	34009	16489	18478	8960
建三江局	215477	99661	84876	37896	71887	31486	51276	26373
牡丹江局	138041	60147	54389	23771	43740	17509	24880	11211
北安局	70928	35428	19014	10282	24909	11567	8276	3837
九三局	61345	32577	18066	11846	27549	13437	6242	2823
齐齐哈尔局	45210	19126	18321	8515	11712	3856	6356	2964
绥化局	28929	14387	9559	4292	5289	2125	2563	1233
哈尔滨局	9349	4645	3740	1752	2054	1031	1504	819
总局直属	972	484	409	188	310	172	100	51

8-12续表

单位:吨

年　份 单　位	复合肥		生物肥施用量	有机肥施用量	农药施用量	#化学除草剂	农膜使用量	农业用电量(万度)
	实物量	折纯量						
2002	112745	60305	5039	216252	6682	5803	8081	16585
2003	116290	62783	3429	473276	7030	6151	7082	17328
2004	125957	67058	3566	489157	8412	7125	7444	17608
2005	123803	64309	3822	565452	8364	7011	8839	17469
2006	130414	67280	6089	601993	9233	7428	10890	22405
2007	127224	67120	10743	760911	11022	8813	13412	25737
2008	119898	62555	24047	714184	11159	9156	14008	36014
宝泉岭局	23025	12992	498	11290	1230	1132	988	9441
红兴隆局	23643	12144	5011	152044	1994	1505	2220	7305
建三江局	7438	3906	6050	17780	2917	2213	5259	9709
牡丹江局	15032	7656	2492	31158	1985	1742	4177	3363
北安局	18729	9742	1025	45192	1200	1066	18	2130
九三局	9488	4471	218	22535	842	778	8	896
齐齐哈尔局	8821	3791	8324	292350	381	216	665	961
绥化局	11518	6737	397	135825	456	394	532	1476
哈尔滨局	2051	1043	32	4010	145	103	138	542
总局直属	153	73		2000	9	7	3	191

8-13 各分局农田水利化情况

年份 单位	机电井（眼）	#已配套	排灌站（座）	排灌能力（立方米/秒）
1985	3156	1940		
1990	5027	3870	124	412
1991	5616	4287	135	319
1992	6475	4914	132	237
1993	7268	5632	119	258
1994	7413	5934	138	457
1995	10854	8610	129	548
1996	21775	19255	131	600
1997	28017	24034	144	682
1998	37213	31950	124	623
1999	40678	37534	127	682
2000	43320	39921	141	786
2001	45342	41489	146	807
2002	49462	43714	152	907
2003	45166	39464	165	943
2004	46987	41199	166	816
2005	48924	44007	168	887
2006	52747	47599	173	916
2007	61891	56757	202	991
2008	66571	60413	208	1349
宝泉岭局	11729	10310	23	173
红兴隆局	11844	10861	63	402
建三江局	20981	20981	14	104
牡丹江局	11301	9027	47	562
北安局	389	89	4	18
九三局	445	428	3	6
齐齐哈尔局	7158	6116	41	54
绥化局	1077	1022	8	25
哈尔滨局	1527	1465	4	4
总局直属	120	114	1	1

8-14 灌溉、除涝、治水情况

指　　标	单位	2001	2002	2003	2004	2005	2006	2007	2008
年底灌区数	处	240	237	234	233	234	241	249	254
设计0.067万公顷以上灌区	处	33	42	42	43	43	44	45	45
设计0.067万公顷以下灌区	处	207	195	192	190	191	197	204	209
设计灌溉面积	万公顷	103.85	114.38	108.1	119.83	124.32	134.98	148.87	153.01
有效灌溉面积	万公顷	78.99	82.98	74.9	89.02	94.54	105.97	121.48	125.39
江河引水灌溉	万公顷	7.46	8.12	7.86	8.13	8.3	8.21	8.49	8.41
水库塘坝蓄水灌溉	万公顷	3.77	4.57	4.54	4.67	4.78	4.82	4.84	4.93
江河提水灌溉	万公顷	6.11	7.9	7.75	8.72	9.23	10.85	12.94	13.34
机电井灌溉	万公顷	54.59	54.63	40.71	52.83	57.26	67.13	78.46	80.96
喷滴灌灌溉	万公顷	7.06	7.76	14.04	14.67	14.97	14.96	16.75	17.75
在有效灌溉面积中：									
机电灌溉面积	万公顷	67.76	70.29	62.51	76.24	81.46	92.94	108.15	112.06
涝区面积	万公顷	257.48	257.48	257.48	257.48	257.48	257.48	260.5	261.6
易涝耕地面积	万公顷	154.73	154.73	154.73	154.73	154.73	165.46	167.34	167.8
除涝面积	万公顷	132.23	133.35	135.03	135.82	137.01	138.41	139.25	140.28
三至五年	万公顷	120.12	120.52	120.67	120.18	120.29	121.49	121.99	122.89
五年以上	万公顷	12.11	12.83	14.36	15.64	16.72	16.92	17.26	17.39
除涝面积占易涝面积比重	%	85.46	86.18	87.27	87.78	88.55	83.65	83.21	83.6
堤防长度	公里	2649.5	2764.23	2833.83	2828.53	2828.53	2828.53	2861.95	2853.22
保护耕地面积	万公顷	70.05	74.22	74.79	74.79	74.79	74.79	89.55	89.5
保护人口	万人	61.44	63.48	63.72	63.72	63.72	63.72	91.14	93.3
水库	座	147	148	150	151	153	159	161	165
#大型水库	座	2	2	2	2	2	2	2	2
中型水库	座	13	14	14	14	14	14	14	14
水土流失面积	万公顷	66.95	66.95	66.95	66.95	66.95	66.99	67.85	67.85
治理水土流失面积	万公顷	30.45	30.9	32.24	33.09	34.05	34.59	35.7	36.76
占流失面积比重	%	45.48	46.15	48.16	49.42	50.86	51.63	52.62	54.18

注：8-14至8-15表资料由总局水务局提供。

8-15 各分局灌溉、除涝、治水情况

年　份 单　位	水　库 座　数 （座）	年　底 灌区数 （处）	有效灌溉 面　积 （万公顷）	#水田灌 溉面积	#喷滴灌 面　积	#机　电 灌面积	当年实际 灌溉面积 （万公顷）	易涝耕地 面　积 （万公顷）
2002	148	237	82.98	74.36	7.76	70.29	72.1	154.73
2003	150	234	74.90	59.93	14.04	62.51	69.21	154.73
2004	151	233	89.02	73.27	14.67	76.24	76.83	154.73
2005	153	234	94.54	78.47	14.97	81.46	76.83	154.73
2006	159	241	105.97	90.01	14.96	92.94	94.31	165.46
2007	161	249	121.48	103.80	16.75	108.15	108.84	167.34
2008	165	254	125.39	106.74	17.75	112.06	111.04	167.80
宝泉岭局	7	29	16.66	12.26	4.40	16.06	15.96	29.48
红兴隆局	35	52	20.40	17.51	2.74	17.49	17.75	37.60
建三江局	5	7	51.07	45.34	5.72	51.06	44.92	51.60
牡丹江局	39	73	24.22	23.71	0.39	20.00	22.98	29.01
北安局	27	28	1.46	0.51	0.61	0.65	0.29	9.51
九三局	26	21	1.07	0.40	0.67	1.06	0.42	0.95
齐齐哈尔局	12	13	6.66	4.21	2.37	3.09	5.32	2.76
绥化局	9	20	2.87	1.99	0.68	2.03	2.40	6.07
哈尔滨局	5	11	0.85	0.68	0.17	0.49	0.85	0.82
总局直属			0.13	0.13		0.13	0.15	

8-15续表

年　份 单　位	除涝面积 （万公顷）	三至五年	五年及 以　上	堤防长度 （公里）	保护耕地 面　积 （万公顷）	保护人口 （万人）	水土流失 面　积 （万公顷）	流理水土 流失面积 （万公顷）
2002	133.35	120.52	12.83	2764.23	74.22	63.48	66.95	30.90
2003	135.03	120.67	14.36	2833.83	74.79	63.72	66.95	32.24
2004	135.82	120.17	15.65	2828.53	74.79	63.72	66.95	33.09
2005	137.01	120.29	16.72	2828.53	74.79	63.72	66.95	34.05
2006	138.41	121.49	16.92	2828.53	74.79	63.72	66.99	34.59
2007	139.25	121.99	17.26	2861.95	89.55	91.14	67.85	35.70
2008	140.28	122.89	17.39	2853.22	89.50	93.30	67.85	36.76
宝泉岭局	23.31	23.31		584.15	11.48	12.43	4.38	1.10
红兴隆局	34.42	22.64	11.78	1132.29	30.11	19.24	8.52	2.27
建三江局	41.10	40.84	0.26	266.45	8.76	4.53	4.69	1.18
牡丹江局	26.96	21.61	5.35	548.12	17.85	16.84	10.87	6.97
北安局	7.81	7.81		87.66	1.02	0.40	17.65	7.66
九三局	0.50	0.50		36.09	0.37	5.90	17.12	15.44
齐齐哈尔局	1.92	1.92		125.33	17.73	31.00	1.65	1.23
绥化局	4.02	4.02		73.13	2.18	2.96	2.81	0.87
哈尔滨局	0.24	0.24					0.16	0.04
总局直属								

8-16 各分局主要农作物播种面积

单位:公顷

年份 单位	总播种面积	粮食作物		在粮食作物播种面积中				
		播种面积	占总播种面积 %	谷物	水稻	小麦	玉米	高粱
1978	1739733	1529800	87.9	961472	16066	710579	187146	5144
1979	1873067	1695267	90.5	1063575	13359	850036	158944	5666
1980	1979466	1792200	90.5	1176699	12600	994600	139800	5737
1981	2003823	1827914	91.2	1170057	12008	1042224	92919	3375
1982	1867053	1703727	91.3	895802	12015	795348	59702	1988
1983	1930423	1758921	91.1	1139398	14846	1003805	80069	2131
1984	1841471	1689064	91.7	931291	18198	807498	82038	663
1985	1776333	1649451	92.9	900872	25977	814418	45185	93
1986	1731472	1617913	93.4	988708	36559	859662	71534	216
1987	1789005	1649684	92.2	925571	43328	758713	75804	234
1988	1608482	1428899	88.8	670148	36560	550714	50766	138
1989	1772186	1604916	90.6	918121	44427	763635	74705	363
1990	1817801	1636135	90.0	1006983	58401	786456	122182	271
1991	1836356	1646932	89.7	998233	68478	779710	117302	171
1992	1675355	1463223	87.3	868330	80901	682557	87005	872
1993	1830058	1634846	89.3	815628	105500	612565	67172	648
1994	1819826	1621119	89.1	835928	126805	532896	93949	916
1995	1776749	1609675	90.5	846297	178407	460556	169622	2247
1996	1867409	1732325	92.8	1156427	342894	499287	269373	2405
1997	1923167	1811557	94.2	1196837	530844	401375	232471	745
1998	1994437	1861392	93.3	1283230	658253	397761	203639	775
1999	1978736	1846120	93.3	1373003	686358	476386	186162	1568
2000	1980732	1818622	91.8	1081524	676635	299502	83388	1501
2001	2011437	1831757	91.1	1045046	677710	207770	115990	1161
2002	2012107	1792702	89.1	1074587	698925	128580	149664	3958
2003	1967419	1693944	86.1	910432	553540	124719	154178	2193
2004	2152183	1875886	87.2	1105061	686162	152599	225490	924
2005	2155968	1904847	88.4	1197993	737454	140178	252205	837
2006	2349243	2083721	88.7	1410757	872768	133647	301992	
2007	2396780	2151491	89.8	1557184	1000355	110038	402616	670
2008	2501994	2296413	91.8	1623454	1030062	114038	401657	929
宝泉岭局	315350	303360	96.2	244189	117108	607	124832	
红兴隆局	421121	373105	88.6	293787	162333	1667	101230	
建三江局	624982	614290	98.3	507923	449067	4653	36164	
牡丹江局	396383	367490	92.7	287939	229197	1445	53631	
北安局	289505	250417	86.5	91613	1335	57780	19287	120
九三局	230148	211634	92.0	80585	3400	45733	21716	
齐齐哈尔局	116061	92351	79.6	68886	39999	1333	25888	
绥化局	86034	63386	73.7	32130	19318	800	10899	742
哈尔滨局	19650	17677	90.0	14339	6838	20	7414	67
总局直属	2760	2703	97.9	2063	1467		596	

注：1985-2007 年的粮食作物中不含薯类。

8-16 续表 1

单位:公顷

年份 单位	谷子	其他谷物	#大麦	豆类	#大豆	薯类	油料	#油菜籽	麻类
1978	33774	8763	4867	557133	557133		37200	34467	2133
1979	26991	8579		624867	624867		4533	2333	1867
1980	17829	6133		613600	613600		5933	2261	1314
1981	12562	6969		657175	657175		5669	1273	948
1982	9079	17670	13913	807564	807564		7750	3605	645
1983	8435	30112	26313	618993	618993		6603	2222	500
1984	3566	19328	12167	757696	757696		6067	2267	467
1985	486	14713	10867	748579	748579	5425	14609	8302	696
1986	250	20487	18687	629205	629205	5007	28299	25856	617
1987	164	47328	44333	724113	724113	4511	46764	44885	1038
1988	63	31907	29333	758751	758751	4408	67556	66167	1161
1989	84	34907	32224	686795	686795	4703	51322	49248	657
1990	14	39659	36610	629152	629152	3859	59328	57833	439
1991		32572	30403	648699	648699	6037	57400	55796	324
1992	3	16992	15342	594893	592025	5655	85228	83529	18
1993	6	29737	28258	819218	810407	5129	60596	56809	50
1994	40	81322	79449	785191	754305	3693	64055	48320	54
1995	40	35425	34225	763378	746029	3363	47838	41212	380
1996	30	42438	41123	575898	567290	2382	32041	26210	77
1997		31402	31248	614720	607972	2116	21740	18780	67
1998		22802	22802	578162	571893	2701	34328	27256	161
1999	367	22162	21266	473117	452723	2187	76687	56632	1311
2000	182	20316	19530	737098	668210	2914	80684	50196	7196
2001	204	42211	38753	786711	709823	5297	47650	2077	34388
2002	123	93337	92154	718115	664521	6619	64533	801	38974
2003	90	75712	74942	783512	661744	10015	90804	1474	60523
2004	67	39819	39007	770825	663949	8959	80960	2195	61496
2005	2	67317	67223	706854	595631	16399	79222	1267	46125
2006		102350	102350	672964	539975	17827	88537		32187
2007	439	43066	42959	594307	473146	23882	70006		29991
2008	371	76398	76398	628770	538538	44188	67587		22700
宝泉岭局		1642	1642	58962	56288	209	61		467
红兴隆局		28557	28557	79189	71485	129	26648		
建三江局		18039	18039	106207	84618	160	6786		
牡丹江局		3666	3666	79025	69338	526	12479		1021
北安局		13091	13091	141051	110543	17753	2743		16571
九三局		9736	9736	123161	111080	7888	2396		2974
齐齐哈尔局		1667	1667	12466	10499	10998	10148		667
绥化局	371			25166	21211	6090	6088		1000
哈尔滨局				2908	2841	430	233		
总局直属				635	635	5	5		

8-16 续表 2

单位：公顷

年份 单位	甜菜	烟叶	药材	蔬菜瓜类 合计	蔬菜	瓜类	其他 作物	#青饲料	#饲草
1978	10533	133	100	58933	56266	2667	100901	67600	
1979	10333	27	500	55467	52400	3067	105073	66133	
1980	22982	5	800	59203	55643	3560	97029	54067	
1981	22344	23	607	56008	52226	3782	90310	39889	
1982	24324	52	653	52386	49207	3179	77516	37094	
1983	31968	7	813	50123	45917	4206	81488	35121	
1984	33851	33	833	37293	34026	3267	73863	33000	
1985	37045	45	727	24898	21698	3200	43437	22600	
1986	30706	76	600	23736	20028	3708	24518	16887	
1987	34473	28	600	24057	18044	6013	27850	18413	
1988	51046	10	47	21442	17632	3810	33913	19454	
1989	41538	226	87	25187	18699	6488	43550	22690	
1990	50956	403	21	24022	21068	2954	42638	28667	
1991	51982	546	36	19897	16911	2986	53202	34703	
1992	49130	264	174	18184	15519	2665	53479	31852	
1993	47257	106	566	20010	16516	3494	61498	37830	
1994	53427	2	415	21643	16424	5219	55418	36940	
1995	51683		182	15794	11809	3985	47834	30810	
1996	48086	5	3	12968	9944	3024	39522	23748	
1997	45398	88	100	13010	9059	3951	29091	18848	
1998	46674	6	2773	19077	15368	3709	27325	16758	
1999	18943	37	2940	8418	5480	2938	22093	11431	
2000	12335	210	1949	14717	8246	6471	42105	13815	3490
2001	25601	305	2810	17299	10853	6446	46330	19857	11464
2002	32994	47	3941	19576	11705	7871	52721	26003	9602
2003	14967	57	10424	25246	16021	9225	61439	43838	8926
2004	12173	138	15888	18056	10680	7376	78627	41718	7533
2005	14702	40	14929	22251	13318	8933	57453	42016	1358
2006	18762	44	13969	24651	12131	12520	69545	52163	1215
2007	22554	54	15893	23812	12041	11771	59097	48943	331
2008	21755	157	12133	23854	14025	9829	57395	47207	502
宝泉岭局			57	1449	1096	353	9956	8571	265
红兴隆局	8803		1629	4682	928	3754	6254	3742	18
建三江局			333	87	54	33	3486	3433	
牡丹江局	933	116	376	2499	1700	799	11469	10402	186
北安局	4974		2095	4167	3620	547	8538	7457	
九三局	4548		1955	1221	917	304	5420	3549	
齐齐哈尔局	1934		480	3036	970	2066	7445	7402	33
绥化局	380	41	5151	6013	4246	1767	3975	2155	
哈尔滨局	173		57	661	474	187	849	496	
总局直属	10			39	20	19	3		

8-17 各分局主要农作物产品产量

单位:吨

年份 单位	粮食	#交售量	谷物	水稻	小麦	玉米
1978	2345727	1046229	1576444	39831	1018266	482387
1979	2686098	1330553	2068585	32401	1641213	362199
1980	3248751	1912481	2476467	35739	2052748	364534
1981	1768858	566732	1376864	17646	1253212	95887
1982	2348038	1226370	1342349	29748	1195097	92815
1983	3310967	1963993	2506506	32432	2244818	169216
1984	2740114	1409748	1783774	43596	1553092	153476
1985	2523653	1352367	1713948	72044	1520038	95392
1986	2990814	1708914	2030390	105584	1691502	192359
1987	3095582	1661438	2033181	122009	1595222	217155
1988	2571177	1263996	1481975	128103	1167808	116669
1989	3556477	2079103	2434079	167015	1973870	224654
1990	4602621	3007306	3482435	250726	2678139	444493
1991	3665609	2307705	2725918	274700	2041543	332033
1992	3748940	2268879	2934079	374382	2245505	279436
1993	4020256	2615917	2425519	508549	1597071	251228
1994	4144379	2745415	2483452	715899	1174573	424953
1995	5145803	3660850	3651251	1238760	1356677	969940
1996	7156390	5526525	5883478	2449896	1691549	1595375
1997	8519638	6833772	7010823	4049746	1475454	1376591
1998	8685468	7007850	7473844	4758487	1408724	1226452
1999	9052941	7437180	8070419	5175982	1607090	1197488
2000	8141318	6434761	6518426	5286365	645111	535983
2001	8607864	6981008	6820851	5274201	620391	791115
2002	8105875	6342259	6401178	4527726	485210	1005977
2003	7553359	6596891	5692853	4241574	268480	1004569
2004	9375115	8245476	7477942	5286192	558042	1484851
2005	10265095	9043548	8448308	5734267	610861	1839583
2006	11322488	10090187	9797336	6825046	585291	1939997
2007	12463848	11355394	11175179	7980678	507476	2512890
2008	14205932	12995003	12338535	8421787	560774	2990738
宝泉岭局	2301381	2182495	2140229	1029393	2356	1100824
红兴隆局	2750270	2506337	2533004	1452565	7468	945447
建三江局	4659739	4372691	4407323	4009395	24426	278793
牡丹江局	2751313	2466481	2533740	2016946	9297	491045
北安局	986280	845982	504058	11014	283685	148576
九三局	879892	733589	464690	30855	223849	166285
齐齐哈尔局	651772	609736	558332	367681	5709	177190
绥化局	374783	340420	271499	171936	3906	89399
哈尔滨局	134858	101754	124610	60539	78	63591
总局直属	17469	15670	16294	11798		4496
自1949年起累计	**208672677**	**151444452**	**163924700**	**74981851**	**54641628**	**29358846**

8-17 续表 1

单位:吨

年份 单位	高粱	谷子	其它	#大麦	豆类	大豆	杂豆
1978	7705	19399	8856	5925	750694	750694	
1979	7158	14047	11567		605377	605377	
1980	8559	5856	9031		770838	770838	
1981	2520	2287	5312		391508	391508	
1982	2259	3330	19100	17209	1005003	1005003	
1983	2463	2761	54816	50174	803931	803931	
1984	890	965	31755	26486	956175	956175	
1985	115	261	26098	22955	809705	809705	
1986	285	175	40485	38682	960424	960424	
1987	313	165	98317	95597	1062401	1062401	
1988	318	36	69041	65760	1089202	1089202	
1989	513	50	67977	64913	1122398	1122398	
1990	1029	11	108037	103747	1120186	1120186	
1991	253		77389	74679	939691	939691	
1992	2237	2	32517	30299	814861	811304	3557
1993	2574	8	66089	64192	1594737	1584474	10263
1994	3485	104	164438	162991	1660927	1621171	39756
1995	8549	26	77299	73182	1494552	1462054	32498
1996	11427		135231	131075	1272912	1257467	15445
1997	1598		107434	106818	1508815	1494345	14470
1998	4989		75192	75192	1211624	1199335	12289
1999	6979	1288	81592	79702	982522	949581	32941
2000	4607	372	45988	43800	1622892	1493855	129037
2001	5390	408	129346	126839	1787013	1636025	150988
2002	22608	560	359097	355641	1704697	1594186	110511
2003	12753	478	164999	161824	1860506	1659458	201048
2004	5678	229	142950	139864	1897173	1683111	214062
2005	5796	4	257797	257259	1816787	1546258	270529
2006			447002	447002	1525152	1300800	224352
2007	1841	988	171306	171000	1288669	1099642	189027
2008	6128	1072	358037	358037	1628727	1401814	226913
宝泉岭局			7656	7656	160116	156050	4066
红兴隆局			127524	127524	216466	197249	19217
建三江局			94709	94709	251224	201062	50162
牡丹江局			16452	16452	213422	189592	23830
北安局	540		60243	60243	397634	314104	83530
九三局			43701	43701	370370	336248	34122
齐齐哈尔局			7752	7752	28375	25467	2908
绥化局	5186	1072			69519	60743	8776
哈尔滨局	402				7023	6721	302
总局直属					1160	1160	
自 1949 年起累计	**306750**	**609452**	**4026174**	**3350844**	**44360225**	**42482539**	**1877686**

注:杂豆产量 1991 年以前含在其他谷物里,本表杂豆累计数是从 1992 年起累计,大麦累计数是从 1978 年起累计。

8-17续表2

单位:吨

年份 单位	薯类	油料	#油菜籽	#向日葵	甜菜	麻类	烟叶	蔬菜	瓜类
1978		8534	7401		59310	298	54	513907	10340
1979		1164	535		67731	312	20	530157	20769
1980		3317	962		194884	220	2	469098	13966
1981		1890	141		147096	98	12	314145	4617
1982		2111	164		231193	46	34	606060	22960
1983		3512	738		443406	67	6	652593	13640
1984		2738	207	2090	416433	834	13	453591	34227
1985		8513	4184	4035	405133	847	50	327236	44328
1986		12844	10191	2626	379570	838	84	333750	65370
1987		35348	33992	1356	455427	1907	48	300719	56068
1988		31115	29888	1195	729370	3043	13	286882	72248
1989	67505	48357	44940	2467	592554	1751	350	253503	99933
1990	66919	63607	61804	1707	988590	1043	635	322784	61476
1991	63801	61213	59753	1423	728592	712	528	179160	39123
1992	57173	85658	83899	1711	866393	61	317	232268	36496
1993	43233	39300	36292	1567	524383	140	119	180879	64447
1994	38151	38654	33589	1305	645152	80	2	202785	75561
1995	42174	55554	49522	2896	1036056	2031		194770	86225
1996	42906	31810	26295	1663	1047763	293	8	168107	63039
1997	39093	29415	25847	1365	1115768	258	181	197064	70110
1998	39969	34608	25961	2251	759729	75	20	232690	89574
1999	38222	78974	58421	6091	382447	1788	75	114744	95741
2000	50731	76698	37831	20670	307432	20237	405	175048	188553
2001	107111	69131	2351	27305	612372	108789	902	282490	193803
2002	147050	76175	1053	36185	973844	165110	87	330153	233107
2003	196172	102957	2238	26579	268794	168293	139	502168	294507
2004	246028	95081	3246	12819	357607	237066	293	369724	267068
2005	450810	113547	2290	21400	516002	214731	86	432312	367972
2006	501402	119821		25320	758524	188043	81	355916	480376
2007	669698	90274		19555	850796	99028	89	452823	475203
2008	238669	103807		21346	790566	86174	496	492484	392681
宝泉岭局	1036	126		77		1354		43728	10012
红兴隆局	800	34091			358385			39047	152667
建三江局	1192	7096		135				1614	1155
牡丹江局	4151	15829		169	32046	4855	419	77916	35262
北安局	84588	5367		651	160062	59515		83209	14305
九三局	44832	3939		2323	155647	14649		33742	5053
齐齐哈尔局	65065	17897		17567	65520	1501		29631	113200
绥化局	33765	18959			12706	4300	77	163828	52349
哈尔滨局	3225	496		420	5990			19389	8375
总局直属	15	7		4	210			380	303

注:薯类2008年按5:1折粮计算。

8-18 各分局主要农作物单位面积产量

单位：公斤／公顷

年份 单位	粮食								
		谷物							
			水稻	小麦	玉米	高粱	谷子	其他	
									#大麦
1978	1533	1640	2479	1433	2578	1498	574	1011	1215
1979	1584	1945	2425	1931	2279	1263	520	1348	
1980	1813	2105	2836	2064	2608	1492	328	1473	
1981	968	1177	2470	1202	1032	747	182	762	
1982	1378	1498	2476	1503	1555	1136	367	1081	1230
1983	1882	2200	2185	2236	2113	1156	327	1820	1905
1984	1622	1915	2396	1923	1871	1342	271	1643	2175
1985	1530	1903	2773	1866	2111	1237	537	1774	2115
1986	1849	2054	2888	1968	2689	1319	700	1976	2070
1987	1876	2197	2816	2103	2865	1338	1006	2077	2160
1988	1799	2211	3504	2121	2298	2321	571	2164	2265
1989	2220	2651	3765	2580	3000	1410	600	1950	2010
1990	2820	3458	4290	3405	3645	3810	795	2730	2834
1991	2226	2731	4012	2618	2831	1480		2376	2456
1992	2562	3379	4628	3290	3212	2565	667	1816	1975
1993	2459	2974	4820	2607	3740	3972	1333	2222	2272
1994	2556	2971	5646	2204	4523	3805	2600	2022	2052
1995	3197	4314	6943	2946	5418	3805	650	2182	2138
1996	4131	5088	7145	3388	5923	4751		3187	3187
1997	4703	5858	7629	3676	5922	2145		3421	3418
1998	4666	5824	7229	3542	6023	6437		3298	3298
1999	4904	5878	7541	3373	6433	4451	3510	3682	3748
2000	4477	6027	7813	2154	6428	3069	2044	2264	2243
2001	4699	6527	7782	2986	6821	4643	2000	3064	3273
2002	4522	5957	6478	3774	6722	5712	4553	3847	3859
2003	4459	6253	7663	2153	6516	5815	5311	2179	2159
2004	4998	6767	7704	3657	6585	6145	3418	3590	3586
2005	5398	7052	7776	4358	7294	6925	2000	3830	3827
2006	5434	6945	7820	4379	6424			4367	4367
2007	5793	7177	7978	4612	6241	2747	2250	3977	3980
2008	6186	7600	8176	4917	7446	6596	2889	4686	4686
宝泉岭局	7586	8765	8790	3881	8818			4663	4663
红兴隆局	7371	8622	8948	4480	9340			4466	4466
建三江局	7586	8677	8928	5250	7709			5250	5250
牡丹江局	7487	8800	8800	6434	9156			4488	4488
北安局	3939	5502	8250	4910	7703	4500		4602	4602
九三局	4158	5766	9075	4895	7657			4489	4489
齐齐哈尔局	7058	8105	9192	4283	6844			4650	4650
绥化局	5913	8450	8900	4882	8202	6989	2889		
哈尔滨局	7629	8690	8853	3900	8577	6000			
总局直属	6463	7898	8042		7544				

8-18 续表

单位:公斤/公顷

年份 单位					油料	#油菜籽	甜菜	麻类	烟叶	蔬菜	瓜类
	豆类	大豆	杂豆	薯类							
1978	1347	1347			229	215	5631	140	406	9134	3878
1979	969	969			257	229	6555	167	741	10118	6773
1980	1256	1256			559	425	8480	167	400	8430	3953
1981	596	596			333	111	6583	103	522	6015	1215
1982	1244	1244			272	45	9505	71	654	12317	7328
1983	1299	1299			532	332	13870	134	857	14212	3248
1984	1262	1262			451	91	12302	1786	394	13331	10478
1985	1082	1082			583	504	10936	1217	1111	12065	13853
1986	1526	1526			454	394	12361	1358	1105	13331	17631
1987	1467	1467			756	757	13211	1837	1714	13333	9330
1988	1436	1436			461	452	14288	2621	1300	13016	18961
1989	1635	1635		14354	942	913	14265	2665	1549	13557	15402
1990	1785	1785		17341	1072	1100	19401	1622	1576	15321	20811
1991	1449	1449		10568	1066	1071	14016	2198	967	10594	13102
1992	1370	1370	1240	10110	1005	1004	17635	3389	1201	14967	13695
1993	1947	1955	1165	8429	649	639	11096	2800	1123	10952	18445
1994	2115	2149	1287	10330	603	695	12075	1481	1000	12347	14478
1995	1958	1960	1873	12541	1161	1202	20046	5345		16493	21637
1996	2210	2217	1794	18013	993	1003	21789	3805	1600	16905	20846
1997	2454	2458	2144	18475	1353	1376	24577	3851	2057	21753	17745
1998	2096	2097	1960	14798	1008	952	16277	466	3333	15141	24150
1999	2077	2097	1615	17477	1030	1032	20189	1364	2027	20939	32587
2000	2202	2236	1873	17409	951	754	24924	2812	1929	21228	29138
2001	2271	2305	1964	20221	1451	1132	23920	3164	2957	26029	30066
2002	2374	2399	2062	22216	1180	1315	29516	4236	1851	28206	29616
2003	2375	2508	1651	19588	1134	1518	17959	2781	2439	31344	31925
2004	2461	2535	2003	27462	1174	1479	29377	3855	2123	34618	36208
2005	2570	2596	2432	27490	1433	1807	35097	4655	2150	32461	41192
2006	2266	2409	1687	28126	1353		40429	5842	1841	29339	38369
2007	2168	2324	1560	28042	1290		37723	3302	1648	37607	40371
2008	2590	2603	2515	5401	1536		36340	3796	3159	35115	39951
宝泉岭局	2716	2772	1521	4957	2066			2899		39898	28363
红兴隆局	2734	2759	2494	6202	1279		40712			42077	40668
建三江局	2365	2376	2323	7450	1046					29889	35000
牡丹江局	2701	2734	2460	7892	1268		34347	4755	3612	45833	44133
北安局	2819	2841	2738	4765	1957		32180	3592		22986	26152
九三局	3007	3027	2824	5684	1644		34223	4926		36796	16622
齐齐哈尔局	2276	2426	1478	5916	1764		33878	2250		30547	54792
绥化局	2762	2864	2219	5544	3114		33437	4300	1878	38584	29626
哈尔滨局	2415	2366	4507	7500	2129		34624			40905	44786
总局直属	1827	1827		3000	1400		21000			19000	15947

注:薯类2008年按5:1折粮计算。

8-19　各分局绿色、有机食品及无公害农产品种植面积

单位：公顷

年份 单位	认证个数（个）	面积合计	水稻	小麦	玉米	谷子	大豆	绿豆	马铃薯	甜菜	其他
2008	706	2550398	1201242	113448	321574	686	583299	699	28136	4567	296747
宝泉岭局	130	529866	190385	11787	209728		92531		13		25422
红兴隆局	103	284745	57200	7426	16966		45067			3067	155020
建三江局	56	655730	547332	2867	25666		67065				12800
牡丹江局	108	475254	346958	4213	35546	20	72173	33	200	500	15610
北安局	143	353757	67	54138	5474		246608		3373		44097
九三局	36	34767		12667	2000		12000		2667		5433
齐齐哈尔局	22	105048	31667	11333	12400		21334		18016		10299
绥化局	89	110030	27632	9018	13394	666	26355	666	3767	1000	27532
哈尔滨局	8	1200			400		167		100		533
总局直属											

8-20　各分局绿色、有机、无公害养植业生产情况

单位：万头、万只、万箱

年份 单位	认证个数（个）	生猪出栏	肉牛出栏	奶牛存栏	肉羊出栏	大鹅出栏	蛋鸡存栏	肉鸡出栏	养蜂箱数	其他
2008	220	319.7	26.2	21.1	30.5	295.9	299.6	507.5	1.8	
宝泉岭局	85	160.8	4.2	7.9		11.1	21.0			
红兴隆局	99	93.9	13.5	1.0	25.9	215.1	175.6	507.5	1.8	
建三江局		23.2	2.9	0.5		28.0	30.0			
牡丹江局	2			1.4			3.0			
北安局	8	19.0	4.7	6.3		31.7	65.2			
九三局										
齐齐哈尔局	9	3.0	0.9	1.7	4.6	8.0	4.8			
绥化局	17	19.9		2.3		2.0				
哈尔滨局										
总局直属										

注：8-19至8-20表资料由总局绿办提供。

8-21 各分局农作物受灾情况

单位：公顷

年份 单位	全部作物受灾面积	#粮食作物	占粮食播种面积比重(%)	全部作物成灾面积	占全部作物播种面积比重(%)	粮食作物成灾面积	占粮食播种面积比重(%)
2002	1261300	1156722	64.5	980577	48.7	906946	50.6
2003	1587857	1370868	80.9	1290373	65.6	1127821	66.6
2004	875947	776047	41.4	682177	31.7	609209	32.5
2005	890774	825782	43.4	479536	22.2	452645	23.8
2006	1064680	987755	47.4	693039	29.5	642826	30.8
2007	1065192	969819	45.1	834858	34.8	758562	35.3
2008	853637	789153	34.4	513388	20.5	475159	20.7
宝泉岭局	93562	91272	30.1	45100	14.3	43725	14.4
红兴隆局	162430	148980	39.9	108484	25.8	102201	27.4
建三江局	223426	219992	35.8	138032	22.1	134911	22
牡丹江局	35744	31633	8.6	23406	5.9	21252	5.8
北安局	129112	114752	45.8	92527	32	81748	32.6
九三局	130807	122185	57.7	60391	26.2	55631	26.3
齐齐哈尔局	40424	33242	36.0	22676	19.5	20140	21.8
绥化局	37481	26446	41.7	22167	25.8	14946	23.6
哈尔滨局	651	651	3.7	605	3.1	605	3.4
总局直属							

8-21 续表

单位：公顷

年份 单位	在全部作物成灾面积中：						
	旱灾	水灾	涝灾	风灾	雹灾	霜冻灾	病虫灾
2002	125479	14723	115756	43698	67911	35760	135288
2003	849881	16467	190875	52533	54180	52554	45044
2004	254291	1849	142024	4269	57828	98952	73823
2005	69806	12324	174239	25904	57451	5611	123388
2006	210268	2099	237129	34756	28208	31061	143411
2007	692293	362	38170	796	18077	68	72554
2008	267210	138	36444	72039	45128	20810	57505
宝泉岭局	33160			2464	7091		1845
红兴隆局	36722	138	9570	8076	25120	19310	8850
建三江局	29033		4962	51966	6298		35268
牡丹江局	2831		13055	1055	374		4188
北安局	75637		733	2590	6245	1500	5354
九三局	47589		7777	3025			2000
齐齐哈尔局	20122		187	2367			
绥化局	21584		87	496			
哈尔滨局	532		73				
总局直属							

8-22 各分局粮食销售留用情况

单位:吨

年份 单位 作物	垦区留粮	场内消费	种子	口粮	饲料	工业用粮	分局口粮
2000	1202342	1201617	315558	330035	345152	210872	725
2001	1213819	1213094	286352	277946	474933	173863	725
2002	1140971	1140971	267026	286520	536093	51332	
2003	1241148	1241148	277874	239711	712327	11236	
2004	1287559	1287559	262066	209640	804395	11458	
2005	1441410	1441410	280460	279230	858480	23240	
2006	1232978	1232978	258507	165112	792439	16920	
2007	1261421	1261421	269249	140076	849896	2200	
2008	1143437	1143437	264353	114350	764734		
宝泉岭局	225379	225379	16093	18690	190596		
红兴隆局	147169	147169	28300	8629	110240		
建三江局	167599	167599	59425	46337	61837		
牡丹江局	137543	137543	35761	23232	78550		
北安局	166888	166888	58850	6120	101918		
九三局	93976	93976	62882	763	30331		
齐齐哈尔局	156245	156245	350	7000	148895		
绥化局	38751	38751	2050	2200	34501		
哈尔滨局	9887	9887	642	1379	7866		
按作物分							
一、谷物小计	1039980	1039980	186814	114350	738816		
小麦	60425	60425	49045	11380			
水稻	179377	179377	76957	102420			
玉米	779538	779538	40172	550	738816		
大麦	20632	20632	20632				
杂粮	8	8	8				
二、豆类小计	103457	103457	77539		25918		
大豆	96052	96052	70134		25918		
杂豆	7405	7405	7405				

注：8-22 表资料由总局粮食局提供，按粮食年度统计。

8-22续表

单位:吨

年份 单位 作物	商品粮	上交国家	定购	保护价	议价销售	加工销售	补贸还贷	供应出口
2000	6872403	2403691	182164	2221527	3429444	1014264	25004	
2001	7394045	2176396	174849	2001547	3992623	1200033	24993	
2002	6911423	738949	153029	585920	4329946	1834793	7735	
2003	6312211				4492023	1805863	14352	
2004	8326028				6310240	1954909	23179	
2005	9361704				6849707	2462582	21265	28150
2006	11190417				7503026	3619728	29163	38500
2007	12499251				9687237	2780984	5000	26030
2008	14107657				11307753	2779904		20000
宝泉岭局	2074966				2044966	30000		
红兴隆局	2602301				1968224	614077		20000
建三江局	4490948				4490948			
牡丹江局	2609619				1875816	733803		
北安局	734264				724908	9356		
九三局	741084				741084			
齐齐哈尔局	430462				187785	242677		
绥化局	302267				218361	83906		
哈尔滨局	121746				96874	24872		
龙头企业					-1041213	1041213		
按作物分								
一、谷物小计	12496965				10036920	2450045		10000
小麦	500349				488321	12028		
水稻	8970947				6692844	2278103		
玉米	2681612				2571025	100587		10000
大麦	337405				278078	59327		
杂粮	6652				6652			
二、豆类小计	1610692				1270833	329859		10000
大豆	1391184				1056325	329859		5000
杂豆	219508				214508			5000

8-23 林业生产情况

指　　标	单位	2002	2003	2004	2005	2006	2007	2008
一、年末实有造林面积	公顷	502785	550336	574874	572419	569730	577159	578545
按用途分：								
1. 用材林	公顷	262841	288910	302794	302474	297065	302882	303871
2. 经济林	公顷							
3. 防护林	公顷	226331	246221	255159	254688	258059	260543	260904
#农田防护林	公顷	184870	205713	216698	223999	228518	230896	231418
4. 薪炭林	公顷	9877	10219	11980	10245	9461	8660	8608
5. 其他林	公顷	3736	4986	4941	5012	5145	5074	5162
二、当年造林面积	公顷	29409	59373	19654	7616	3457	4208	6079
按用途分：								
1. 用材林	公顷	13887	35838	11686	3351	1291	971	2714
2. 经济林	公顷							
3. 防护林	公顷	14312	21819	7700	4263	2031	3140	3320
#农田防护林	公顷	6948	20843					
4. 薪炭林	公顷	290	466	88		35		
5. 其他林	公顷	920	1250	180	2	100	97	45
三、当年迹地更新面积	公顷	2309	3723	7000	4007	1935	950	2253
四、年末封山育林面积	公顷	29063	33009	25577	32516	31893	34417	38030
五、当年零星植树	百株	18954	14822	29880	31378	28329	50817	41290
六、年末实有育苗面积	公顷	815	1223	1210	1395	1041	1103	1436
#当年新育面积	公顷	349	653	347	647	322	601	658
七、当年幼林抚育作业面积	公顷次	19867	46391	55887	40892	41864	40791	42923
八、当年成林抚育面积	公顷	12227	10785	12371	18675	23819	29590	29861
九、当年低产林改造面积	公顷	465	271	76	1133	451	554	207
十、林木出材量	立方米	37238	42046	42654	39207	48394	72735	80956
#抚育改造出材量	立方米	20436	18346	19192	19340	30893	17807	32084

8-24 各分局林业生产情况

单位：公顷

年份 单位	当年造林面积	用材林	薪炭林	防护林	当年迹地更新面积	年末封山育林面积	当年零星植树（百株）
2002	29409	13887	290	14312	2309	29063	18954
2003	59373	35838	466	21819	3723	33009	14822
2004	19654	11686	88	7700	7000	25577	29880
2005	7616	3351		4263	4007	32516	31378
2006	3457	1291	35	2031	1935	31893	28329
2007	4208	971		3140	950	34417	50817
2008	6079	2714		3320	2253	38030	41290
宝泉岭局	748	9		739	3	10512	8853
红兴隆局	854	278		556		942	9403
建三江局	1465	398		1067	14		805
牡丹江局	214	197		17	254	9511	6774
北安局	822	493		329	200	4231	5119
九三局	1349	1152		172	1592	10477	6587
齐齐哈尔局	462	121		341	57	1857	1448
绥化局	66	66			133	500	2273
哈尔滨局	99			99			28
总局直属							

8-24 续表

单位：公顷

年份 单位	年末实有育苗面积	#当年新育面积	幼林抚育作业面积（公顷次）	成林抚育面积	低产林改造面积	林木出材量（立方米）	#抚育改造出材量
2002	815	349	19867	12227	465	37238	20436
2003	1223	653	46391	10785	271	42046	18346
2004	1210	347	55887	12371	76	42654	19192
2005	1395	647	40892	18675	1133	39207	19340
2006	1041	322	41864	23819	451	48394	30893
2007	1103	601	40791	29590	554	72735	17807
2008	1436	658	43923	29861	207	80956	32084
宝泉岭局	313	67	3439	8281		2160	847
红兴隆局	148	49	1579	1995		12809	4612
建三江局	132	59	1285	3293		946	696
牡丹江局	147	51	21121	2599		7339	4788
北安局	115	63	3477	1132		1681	1281
九三局	267	158	4101	5646		14513	4000
齐齐哈尔局	54	44	2554	3741	104	39229	14085
绥化局	201	108	1667	1582		2279	1775
哈尔滨局	59	59	4700	1592	103		
总局直属							

8-25 各分局水果、食用菌生产情况

面积：公顷，产量：吨

年份 单位	年末果园面积	#小苹果园	#梨园	#葡萄园	#李子园	水果产量(不含果用瓜)	#小苹果	#梨
2002	2503	1719	15	5	46	5518	5106	10
2003	2076	1881	94	28	63	5487	5084	136
2004	2258	1801	154	29	64	6818	6384	182
2005	2012	1546	172	12	9	6252	5892	237
2006	1951	1463	104	18	13	10138	9586	273
2007	2283	1458	43	41	406	15309	8267	266
2008	2152	1287	64	52	413	18360	10238	687
宝泉岭局	18	7	1	9	1	83	23	5
红兴隆局	1249	1180	43	12	11	9978	9483	322
建三江局								
牡丹江局	97	95		2		517	477	
北安局								
九三局	1			1		4		
齐齐哈尔局	393				393	6549		
绥化局	361			28		154		
哈尔滨局	33	5	20		8	1075	255	360
总局直属								

8-25续表

单位：吨

年份 单位	#葡萄	#李子	食用菌产量(干鲜混合)	黑木耳(干品)	香菇(干品)	蘑菇类(鲜品)	猴头	其它
2002	56	60	1871	291	305	1580	1	1274
2003	58	186	2013	266	168	1579	14	1565
2004	57	194	3188	316	168	2704	17	2687
2005	64	51	5286	1051	114	4121	13	4108
2006	128	151	4831	1348	115	3368	18	3350
2007	173	6603	6562	1966	112	4484	13	4471
2008	369	7066	7188	1950	126	5112	22	5090
宝泉岭局	50	5	51	17	2	32		32
红兴隆局	61	112	506	478		28	5	23
建三江局								
牡丹江局	40		227	30	124	73		73
北安局			153	53		100		100
九三局	4		380	380				
齐齐哈尔局		6549						
绥化局	154		1831	989		842	17	825
哈尔滨局	60	400	4040	3		4037		4037
总局直属								

8-26 各分局畜牧业生产情况

单位:头

年份 单位	大牲畜年末存栏	#从事农事劳役的	黄牛	#能繁母牛	#当年生存牛	奶牛	#能繁母牛	#当年生仔牛
2002	442680	6265	258817	106162	57951	177186	101888	37742
2003	586676	5355	360755	159958	77183	219571	121026	51023
2004	692493	2454	427519	207416	88966	260535	146312	56182
2005	804800	2523	496866	237575	109994	303551	168195	63017
2006	790925	1694	492515	237145	102721	294314	167050	57936
2007	830044	1385	530274	253596	113677	295167	171813	58744
2008	861932	1175	528317	241875	115263	329585	193710	70144
宝泉岭局	76757	1	21996	10823	5409	54761	32145	11481
红兴隆局	183091		172928	96226	25983	10151	6060	1292
建三江局	65716		61023	26756	18787	4693	2679	946
牡丹江局	114619		48559	16185	7941	66060	41561	13713
北安局	118304	487	61853	27064	12282	54955	31655	11018
九三局	124346	629	78901	29843	23046	44007	25349	9042
齐齐哈尔局	79689	43	14411	7278	3391	64544	33138	16407
绥化局	90278		66681	26751	18023	23272	16498	4920
哈尔滨局	8751	15	1939	946	400	6787	4385	1299
总局直属	381		26	3	1	355	240	26

8-26续表1

单位:头

年份 单位	马(匹)	#能繁母马	#当年生仔马	驴	骡	鹿年末存栏	#能繁母鹿	#梅花鹿
2002	4186	1858	663	2353	138	8576	3001	
2003	3886	1767	617	2348	116	10843	3584	
2004	2968	1251	502	1367	104	15234	4266	12352
2005	2735	1244	442	1482	166	17262	5120	13933
2006	2608	1103	429	1415	73	19102	5532	15736
2007	2995	1391	518	1556	52	21803	5381	17526
2008	2546	1268	405	1439	45	26138	6382	20709
宝泉岭局						4135	1365	3809
红兴隆局	4	2		8		2035	658	936
建三江局						477	264	471
牡丹江局						16410	3095	13659
北安局	1426	739	205	70		514	218	293
九三局	712	287	130	693	33	1737	459	797
齐齐哈尔局	266	168	44	456	12	315	205	315
绥化局	126	64	23	199		289	98	203
哈尔滨局	12	8	3	13		226	20	226
总局直属								

注：2006年、2007年畜牧业数据是与第二次全国农业普查衔接后数据。

8-26 续表 2

单位:头

年份 单位	猪年末存栏	能繁母猪	种公猪	仔猪	65公斤以上肥猪及架子猪	家禽年末存栏(百只)	#鹅(百只)	#肉鸡(百只)
2002	741510	46898	5586	258864	430162	102418	5629	25472
2003	1163034	111927	9398	449112	592597	115392	13729	24690
2004	1376826	143868	11159	551403	670396	94917	14077	29669
2005	1741395	176084	13671	735297	816343	110326	13085	36995
2006	1891771	177067	11213	670321	1033170	112120	13063	34309
2007	1948524	210538	14664	713580	1009742	131840	13991	46679
2008	2182394	264514	14328	696666	1206886	139185	13255	48092
宝泉岭局	673912	96551	2831	189598	384932	7572	628	1286
红兴隆局	582145	81332	4103	169066	327644	39815	2933	15964
建三江局	121268	10709	797	51979	57783	20806	2081	6919
牡丹江局	313578	25074	2486	101851	184167	33625	2903	10088
北安局	94692	6026	710	28127	59829	7838	1127	2646
九三局	39759	6289	371	10502	22597	4467	506	1307
齐齐哈尔局	115643	14975	1146	40798	58724	12018	2002	4259
绥化局	199953	17604	1601	88261	92487	6401	926	2587
哈尔滨局	32375	4825	255	12989	14306	6341	148	2896
总局直属	9069	1129	28	3495	4417	304	1	140

8-26 续表 3

单位:只

年份 单位	羊年末存栏	山羊	#绒山羊	#能繁母羊	#当年生仔山羊	绵羊	#能繁母羊	#当年生仔绵羊
2002	867233	559763	405878	287256	133573	307470	154149	81633
2003	2103886	1681323	1508530	914149	591346	422563	220373	112841
2004	2050983	1583215	1416424	878725	348915	467768	237990	122639
2005	1686972	1075887	923690	537710	271954	611085	306878	154745
2006	1492411	968131	806411	450640	223163	524280	267090	135410
2007	1681046	1103464	951183	492988	282234	577582	290153	155814
2008	1734098	1052464	905735	480424	276724	681634	357793	178081
宝泉岭局	49568	24902	18924	12492	7013	24666	13947	6630
红兴隆局	443684	278382	221442	120474	97257	165302	86147	51139
建三江局	534163	494004	492995	208288	113888	40159	22747	7912
牡丹江局	72819	48255	20526	19386	12001	24564	10254	6975
北安局	239799	83180	69156	42544	22114	156619	75507	32789
九三局	206510	48914	34161	27081	9565	157596	95083	39037
齐齐哈尔局	59491	9092	145	5413	1952	50399	24922	14697
绥化局	117394	61005	45140	42093	12345	56389	23836	18422
哈尔滨局	10585	4700	3216	2653	589	5885	5350	480
总局直属	85	30	30			55		

8-26 续表 4

单位:只

年 份 单 位	兔年末存栏	貂年末存栏	貉年末存栏	狐年末存栏	熊年末存栏	鸵鸟年末存栏	山鸡年末存栏	养蜂箱数（箱）
2002	236138	142	4001	15004	152	49	4400	21166
2003	247686	130	5908	48546	320	32	15600	25838
2004	163790	836	16593	60629	430	45	460	21988
2005	337341	42	39482	101742	451	3	1010	29492
2006	178042	1308	42135	92110	458		2200	34682
2007	208349	2543	73701	99477	467			28809
2008	199449	2479	100802	117955	620		90	28677
宝泉岭局	2440		3250	2201				270
红兴隆局	56699	1484	5698	7823				16387
建三江局			1387					4435
牡丹江局	38139	120	14416	2682	620			3602
北安局	45345	755	13372	7618				755
九三局	47127	120	4801	7310			90	522
齐齐哈尔局	5071		420	3072				
绥化局	3100		56688	86649				915
哈尔滨局	1528		770	600				1791
总局直属								

8-26 续表 5

年 份 单 位	肉类总产量（吨）	出栏肥猪（头）	猪肉产量（吨）	出栏肉牛（头）	牛肉产量（吨）	出栏肉羊（只）	羊肉产量（吨）	出栏家禽（百只）
2002	117466	907018	71494	121951	20467	293361	4966	103716
2003	162244	1272712	98807	160638	26771	454099	7677	151918
2004	232606	1789394	133160	243111	39121	911516	14839	193741
2005	323945	2685558	198105	343833	55272	1357078	20265	232304
2006	315799	2610644	204936	330468	49868	1198555	18578	197330
2007	353299	3009424	223695	375801	62820	1252293	19820	218167
2008	467994	4001011	295478	504095	83732	1522722	24010	314297
宝泉岭局	117419	1534618	108312	31833	5688	47936	924	11973
红兴隆局	116662	939140	71573	135093	23659	258695	4185	80161
建三江局	32580	231808	17407	29595	5108	346832	5220	27460
牡丹江局	68549	499959	37941	91580	14339	116609	1863	73644
北安局	19148	92278	6618	49538	7497	149671	2185	15777
九三局	26817	114918	8615	71074	11127	301361	4844	8890
齐齐哈尔局	42972	335262	26189	35684	5995	132361	2219	46084
绥化局	34100	207436	15264	57141	9930	161416	2450	27178
哈尔滨局	9062	38215	2969	2486	378	7841	120	22561
总局直属	685	7377	590	71	11			569

8-26续表6

单位:吨

年 份 单 位	禽 肉 产 量	其他肉 产 量	牛奶 产量	羊奶 产量	羊毛产量 (公斤)	#绵羊毛	禽蛋 产量
2002	19483	1056	462714	64	940227	925581	30486
2003	28160	829	558787	24	1034850	983766	35187
2004	44640	846	681831	31	1265171	1264161	38963
2005	48975	1328	825290	229	1452419	1393714	46702
2006	39465	2952	854105	42	1568028	1560966	42011
2007	42976	3988	876343	35	1668675	1641799	40667
2008	61822	2952	1018264	40	2093545	2042542	58812
宝泉岭局	2429	66	150074		137875	137875	5348
红兴隆局	16603	642	23433		355089	325561	9461
建三江局	4838	7	12972		41475	41475	6382
牡丹江局	14111	295	250214		40828	40805	14217
北 安 局	2559	289	170994		254637	253637	3983
九 三 局	1624	607	124255		796365	796365	3412
齐齐哈尔局	8347	222	180950		274142	253690	7112
绥 化 局	5642	814	81661	40	175134	175134	4798
哈尔滨局	5584	11	22111		18000	18000	3781
总局直属	85		1600				318

8-26续表7

单位:公斤

年 份 单 位	鹿 茸 产 量	羊 绒 产 量	蜂 蜜 产 量	产奶牛年 平均头数 (头)	产奶牛年 平均产奶	成母奶牛年 平均头数 (头)	成母奶牛 平均产奶
2002	4735	54333	764526	85051	5440	92728	4990
2003	5846	172924	757192	100901	5538	111398	5016
2004	7794	344439	788515	121979	5590	132248	5156
2005	9323	338327	1045387	144859	5697	156113	5286
2006	11459	295690	1465045	147999	5771	168297	5075
2007	14871	311910	868848	157880	5551	170016	5154
2008	15633	275250	942570	171216	5947	192542	5289
宝泉岭局	1480	5842	8560	29180	5143	31448	4772
红兴隆局	4552	82861	526047	5423	4321	5765	4065
建三江局	77	120714	153662	2394	5419	2501	5187
牡丹江局	4831	6506	153084	37239	6719	41839	5980
北 安 局	327	30576	10650	30329	5638	32446	5270
九 三 局	2189	11770	7527	22180	5602	28971	4289
齐齐哈尔局	64	45		27078	6683	30473	5938
绥 化 局	1713	16020	44500	13215	6179	14381	5678
哈尔滨局	400	916	38540	3899	5671	4428	4993
总局直属				279	5735	290	5517

8-27 各分局水产品产量

单位：吨

年份 单位	水产品产量	虾蟹类	鱼类	产量		比重%(以鱼类为100)	
				天然生产	人工养殖	天然生产	人工养殖
2002	14585	44	14541	2579	11962	17.7	82.3
2003	16795	152	16643	3158	13485	19.0	81.0
2004	17459	244	17215	3833	13382	22.3	77.7
2005	18984	461	18523	4630	13893	25.0	75.0
2006	11452	254	11198	2720	8478	24.3	75.7
2007	14752	277	14476	2956	11519	20.4	79.6
2008	22609	752	21857	3808	18049	17.4	82.6
宝泉岭局	899	196	703	238	465	33.9	66.1
红兴隆局	4453		4453	606	3847	13.6	86.4
建三江局	2429	7	2422	914	1508	37.7	62.3
牡丹江局	4819	539	4280	971	3309	22.7	77.3
北安局	2053		2053	292	1761	14.2	85.8
九三局	1006		1006	42	964	4.2	95.8
齐齐哈尔局	674	10	664	105	559	15.8	84.2
绥化局	5388		5388	315	5073	5.8	94.2
哈尔滨局	708		708	325	383	45.9	54.1
总局直属	180		180		180		100.0

8-28 各分局淡水养鱼生产情况

面积：公顷，产量：吨

年份 单位	淡水养鱼面积	池塘面积	水库面积	其他面积	池塘养鱼产量	水库养鱼产量	其他养殖产量
2002	19434	3624	15487	323	6708	4754	501
2003	19352	3742	15134	476	7473	5485	527
2004	18671	3742	14641	288	6559	6050	773
2005	17810	3755	13833	222	7650	5728	515
2006	19910	4174	15474	262	4784	3576	51
2007	30738	4546	26102	90	5561	5934	24
2008	32824	4526	24105	4193	8270	9649	130
宝泉岭局	1096	569	441	86	249	205	11
红兴隆局	5416	970	4379	67	1743	2094	10
建三江局	1443	280	1163		1028	480	
牡丹江局	8195	779	3449	3967	2169	1141	
北安局	2970	191	2769	10	227	1523	11
九三局	2405	141	2251	13	177	772	15
齐齐哈尔局	1242	484	708	50	258	218	83
绥化局	9672	878	8795		2007	3066	
哈尔滨局	342	203	139		242	141	
总局直属	43	32	11		170	10	

注：2006年、2007年渔业数据是与第二次全国农业普查衔接后数据。

8-29　家庭农（林牧渔）场基本情况

年份 单位	一、经营组织数量（个）									
	合　计	家庭农场	独户	#有机独户	联户	开发性	家庭林场	家庭牧场	家庭渔场	外引户家庭农林牧渔场
2003	224893	174576	172398	61300	1390	788	2227	17637	536	29917
2004	219019	162804	159470	63149	2650	684	3513	22412	627	29663
2005	209060	171850	166685	53755	4073	1092	2569	13727	255	20659
2006	230663	194475	184698	65737	8506	1271	4714	11299	232	19942
2007	239434	206241	199684	84345	5388	1169	4951	10597	298	17345
2008	252873	223093	209995	83839	7867	5231	5292	7666	215	16606
宝泉岭局	30470	28067	27747	14506	110	210	419	1018	39	927
红兴隆局	50072	40275	38017	15764	2258		3544	3559	35	2659
建三江局	41746	36510	32227	20444	513	3770	131	128	3	4974
牡丹江局	38170	29531	28418	17787	51	1062	1	1046	16	7576
北安局	35608	34792	30642	3751	4034	116	196	513	33	74
九三局	14210	13613	13373	741	167	73	70	394	3	130
齐齐哈尔局	21724	20497	19809	6507	688		782	365	24	56
绥化局	15101	14312	14312	2645			135	572	57	25
哈尔滨局	4954	4744	4701	1503	43		14	71		125
总局直属	818	752	749	191	3				5	60

8-29 续表 1

年份 单位	二、承租耕地面积（公顷）									
	合　计	家庭农场	独户	#有机独户	联户	开发性	家庭林场	家庭牧场	家庭渔场	外引户家庭农林牧渔场
2003	1997316	1629578	1560639	799542	46340	22599	13932	16980	1308	335518
2004	1980729	1609824	1477722	802286	116802	15300	16273	21530	1735	331367
2005	2152059	1860848	1697654	761974	136932	26262	22061	10788	125	258237
2006	2341127	2023282	1777654	883563	214358	31270	20780	13323	126	280789
2007	2427807	2151524	1916608	1043090	201563	33443	4474	12298	139	256466
2008	2334983	2110939	1779592	964823	184841	160066	3082	7796	99	212996
宝泉岭局	314396	303961	299477	185021	2463	2021	20	1310	61	9045
红兴隆局	420865	391629	303552	173420	88076		1227	1446	11	26552
建三江局	623318	553733	432475	276858	10719	124097				69585
牡丹江局	376749	280513	247343	186913	5428	27743		1974	13	94248
北安局	290028	285651	225286	52014	56080	4284	1426	976		1976
九三局	86155	83046	79221	10555	1903	1921	5	702	2	2400
齐齐哈尔局	116455	114863	95057	42236	19806		404	683		505
绥化局	84936	79616	79616	30503				702		4618
哈尔滨局	19631	15735	15456	6388	279			3		3893
总局直属	2449	2193	2107	915	87				12	173

8-29 续表 2

年份 单位	三、劳动力情况（人）									
	合计	家庭农场	独户	#有机独户	联户	开发性	家庭林场	家庭牧场	家庭渔场	外引户家庭农林牧渔场
2003	503610	389587	377208	146530	8105	4274	4797	35643	1357	72226
2004	481502	370473	348557	136451	18304	3612	6683	42306	1935	60105
2005	430413	352421	337054	112399	12767	2600	4540	29797	602	43053
2006	489813	419271	376692	142386	39126	3453	4985	22268	528	42497
2007	560767	491506	446801	197311	42193	2512	6036	19365	584	42976
2008	573801	517807	452056	195175	53573	11439	6005	15396	689	33894
宝泉岭局	76466	71284	70109	37522	531	599	465	2665	97	1955
红兴隆局	141142	126124	99909	45869	26214		3999	5505	71	5443
建三江局	96042	85926	69141	42699	8137	8055	178	204	6	9728
牡丹江局	69713	52300	49356	31702	811	2133		1799	41	15573
北安局	81020	78423	66268	11932	11604	451	281	1979	166	171
九三局	23740	22770	22185	1572	384	201	132	565	7	266
齐齐哈尔局	45620	43700	38081	14473	5619		669	1090	52	109
绥化局	27992	26216	26216	5550			261	1196	242	77
哈尔滨局	11051	10156	9899	3613	257		20	393		482
总局直属	1015	908	892	243	16				7	90

8-29 续表 3

年份 单位	四、应交利费（万元）									
	合计	家庭农场	独户	#有机独户	联户	开发性	家庭林场	家庭牧场	家庭渔场	外引户家庭农林牧渔场
2003	236072	195636	188492	96349	5268	1876	658	2181	144	37453
2004	286725	235947	219253	119789	14982	1712	1222	2769	246	46541
2005	373185	322537	296917	135168	23307	2313	905	2727	133	46883
2006	415699	359610	317410	158293	38555	3645	538	2904	49	52143
2007	450314	397609	359470	205515	35693	2415	748	2287	186	48914
2008	425860	379232	339584	188958	34356	3568	705	2034	94	43775
宝泉岭局	58404	56443	56051	33883	381	13	3	264	3	1691
红兴隆局	89656	83534	63132	34965	18694		191	403	9	5519
建三江局	106128	92287	87591	56154	1622	3074		10		13831
牡丹江局	74584	53205	52112	40937	992	101		259	6	21114
北安局	45935	44855	35726	8379	9036	81	339	430	8	303
九三局	16124	15818	15282	2587	237	299	14	127		165
齐齐哈尔局	16212	15936	12637	5661	3291		74	91	16	95
绥化局	13789	13357	13357	4901			4	117	51	260
哈尔滨局	4479	3327	3247	1298	81		80	333		739
总局直属	549	470	449	193	22				1	58

8-30　家庭农场土地规模经营情况

单位：户、公顷

年份 单位	总计		一、水田									
	户数	耕地面积	户数	面积	基本田		0.6-10公顷		10-20公顷		＞20公顷	
					户数	面积	户数	面积	户数	面积	户数	面积
2008	239630	2309745	93837	1016370	46807	61840	41906	240481	29706	428541	8543	285587
宝泉岭局	28994	313005	11208	117058	7785	8801	6271	40760	4635	59436	259	8061
红兴隆局	42934	418181	14570	162333	6649	11475	6056	45716	4402	66430	964	38790
建三江局	41482	623318	34864	448001	16871	18795	9491	63133	11975	181838	5694	184234
牡丹江局	37044	374761	18720	216994	6913	8072	8340	54079	8047	110433	1407	44411
北安局	34866	273437	431	1198			430	1145			1	53
九三局	13743	85446	384	3421	212	21	5	45	116	2067	51	1289
齐齐哈尔局	20549	115368	7968	39648	5950	11076	6713	16064	342	5844	121	6664
绥化局	14337	84234	2488	18920	2304	3458	1415	11242	171	2193	45	2028
哈尔滨局	4869	19628	2878	7525			2859	7169	18	300	1	56
总局直属	812	2366	326	1272	123	143	326	1128				

8-30续表

单位：户、公顷

年份 单位	二、旱田													
	户数	面积	基本田		0.6-10公顷		10-30公顷		30-60公顷		60-100公顷		＞100公顷	
			户数	面积	户数	面积	户数	面积	户数	面积	户数	面积	户数	面积
2008	163356	1293375	111759	250225	81865	351009	19750	287737	4902	169712	1677	118686	968	131981
宝泉岭局	18712	195947	12201	37059	11471	60966	4606	53075	929	26130	183	11737	47	6979
红兴隆局	28916	25548	23015	65767	12127	52983	2840	47117	699	26257	215	16434	516	55229
建三江局	17870	175317	12157	21219	5865	32982	2821	43869	774	29390	370	31274	91	16584
牡丹江局	20971	157767	14194	21314	11860	48070	3069	46114	594	19558	254	13966	42	8744
北安局	36444	272239	25278	50778	22358	87420	2813	43987	1150	41525	431	30988	169	25577
九三局	13359	82025	8796	18069	5039	21655	1768	26986	252	10545	43	3400	9	1370
齐齐哈尔局	12673	75720	7823	20715	6351	18976	921	10884	360	10197	118	6995	50	7953
绥化局	11855	65314	7500	13772	4747	22268	771	13903	128	5500	63	3892	27	5979
哈尔滨局	2065	12103	342	1079	1549	5046	141	1801	16	611			17	3567
总局直属	491	1094	453	453	498	641								

主要统计指标解释

农林牧渔业总产值 是以货币表现的农林牧渔业的全部产品产量和对农林牧渔业生产活动进行的各种支持性服务活动的价值。它用价值形态反映一定时期农林牧渔业生产的总规模和总成果。农林牧渔业总产值统计范围是辖区内各种经济类型的全部农林牧渔业生产单位和非农行业单位附属的农林牧渔业生产活动单位，但不包括农业科学实验机构进行的农业生产。核算范围是本辖区内在一定时期内生产的农业、林业、牧业、渔业产品的价值量和对农林牧渔业生产活动进行的各种支持性服务活动的价值的总和。执行日历年度，对于收获期延长到次年年初的个别农产品（如甘蔗），依然把延期收获的部分算在本年度内。根据农业生产的特点，农林牧渔业总产值的核算采用“产品法”进行计算，即用产品产量乘以价格求出各种产品的产值，然后把他们加总求得各业的产值，最后各业相加求出农林牧渔业总产值。

农产品现行价格 指农林牧渔业产品生产地当年实际价格。采用农产品生产价格，即生产者第一手出售农产品的价格，来源于农产品生产价格调查。生产价格调查资料中没有涵盖到的少数农产品，可以用集贸市场价格资料代替；没有市场价格的农作物用生产成本代替。按现价计算的产值主要反映生产的总规模和水平。

农林牧渔业商品产值 指本生产年度内全部农业生产单位和农户生产出来的农产品总产量中可供社会需要的商品产值，即农产品商品量作价计算的货币总额。包括出售给国家、城镇居民的或职工之间相互交换的商品产值，自产自用农产品价值不包括在内。

耕地 指专门用于种植农作物，并经常耕锄的田地。包括熟地、当年新开荒地、连续撂荒未满三年的耕地和当年的休闲地（轮歇地）。以种植农作物为主并附带种植桑树、茶树、果树和其它林木的土地及沿海、沿湖地区已围垦利用的“海涂”、“湖田”等也包括在内。但不包括专业性的桑园、果园、茶园、果木苗圃、林地、芦苇地、天然草原以及利用枯水季节的河滩、水库空闲地种植农作物的不固定土地。南方小于一米、北方小于两米宽的渠、路、田埂包括在耕地中。

林地 指用来成片种植林木的土地面积。包括天然生长和人工植造的用材林、经济林、防护林、薪炭林和特种用途林等用地，以及未成林的造林地、疏林地、灌木林地、采伐迹地火烧迹地、苗圃地和国家规定的预备造林地。但不包括茶园、果园、桑园面积。

播种面积和产量的统计年度 凡是在本日历年度内（自1月1日至12月31日）收获的农作物（包括上年秋冬播和本年春播、夏播以及南方地区的晚秋播而在本年收获的全部作物），都要统计。有些收割期较长的作物，虽在当年冬季就开始收割，但需“跨年”延至来年春季才能收割完（如甘蔗），仍应计算为本年的农作物播种面积和产量。本年内不能收获的多年生作物，以本年新植和过去存留的面积计算为本年的播种面积。

播种面积 指播种季节结束时实际播种或移植有农作物的面积。凡是实际种植有农作物的面积，不论种植在耕地上还是非耕地上，也不论面积大小，均应如实统计播种面积。科研单位除在小块地上（一般不超过一亩）所进行的专门用于小样试验研究部分外，其所进行的大田试验部分（包括制种田）以及农业大专院校附属教学实习农场中作为教学实习用的大田生产部分，也要统计在内。

农作物总产量 指调查年度内全社会生产的各种农产品的数量，不论是耕地上与非耕地上的农作物产量都应统计在内。不仅要把国有农场、机关、学校、科研单位附属的国有经济和集体经济的农作物产量统计在内，还要把职工自留地、园田地、饲料地以及其他经营生产的农作物产量统计在内。各种主要农作物产量按国家统一规定计算：①谷物一律按脱粒后的原料计算（玉米按脱粒后的粒子计算）。②豆类按去豆荚后的干豆计算。③棉花按去籽后的皮棉计算。④花生按带壳的干花生计算。⑤麻类除亚麻以麻杆计算，苎麻以刮皮后的干麻计算，苘麻和线麻以熟麻皮计算外，其余一律以生麻皮计算。如果原来就习惯按熟麻皮计算的，亦要按比例折成生麻皮上报，一般情况是1斤熟麻皮可折成2斤生麻皮。⑥甜菜以根块计算。⑦甘蔗以蔗杆计算，包括糖蔗和果蔗。⑧烤烟与晒烟均以干烟叶计算。⑨薯类，实际统计工作中有两种方式，一种是作蔬菜类按鲜品计算，另一种是作折粮薯类按5公斤鲜薯折1公斤粮食计算，黑龙江垦区1985年以前和2008年将薯类按后一种即折粮进行统计计算。

农产品交售量 指一定时期内（一年）农业生产单位和农户生产的农产品总量中扣除作种籽、饲料、生活用粮和储备以后，作为商品可向全社会出售的农产品数量。包括本年生产本年内已销售商品量和本年生产本年待售（要结转下年销售）部分。

绿色食品 指遵循可持续发展原则，按照特定生产方式生产，经专门机构认定，许可使用绿色食品标志商标的无污染的安全、优质、营养类食品。由于与环境保护有关的事物通常都冠之以“绿色”，为了更加突出这类食品出自良好的生态环境，因此定名为“绿色食品”。

绿色食品分为A级绿色食品和AA级绿色食品二种。A级绿色食品，系指在生态环境质量符合规定标准的产地，生产过程中允许限量使用限定的化学合成物质，按特定的生产操作规程生产、加工，产品质量及包装经检测、检查符合特定标准，并经专门机构认定，许可使用A级绿色食品标志的产品。AA级绿色食品，系指在生态环境质量符合规定标准的产地，生产过程中不使用任何有害化学合成物质，按特定的生产操作规程生产、加工，产品质量及包装经检测、检查符合特定标准，并经专门机构认定，许可使用AA级绿色食品标志的产品。

有机食品 是指来自于有机农业生产体系，根据国际有机农业生产要求和相应的标准生产加工的，并通过独立的有机食品认证机构认证的一切农副产品，包括粮食、蔬菜、水果、奶制品、禽畜产品、蜂蜜、水产品、调料等。

它是真正的源自自然、富营养、高品质的安全环保生态食品。

无公害农产品 指产地环境、生产过程、最终产品质量符合无公害农产品标准和规范，经中国无公害农产品管理机构审定，许可使用无公害农产品标志的安全、优质、面向大众消费的农产品及其加工产品。

本年造林面积 指调查年度内（1月1日至12月31日）在荒地、荒山、沙丘等一切可以造林的土地上，采用人工播种、植苗、飞机播种等方法新植的成片禾木林和灌木林，经验收符合"造林技术规程"要求株数，成活率达85％以上的面积。四旁植树如一侧在四行以上，连续面积0.066公顷（1亩）以上，应统计在造林面积内。不包括补植面积、治沙种草面积、经济林垦复面积、迹地更新面积和低产林改造面积。零星植树不折算造林面积。

年末实有造林面积 指在调查年度年末时实际存活的人工造林面积，不包括天然林面积。它等于年初造林实有面积加上本年内增加的面积（当年新植面积或划入面积等）减去本年内减少面积（当年采伐面积或划出面积）。

畜禽存栏数 指报告期初、期末各种经济类型生产单位和住户饲养的全部禽畜存栏数量。除科学研究单位专门用于试验研究的牲畜和军马外，不分大小、公母、品种、用途一律包括在内。专业运输组织用牲畜也应包括在内，但批发零售贸易部门库存的和运输途中的活牲畜不进行统计。

畜禽出栏数 指报告期内各种经济类型的生产单位和住户饲养的可供食用并已屠宰或出售的全部畜禽数量。包括交售给国家、集市上出售以及农牧民自食的部分。但不包括出售的仔畜和幼畜，也不包括个别地区习惯吃的"烤小猪"或"乳猪"。出栏肉牛中也包括淘汰的低产老化奶牛和耕牛的出栏数。

牛奶产量 指报告期内各种经济类型生产单位和住户饲养的奶牛所生产的全部奶产量。包括出售给国家和乳制品加工企业、农贸市场交易及农牧民自食部分。不论是纯种牛、杂种牛、黄牛和兼用牛所产的奶均要计算为产量。牛犊直接吮食部分不计入产量。

肉类总产量 指报告期内可供食用并已出售或屠宰的全部畜禽肉产量，即屠宰后除去头蹄下水后带骨肉的重量，也叫胴体重。包括屠宰后出售的胴体肉数量和出售的活育肥畜（禽）所折合的胴体肉总数量（折合胴体肉系数为：猪0.7，牛0.5，羊0.4，禽0.5，兔0.4）。不论是农牧民自食的，还是交售给国家或加工业，以及在农贸集市上的肉产量都应统计在内。

水产品总产量 指本年度内捕捞的水产品（包括人工养殖并捕获的水产品和捕捞天然生长的水产品）数量。可分为海水产品和淡水产品两大类。海水产品包括海水的鱼类、虾蟹类、贝类和藻类。淡水产品包括淡水的鱼类、虾蟹类和贝类，不包括淡水水生植物。

淡水养殖面积 指已放养鱼苗、鱼种等水产品苗种并进行人工饲养和管理的池塘、湖泊、水库、河沟及其他淡水水域的养殖面积。不包括稻田养殖面积。有些池塘、湖泊、水库、河沟，虽然指定专人管理，也放养了一些鱼苗，但起捕的鱼类中，人工养殖的淡水鱼不足30％的不计为养殖面积。对一些大江、大河、大湖投放鱼种或灌江纳苗，只进行一般的繁殖保护，增殖水产资源的，不计为淡水养殖面积。

淡水养殖产量 指在淡水湖泊、水库、河沟、池塘及其他淡水养殖水域中捕获的人工养殖的水产品数量，包括稻田养殖产量。养殖与捕捞的划分原则是：人工投放鱼、虾、蟹、贝、藻等苗种并经常饲养管理的水产品生产划为养殖（养殖产量一律以捕获的产量计算，虽养成而未捕获仍继续放养的不应包括在内）；捕捞天然生长的水产品生产划为捕捞。

STATISTICAL
YEARBOOK

9 工业

工业经济类型结构

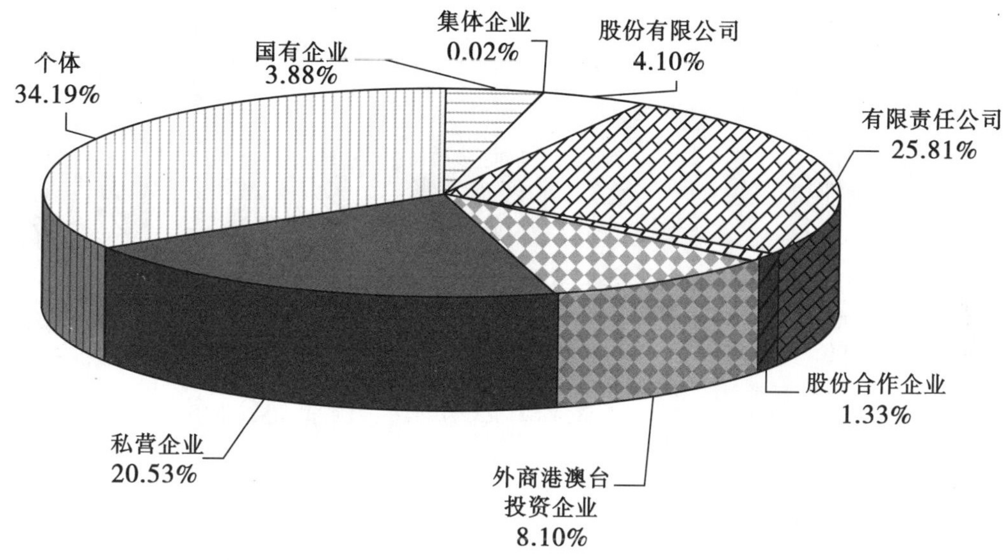

工业增加值（亿元）

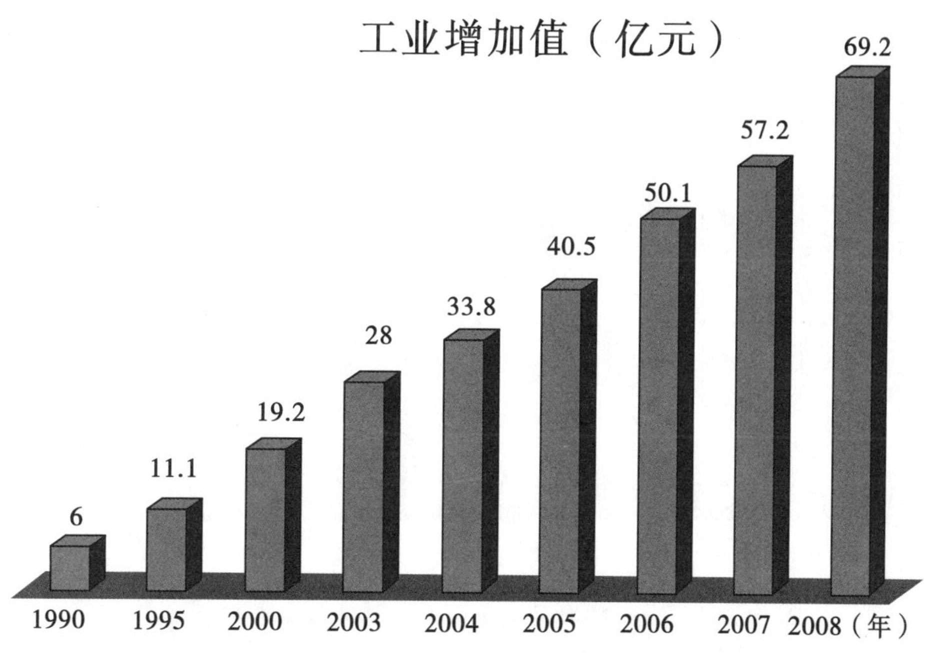

轻重工业比重（%）

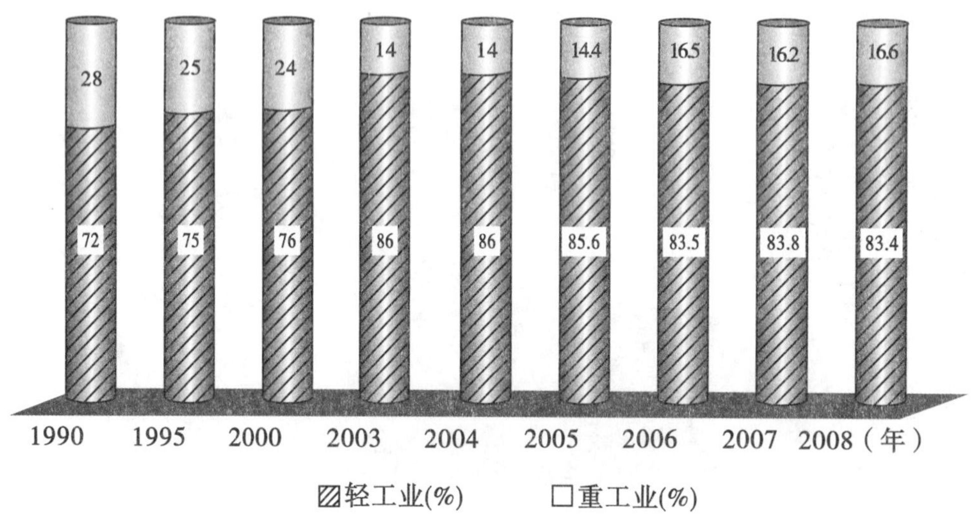

工业行业构成（%）

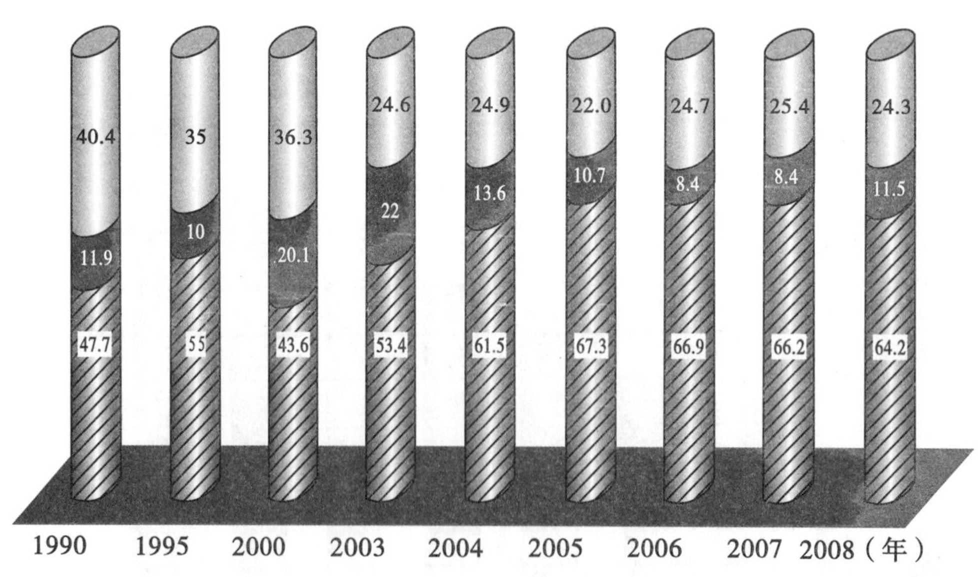

9-1 工业总产值和指数

年份	绝对数（万元）				指数(%)（以上年为100）			
	工业总产值	国有经济	集体经济	其他经济	工业总产值	国有经济	集体经济	其他经济
1985	86192	84153	1861	178	112.1	110.6	164.6	
1990	266873	261825	3202	1846	104.6	104.8	83.5	85.9
1991	305586	301301	3113	1172	112.0	112.7	94.7	55.1
1992	310324	306860	2191	1273	96.9	97.1	67.2	120.3
1993	317740	314994	546	2200	93.6	93.8	25.6	179.6
1994	388706	374741	752	13213	100.1	95.8	148.2	15.6
1995	529307	490357	500	38450	125.6	119.5	56.4	219.0
1996	580877	522274	432	58171	110.2	106.7	93.8	146.1
1997	652668	539411	326	112931	113.5	106.2	73.8	169.1
1998	671547	413144	25563	232840	107.3	79.0	5801.5	217.6
1999	679918	379162	24476	276280	103.6	91.1	100.2	125.1
2000	674349	362556	10088	301705	101.0	94.9	45.7	113.3
2001	740401	291434	8093	440874	110.5	82.1	76.4	141.4
2002	940686	266764	8270	665652	129.5	88.7	91.7	154.8
2003	1230311	515353	8384	706574	123.6	182.7	95.9	100.4
2004	1574572	91414	669	1482489	113.3	171.7	7.7	71.9
2005	2159869	75550	635	2083684	133.9	80.7	92.7	137.2
2006	2470653	138111	1132	2331410	112.3	179.4	174.9	109.8
2007	2743733	151802	821	2591110	108.9	107.8	71.1	109.0
2008	3240989	128981	930	3111078	110.1	79.1	105.5	111.8

注：工业总产值绝对数按当年现行价格计算，指数按可比价格计算。

9-2 工业企业单位数和从业人数

年份	工业企业及生产单位数（个）	国有经济	集体经济	其他经济	从业人数（人）	国有经济	集体经济	其他经济
1985	901	770	115	16	132341	127130	4869	342
1990	1189	957	61	171	156115	149175	4811	2129
1991	1146	950	54	142	158009	152172	4620	1217
1992	1104	920	37	147	155088	150970	2757	1361
1993	1025	998	24	3	150038	146447	2449	1142
1994	922	907	13	2	149178	142670	1542	4966
1995	941	908	15	18	133092	126683	1203	5206
1996	829	802	10	17	131731	121652	651	9428
1997	757	734	7	16	131516	115531	292	15693
1998	651	480	56	115	111667	76837	7667	27163
1999	581	401	55	125	83953	43519	6839	33595
2000	477	314	17	146	54693	42802	2659	9232
2001	448	273	22	153	51009	37213	3121	10675
2002	448	191	16	241	48092	20728	1883	25481
2003	415	146	16	253	47644	20021	801	26822
2004	391	92	4	295	49366	7474	224	41668
2005	401	81	1	319	52621	6815	150	45656
2006	416	66	2	348	57794	6940	176	50678
2007	427	82	1	344	57051	6301	150	50600
2008	482	96	1	385	58481	5696	143	52642

9-3 各分局工业企业单位情况

单位:万元

年　份 单　位	工业企业及生产单位数	按经济类型分				按轻重工业分	
		国有经济	集体经济	外商及港澳台投资经济	其他经济	轻工业	重工业
2000	477	314	17	5	141	225	252
2002	448	191	16	5	236	220	228
2003	415	146	16	3	250	210	205
2004	391	92	4	3	292	202	189
2005	401	81	1	3	316	222	179
2006	416	66	2	6	342	228	188
2007	427	82	1	8	336	232	195
2008	482	96	1	8	377	274	206
宝泉岭局	52	6			46	26	26
红兴隆局	73	8			65	35	38
建三江局	40	4		1	35	26	14
牡丹江局	106	4		4	98	62	44
北安局	69	28		1	40	41	28
九三局	36	14		1	21	21	15
齐齐哈尔局	15	7			8	6	9
绥化局	55	15			40	33	22
哈尔滨局	26	9			17	18	8
总局直属	10	1	1	1	7	8	2

9-4 各分局工业企业总产值

单位:万元

年　份 单　位	工业总产值	按经济类型分				按轻重工业分	
		国有经济	集体经济	外商及港澳台投资经济	其他经济	轻工业	重工业
2000	481110	362556	10088	41017	67449	374360	106750
2002	676644	266764	8270	28222	373388	553035	123609
2003	941947	515353	8384	25549	392661	818992	122955
2004	1232230	91414	669	21957	1118190	1069215	163015
2005	1711067	75550	635	29557	1605326	1501742	209325
2006	1864398	138111	1132	144511	1580644	1611638	252760
2007	2049698	151802	821	164822	1732253	1765303	284396
2008	2486478	128981	930	281683	2074884	2143750	342728
宝泉岭局	181681	11837			169844	138177	43504
红兴隆局	140771	1693		5575	139078	66361	74410
建三江局	89137	15899		23649	67663	63067	26070
牡丹江局	308419	9681		4450	275089	204018	104401
北安局	70714	11298		2099	54966	59179	11535
九三局	27684	13009			12577	15869	11815
齐齐哈尔局	11483	4206			7277	6495	4988
绥化局	49951	6168			43783	40670	9281
哈尔滨局	35904	4287		245911	31617	33670	2234
总局直属	1570734	50903	930		1272990	1516244	54490

注：本表按当年价格计算。

9-5　各分局工业企业增加值

单位:万元

年份 单位	工业企业增加值	按经济类型分				按轻重工业分	
		国有经济	集体经济	外商及港澳台投资经济	其他经济	轻工业	重工业
2000	119755	91845	3951	7393	16566	84892	34863
2002	164379	70547	2915	11457	79460	125143	39236
2003	184653	89666	2930	11811	80246	144758	39895
2004	223947	25418	244	7772	190513	169787	54160
2005	272997	22281	149	8848	241719	198806	74192
2006	319306	33167	323	40598	245218	234651	84655
2007	366765	32258	126	45065	289316	269293	97472
2008	455520	26850	166	70108	358396	341740	113780
宝泉岭局	41422	3891			37531	26135	15287
红兴隆局	43314	702			42612	19607	23707
建三江局	26401	5973		1533	18895	17221	9180
牡丹江局	87973	2824		8089	77060	53617	34356
北安局	18926	3698		1406	13822	15226	3700
九三局	8824	3937		359	4528	4655	4170
齐齐哈尔局	3159	1278			1881	1608	1550
绥化局	18055	2517			15538	14385	3670
哈尔滨局	9335	1248			8087	8737	598
总局直属	198111	782	166	58721	138442	180549	17562

9-6　各分局个体工业总产值及增加值

（2008年）

单位:万元

单位	工业总产值	轻工业	重工业	工业增加值	轻工业	重工业
总计	754511	558886	195625	236615	167205	69410
宝泉岭局	133510	90388	43122	46196	30231	15965
红兴隆局	267672	216465	51207	85944	68235	17709
建三江局	104135	79259	24876	25125	17895	7230
牡丹江局	93092	71847	21245	24332	17643	6689
北安局	27173	11550	15623	7629	3461	4168
九三局	34784	24450	10334	12495	8380	4115
齐齐哈尔局	25769	24033	1736	8301	7584	717
绥化局	25224	11563	13661	12784	4721	8063
哈尔滨局	43152	29331	13821	13809	9055	4754
总局直属						

9-7　工业企业主要经济指标

(2008年)　　　　单位：个、万元

类　别	工业企业单位数	#亏损企业	工业增加值	工业总产值	工业销售产值	资产总计	流动资产年平均余额
总　计	482	21	455520	2486478	2368377	2586959	1205918
#公有控股经济	141	15	270001	1850189	1762981	2125947	1015482
#大中型工业企业	28	6	278650	1885319	1787500	2140594	1042883
#大型	5	1	164937	1360898	1310705	1143181	573101
#产业化龙头工业企业	14	3	201310	1652105	1578330	1670612	902301
一、按口径分							
规模以上工业	175	16	417285	2369588	2256086	2495366	1177814
规模以下工业	307	5	38235	116890	112291	91593	28104
二、按轻重工业分							
轻工业	274	10	341740	2143750	2047813	2146020	1077168
重工业	206	11	113780	342729	320564	440939	128749
三、按企业登记注册类型分							
国有	96	6	26850	128981	122847	261874	89212
集体	1	1	166	930	840	363	
股份合作	16	12	9221	22555	21830	33713	12090
有限责任公司	70		178662	1472706	1425037	1555527	834501
股份制	11	2	28409	90323	84665	191866	46842
私营	280		142105	489300	476909	289611	125314
港澳台投资	4		3170	11324	11752	10008	3173
外商投资	4		66938	270359	224498	243997	94786
四、按工业行业分							
采矿业	12		19424	53627	52670	27039	16504
煤炭采选业	3		6538	19116	18465	11148	9114
贵金属矿采选业	1		1285	3571	3265	4899	3723
非金属矿采选业	7		7286	19286	19286	6930	892
制造业	374	12	400936	2327887	2211872	2387863	1163954
食品加工业	153	6	200076	1579468	1548898	1498285	810638
谷物磨制	88	1	77074	384048	380873	483005	297969
饲料加工	11	1	2903	13538	12166	6164	3908
植物油加工	18	1	86555	1001620	998070	720260	436538
制糖	2		3869	12205	12162	40331	14331
屠宰及肉类加工	12	3	9123	99037	96069	105446	28135
其他农副食品加工	22		20552	69019	49558	143079	29757
食品制造业	35		88135	349930	303838	248884	90652
方便食品制造业	10		2880	7516	6450	10216	3308
液体乳及乳制品制造业	15		82048	328071	286925	222542	79406

9-7 续表 1

单位：个、万元

类　　别	工业企业单位数	#亏损企业	工业增加值	工业总产值	工业销售产值	资产总计	流动资产年平均余额
其他食品制造	10		3207	14343	10463	16127	7939
饮料制造业	23	1	7125	70197	66183	165581	81044
酒精及酒的制造业	20	1	7060	70049	66035	165403	81007
软饮料制造	3		65	148	148	178	37
纺织业	23	1	9307	27906	23625	31534	14149
服装鞋帽制造业							
皮革毛皮羽绒制品业							
木材加工及制品业	7		2731	7090	6837	4961	3194
家具制造业	1		44	145	145	146	80
造纸及纸制品业	2		7615	24158	20610	39508	17627
造　纸	2		7615	24158	20610	39508	17627
印刷和记录媒介复制	3		165	476	367	158	53
文教体育用品制造							
炼焦业	3		10443	31602	26714	34604	26292
化学原料及化学制品	22	1	22407	72447	69874	152858	31893
肥料制造	11	1	19895	63562	61507	140562	27024
农药制造	5		1303	5338	4820	9409	3107
医药制造业	8	1	26709	84314	76959	154649	61097
中药饮品加工	1	1	358	1050	1114	2597	1016
中成药制造业	5		25843	82037	74964	145844	57328
橡胶制造业	1		102	434	434	392	244
塑料制品业	2		272	1328	1230	582	196
非金属矿物制品业	52		15897	48495	38793	40641	21033
水泥制造业	12		11740	36928	27203	34672	18090
砖瓦石材等建材业	36		3761	10549	10572	4720	1732
有色金属冶炼及加工	1		199	480	480	371	150
金属制品业	2		131	256	256	154	43
通用机械制造业	5		2734	8654	6389	5769	1730
专用设备制造业	27	1	6498	19508	19242	8408	3695
农林牧渔机械制造	26	1	6389	19090	18824	8302	3603
交通运输设备制造业	4		347	999	999	377	145
其他制造业							
电力燃汽水生产供应业	94	9	35160	104965	103835	172056	25460
电力热力生产与供应	72	8	33867	101667	100496	166911	25019
电力生产	5	2	5394	16498	15144	33168	5784
水的生产和供应业	22	1	1293	3298	3339	5146	441

9-7 续表2　　　　单位:万元

类　别	流动资产合计	#存货	#产成品	固定资产合计	固定资产原价	累计折旧
总　计	1336386	688535	242871	1133772	1395352	329127
#公有控股经济	1112984	613622	211891	923147	1151219	261287
#大中型工业企业	1135065	609945	209592	912629	1131692	264392
#大型	653222	321377	120406	462507	619803	178475
#产业化龙头工业企业	982869	555224	180782	619423	734967	142391
一、按口径分						
规模以上工业	1299607	677788	237374	1082236	1315407	308309
规模以下工业	36779	10747	5497	51536	79944	20819
二、按轻重工业分						
轻工业	1195136	656397	230360	849033	996860	198362
重工业	141250	32138	12512	284739	398492	130765
三、按企业登记注册类型分						
国有	83431	47364	23074	149455	189541	29984
集体	316	80		17	294	247
股份合作	13726	6443	3848	18841	20814	2095
有限责任公司	914744	504289	144000	587609	694599	134349
股份制	57541	21347	8888	131135	190994	71140
私营	151200	40657	19333	129324	141620	42595
港澳台投资	5073	3292	2538	4935	5364	545
外商投资	110355	65063	41190	112456	152125	48172
四、按工业行业分						
采矿业	14766	3327	2841	11472	15146	4575
煤炭采选业	7286	1597	1391	3631	5768	2137
贵金属矿采选业	3699	996	737	630	2036	1405
非金属矿采选业	904	122	102	6026	6157	625
制造业	1294597	681404	239932	982277	1190076	280053
食品加工业	897710	494106	139969	557652	629517	106118
谷物磨制	310130	195649	24991	154544	175627	27912
饲料加工	4323	1143	201	1832	2224	656
植物油加工	489735	239627	75328	221011	271807	61752
制糖	19046	14127	7521	15722	16638	2036
屠宰及肉类加工	29964	13833	7988	69157	77427	9185
其他农副食品加工	44512	29729	23941	95387	85796	4577
食品制造业	124074	70057	41932	109331	132260	49183
方便食品制造业	4648	968	660	4790	5393	635
液体乳及乳制品制造业	110887	63740	37822	97276	117672	45893

9-7 续表 3

单位：万元

类　别	流动资产合计	#存货	#产成品	固定资产合计	固定资产原价	累计折旧
其他食品制造	8539	5349	3450	7265	9195	2655
饮料制造业	75223	47727	24462	67738	76968	8207
酒精及酒的制造业	75185	47726	24461	67598	76806	8180
软饮料制造	38	1	1	140	162	27
纺织业	16052	10365	6423	13719	16335	2834
服装鞋帽制造业						
皮革毛皮羽绒制品业						
木材加工及制品业	3650	590	17	877	1139	199
家具制造业	80			66	80	14
造纸及纸制品业	17627	11274	7224	21355	25960	4608
造　纸	17627	11274	7224	21355	25960	4608
印刷和记录媒介复制	55	24	15	103	131	28
文教体育用品制造						
炼焦业	26304	5291	3827	8000	14035	6313
化学原料及化学制品	42513	10842	3212	106746	162279	65892
肥料制造	37584	8825	2012	100014	154945	65271
农药制造	3114	1867	1185	5678	6018	377
医药制造业	62217	22425	10304	74046	97413	24955
中药饮品加工	1271	784	157	1326	2021	695
中成药制造业	58020	20754	9454	69440	90978	24146
橡胶制造业	282	40	30	110	24	12
塑料制品业	510	115	29	42	318	265
非金属矿物制品业	20803	4935	882	16404	23081	6520
水泥制造业	17283	4316	475	14120	19422	5022
砖瓦石材等建材业	2341	450	258	2213	3576	1487
有色金属冶炼及加工	151	20	10	220	244	50
金属制品业	43			111	217	106
通用机械制造业	2941	1523	525	2104	3401	1297
专用设备制造业	4218	2068	1069	3422	6389	3394
农林牧渔机械制造	4122	2042	1050	3412	6370	3377
交通运输设备制造业	145	2	2	232	286	59
其他制造业						
电力燃汽水生产供应业	27023	3804	98	140023	190130	44499
电力热力生产与供应	26350	3555	96	135703	172704	42168
电力生产	6692	1549		23636	31504	10367
水的生产和供应业	674	249	2	4320	17426	2332

9-7 续表 4　　　　单位:万元

类　别	固定资产净值	固定资产净值年平均余额	负债总计	#流动负债	#长期负债	所有者权益总计
总　计	1066224	1021084	1783682	1656377	114962	803277
#公有控股经济	889932	854060	1531918	1442050	82668	594028
#大中型工业企业	867300	848882	1526065	1432585	91428	614529
#大型	441328	438955	841915	832938	8909	301267
#产业化龙头工业企业	592576	584273	1163546	1154504	8909	507066
一、按口径分						
规模以上工业	1007099	978179	1731613	1611962	109162	763752
规模以下工业	59126	42905	52068	44415	5799	39525
二、按轻重工业分						
轻工业	798498	775285	1438697	1375736	58255	707324
重工业	267727	245799	344985	280641	56706	95953
三、按企业登记注册类型分						
国有	159557	139041	190052	156047	27884	71823
集体	47		292	273	19	71
股份合作	18719	12051	12959	12799	80	20754
有限责任公司	560250	546882	1124487	1069453	53817	431040
股份制	119854	113269	172153	167815	3898	19712
私营	99025	100655	148869	138488	7857	140742
港澳台投资	4820	3113	8428	6503		1580
外商投资	103953	106074	126443	104999	21408	117554
四、按工业行业分						
采矿业	10570	9336	17281	10494	6787	9759
煤炭采选业	3631	3515	4391	4391		6757
贵金属矿采选业	630	599	3054	3054		1846
非金属矿采选业	5532	4037	6374	560	5814	556
制造业	910023	887346	1637445	1570534	58133	750418
食品加工业	523399	504872	1066041	1030787	31845	432244
谷物磨制	147715	134125	352034	346110	5113	130971
饲料加工	1567	1161	1618	1618		4546
植物油加工	210055	218149	566041	564366	1608	154219
制糖	14602	14945	31786	8224	23562	8545
屠宰及肉类加工	68242	69264	58226	58099	127	47220
其他农副食品加工	81218	67228	56336	52371	1435	86743
食品制造业	83077	93247	123277	117473	5190	125607
方便食品制造业	4758	4795	8028	7878	150	2188
液体乳及乳制品制造业	71779	80822	103244	97794	5015	119298

9-7 续表5

单位:万元

类　　别	固定资产净值	固定资产净值年平均余额	负债总计	#流动负债	#长期负债	所有者权益总计
其他食品制造	6540	7631	12005	11800	25	4122
饮料制造业	68761	68063	116811	115615	846	48770
酒精及酒的制造业	68625	67919	116811	115615	846	48592
软饮料制造	135	144				178
纺织业	13502	12474	20571	19860	540	10964
服装鞋帽制造业						
皮革毛皮羽绒制品业						
木材加工及制品业	940	791	2712	2141		2249
家具制造业	66		125	125		21
造纸及纸制品业	21353	21355	31746	31146	600	7762
造　纸	21353	21355	31746	31146	600	7762
印刷和记录媒介复制	103	92	91	91		67
文教体育用品制造						
炼焦业	7722	7915	21990	21990		12614
化学原料及化学制品	96387	92629	143366	143344		9492
肥料制造	89674	85886	136352	136330		4210
农药制造	5641	5646	4923	4923		4486
医药制造业	72458	71031	77314	58391	18923	77335
中药饮品加工	1326	1440	2258	2258		339
中成药制造业	66832	66264	70443	51520	18923	75401
橡胶制造业	12	11	50	50		342
塑料制品业	53	11	340	321	19	242
非金属矿物制品业	16561	9430	24293	20838	73	16348
水泥制造业	14400	6261	20720	17845	55	13952
砖瓦石材等建材业	2088	2128	2415	1837	18	2304
有色金属冶炼及加工	194	201	241	241		130
金属制品业	111	111	122	122		32
通用机械制造业	2104	2104	3592	3582	10	2177
专用设备制造业	2995	2783	4704	4358	88	3704
农林牧渔机械制造	2993	2777	4691	4345	88	3611
交通运输设备制造业	227	227	60	60		317
其他制造业						
电力燃汽水生产供应业	145631	124402	128956	75349	50041	43100
电力热力生产与供应	130536	120966	127529	74394	49730	39119
电力生产	21136	14707	24335	22915	1420	8833
水的生产和供应业	15094	3436	1427	955	312	3719

9-7 续表6　　单位:万元

类　　别	#实收资本	国家资本	集体资本	法人资本	个人资本	港澳台资本	外商资本
总　计	598439	203475	3257	266702	79223	864	44917
#公有控股经济	458637	199766	2926	224233	13443	43	18227
#大中型工业企业	442228	172892	1544	219423	28275		20095
#大型	197645			179836	2438		15371
#产业化龙头工业企业	386580	152022	192	197039	19152		18175
一、按口径分							
规模以上工业	567037	196991	2013	258272	64072	770	44917
规模以下工业	31402	6484	1244	8430	15151	94	0
二、按轻重工业分							
轻工业	526543	179140	1255	247473	54328	770	43577
重工业	71896	24335	2002	19230	24896	94	1340
三、按企业登记注册类型分							
国有	70390	62942	1716	5425	307		
集体	154		154				
股份合作	16031	14200		791	1040		
有限责任公司	345836	124747	634	195826	19539	43	5047
股份制	12839	215	196	7756	4672		
私营	103255	1284	438	24848	53203	51	23430
港澳台投资	1580	87		670		770	52
外商投资	48354		119	31386	461		16388
四、按工业行业分							
采矿业	3001		165	1510	1275	51	
煤炭采选业	750			500	250		
贵金属矿采选业	1112		165		947		
非金属矿采选业	539			410	78	51	
制造业	556947	177081	1376	262200	70559	813	44917
食品加工业	345552	136076	215	169123	34269	770	5099
谷物磨制	104144	51316	23	27959	24845		
饲料加工	2875	401		596	1878		
植物油加工	105707			99269	4195		2243
制糖	1420			1249	171		
屠宰及肉类加工	45999	9700		33686	2613		
其他农副食品加工	85408	74658	192	6364	567	770	2857
食品制造业	76924	1850	119	28166	10232		36558
方便食品制造业	1820	530		175	1115		
液体乳及乳制品制造业	70340	270		26640	6872		36558

9-7 续表 7　　单位:万元

类　别	#实收资本	国家资本	集体资本	法人资本	个人资本	港澳台资本	外商资本
其他食品制造	4764	1050	119	1350	2245		
饮料制造业	43986	38529		2729	2728		
酒精及酒的制造业	43842	38500		2729	2613		
软饮料制造	144	29			115		
纺织业	10175		393	8534	1248		
服装鞋帽制造业							
皮革毛皮羽绒制品业							
木材加工及制品业	1606			1263	343		
家具制造业	21				21		
造纸及纸制品业	6596			5808	788		
造　纸	6596			5808	788		
印刷和记录媒介复制	65	14			50		
文教体育用品制造							
炼焦业	10696				10696		
化学原料及化学制品	6914	14	118	4413	1029		1340
肥料制造	1919	14		1152	753		
农药制造	4222			2751	131		1340
医药制造业	39092	288		32422	4462		1920
中药饮品加工	587	283			304		
中成药制造业	36910			32422	2568		1920
橡胶制造业	62			12	50		
塑料制品业	214		154		60		
非金属矿物制品业	11059	98	60	8634	2268		
水泥制造业	8850		4	7550	1296		
砖瓦石材等建材业	2166	98	56	1084	928		
有色金属冶炼及加工	80				80		
金属制品业	22			1	21		
通用机械制造业	840	213	44	188	395		
专用设备制造业	2873		274	908	1649	43	
农林牧渔机械制造	2803		274	908	1579	43	
交通运输设备制造业	170				170		
其他制造业							
电力燃汽水生产供应业	38491	26394	1716	2992	7390		
电力热力生产与供应	35063	24010	1187	2800	7066		
电力生产	8695	3768		1338	3589		
水的生产和供应业	3428	2384	529	192	324		

9-7续表8

单位:万元

类　别	主营业务收入	#主营业务成本	#主营业务税金及附加	营业费用	管理费用	#税金
总　计	2426635	2181001	9419	85315	63490	4490
#公有控股经济	1828308	1675382	2180	61190	48189	3039
#大中型工业企业	1867514	1702529	3806	62291	47322	3005
#大型	1319829	1217397	1146	45110	32560	2399
#产业化龙头工业企业	1653918	1522826	1054	54494	36692	2485
一、按口径分						
规模以上工业	2338984	2110637	7698	82295	59246	4186
规模以下工业	87651	70365	1721	3020	4244	304
二、按轻重工业分						
轻工业	2111625	1912864	5130	74749	50377	3217
重工业	315009	268137	4288	10566	13113	1273
三、按企业登记注册类型分						
国有	113967	104985	506	5435	4032	521
集体	840	792	4		68	
股份合作	21200	18513	210	1360	921	16
有限责任公司	1531858	1428753	1866	28531	33244	1764
股份制	92108	77839	395	3284	4886	331
私营	458059	391543	6016	14691	9661	1276
港澳台投资	10543	7737	20	1776	1051	20
外商投资	198060	150839	402	30239	9627	563
四、按工业行业分						
采矿业	49747	37759	1621	1949	1965	444
煤炭采选业	18515	15700	146	1192	316	56
贵金属矿采选业	3788	2313	2	3	644	4
非金属矿采选业	19286	13070	1450	369	420	384
制造业	2270182	2044095	7145	80324	59042	3815
食品加工业	1660823	1553714	1829	26285	27978	1722
谷物磨制	454782	406297	1118	10647	7113	331
饲料加工	12568	10781	186	365	367	38
植物油加工	1040925	998572	215	9160	14101	1239
制糖	7626	6568	34	254	846	
屠宰及肉类加工	96197	92629	143	2254	2782	92
其他农副食品加工	48724	38867	133	3606	2770	23
食品制造业	267767	218092	860	30392	10207	720
方便食品制造业	7241	6229	95	248	231	
液体乳及乳制品制造业	248821	201516	729	29918	9458	620

9-7 续表 9　　单位:万元

类　别	主营业务收入	#主营业务成本	#主营业务税金及附加	营业费用	管理费用	#税　金
其他食品制造	11705	10346	36	226	519	100
饮料制造业	64624	58015	1659	3616	2473	446
酒精及酒的制造业	64476	57894	1659	3616	2473	446
软饮料制造	148	121				
纺织业	13353	9845	193	662	893	15
服装鞋帽制造业						
皮革毛皮羽绒制品业						
木材加工及制品业	6847	6055	52	11	151	84
家具制造业	145	137		3	3	
造纸及纸制品业	20348	17131	61	1415	656	
造　纸	20348	17131	61	1415	656	
印刷和记录媒介复制	264	205	8	14	19	11
文教体育用品制造						
炼焦业	23132	17965	643	770	693	1
化学原料及化学制品	67426	57650	378	1364	4358	354
肥料制造	60766	52353	272	1208	3940	333
农药制造	4705	3864	21	154	155	21
医药制造业	79046	52109	417	12172	7720	289
中药饮品加工	1114	1068	2	21	79	
中成药制造业	77061	50309	412	12112	7544	289
橡胶制造业	434	399			3	
塑料制品业	1238	1154	4		73	
非金属矿物制品业	42646	33834	503	2922	2561	123
水泥制造业	32333	25677	346	2246	1991	37
砖瓦石材等建材业	9322	7441	114	393	391	86
有色金属冶炼及加工	480	210		12	41	
金属制品业	260	223	4	5	5	
通用机械制造业	5015	4355	82	167	412	
专用设备制造业	15335	12333	438	378	728	50
农林牧渔机械制造	14917	11949	438	378	725	50
交通运输设备制造业	998	669	15	135	67	
其他制造业						
电力燃汽水生产供应业	106706	99147	653	3043	2484	231
电力热力生产与供应	103713	97250	631	2855	2316	218
电力生产	15731	16044	65		939	72
水的生产和供应业	2993	1897	22	188	168	13

9-7 续表 10　　单位:万元

类　别	财务费用	#利息支出	本年应交增值税	利润总额	亏损企业亏损总额	利税总额	从业人员平均人数(人)
总　计	49096	54083	36978	60654	9415	107051	58481
#公有控股经济	42732	48765	22571	23322	7598	48072	37226
#大中型工业企业	45414	51726	27198	29204	6690	60208	35664
#大型	29335	32474	13361	17901	624	32409	20385
#产业化龙头工业企业	37074	43992	11391	20945	4036	33390	23212
一、按口径分							
规模以上工业	48567	53737	35302	52486	9328	95486	48336
规模以下工业	529	345	1676	8168	87	11565	10145
二、按轻重工业分							
轻工业	42373	48438	20024	43406	5912	68560	39681
重工业	6722	5645	16954	17248	3504	38490	18800
三、按企业登记注册类型分							
国有	2547	5831	2541	-579	2438	2467	5696
集体			25	-24	24	4	143
股份合作	95	70	1328	1621		3159	1344
有限责任公司	38340	40828	10800	18765	6439	31431	21498
股份制	2486	2372	4641	4557		9593	3611
私营	2735	2098	10427	29432	514	45875	15142
港澳台投资	16	-6	94	715		828	357
外商投资	2878	2890	7122	6169		13693	10690
四、按工业行业分							
采矿业	135	35	2839	6195		10655	2885
煤炭采选业	111	14	1128	1148		2422	446
贵金属矿采选业	2			856		857	541
非金属矿采选业	1		1222	3724		6396	919
制造业	45603	51661	28880	55525	6220	91549	48648
食品加工业	36966	39566	3587	29165	2890	34581	17400
谷物磨制	8745	8513	1698	13667	8	16483	6630
饲料加工	-7	1	134	798	99	1117	366
植物油加工	27536	30135	149	10665	411	11030	3993
制糖	73	10	583	420		1037	739
屠宰及肉类加工	204	299	16	-765	2371	-607	3379
其他农副食品加工	414	608	1008	4381		5522	2293
食品制造业	862	788	7921	9515		18296	11710
方便食品制造业	24	24	110	507		712	433
液体乳及乳制品制造业	674	677	7687	8655		17071	10610

9-7 续表 11

单位:万元

类别	财务费用	#利息支出	本年应交增值税	利润总额	亏损企业亏损总额	利税总额	从业人员平均人数(人)
其他食品制造	164	88	124	353		513	667
饮料制造业	1095	4598	685	-468	2401	1876	1261
酒精及酒的制造业	1095	4598	678	-495	2401	1842	1256
软饮料制造			7	27		34	5
纺织业	378	322	299	1326	549	1818	2356
服装鞋帽制造业							
皮革毛皮羽绒制品业							
木材加工及制品业	2		50	439		541	428
家具制造业	2			2		2	24
造纸及纸制品业	490	480	1521	436		2018	1152
造　纸	490	480	1521	436		2018	1152
印刷和记录媒介复制			8	15		31	27
文教体育用品制造							
炼焦业	770	767	2399	2489		5531	708
化学原料及化学制品	1820	1867	3090	3234	289	6701	2692
肥料制造	1762	1829	3070	2595	289	5936	2414
农药制造	58	38	6	464		491	175
医药制造业	2556	2680	5969	3087	57	9473	5011
中药饮品加工			33	-57	57	-22	70
中成药制造业	2556	2680	5936	3144		9492	4859
橡胶制造业	3			35		35	32
塑料制品业	2		25	12	24	40	165
非金属矿物制品业	492	448	2796	3987		7286	4074
水泥制造业	443	424	2586	3083		6015	2099
砖瓦石材等建材业	49	24	205	836		1155	1883
有色金属冶炼及加工			15	60		75	24
金属制品业			6	23		33	22
通用机械制造业	93	90	63	307		452	260
专用设备制造业	72	54	439	1753	10	2630	1279
农林牧渔机械制造	71	54	439	1719	10	2596	1257
交通运输设备制造业			7	108		130	23
其他制造业							
电力燃汽水生产供应业	3358	2387	5259	-1065	3195	4847	6948
电力热力生产与供应	3336	2384	5235	-1187	3180	4679	6329
电力生产	425	451	883	-1547	1833	-599	1053
水的生产和供应业	22	3	24	122	15	168	619

9-8 主要工业产品产量

年份 单位	原煤 （万吨）	黄金 （千克）	大米 （万吨）	小麦粉 （万吨）	食用植物油 （万吨）	豆粕 （万吨）	机制糖 （吨）	罐头 （吨）
1985	157.2	88.4	1.2	25.5	1.9		53242	2109
1990	178.5	139.0	3.0	29.5	5.4		87674	8054
1991	175.0	205.0	2.2	26.9	4.5		128972	11378
1992	168.1	333.0	2.6	27.2	3.8		118722	6829
1993	125.7	389.0	2.1	22.9	4.2		109133	6611
1994	119.9	428.0	4.9	32.1	6.1		58158	1471
1995	136.3	751.0	9.0	27.2	7.3		95325	3578
1996	142.3	944.0	21.1	25.4	4.6		122438	3402
1997	188.0	891.0	33.9	21.7	5.1		102364	1336
1998	195.4	745.0	28.1	24.0	5.5		94231	2847
1999	103.6	877.0	39.3	23.6	7.7		83533	5031
2000	82.7	570.1	58.1	22.4	9.2	39.7	15091	2306
2001	31.7	507.7	65.7	31.9	8.5	34.1	38768	1960
2002	3.2	478.0	123.6	32.9	10.6	43.4	48841	3077
2003	7.3	470.0	126.8	32.5	16.9	103.0	10047	5904
2004	10.6	250.4	146.2	29.8	21.7	121.9	20389	5649
2005	33.0	173.3	160.2	31.0	49.3	240.5	16915	4536
2006	49.5	248.0	195.7	25.7	54.9	269.7	32438	1852
2007	36.8	234.0	230.9	22.1	43.6	203.7	41145	1829
2008	31.4	193.0	238.7	17.7	42.1	179.6	31011	1441
宝泉岭局			24.0	1.2	1.3	3.8		
红兴隆局	15.0	193.0	49.1	1.4	1.7	8.7	17570	
建三江局			38.7	1.0	1.0	4.2		
牡丹江局	16.4		56.8	1.2	1.0		4041	
北安局				1.1	0.1	0.1		
九三局				1.2	0.1			
齐齐哈尔局			14.1	0.4	0.1		9400	
绥化局			2.7	1.2				
哈尔滨局			3.4					
总局局直			49.9	9.0	36.8	162.8		1441

9-8 续表 1

年份 单位	乳制品 （吨）	#液体乳 （吨）	白酒 （吨）	啤酒 （吨）	大麦芽 （吨）	饲料 （万吨）	豆制品 （吨）	锯材 （万立方米）	机制纸及纸板 （吨）
1985	5262		9540	11900		1.3		12.1	25347
1990	28321		13893	39740		8.7		7.7	35104
1991	34581		11651	29764		9.2		6.4	29825
1992	39306		11588	34655		10.5		4.8	25235
1993	33982		6697	29563		9.8		2.8	25983
1994	29282		4211	25987		10.6		2.9	17480
1995	27662		9785	27573		12.5	4534	2.2	23268
1996	28828		14336	37690		11.6	2673	2.1	33180
1997	32359		11739	43504		13.1	16243	3.5	25512
1998	30203		13101	40252		13.3	14965	3.7	18854
1999	27914		15384	24488		10.5	5820	3.7	16872
2000	44045	7152	15882	20281	23059	7.2	4313	0.8	14658
2001	65618	19293	17723	11531	38824	12.4	8543	4.6	20887
2002	128877	76790	16100	7610	54037	10.4	10206	4.1	21627
2003	225129	179438	24826	15823	108403	12.0	17301	5.6	20389
2004	170623	122801	20539	11000	113571	13.4	18043	7.3	23213
2005	177921	123791	29143	7250	159031	17.4	29714	11.7	25612
2006	162549	110992	30087	9880	161175	18.5	21921	14.5	29855
2007	193179	124380	29852	1850	261280	18.4	24345	17.8	43981
2008	261092	179850	33986	18	200595	24.2	28753	20.1	52575
宝泉岭局	14675		4497			4.8	8925	5.0	
红兴隆局	1703		11365	18		4.0	1822	9.9	3225
建三江局	85		2348		2180	0.5	423		
牡丹江局	30		1298		35749	5.0	200		48250
北安局	6769	240	3176			2.6	2000	4.9	
九三局	810		3148			1.1	1180		
齐齐哈尔局	1260		218			2.5	1630		
绥化局	6928		4189			1.2	4239		
哈尔滨局	950		3747			2.5		0.3	1100
总局局直	227882	179610			162666		8334		

9-8续表2

年　份 单　位	发电量（万千瓦小时）	焦炭（万吨）	尿素实物量（万吨）	复合肥料实物量（吨）	酒精（吨）	化学原料药（吨）	中成药（吨）
1985	26136	4.3	8.8		3938		87
1990	47219	14.2	10.9		6791	111	384
1991	59391	13.1	16.7		10806	116	564
1992	61876	12.0	20.6		11592	98	447
1993	60884	14.4	17.4		9923	126	170
1994	57130	14.6	19.6		6479	386	5
1995	59192	14.8	20.9	230	8548	82	193
1996	58132	18.6	19.8	4381	11289	166	211
1997	56020	18.4	19.8	1381	6754	175	1103
1998	58395	14.3	20.3	4653	8701	192	750
1999	53258	4.0	21.4	4542	7744	318	976
2000	43971	3.3	9.9	4784	1294	2391	2046
2001	48575	3.8	8.7	5168	2637	513	3235
2002	48775	2.8	16.1	7413	1238	2765	6756
2003	53439	12.5	11.3	4515	506	3530	8587
2004	57341	20.8	11.8	4877	948	3584	7376
2005	51646	21.4	19.8	4630	122	3268	11706
2006	61674	19.7	17.3	3950	4569	1587	12275
2007	58034	20.6	18.5	7134	15485	2055	13622
2008	54018	18.7	20.5	7660	16616	2536	11914
宝泉岭局				3762			
红兴隆局		0.6		1443	16392		
建三江局	11549						
牡丹江局	21610	18.1				127	3042
北安局							180
九三局				2455			
齐齐哈尔局					224		
绥化局	876						
哈尔滨局						322	612
总局局直	19983		20.5			2087	8080

9-8续表3

年份 单位	水泥 （万吨）	砖 （万块）	瓦 （万片）	小型 拖拉机 （台）	机引耕 作机械 （台）	种植 机械 （台）	联合 收获机 （台）	场上作 业机械 （台）
1985	24.4	81909	1911	5879	231		900	
1990	38.8	83135	1525	356	461		220	
1991	47.4	80533	1284	57	827		260	
1992	57.3	89042	1234	189	303	1160	200	
1993	59.6	85644	1892	33	190	2		
1994	55.7	43749	1375	126	569	1230	2	1222
1995	45.6	51254	337	56	2192	1681		435
1996	47.2	51452	1542	1568	2173	2688	718	657
1997	51.2	50966	154	673	2955	1988	615	1376
1998	56.9	60692	220	505	2470	4302	718	1962
1999	63.2	56622	95	1233	1669	266	567	1951
2000	77.0	23876	87	294	1585	1026	1163	1801
2001	76.0	51691	173	120	893	1876	65	2394
2002	79.0	49929	934	452	689	414	31	1332
2003	108.1	54538	319		1745	2138	39	330
2004	139.3	53202	1614		857	1623		307
2005	134.8	59314	348	15	13269	1334	69	9386
2006	149.9	63768	878	53	12815	31059		9540
2007	112.1	79518	46		13980	21251		9863
2008	128.3	89984	46		10300	33850		
宝泉岭局	2.4	15381	36			600		9259
红兴隆局	66.4	26258	10		6607	3100		
建三江局		7420						425
牡丹江局	59.5	11626			1648			125
北安局		13674			145			
九三局		1046						
齐齐哈尔局		5145						
绥化局		7934						54
哈尔滨局		1500			1900	30150		
总局局直								

9-9　主要工业产品生产、销售与库存

(2008年)

产品名称	计量单位	年初库存量	本年累计生产量	本年累计销售量	累计自用及其他	盘盈(+)盘盈(-)	年末库存量
原煤	吨	28498	313837	316648			25687
发电量	万千瓦时		54018	23585	30314	-119	
#火电	万千瓦时		53142	22709	30314	-119	
自来水产量	万吨		1269	1256		-13	
大米	吨	51787	2387089	2370355	500		68021
小麦粉	吨	14278	177122	167779	4683		18938
小麦粉制品	吨	183	7265	7413			35
米制品	吨						
食用植物油	吨	30351	421006	411861	16		39480
豆粕	吨	200032	1795917	1936231	3	-5	59710
鲜冷藏冻肉	吨	3145	46343	45219			4269
机制糖	吨	16739	31011	31200			16550
配混合饲料	吨	1577	241778	241519		-3	1833
糖果	吨		95	95			
糕点	吨	3	4460	4460			3
饼干	吨	1	101	101			1
方便主食品	吨	178	3168	3104			242
乳制品	吨	5737	261092	248523			18306
#液体乳	吨	1102	179850	178419			2533
罐头	吨	160	1441	1034		-1	566
大麦芽	吨	49980	200595	171199		-201	79175
酱油	吨	16	2487	2482			21
豆制品	吨	237	28753	28182			808
淀粉	吨	19255	65243	33296			51202
发酵酒精	吨	711	16616	17319			8
精甲醇	吨	508	86274	79986			6796

9-9 续表

(2008年)

产品名称	计量单位	年初库存量	本年累计生产量	本年累计销售量	累计自用及其他	盘盈(+)盘盈(-)	年末库存量
饮料酒	千升	2499	37899	38082			2316
白酒	千升	2499	37861	38044			2316
啤酒	千升		18	18			
葡萄酒	千升		20	20			
服装	万件		4.3	4.3			
锯材	立方米	590	201275	201110	129		626
家具	件		11445	11445			
纸浆	吨		34195		34195		
机制纸及纸板	吨	7301	52575	44651			15225
焦炭	吨	9985	187003	160933			36055
合成氨	吨	208	121028		120916		320
化肥(折纯量)	吨	2080	212952	214689			343
#尿素	吨	1181	205292	206130			343
化肥(实物量)	吨	1000	97283	98115			168
#尿素	吨	550	95388	95770			168
化学原料药	吨	3509	2536	2105	2936		1004
中成药	吨	4663	11914	11089	2326		3162
水泥	吨	11903	1282915	1284429			10389
水泥熟料	吨	33106	708055		718984		22177
砖	万块	1252	89984	90185			1051
建筑用石灰	吨		140871	140871			
黄金	千克	89	193	195			87
小型拖拉机	台	18		4			14
拖拉机附件	千元		330	330			
中小农具	台		2675	2675			
机引耕作机械	台	556	10300	10699			157
种植机械	台	2300	33850	34050			2100
收获机械	台	29	1319	1305			43
场上作业机械	台	61	9863	9874			50

9-10　主要工业产品生产能力利用率（全口径）

(2008年)

产品名称	平均生产能力			年产量			生产能力利用率(%)		
	计量单位	2008年	2007年	计量单位	2008年	2007年	2008年	2007年	增减点
小麦粉(处理小麦)	吨/年	995240	988362	吨	194539	191665	26.1	25.9	0.2
挂　面	吨/年	24660	20260	吨	7952	6109	32.2	30.2	2.1
大　米(处理水稻)	吨/年	8074856	6647278	吨	2147319	2013880	40.8	42.9	-2.0
大豆食用油(处理大豆)	吨/日	23649	21540	吨	492893	529051	39.5	52.9	-8.8
糕　点	吨/年	5516	4615	吨	7382	4833	133.8	104.7	29.1
大豆酱(处理大豆)	吨/年	9655	9355	吨	8138	7432	24.1	24.2	0.0
机制糖(处理甜菜)	吨/日	4550	4200	吨	26970	41145	15.7	25.9	-10.2
屠宰禽量	万只/年	1650	1072	吨	22895	19553	79.3	104.2	-24.9
乳制品	吨/年	135984	93829	吨	79249	69032	58.3	73.6	-15.3
其中:奶粉(处理鲜奶)	吨/日	2135	1562	吨	80866	66820	50.5	59.9	-9.4
液态奶	吨/日	1287	1157.5	吨	180910	124380	39.0	29.8	9.2
罐　头	吨/年	10000	10000	吨	1441	14781	14.4	147.8	-3.9
淀　粉	吨/年	92030	62001	吨	56422	26300	61.3	42.4	18.9
大麦芽	吨/年	314000	308250	吨	200595	261280	63.9	84.8	-20.9
白　酒	吨/年	47841	30334	吨	34242	27475	71.6	90.6	-19.0
啤　酒	吨/年	15000	15000	吨		1850	0.0	12.3	-12.3
酒　精	吨/年	64340	13940	吨	20490	19096	31.8	137.0	-105.1
配混合饲料	吨/年	623350	551600	吨	215707	185847	34.6	33.7	0.9
甜菜干粕	吨/年	22080	28080	吨	11514	16817	52.1	59.9	-7.7
豆　粕	吨/年	5481050	4491050	吨	1796603	2015009	32.8	44.9	-12.1
黄　金	千克/年	528	528	千克	193	234	36.6	44.3	-7.8
锯　材	立方米/年	237336	225586	立方米	199103	189293	83.9	83.9	0.0
机制纸	吨/年	61000	61000	吨	64628	43891	105.9	72.0	34.0
发电量（装机容量）	千瓦	80530	73360	万千瓦时	26146	29091	37.1	45.3	-8.2
尿　素	吨/年	200100	200100	吨	204791	184102	102.3	92.0	10.3
复合肥	吨/年	38660	33320	吨	12141	9330	31.4	28.0	3.4
种衣剂	吨/年	2700	2700	吨	528	457	19.6	16.9	2.6
水　泥	吨/年	1678000	1294500	吨	1302595	1096091	77.6	84.7	-7.0
红　砖	万块/年	81255	65155	万块	84615	77058	104.1	118.3	-14.1
焦　炭	万吨/年	24	24.3	万吨	18.7	17.0	77.9	70.0	8.0
亚　麻	吨/年	219292	205771	吨	36697	32845	16.7	16.0	0.8
甲　醇	吨/年	100000	100000	吨	86274	82203	86.3	82.2	4.1

注:9-10至9-23资料由总局经贸委提供。

9-11　大米工业主要技术经济指标

(2008年)

单　　位	全员劳动生产率（元/人）	生产工人实物劳产率（吨/人）	稻谷出米率（%）	每对胶辊砻谷量（吨/对）	每个砂辊碾米量（吨/个）	碾米下脚含粮率（%）	吨米耗电量（千瓦时）
总　　计	**95060**	**238**	**65.1**	**1216**	**5506**	**0.23**	**48.6**
北珠精米有限公司	218684	311	64.0	1174	2254	0.23	79.9
清河泉米业有限公司	108760	130	60.0	2074	2055	2	40.0
爱邦实业有限公司	212159	266	66	3185	3002	0.77	68.0
北大荒米业有限公司	79600	282	66.1	1000	10000		48.0

9-12　小麦粉工业主要技术经济指标

(2008年)

单　　位	全员劳动生产率（元/人）	生产工人实物劳产率（吨/人）	毛麦出粉率（%）	吨粉耗电量（%）	磨辊厘米日产量（袋/日厘米）
总　　计	**76987**	**826**	**75**	**92.6**	**4.0**
北大荒丰缘集团有限公司	76987	826	75	92.6	4.0

9-13　奶粉工业主要技术经济指标

(2008年)

单　　位	全员劳动生产率（元/人）	生产工人实物劳产率（吨/人）	合格品率（%）	特级品率（%）	加糖奶粉干物质利用率（%）	吨粉耗标煤（吨/吨）	吨粉耗电量（千瓦小时/吨）	加糖奶粉耗鲜奶量（吨）	配方奶粉耗鲜奶量（吨）
总　　计	**61883**	**28.6**	**99.9**	**99.9**	**99.9**	**1.2**	**416.1**	**6.6**	**4**
完达山乳业股份有限公司	61883	28.6	99.9	99.9	99.9	1.2	416.1	6.6	4

9-14　浸油工业主要技术经济指标

(2008 年)

单　　位	全员劳动生产率(元/人)	生产工人实物劳产率(吨/人)	植物油产品合格率(%)	油料平均含油率(%)	油料加工出油率(%)	植物油吨料耗电量(千瓦小时/吨)	植物油吨料耗标煤(公斤/吨)	浸出油料溶剂耗用量(公斤/吨)	油料出粕率(%)	豆粕残油率(%)
总　　计	**223740**	**378**	**100**	**18.89**	**17.58**	**26.41**	**99.71**	**1.5**	**79.57**	**1.37**
九三粮油工业集团有限公司	223740	378	100	18.89	17.58	26.41	99.71	1.5	79.57	1.37

9-15　大豆酱主要技术经济指标

(2008 年)

单　　位	全员劳动生产率(元/人)	生产工人实物劳产率(吨/人)	产品合格率(%)	吨酱耗大豆(公斤/吨)	吨酱耗面粉(公斤/吨)	吨酱耗电量(千瓦时/吨)	吨酱标准煤(公斤/吨)
总　　计	**16040**	**39**	**100**	**286**	**143**	**69**	**104**
宝泉岭酱业有限公司	16040	39	100	286	143	69	104

9-16　大麦芽工业主要技术经济指标

(2008 年)

单　　位	全员劳动生产率(元/人)	生产工人实物劳产率(吨/人)	麦芽生成率(%)	一级品率(%)	大麦精选率(%)	吨麦芽耗标煤(吨)	吨麦芽耗电量(千瓦时/吨)	吨麦芽耗水量(吨)
总　　计	**17494**	**569**	**81**	**29**	**96**	**0.17**	**148**	**9.0**
龙垦麦芽有限公司	17494	569	81	29	96	0.17	148	9.0

9-17 白酒工业主要技术经济指标

(2008年)

单位	全员劳动生产率（元/人）	生产工人实物劳产率（吨/人）	合格品率（%）	淀粉出酒率（%）	每吨白酒耗用标准煤（公斤）	每吨白酒耗用电量（千瓦小时）
总计	**55824**	**23.1**	**73.8**	**53.9**	**1321**	**239**
北大荒酿酒集团公司	53675	28	62		1146	285
军川农场制酒厂	63636	18	100	53.9	1564	175

9-18 电力工业主要技术经济指标

(2008年)

单位	全员劳动生产率（元/人）	生产工人实物劳产率（千瓦时/人）	发电设备容量平均利用小时（小时）	发电厂用电率（%）	线路损失率（%）	发电耗标准煤（克/千瓦时）	供电耗标准煤（克/千瓦时）
总计	**35051**	**490716**	**3901**	**19.0**	**1.3**	**320**	**395**
完达山电力集团有限公司	35051	490716	3901	19.0	1.3	320	395

9-19 黄金主要技术经济指标

(2008年)

单位	全员劳动生产率（元/人）	采金工人综合效率（吨/人）	采金工人实物劳动生产率（吨/人）	出矿品位（克/吨）	矿石贫化率（%）	采掘比（米/万吨）	采掘耗电（千瓦时/万吨）	选矿耗电（千瓦时/万吨）	黄金产量单耗（千瓦时/千克）	万元产值能耗（吨/万元）
总计	**23752**	**361**	**630**	**4.32**	**17**	**616**	**59210**	**114545**	**2383**	**0.58**
红局宝利采金有限公司	23752	361	630	4.32	17	616	59210	114545	2383	0.58

9-20　淀粉主要技术经济指标

(2008年)

单　位	全员劳动生产率（元/人）	生产工人实物劳产率（吨/人）	合格品率（%）	淀粉耗薯量（吨/吨）	淀粉耗标准煤（吨/吨）	淀粉耗电量（千瓦时/吨）
总　计	**151565**	**153**	**100**	**7.31**	**0.24**	**259**
北大荒马铃薯产业有限公司	151565	153	100	7.31	0.24	259

9-21　尿素工业主要技术经济指标

(2008年)

单　位	全员劳动生产率(元/人)	生产工人实物劳产率(吨/人)	平均含氮率(%)	平均含水份(%)	平均含缩二脲(%)	合格品率(%)	优等品率(%)	耗液氨（公斤/吨）	耗电（千瓦时/吨）	耗蒸汽(公斤/吨)	尿素合成塔利用系数(公斤/吨)
总　计	**83514**	**135.7**	**46.6**	**0.34**	**0.84**	**100**	**85.16**	**581**	**126**	**1769**	**10.52**
浩良河化肥分公司	83514	135.7	46.6	0.34	0.84	100	85.16	581	126	1769	10.52

9-22　合成氨工业主要技术经济指标

(2008年)

单　位	生产工人实物劳产率（吨/人）	耗煤（公斤/吨）	耗电 千瓦时/吨	耗蒸汽（公斤/吨）	吨氨可比能耗（公斤/吨）
总　计	80.2	1482	745	267	1807
浩良河化肥分公司	80.2	1482	745	267	1807

9-23　重点行业工业企业主要经济指标

(2008年)

企业名称	现价工业总产值（万元）	现价工业增加值（万元）	主要工业产品				年末生产能力	
			产品名称	计量单位	产量	年末库存	计量单位	能力
小麦粉(能力1.5万吨/年以上)					4900		年加工小麦(万吨)	1.5
二九〇农场面粉加工厂	608	201	小麦粉	吨	4934	1200	年加工小麦(万吨)	6.5
晨谊麦业公司	1474	443	小麦粉	吨	3575		年加工小麦(万吨)	2.3
八五二北仓面粉厂	858	300	小麦粉	吨			年加工小麦(万吨)	1.5
八五二军垦面粉厂			小麦粉	吨			年加工小麦(万吨)	1.5
八五二红旗面粉厂			小麦粉	吨	4200	246	年加工小麦(万吨)	2.5
农垦胜利粮油食品有限公司	3000	780	小麦粉	吨			年加工小麦(万吨)	2.1
勤得利农场面粉加工厂			小麦粉	吨	8226	56	年加工小麦(万吨)	1.73
宁安农场荣泰粮油加工厂	2364	489	小麦粉	吨	9472	45	年加工小麦(万吨)	2.0
长水河粮油加工有限公司	2139	665	小麦粉	吨	4800	25	年加工小麦(万吨)	3.0
赵光农场北安垦区富雪粮油有限公司	1375	466	小麦粉	吨	7390		年加工小麦(万吨)	1.9
嘉荫农场粮食加工有限公司	1315	511	小麦粉	吨	90046	15716	年加工小麦(万吨)	40.0
北大荒丰缘集团有限公司	30442	7029	小麦粉	吨				
大米(能力2万吨/年以上)					14197		年加工水稻(万吨)	2.0
新华农场惠民加工厂	4517	1310	大米	吨	4702		年加工水稻(万吨)	2.3
新华农场晶鑫精米加工有限责任公司	1542	447	大米	吨	5542		年加工水稻(万吨)	2.3
黑龙江北珠精米有限公司	1982	575	大米	吨	3900		年加工水稻(万吨)	3.0
绥滨农场龙圆米业有限责任公司	1092	320	大米	吨	18585		年加工水稻(万吨)	2.8
梧桐河农场麒麟精米厂	4832	3274	大米	吨	32692		年加工水稻(万吨)	4.0
梧桐河农场利民精米厂	8500	2822	大米	吨	3400		年加工水稻(万吨)	2.0
友谊一分场米厂	816	245	大米	吨	5000		年加工水稻(万吨)	3.0
友谊三分场宝骏丰米厂	1015	305	大米	吨	5510		年加工水稻(万吨)	2.0
友谊五分场芦花村米厂	1431	430	大米	吨	4167		年加工水稻(万吨)	3.0
友谊九分场米厂	1000	350	大米	吨	17000		年加工水稻(万吨)	3.0
友谊虹丰米业公司	4080	1224	大米	吨	3685		年加工水稻(万吨)	4.0
八五二稻香村农业发展有限公司	1032	361	大米	吨	6425	57	年加工水稻(万吨)	2.0
八五二蛤蟆通河制米厂	1799	630	大米	吨			年加工水稻(万吨)	2.0
八五二东风米业公司			大米	吨	4265	63	年加工水稻(万吨)	2.0
八五二鑫源制米厂	1194	418	大米	吨	4528	155	年加工水稻(万吨)	2.0
八五二富华制米厂	1267	443	大米	吨	5568		年加工水稻(万吨)	2.0
八五二田源米业有限公司	1559	546	大米	吨			年加工水稻(万吨)	2.0
八五二东北雪制米厂			大米	吨	1240		年加工水稻(万吨)	3.0
八五二白桦米业公司	868	304	大米	吨	45520		年加工水稻(万吨)	10.0
八五三农场清河米厂	12967	4668	大米	吨	32950		年加工水稻(万吨)	10.0
八五三农场转运站米厂	9351	3350	大米	吨				

9-23 续表 1　　　　　　(2008 年)

企业名称	现价工业总产值（万元）	现价工业增加值（万元）	主要工业产品				年末生产能力	
			产品名称	计量单位	产量	年末库存	计量单位	能力
红旗岭五星湖米业	9240	2587	大米	吨	33000	300	年加工水稻(万吨)	7.0
红旗岭奇尔沁米厂	6160	1782	大米	吨	22000	155	年加工水稻(万吨)	3.0
江川和东米厂	2000	498	大米	吨	8000		年加工水稻(万吨)	2.0
291黑龙江红兴隆农垦鑫旺米业加工厂	720	242	大米	吨	2720		年加工水稻(万吨)	2.0
291红兴隆农垦昕鑫生态米业加工厂	695	233	大米	吨	2360		年加工水稻(万吨)	2.0
饶河赵存玉精米厂	1380	433	大米	吨	4300	170	年加工水稻(万吨)	2.8
饶河金佳岗精米厂	1720	541	大米	吨	5500	200	年加工水稻(万吨)	3.4
饶河强强精米厂	958	301	大米	吨	3000		年加工水稻(万吨)	2.1
饶河向阳精米厂	1661	532	大米	吨	5285	200	年加工水稻(万吨)	3.2
饶河黑龙江省农垦泰丰米业有限公司	2242	708	大米	吨	7000		年加工水稻(万吨)	6.0
北大仓粮油有限公司	5400	1404	大米	吨	20000		年加工水稻(万吨)	8.0
万顺米业有限公司			大米	吨			年加工水稻(万吨)	4.0
宝裕丰米业有限公司			大米	吨			年加工水稻(万吨)	4.0
嘉禾源工贸有限公司	530	138	大米	吨	2000		年加工水稻(万吨)	4.0
嘉良米业有限公司	2660	692	大米	吨	10000		年加工水稻(万吨)	8.0
恒盛米业有限公司			大米	吨			年加工水稻(万吨)	4.0
兴安红米业有限公司	405	105	大米	吨	1500		年加工水稻(万吨)	4.0
富鑫米业有限公司	804	209	大米	吨	3000		年加工水稻(万吨)	4.0
建三江农垦建三江米业有限公司	2970	772	大米	吨	11000		年加工水稻(万吨)	4.0
阿祥米业有限公司	2650	689	大米	吨	10000		年加工水稻(万吨)	8.0
正大米业有限公司	1300	338	大米	吨	5000		年加工水稻(万吨)	4.0
金谷园米业有限公司	1060	276	大米	吨	10600		年加工水稻(万吨)	4.0
长青米业有限公司			大米	吨			年加工水稻(万吨)	8.0
鑫盛源米业有限公司	2700	702	大米	吨	10000		年加工水稻(万吨)	4.0
创业建三江农垦双盛米业有限责任公司	5200	1560	大米	吨	20000		年加工水稻(万吨)	3.0
创业建三江农垦盛丰米业有限责任公司	3380	1020	大米	吨	13000		年加工水稻(万吨)	2.5
七星农垦北斗星粮油工贸有限责任公司	3624	950	大米	吨	15100		年加工水稻(万吨)	3.0
850牡丹江农垦圣丹制米有限公司	5743	1599	大米	吨	22090		年加工水稻(万吨)	4.5
850牡丹江农垦圣邦米业有限责任公司	5465	1437	大米	吨	21020		年加工水稻(万吨)	4.5
854黑龙江农垦爱邦实业有限公司	15782	3734	大米	吨	42021	8050	年加工水稻(万吨)	10.0
854牡丹江农垦鑫河米业加工有限公司	1509	352	大米	吨	5803	1118	年加工水稻(万吨)	20.0
854牡丹江农垦绿源农业开发有限公司	3246	757	大米	吨	12484	895	年加工水稻(万吨)	2.0
854农场综合米厂	6664	1566	大米	吨	25630	1770	年加工水稻(万吨)	5.0
856农场鑫溢制米有限责任公司	4355	871	大米	吨	15280		年加工水稻(万吨)	2.9
857农场密山社区米厂	14236	3844	大米	吨	48095		年加工水稻(万吨)	9.8

9-23续表2　　(2008年)

企业名称	现价工业总产值（万元）	现价工业增加值（万元）	主要工业产品				年末生产能力	
			产品名称	计量单位	产量	年末库存	计量单位	能力
857富坤粮食加工有限公司	3945	1065	大米	吨	13328	60	年加工水稻(万吨)	2.2
857朝阳制米有限公司	4015	1084	大米	吨	13563	110	年加工水稻(万吨)	2.5
858黑龙江清河泉米业吉祥分公司	9260	2565	大米	吨	38350	153	年加工水稻(万吨)	7.0
858牡丹江农垦信峰米业有限公司	306	86	大米	吨	1331	40	年加工水稻(万吨)	2.0
858牡丹江农垦日月米业有限责任公司	2244	439	大米	吨	9064	73	年加工水稻(万吨)	2.0
858牡丹江农垦中运米业有限责任公司	4407	742	大米	吨	17816	103	年加工水稻(万吨)	3.0
858牡丹江农垦福润粮油加工有限公司	5950	821	大米	吨	2437	144	年加工水稻(万吨)	4.0
兴凯湖兴丹米业有限公司	736	114	大米	吨	2300		年加工水稻(万吨)	5.0
庆丰黑龙江清河泉米业有限责任公司	28408	7102	大米	吨	82200		年加工水稻(万吨)	20.0
云山制米厂	1060	245	大米	吨	12155		年加工水稻(万吨)	5.5
云山仁禾米业	1575	360	大米	吨			年加工水稻(万吨)	2.3
查哈阳金边加米厂	661	325	大米	吨	7360		年加工水稻(万吨)	9.0
查哈阳金光加米厂	993	300	大米	吨	13800		年加工水稻(万吨)	12.0
查哈阳海洋加米厂	1036	347	大米	吨	14500		年加工水稻(万吨)	9.0
查哈阳金田米厂	972	280	大米	吨	16700		年加工水稻(万吨)	3.0
查哈阳大强米业	1339	405	大米	吨	18600		年加工水稻(万吨)	3.5
查哈阳双李粮米加工厂	1482	425	大米	吨	19900		年加工水稻(万吨)	7.5
查哈阳金星米业	1267	412	大米	吨	17400		年加工水稻(万吨)	3.0
查哈阳太平湖加米厂	214	77	大米	吨	3000		年加工水稻(万吨)	3.0
泰来粮油加工厂	758	280	大米	吨	1994		年加工水稻(万吨)	2.0
岔林河哈农垦日日升米业有限责任公司	488	107	大米	吨	1742		年加工水稻(万吨)	2.0
黑龙江北大荒米业有限公司	148515	16337	大米	吨	422497	27801	年加工水稻(万吨)	234.0
米糠油								
新华农场圣原油脂有限责任公司	1540	447	米糠油	吨	1599		日处理大豆(吨)	80
友谊通州油脂有限公司	507	152	米糠油	吨	550		年生产米糠油(吨)	10000
八五三农场浸油厂	5906	2180	米糠油	吨	9500		年生产米糠油(吨)	3000
清河泉米业有限责任公司	28408	7102	米糠油	吨	1560		年生产米糠油(吨)	1200
854鸿图油脂有限责任公司	4525	1131	米糠油	吨	5769	662	年生产米糠油(吨)	6000
大豆油（能力40吨／日以上）								
江滨农场华祥粮油加工有限责任公司	8484	3053	大豆油	吨	1610		日处理大豆(吨)	80
军川农场永旺油脂厂	3358	1150	大豆油	吨	1240		日处理大豆(吨)	150
二九〇农场油脂厂	3459	830	大豆油	吨	3060		日处理大豆(吨)	40
普阳农场粮油加工有限公司	3868	1353	大豆油	吨	1530		日处理大豆(吨)	40
绥滨农场榨油厂	4560	1750	大豆油	吨	1900		日处理大豆(吨)	40

9-23 续表 3　　(2008 年)

企业名称	现价工业总产值(万元)	现价工业增加值(万元)	主要工业产品				年末生产能力	
			产品名称	计量单位	产量	年末库存	计量单位	能力
友谊七分场油厂	490	150	大豆油	吨	350		日处理大豆(吨)	60
友谊丰源油脂有限公司	18500	5550	大豆油	吨	6000		日处理大豆(吨)	150
友谊盛源浸油厂	18500	5550	大豆油	吨	6000		日处理大豆(吨)	100
八五二朱显义油厂	514	180	大豆油	吨	428	32	日处理大豆(吨)	50
八五二鑫乐油厂			大豆油	吨			日处理大豆(吨)	50
八五二索伦油厂			大豆油	吨			日处理大豆(吨)	50
八五二罗麦生物工程有限公司	952	333	大豆油	吨	1252		日处理大豆(吨)	300
八五三农场德国油坊			大豆油	吨			日处理大豆(吨)	80
前进建三江农垦荣氏粮油工贸有限公司	25760	7136	大豆油	吨	10500		日处理大豆(吨)	600
8511 牡丹江垦区恒兴粮油有限公司	5500	1588	大豆油	吨	2055	422	日处理大豆(吨)	40
九三粮油工业集团有限公司	944561	69807	大豆油	吨	440341	64939	日处理大豆(吨)	21166
罐头								
北大荒药业集团有限公司	57718	17415	罐头	吨	1441	568	年产罐头(吨)	10000
			肉类罐头	吨	458	73		
			蔬菜类罐头	吨	983	495		
乳制品								
二九〇农场正元乳品厂	11760	3175	乳粉	吨	3960		日处理鲜奶(吨)	57
共青农场正元乳业有限责任公司	7613	1829	乳粉	吨	3310	100	日处理鲜奶(吨)	60
军川宝泉岭垦区圣元乳业有限公司	18513	6300	乳粉	吨	7405	200	日处理鲜奶(吨)	640
海伦金地乳业有限公司	3130	1296	乳粉	吨	1900		日处理鲜奶(吨)	40
红光黑龙江省农垦龙王食品有限公司	10257	3919	乳粉	吨	2230		日处理鲜奶(吨)	40
安达绥化农垦成乐乳品厂	2312	809	乳粉	吨	2610		日处理鲜奶(吨)	20
铁力黑龙江省农垦华威乳业有限公司	2385	1287	乳粉	吨	1490		日处理鲜奶(吨)	40
和平牧场飞宇乳品厂	510	172	乳粉	吨	510		日处理鲜奶(吨)	40
长水河兴安岭乳业有限公司	10114	1216	乳粉	吨	5515	192	日处理鲜奶(吨)	160
北兴七峰乳品厂	499	169	乳粉	吨	72		日处理鲜奶(吨)	20
八五三农场乳品厂	1769	636	乳粉	吨	850		日处理鲜奶(吨)	40
291 黑龙江红兴隆索康乳业有限公司	2400	787	乳粉	吨	811		日处理鲜奶(吨)	50
勤得利农场乳品厂	195	60	乳粉	吨	80		日处理鲜奶(吨)	20
泰来绿乐源乳品厂	178	80	乳粉	吨	189		日处理鲜奶(吨)	20
格球山乳品有限责任公司	3500	1050	乳粉	吨	1400		日处理鲜奶(吨)	60
哈拉海乳品厂	2303	1633	乳粉	吨	810		日处理鲜奶(吨)	15
完达山乳业股份有限公司	245911	58721	乳制品	吨	47967	14982	日处理鲜奶(吨)	2415
			乳粉	吨	47796	14938	日处理鲜奶(吨)	1060
			液态奶	吨	179610	2533	日处理鲜奶(吨)	1355

9-23续表4　　(2008年)

企业名称	现价工业总产值（万元）	现价工业增加值（万元）	主要工业产品				年末生产能力	
			产品名称	计量单位	产量	年末库存	计量单位	能力
大豆酱								
黑龙江宝泉岭酱业有限公司	955	162	大豆酱	吨	2595	96	年处理大豆(吨)	1300
铁力农场吉蜜河酱菜厂	140	34	大豆酱	吨	140		年处理大豆(吨)	500
安达牧场个体酱菜厂	32	12	大豆酱	吨	320		年处理大豆(吨)	400
哈尔滨九三食品有限公司	3461	600	大豆酱	吨	2000	431	年处理大豆(吨)	7000
白酒（能力500吨以上）								
军粮酿酒有限责任公司	2340	800	白酒	吨	1950	200	年生产白酒(吨)	2000
延军农场饮料酒厂	50	18	白酒	吨			年生产白酒(吨)	500
绥滨农场大成白酒厂	900	360	白酒	吨	1500		年生产白酒(吨)	2080
友谊一分场白酒厂	103	60	白酒	吨	430		年生产白酒(吨)	3000
友谊二分场酒厂	180	72	白酒	吨	300		年生产白酒(吨)	1000
友谊三分场加工厂			白酒	吨			年生产白酒(吨)	500
友谊五分场白酒厂	11	4	白酒	吨			年生产白酒(吨)	500
友谊六分场白酒厂			白酒	吨			年生产白酒(吨)	500
友谊七分场龙泉酒厂	63	20	白酒	吨	315		年生产白酒(吨)	1000
友谊八分场白酒厂	80	30	白酒	吨	402		年生产白酒(吨)	1000
友谊十分场白酒厂	24	7	白酒	吨	100		年生产白酒(吨)	500
友谊庆谊酒厂	496	149	白酒	吨	1800		年生产白酒(吨)	2000
友谊呈池酒厂	480	168	白酒	吨	500		年生产白酒(吨)	1000
八五二隋学仁酒厂	106	37	白酒	吨	265	22	年生产白酒(吨)	500
八五二徐平酒厂	306	107	白酒	吨	765	65	年生产白酒(吨)	700
八五二高守民酒厂			白酒	吨			年生产白酒(吨)	500
八五二横林酒厂	1476	517	白酒	吨	615	64	年生产白酒(吨)	1000
八五三农场制酒厂	2890	1127	白酒	吨	2890	348	年生产白酒(吨)	6000
曙光农场鹏池白酒厂	591	254	白酒	吨	1890		年生产白酒(吨)	1500
双鸭山曹三伟酒厂	251	61	白酒	吨	549		年生产白酒(吨)	600
引龙河白酒厂	1400	450	白酒	吨	1100		年生产白酒(吨)	1000
查哈阳福安制酒厂	47	21	白酒	吨	149		年生产白酒(吨)	500
铁力农场农垦人酒厂	692	386	白酒	吨	700		年生产白酒(吨)	800
和平牧场酒厂	478	192	白酒	吨	1190		年生产白酒(吨)	1200
绥棱农场金斗湾酿酒厂	389	175	白酒	吨	750		年生产白酒(吨)	800
富裕牧场宁丰酒厂	836	216	白酒	吨	402	54	年生产白酒(吨)	800
香坊百事吉酒厂	482	155	白酒	吨	765	59	年生产白酒(吨)	1000
黑龙江北大荒酿酒（集团）有限公司	4585	2147	白酒	吨	3328	1479	年生产白酒(吨)	3350
啤酒								
宁安金龙啤酒厂			啤酒	吨			年生产白酒(吨)	15000

9-23续表5　　(2008年)

企业名称	现价工业总产值(万元)	现价工业增加值(万元)	主要工业产品				年末生产能力	
			产品名称	计量单位	产量	年末库存	计量单位	能力
大麦芽								
八五三农场麦芽厂			大麦芽	吨			年生产大麦芽(吨)	7000
七星农场麦芽厂	480	130	大麦芽	吨	2180		年生产大麦芽(吨)	10000
854农垦爱邦实业有限公司	15782	3734	大麦芽	吨	18679	468	年生产大麦芽(吨)	20000
856青山麦芽有限公司	538	157	大麦芽	吨	2290	2488	年生产大麦芽(吨)	5000
858农场麦芽厂			大麦芽	吨			年生产大麦芽(吨)	6000
农垦庆丰粮油综合加工厂	2048	512	大麦芽	吨	8900		年生产大麦芽(吨)	10000
宁安牡丹江龙兴麦芽加工有限公司	2392	504	大麦芽	吨	5880	60	年生产大麦芽(吨)	6000
哈尔滨龙垦麦芽有限公司	50896	782	大麦芽	吨	162666	79161	年生产大麦芽(吨)	250000
机制糖								
红兴隆糖厂	8616	2985	机制糖	吨	17570	16088	日处理甜菜(吨)	3000
查哈阳糖业总公司	5282	971	机制糖	吨	9400		日处理甜菜(吨)	1000
畜禽屠宰加工								
北大荒集团宝泉岭肉业有限公司	59148	1598	屠宰畜量	吨	20288	2072	年屠宰生猪(万头)	400
			白条肉	吨	8200	213		
			分割肉	吨	12088	1859		
			熟食产品	吨	854	46		
北大荒牛业有限公司	19116	4722	牛肉	吨	5397	777	年屠宰肉牛(万头)	10
新华农场金鸣食品冷冻厂	1918	786	屠宰禽量	吨	1085		年屠宰禽量(万只)	50
友谊北大荒鹅业有限公司	760	266	屠宰禽量	吨	700		年屠宰禽量(万只)	500
七星农场冷冻厂	325	112	屠宰禽量	吨			年屠宰禽量(万只)	100
建设农场畜禽发展有限公司	432	70	屠宰畜量	吨	180		年屠宰畜量(万头)	1
襄河屠宰厂	400	175	屠宰畜量	吨	350		年屠宰畜量(万头)	1
二龙山农垦瑞丰肉食品加工有限公司	1498	313	屠宰禽量	吨	850		年屠宰禽量(万只)	100
九三肉业食品有限公司	1174	186	屠宰畜量	吨	347	100	年屠宰畜量(万头)	1
绥化农垦柳河同利食品有限公司	670	255	屠宰禽量	吨			年屠宰禽量(万只)	10
闫家岗哈尔滨农垦闫大鸭业	830	332	屠宰禽量	吨	755	921	年屠宰禽量(万只)	60
红旗农场哈农垦红旗森联冷冻加工厂	558	152	屠宰禽量	吨	930		年屠宰禽量(万只)	100
黑龙江农垦宏伟实业有限公司	15000	2261	屠宰禽量	吨	16000	1220	年屠宰禽量(万只)	800
机制纸								
八五二桦祺生活用品有限公司	1729	605	机制纸	吨	2660	255	年产机制纸(吨)	8000
北大荒纸业有限公司	24012	7468	机制纸	吨	48250	15225	年产机制纸(吨)	53000
发电								
红兴隆糖厂	8616	2985	发电量	万千瓦时			发电装机容量(千瓦)	9000
建三江热电厂	7881	2368	发电量	万千瓦时	11549		发电装机容量(千瓦)	24000
黑龙江省完达山电力集团有限公司	6297	2054	发电量	万千瓦时	11127		发电装机容量(千瓦)	36000

9-23 续表 6　　(2008 年)

企业名称	现价工业总产值（万元）	现价工业增加值（万元）	主要工业产品				年末生产能力	
			产品名称	计量单位	产量	年末库存	计量单位	能力
清河泉米业有限责任公司	28408	7102	发电量	万千瓦时	1920		发电装机容量(千瓦)	15000
绥棱农垦四海水电开发中心	364	312	发电量	万千瓦时	600		发电装机容量(千瓦)	700
供电								
宝泉岭电业局	11263	3751	转供电量	万千瓦时			主变容量(万千伏安)	5.39
红兴隆电力有限公司	13325	2869	转供电量	万千瓦时			主变容量(万千伏安)	1
牡丹江农垦供电有限公司	13909	5512	转供电量	万千瓦时			主变容量(万千伏安)	11.6
九三电业局	6259	2439	转供电量	万千瓦时			主变容量(万千伏安)	3
化工								
友谊中北糠荃有限公司			糠荃	吨			糠荃(吨/年)	1000
晨环生物科技有限公司(肥厂)	1655	393	生物钾肥	吨	5312	3045	生物钾肥(吨/年)	20000
晨环生物制剂有限公司(药厂)	1179	243	种衣剂	吨	338	257	种衣剂(吨/年)	500
浩良河化肥分公司	53560	17396	尿素	吨	204791	343	尿素(万吨/年)	20
			甲醇	吨	86274	6796	甲醇(万吨/年)	10
焦炭								
8510牡丹江垦区红旗焦化厂	1755	6187	焦炭	吨	13497	1278	年产焦炭(万吨)	4
宝泰隆焦化有限责任公司	28126	9206	焦炭	吨	167506	34777	年产焦炭(万吨)	16
水泥								
延军农场水泥厂			水泥	吨			年生产水泥(万吨)	5
汤原农场鑫源建筑材料厂	495	198	水泥	吨	13750		年生产水泥(万吨)	2
新华农场海达水泥厂	814	236	水泥	吨	23938		年生产水泥(万吨)	3
黑龙江省兴隆水泥有限公司	11779	5002	水泥	吨	44700		年生产水泥(万吨)	40
友谊鑫源水泥有限公司			水泥	吨			年生产水泥(万吨)	5
江川水泥厂	1440	432	水泥	吨	45000	3000	年生产水泥(万吨)	4.5
八五二横林水泥厂	516	181	水泥	吨	15640		年生产水泥(万吨)	2
八五三农场水泥厂	1774	645	水泥	吨	50964		年生产水泥(万吨)	10
8510水泥有限责任公司	600	179	水泥	吨	21036		年生产水泥(万吨)	4
牡丹江朝阳水泥有限责任公司	1398	448	水泥	吨	43688	2938	年生产水泥(万吨)	4.5
兴凯湖水泥厂	5122	1676	水泥	吨	131520		年生产水泥(万吨)	2.8
牡丹江垦区连珠山水泥厂	10653	3803	水泥	吨	381233	6209	年生产水泥(万吨)	60
宁安市山市水泥厂	712	218	水泥	吨			年生产水泥(万吨)	3
医药								
北大荒药业集团有限公司	57718	17415	双黄连注射液	万支	25880	5933	针剂制药(万支/年)	63800
			刺五加注射液	万支	6010	2268		
			大输液	万瓶	1184	442	大输液(万瓶/年)	1800
			口服液	万支	9723	1718	口服液(万支/年)	18000
			乳酸菌素	万片	83679	9361	片剂制药(万片/年)	400000

9-23续表7　　(2008年)

企业名称	现价工业总产值(万元)	现价工业增加值(万元)	主要工业产品				年末生产能力	
			产品名称	计量单位	产量	年末库存	计量单位	能力
乌苏里江制药有限公司	19271	7013	刺五加注射液	万支	2483	469	针剂制药(万支/年)	52000
			双黄连注射液	万支	8267	293		
			乳酸菌素	万片		815	片剂制药(万片/年)	370000
泰格药业有限公司	1226	483	化学药品原药	吨	322	163	粉剂制药(吨/年)	300
沙河哈尔滨天地药业有限公司	1050	338	胶囊	万粒	7862	1338	粉剂制药(吨/年)	300
							片剂制药(万片/年)	10000
机械								
八五二白桦机械公司	2869	1004	农机具	台套	1056	133	精量点播机(台/年)	1500
							覆膜机(台/年)	1000
红兴隆机械有限公司	1186	310	手扶拖拉机	台		14	手扶拖拉机(台/年)	1000
							小型拖拉机(台/年)	50
854迎丰机械制造有限责任公司	630	130	农机具	台套	1260		精量点播机(台/年)	500
							机动脱粒机(台/年)	700
							秸杆还田机(台/年)	400
亚麻(能力1000吨以上)								
八五九农场亚麻厂	42	12	亚麻	吨	80		年生产亚麻(吨)	6000
云山宝兴亚麻原料厂	4165	927	亚麻	吨	2777		年生产亚麻(吨)	6000
8511农场亚麻厂	812	150	亚麻	吨	220	110	年生产亚麻(吨)	5000
锦河北安垦区锦绣亚麻有限责任公司	574	157	亚麻	吨	900		年生产亚麻(吨)	18000
逊克北安垦区兰河麻业有限责任公司	1756	816	亚麻	吨	1756		年生产亚麻(吨)	38000
龙镇农场东龙亚麻有限公司	650	237	亚麻	吨	650		年生产亚麻(吨)	20000
引龙河北安农垦保利亚麻有限公司	1500	577	亚麻	吨	1100		年生产亚麻(吨)	10000
尾山北安垦区世通麻业有限责任公司	2975	1041	亚麻	吨	2684	203	年生产亚麻(吨)	11600
长水河北安农垦永兴亚麻有限公司	4132	334	亚麻	吨	5160		年生产亚麻(吨)	10000
红星北安垦区林峰亚麻原料厂	5000	1067	亚麻	吨	5000		年生产亚麻(吨)	17200
红色金龙亚麻厂	174	57	亚麻	吨	260	45	年生产亚麻(吨)	6000
龙门北安农垦兴安亚麻有限公司	2912	811	亚麻	吨	2449		年生产亚麻(吨)	12000
二龙山北安垦区荣耕亚麻原料有限公司	137	71	亚麻	吨	105		年生产亚麻(吨)	6000
尾山北安垦区天丰亚麻有限责任公司	1650	577	亚麻	吨	1501	141	年生产亚麻(吨)	11600
赵光中服北安农垦麻业有限责任公司	1310	414	亚麻	吨	1100	300	年生产亚麻(吨)	12000
建边亚麻厂	2000	560	亚麻	吨	1333		年生产亚麻(吨)	2000
海伦绥化昊昌亚麻纺织有限公司	3080	1016	亚麻	吨	3850		年生产亚麻(吨)	5000
嘉荫农垦亚麻加工有限公司	1100	575	亚麻	吨	740		年生产亚麻(吨)	5000

主要统计指标解释

工业　指从事自然资源的开采，对采掘品和农产品进行加工和再加工的物质生产部门。具体包括：(1)对自然资源的开采，如采矿、晒盐、森林采伐等(但不包括禽兽捕猎和水产捕捞)；(2)对农副产品的加工、再加工，如粮油加工、食品加工、轧花、缫丝、纺织、制革等；(3)对采掘品的加工、再加工，如炼铁、轧钢、化工生产、石油加工、机器制造、木材加工等，以及电力、自来水、煤气的生产和供应等；(4)对工业品的修理、翻新，如机器设备的修理、交通运输工具(包括小卧车)的修理等。1984年以前农村的村及村以下办工业归属农业，1984年以后划归工业。

轻工业　指主要提供生活消费品和制作手工工具的工业。按其所使用的原料不同，可分为两大类：(1)以农产品为原料轻工业，是指直接或间接以农产品为基本原料的轻工业。主要包括食品制造、饮料制造、烟草加工、纺织、缝纫、皮革和毛皮制作、造纸以及印刷等工业；(2)以非农产品为原料的轻工业，是指以工业品为原料的轻工业。主要包括体育用品、化学药品制造、合成纤维制造、日用化学制品、日用玻璃制品、日用金属制品、手工工具制造、医疗器械制造、文化和办公用机械制造等工业。

重工业　是指为国民经济各部门提供物质技术基础的主要生产资料工业。按其生产性质和产品用途，可以分为下列三类：(1)采掘(伐)工业，是指对自然资源的开采，包括石油开采、煤炭开采、金属矿开采、非金属矿开采和木材采伐等工业；(2)原材料工业，指向国民经济各部门提供基本材料、动力和燃料的工业。包括金属冶炼及加工、炼焦及焦炭化学、化工原料、水泥、人造板以及电力、石油和煤炭加工等工业；(3)加工工业，是指对工业原材料进行再加工制造的工业。包括装备国民经济各部门的机械制造工业、金属结构、水泥制品等工业，以及为农业提供的生产资料如化肥、农药等工业。

根据上述划分原则，修理业中以重工业产品为修理作业对象的划为重工业，反这划为轻工业。

工业总产值　是以货币表现的工业企业在一定时期内生产的已出售或可供出售工业产品的总量，它反映一定时间内工业生产的总规模和总水平。它包括：在本企业内不再进行加工，经检验、包装入库(规定不需包装的产品除外)的成品价值，工业性作业价值，自制半成品、在产品期末期初差额价值。工业总产值采用“工厂法”计算，即以工业企业作为一个整体，按企业工业生产活动的最终成果来计算，企业内部不允许重复，不能把企业内部各个车间(分厂)生产的成果相加。但在企业之间、行业之间、地区之间存在着重复计算。

轻重工业总产值的划分也是按“工厂法”计算的，即一个工业企业在正常情况下生产的主要产品的性质属于轻工业，则该企业的全部总产值作为轻工业总产值；一个工业企业生产的主要产品的性质属于重工业，则该企业的全部总产值作为重工业总产值。

工业增加值　是指工业行业在报告期内以货币表现的工业生产活动的最终成果。

固定资产原价　固定资产原价指企业在建造、购置、安装、改建、扩建、技术改造某项固定资产时所支出的全部货币总额。它一般包括买价、包装费、运杂费和安装费等。

固定资产净值　是指固定资产原价减去历年已提折旧额后的净额。

资产　指由过去的交易、事项形成并由企业拥有或控制的资源，该资源预期会给企业带来经济利益。按资产的流动性分为流动资产、长期投资、固定资产、无形资产和其他资产。

负债　指过去的交易、事项形成的现时义务，履行该义务预期会导致经济利益出企业。包括流动负债、长期负债、递延税项等。

产品销售收入　指企业在报告期内销售产品、提供劳务及让渡资产使用权等日常活动取得的业务收入总额。

按规定产品销售收入应扣除销售退货，销售折扣和销售折让。

产品销售成本　指企业报告期内销售产品、提供劳务或让渡资产使用权等日常活动而发生的实际成本。

产品销售费用　指企业在报告期内，销售产品和提供工业性劳务等过程中发生的各项费用，包括运输费、装卸费、包装费、保险费、展览费和广告费，以及为销售本企业商品而专设的销售机构(含销售网点、售后服务网点等)的职工工资及福利费、类似工资性质的费用、业务费等经营费用。

产品销售税金及附加　指企业销售产品和提供

工业性劳务等主要经营业务应负担的城市维护建设税、消费税、资源税和教育费附加。

产品销售利润 指企业销售产品和提供工业性劳务等主要经营业务收入扣除其成本、费用、税金后的利润。

利润总额 指企业在一定时期的经营成果，它是企业在一定会计期间内实现的收入减去费用后的净额。亏损用"-"表示。

应交增值税 指企业在报告期内因发生产品销售或提供劳务而应缴纳的增值税额。

所有者权益（或股东权益） 指企业所有者对企业净资产的所有权。企业净资产等于企业全部资产减去全部负债后的余额，其中包括投资者对企业的最初投入（实收资本），以及资本公积金、盈余公积金和未分配利润，对股份制企业讲即为股东权益。

总资产贡献率 该指标反映企业全部资产的获利能力，是企业经营业绩和管理水平的集中体现，是评价和考核企业盈利能力的核心指标。计算公式为：

$$总资产贡献率=\frac{(利润总额+税金总额+利息支出)}{平均资产总额}\times 100\%$$

资本保值增值率 该指标反映企业净资产的变动状况，是企业发展能力的集中体现。计算公式为：

$$资本保值增值率=\frac{报告期期末所有者权益}{上年同期期末所有者权益}\times 100\%$$

资产负债率 该指标既反映企业经营风险的大小，也反映企业利用债权人提供的资金从事经营活动的能力。计算公式为

$$资产负债率=\frac{负债总额}{资产总额}\times 100\%$$

流动资产周转率 指一定时期内流动资产完成的周转次数，反映投入工业企业流动资金的周转速度。计算公式为：

$$流动资产周转率=\frac{产品销售收入}{流动资产平均余额}\times\frac{12}{累计月份}$$

成本费用利润率 反映工业投入的生产成本及费用的经济效益，同时也反映企业降低成本所取得的经济效益。计算公式为：

$$成本费用利润率=\frac{利润总额}{成本费用总额}\times 100\%$$

其中：成本费用总额为产品销售成本、销售费用、管理费用、财务费用之和。

全员劳动生产率 该指标反映企业的生产效率和劳动投入的经济效益。计算公式为：

$$全员劳动生产率=\frac{工业增加值}{全部职工平均人数}$$

产品销售率 反映工业产品已实现销售的程度，是分析工业产销衔接情况、研究工业产品满足社会需求的指标计算公式为：

$$产品销售率=\frac{工业销售产值}{工业总产值}\times 100\%$$

STATISTICAL YEARBOOK

10 建筑业

建筑企业总产值（万元）

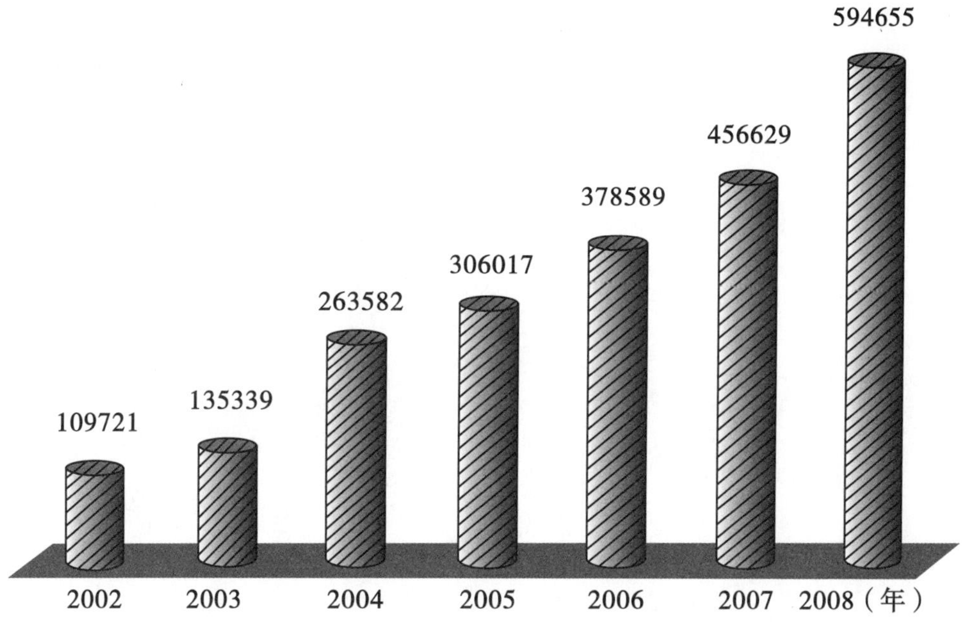

劳动生产率（元/人）

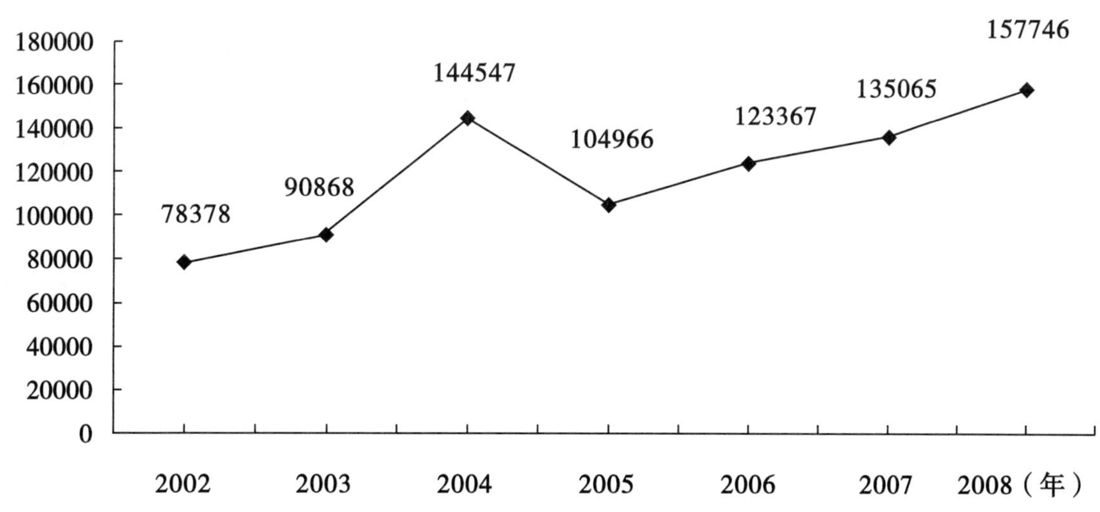

10-1 建筑企业基本情况

指　　标	单 位	2002	2003	2004	2005	2006	2007	2008
施工企业单位数	个	111	118	116	226	196	195	202
年末从业人数	个	11100	10995	17221	27728	28965	31500	35652
年平均人数	个	13999	14894	18235	29154	30688	33808	37697
固定资产原值	万元	44455	44137	77232	71656	67034	89424	114312
建筑业总产值	万元	109721	135339	263582	306017	378589	456629	594655
年内施工的单位工程数	个	798	943	2081	2882	3093	2581	2731
验收交工的单位工程数	个	677	915	1996	2753	1982	2183	2481
#优良工程个数	个	213	221	443	395	437	570	475
验收鉴定的单位工程优良品率	%	31.5	24.1	22.2	14.3	22.0	26.1	19.1
房屋建筑施工面积	万平方米	75.5	93.2	178.8	200.5	170.3	208.4	282.9
房屋建筑竣工面积	万平方米	41.6	80.9	150.4	149.7	122.6	165.7	212.1
#优良工程竣工面积	万平方米	12.9	40.6	67.6	67.2	49.2	63.6	96.9
房屋面积竣工率	%	55.1	86.6	84.1	74.7	72.0	79.5	75.0
房屋建筑面积优良品率	%	31.0	50.2	50.0	44.9	40.1	38.4	45.7
利润总额	万元	2968	2371	12365	20518	19870	30954	49301
全员劳动生产率								
按总产值计算	元/人	78378	90868	144547	104966	123367	135065	157746
按增加值计算	元/人	44297	49986	51295	34158	39723	44687	54613
产值利润率	%	2.7	1.8	4.7	6.7	5.2	6.8	8.3

10-2 各分局建筑业总产值

（2008 年） 单位:万元

单位名称	建筑业总产值				#在系统外完成产值			
		公有控股经济	非公有控股经济			公有控股经济	非公有控股经济	
				#个体				#个体
总计	**594655**	**217452**	**377203**	**217806**	**75361**	**56018**	**19343**	**1979**
宝泉岭局	60036	16171	43865	31642				
红兴隆局	112600	13088	99512	66557	5424	175	5249	979
建三江局	59133	3365	55768	68566	3503	750	2753	
牡丹江局	65042	855	64187	35645	2003		2003	200
北安局	28071	14073	13998	7219	8923	7528	1395	800
九三局	26764		26764	14550				
齐齐哈尔局	9854	577	9277	9277				
绥化局	14566		14566	12640				
哈尔滨局	4697		4697	1710	780		780	
总局直属	213893	169323	44570		54728	47565	7163	

10-3 各分局工程施工及竣工个数

（2008 年） 单位:个

单位名称	单位工程施工个数				单位工程竣工个数			
		#公有控股经济	#新开工			#公有控股经济	#优良单位工程	
				#公有控股经济				#公有控股经济
总计	**2731**	**460**	**2512**	**277**	**2481**	**302**	**475**	**44**
宝泉岭局	560	75	560	75	560	75	68	24
红兴隆局	589	54	568	33	572	38	74	8
建三江局	247	8	247	8	244	8	152	5
牡丹江局	226	10	222	10	156	10	66	2
北安局	162	43	145	26	148	33	44	
九三局	301		301		301		30	
齐齐哈尔局	51	6	49	6	48	6	3	
绥化局	196		175		191			
哈尔滨局	53		52		53		9	
总局直属	346	264	193	119	208	132	29	5

10-4 各分局房屋施工及竣工面积

（2008年） 单位:平方米

单位名称	本年房屋建筑施工面积	公有控股经济	非公有控股经济	#个体	本年房屋建筑竣工面积	公有控股经济	非公有控股经济	#个体
总计	**2828953**	**1022448**	**1806505**	**1007433**	**2121147**	**330392**	**1790755**	**992683**
宝泉岭局	397847	89273	308574	223479	397847	89273	308574	223479
红兴隆局	387713	49436	338277	230283	377917	40640	337277	230283
建三江局	308888	6791	302097	206621	308888	6791	302097	206621
牡丹江局	238624		238624	91460	238624		238624	91460
北安局	177749	159292	18457	9857	108628	90171	18457	9857
九三局	117470		117470	36400	108720		108720	27650
齐齐哈尔局	133900		133900	133900	127900		127900	127900
绥化局	79633		79633	70133	79633		79633	70133
哈尔滨局	35600		35600	5300	35600		35600	5300
总局直属	951529	717656	233873		337390	103517	233873	

10-5 各分局建筑业从业人员数

（2008年） 单位:人

单位名称	期末从业人员	公有控股经济	非公有控股经济	#个体	#工程技术人员	公有控股经济	非公有控股经济	#个体
总计	**35652**	**11928**	**23724**	**14149**	**5006**	**1659**	**3347**	**1302**
宝泉岭局	2898	349	2549	1654	519	110	409	121
红兴隆局	7498	588	6910	4719	823	157	666	397
建三江局	2823	305	2518	1547	371	61	310	202
牡丹江局	2076	140	1936	1198	237	38	199	94
北安局	2218	1166	1052	583	463	279	184	85
九三局	2570		2570	2240	284		284	176
齐齐哈尔局	1202	50	1152	1152	129	3	126	126
绥化局	947		947	780	98		98	57
哈尔滨局	351		351	276	110		110	44
总局直属	13069	9330	3739		1972	1011	961	

10-6 建筑企业主要机械设备年末拥有量

指　　标	单位	2001	2002	2003	2004	2005	2006	2007	2008
年末自有机械设备原值	万元	18365	21271	25278	67232	61656	67034	88425	114312
年末自有机械设备总台数	台	1613	1395	2783	3280	2751	2745	3067	3483
# 起重机	台	101	110	193	229	252	223	230	311
载重汽车	辆	158	109	120	217	253	323	329	360
推土机	台	166	191	222	252	296	292	335	385
挖掘机	台	153	145	179	214	253	334	382	464
铲运机	台	40	40	41	38	39	38	40	41
自有机械设备总功率	万千瓦	9.6	9.8	11	15	14	15	15	15.4
技术装备率	元/人	5200	19163	16972	39040	22236	23143	28071	3206

10-7 各分局固定资产原值及机械情况

（2008 年）　　单位:台

单位名称	固定资产原值(万元)	# 公有控股经济	自有机械设备总台数	# 公有控股经济	# 起重机	# 公有控股经济
总　　计	**114312**	**30841**	**3483**	**662**	**311**	**48**
宝泉岭局	7263	2018	294	88	19	6
红兴隆局	23514	4448	840	311	75	13
建三江局	15270	1322	251	33	29	1
牡丹江局	8736	288	646	17	53	
北 安 局	4880	1589	158	23	26	21
九 三 局	16745		142		6	
齐齐哈尔局	1257	350	72	7	31	
绥 化 局	2245		65		7	
哈尔滨局	1850		161		10	
总局直属	32553	20827	854	183	55	7

10-7 续表

单位:台

单 位 名 称	#推土机	#公有控股经济	#控掘机	#公有控股经济	#载重汽车	#公有控股经济
总 计	**385**	**107**	**464**	**102**	**360**	**85**
宝泉岭局	35	6	52	9	30	14
红兴隆局	107	62	92	34	77	20
建三江局	45	7	118	15	38	6
牡丹江局	51	2	57	2	60	12
北 安 局	44	1	42	1	33	
九 三 局	8		7		13	
齐齐哈尔局	8	3	7	1	20	
绥 化 局	20		14		16	
哈尔滨局			1		4	
总局直属	67	26	74	40	69	33

10-8 各分局资产、利润及拖欠工程款情况

（2008 年）

单位:万元

单 位 名 称	资产总额	#公有控股经济	利润总额	#公有控股经济	期末拖欠工程款	#公有控股经济
总 计	**313789**	**167464**	**49301**	**4659**	**65339**	**51543**
宝泉岭局	25233	8773	5161	348	5180	5121
红兴隆局	42971	9505	12470	359	3755	1697
建三江局	19563	830	5870	514	130	
牡丹江局	11823	896	7565	8	503	
北 安 局	15298	7919	1831	84	4610	4608
九 三 局	19219		1936			
齐齐哈尔局	2288	610	841	29		
绥 化 局	4782		3170			
哈尔滨局	3640		363		375	
总局直属	168972	138931	10094	3316	50786	40117

主要统计指标解释

建筑业总产值 （自行完成施工产值）：指以货币表现的建筑安装企业和附营施工单位在一定时期内生产的建筑业产品的总和。它包括建筑工程产值、设备安装工程产值、房屋、构筑物修理产值、非标准设备制造产值。

竣工产值 指在报告期内，按照设计所规定的工程内容全部完成，达到了设计规定的交工条件，经有关部门检查验收签定合格的单位工程价值之和。

单位工程施工个数 指在报告期内施过工的全部单位工程数量，包括本期新开工、上期施工跨入本期继续施工、上期停工缓建本期复工、本期开工又停缓建和本期竣工的单位工程数量。

新开工单位工程个数 指报告期内新开工的单位工程个数。它不包括在上期施工跨入报告期继续施工的单位工程，也不包括上期停缓建报告期复工的单位工程个数。

单位工程竣工个数 是指报告期内按设计所规定的工程内容全部完成，达到了使用条件，经有关部门检查验收鉴定合格的全部单位工程个数。

优良工程个数 指按现行国家质量等级标准，经政府质量监督部门验收鉴定，评为优良工程的单位工程个数。

房屋建筑施工面积 指在报告期内施工的全部房屋建筑面积；包括本期内新开工的、上期施工跨入本期继续施工、上期停建奉期复工的房屋建筑面积；不包括上期开工后又停工，本期未施工的房屋建筑面积。

房屋建筑竣工面积 指在报告期内，按照设计所规定的面积内容全部完成，达到了设计规定的交工条件，经有关部门检查验收签定合格的房屋建筑面积。

房屋建筑优良工程面积 指按现行国家质量等级标准，经政府质量监督部门验收鉴定，评为优良工程的房屋建筑面积。

自有机械设备年末总台数 指归本企业(或单位)所有，属于本企业(或单位)固定资产的生产性机械设备年末总台数。包括施工机械、生产设备、运输设备以及其他设备。

期末拖欠工程款 是指建筑企业是在报告期末应向发包单位收取的工程款，取自会计科目“应收账款”中的明细科目“应收工程款”。

$$\textbf{技术装备率}=\frac{\text{自有机械设备净值}}{\text{年末从业人数}}\times 100\%$$

$$\textbf{动力装备率}=\frac{\text{自有机械设备总动力}}{\text{年末从业人数}}\times 100\%$$

$$\textbf{劳动生产率}=\frac{\text{总产值（或增加值）}}{\text{年从业人员平均人数}}\times 100\%$$

STATISTICAL YEARBOOK

11 交通运输和通讯业

客运量（千人）

7190
6430
6325
6790
8640
8820
9250
9480
9418
1990
1995
2000
2003
2004
2005
2006
2007
2008（年）

货运量（千吨）

7680
8960
11179
12940
18030
18770
18380
18548
18078
1990
1995
2000
2003
2004
2005
2006
2007
2008（年）

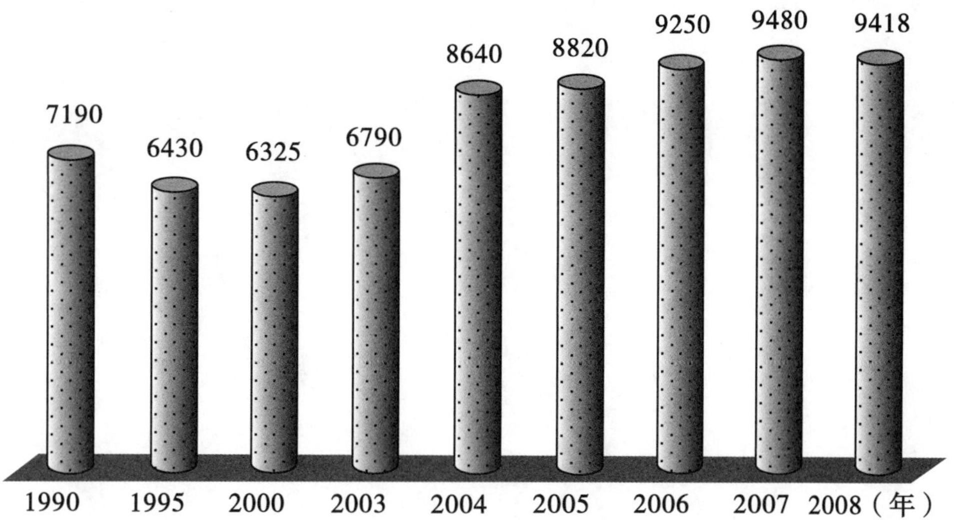

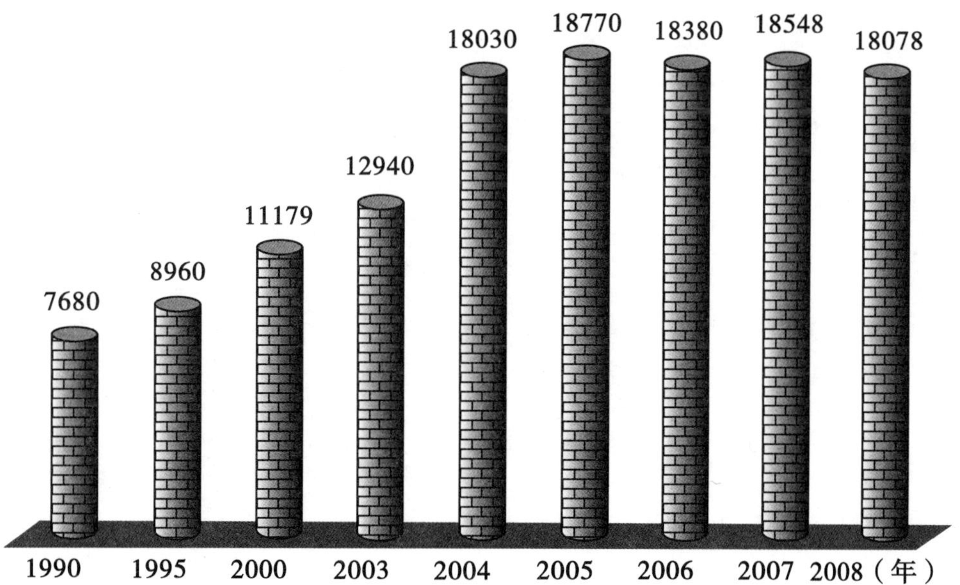

11-1 运输企业客（货）运量和旅客（货物）周转量

年份	客运量（万人）	旅客周转量（万人公里）	货运量（万吨）	货运周转量（万吨公里）
1985			998	43685
1990	719	29178	768	30933
1995	643	29220	896	58242
1996	650	29675	926	45339
1997	634	24778	1108	54444
1998	636	28706	1318	64742
1999	642	30178	1103	63690
2000	633	29378	1118	50882
2001	671	30918	1025	59625
2002	781	36429	1161	64781
2003	679	30650	1294	67067
2004	864	59474	1803	147844
2005	882	52308	1877	126138
2006	925	57146	1838	97250
2007	948	58157	1855	111809
2008	942	57536	1808	111016

注：11-1 至 11-17 资料由总局交通局提供。

11-2 各分局客运市场基本情况

单位:条

年份 单位	营运线路 合计	跨地(市)	地(市)内	#县内
2000	454	72	382	218
2002	513	86	427	241
2003	522	77	445	274
2004	519	76	443	255
2005	510	74	436	244
2006	581	101	480	243
2007	570	133	437	299
2008	567	113	453	294
宝泉岭局	79	16	63	39
红兴隆局	117	34	83	50
建三江局	130	18	112	79
牡丹江局	58		58	36
北安局	54	3	51	40
九三局	32	4	28	16
齐齐哈尔局	38	3	34	19
绥化局	19	1	18	13
哈尔滨局	5	2	3	1
总局直属	35	32	3	1

11-3 各分局运输企业客（货）运量和旅客（货物）周转量

年份 单位	客运量 （千人）	旅客周转量 （千人公里）	货运量 （千吨）	#汽车 货运量	货物周转量 （千吨公里）	#汽车 货物周转量
2000	6325	293780	11179	11179	508820	508820
2002	7810	364290	11610	11610	647810	647810
2003	6790	306500	12940	12740	670670	670670
2004	8640	594740	18030	18030	1478440	1478440
2005	8820	523080	18770	18770	1261380	1261380
2006	9250	571460	18380	18380	972500	972500
2007	9480	581571	18548	18548	1118093	1118093
2008	9418	575357	18078	18078	1110156	1110156
宝泉岭局	1299	92868	1588	1588	116748	116748
红兴隆局	1834	102747	2130	2130	124104	124104
建三江局	1710	126793	3190	3190	202120	202120
牡丹江局	1821	72468	3360	3360	130220	130220
北安局	985	63222	1710	1710	143824	143824
九三局	880	60190	1400	1400	112000	112000
齐齐哈尔局	435	25443	2478	2478	148614	148614
绥化局	394	24971	1034	1034	59378	59378
哈尔滨局	60	6555	1188	1188	73148	73148

11-4 各分局农村公路里程及公路硬化情况

(2008年)　　单位:公里

单位	合计	硬化路面里程	水泥	沥青	渣油	硬化率（%）
合计	**24545**	**5721**	**5377**	**339**	**5**	**23.0**
宝泉岭局	3442	600	600			17.0
红兴隆局	4420	962	907	55		22.0
建三江局	5433	1135	1135			21.0
牡丹江局	3325	1083	1083			33.0
北安局	2633	567	533	34		22.0
九三局	1798	575	575			32.0
齐齐哈尔局	1826	276	147	124	5	15.0
绥化局	1412	416	345	71		29.0
哈尔滨局	239	103	48	55		43.0
总局直属	17	5	5			28.0

11-5 各分局营运载客汽车

(2008年)

单位	客运车辆总计		客运班车合计		出租客车	
	(辆)	(客位)	(辆)	(客位)	(辆)	(客位)
合计	**3210**	**32388**	**667**	**19079**	**2543**	**13309**
宝泉岭局	420	4476	99	2536	321	1940
红兴隆局	385	4865	127	3575	258	1290
建三江局	634	6945	154	4510	480	2435
牡丹江局	559	4735	83	2355	476	2380
北安局	188	2028	54	1360	134	668
九三局	656	4438	36	1038	620	3400
齐齐哈尔局	248	2376	51	1465	197	911
绥化局	81	1045	24	760	57	285
哈尔滨局	39	1480	39	1480		

11-6 各分局营运载货汽车

(2008年)

单位	货运车辆总计		普通载货汽车		专用载货汽车	
	(辆)	(吨位)	(辆)	(吨位)	(辆)	(吨位)
合计	**8698**	**69480**	**7511**	**55446**	**14**	**228**
宝泉岭局	1092	10242	718	7927	1	24
红兴隆局	1340	10806	1239	8281		
建三江局	1023	12522	977	11438		
牡丹江局	1176	6427	1157	6128	13	204
北安局	515	2825	500	2515		
九三局	400	2273	390	2173		
齐齐哈尔局	1376	13237	764	6086		
绥化局	549	2742	544	2592		
哈尔滨局	1227	8406	1222	8306		

11-7 营运载客汽车按标记客位分组

(2008年)

单位	客运班车合计		大型		中型		小型	
	(辆)	(客位)	(辆)	(客位)	(辆)	(客位)	(辆)	(客位)
合计	**667**	**19079**	**196**	**7095**	**462**	**11882**	**9**	**102**
宝泉岭局	99	2536	17	601	82	1935		
红兴隆局	127	3575	27	936	100	2639		
建三江局	154	4510	43	1551	111	2959		
牡丹江局	83	2355	29	1095	49	1212	5	48
北安局	54	1360	6	210	45	1105	3	45
九三局	36	1038	9	321	26	708	1	9
齐齐哈尔局	51	1465	9	334	42	1131		
绥化局	24	760	24	760				
哈尔滨局	39	1480	32	1287	7	193		

11-8 各分局汽车修理业务基本情况

单位	汽车修理业(户)	一类	二类	三类	摩托车	从业人员(人)	#管理人员	#技术人员
2000	380	12	36	309	23	1684	332	610
2002	391	4	21	325	41	1267	261	468
2003	401	3	37	323	38	1401	277	636
2004	441	2	32	368	39	1445	314	686
2005	389	2	24	280	83	1364	313	591
2006	387	2	35	309	41	1194	313	222
2007	373	2	32	309	30	1167	190	139
2008	386	2	29	301	54	1193	226	129
宝泉岭局	50	1	2	38	9	24	7	7
红兴隆局	90		6	79	5	330	25	24
建三江局	96		6	63	27	236	78	8
牡丹江局	39		8	19	12	91	40	18
北安局	31		1	30		56	4	6
九三局	39	1	3	35		215	61	53
齐齐哈尔局	37		1	35	1			
绥化局						153	7	7
哈尔滨局	4		2	2		88	4	6

11-9　垦区按技术等级分的公路里程到达情况

(2008 年)　　单位:公里

单　　位	总　计	等级公路	高速公路	一级	二级	三级	四级	等外公路
上年年底到达数	**15119.160**	**8194.291**		**1.500**	**531.385**	**5245.550**	**2415.856**	**6924.869**
本年年底到达数	**24551.926**	**9105.176**		**1.500**	**469.644**	**6066.718**	**2567.314**	**15446.750**
1. 国道								
2. 省道	515.354	515.354		1.500	384.142	129.712		
3. 县道	392.948	392.948			17.891	346.601	28.456	
4. 乡道	7234.317	6411.502			58.923	4745.968	1606.611	822.815
5. 专用公路	9400.000							9400.000
6. 村道	7009.307	1785.372			8.688	844.437	932.247	5223.935

11-10　各分局按技术等级分的公路里程到达情况

(2008 年)　　单位:公里

单　　位	总　计	等级公路	高速公路	一级	二级	三级	四级	等外公路
合　　计	**24551.926**	**9105.176**		**1.500**	**469.644**	**6066.718**	**2567.314**	**15446.750**
宝泉岭局	3442.099	1189.069			17.022	1019.693	152.354	2253.030
红兴隆局	4424.657	1464.522		1.500	173.608	874.366	415.048	2960.135
建三江局	5433.331	1637.992			244.155	1248.206	145.631	3795.339
牡丹江局	3325.291	1466.570			4.468	1126.657	335.445	1858.721
北安局	2633.760	1348.635			12.734	768.973	566.928	1285.125
九三局	1798.202	887.136			3.921	421.415	461.800	911.066
齐齐哈尔局	1826.439	473.396			11.208	354.420	107.768	1353.043
绥化局	1411.704	507.423			2.528	156.776	348.119	904.281
哈尔滨局	239.124	125.508				96.212	29.296	113.616
总局直属	17.319						4.925	12.394

11-11 垦区按路面类型分的公路里程到达情况

(2008 年) 单位:公里

项目	公路里程	有铺装路面(高级)			简易铺装路面(次高级)	未铺装路面(中级、低级、无路面)				
		合计	沥青混凝土	水泥混凝土		合计	砂石	石质	砖铺	无路面
上年年底到达数	**15119.160**	**3951.158**	**320.533**	**3630.625**	**5.129**	**11162.873**	**4233.721**	**0.305**	**3.978**	**6924.869**
本年年底到达数	**24551.926**	**5715.372**	**338.855**	**5376.517**	**5.129**	**18831.425**	**3380.392**	**0.305**	**3.978**	**15446.75**
1. 国道										
2. 省道	515.354	381.926		381.926		133.428	133.428			
3. 县道	392.948	197.948	18.700	179.248		195.000	195.000			
4. 乡道	7234.317	3894.125	268.771	3625.354		3340.192	2513.399		3.978	822.815
5. 专用公路	9400.000					9400.000				9400
6. 村道	7009.307	1241.373	51.384	1189.989	5.129	5762.805	538.565	0.305		5223.935

11-12 各分局按路面类型分的公路里程到达情况

(2008 年) 单位:公里

单位	公路里程	有铺装路面(高级)			简易铺装路面(次高级)	未铺装路面(中级、低级、无路面)				
		合计	沥青混凝土	水泥混凝土		合计	砂石	石质	砖铺	无路面
合计	**24551.926**	**5715.372**	**338.855**	**5376.517**	**5.129**	**18831.425**	**3380.392**	**0.305**	**3.978**	**15446.75**
宝泉岭局	3442.099	599.739		599.739		2842.360	589.33			2253.03
红兴隆局	4424.657	961.778	55.059	906.719		3462.879	502.744			2960.135
建三江局	5433.331	1134.602		1134.602		4298.729	503.39			3795.339
牡丹江局	3325.291	1082.787		1082.787		2242.504	383.783			1858.721
北安局	2633.760	566.957	33.921	533.036		2066.803	781.678			1285.125
九三局	1798.202	574.606		574.606		1223.596	312.53			911.066
齐齐哈尔局	1826.439	271.217	124.138	147.079	5.129	1550.093	197.05			1353.043
绥化局	1411.704	415.550	70.504	345.046		996.154	87.895		3.978	904.281
哈尔滨局	239.124	103.211	55.233	47.978		135.913	21.992	0.305		113.616
总局直属	17.319	4.925		4.925		12.394				12.394

11-13 各分局道路客运站及站务情况

(2008年)

单位	客运站						站务情况		
	客运站数量(个)	一级站	二级站	三级站	五级站	简易站及招呼站	站务人员(人)	平均日发班次(班次)	平均日旅客发送量(人次)
合计	**515**	**3**	**7**	**74**	**72**	**359**	**476**	**3614**	**13539**
宝泉岭局	53		1	11	2	39	85	124	3153
红兴隆局	116	1	4	9	25	77	124	2701	1506
建三江局	73	1	1	14	5	52	116	205	3680
牡丹江局	81			14	12	55	59	348	1000
北安局	55			8	2	45	21	57	1363
九三局	83	1		12	7	63	35	86	1500
齐齐哈尔局	14		1	1	12		21	68	940
绥化局	27			2	6	19	10	24	347
哈尔滨局	13			3	1	9	5	1	50

11-14 垦区分路线公路桥梁到达情况

(2008年)

路线名称	桥梁合计		临时性		半永久性		永久性	
	(米)	(座)	(米)	(座)	(米)	(座)	(米)	(座)
合计	**23983**	**1256**	**90**	**8**	**7**	**1**	**23886**	**1247**
干线	2733	93					2733	93
省道	2733	93					2733	93
县道	1560	57					1560	57
乡道	13632	702	34	3			13598	699
村道	6058	404	56	5	7	1	5995	398

路线名称	桥梁中:危险桥梁		桥梁按跨径分					
			大桥		中桥		小桥	
	(米)	(座)	(米)	(座)	(米)	(座)	(米)	(座)
合计	**5231**	**310**	**2163**	**16**	**5928**	**134**	**15892**	**1106**
干线	174	2	414	3	750	15	1569	75
省道	174	2	414	3	750	15	1569	75
县道	319	16	388	2	415	7	757	48
乡道	4085	246	1318	10	3664	81	8651	611
村道	653	46	43	1	1100	31	4915	372

11-15 垦区公路通达情况

(2008 年) 单位:个

单位	乡(镇)通达情况					
	乡镇总数	通公路数	通有铺装路面数	通简易路面数	通未铺装路面数	无路面数
总计	**154**	**150**	**143**		**7**	**4**
宝泉岭局	13	13	12		1	
红兴隆局	35	35	32		3	
建三江局	20	20	20			
牡丹江局	14	14	14			
北安局	15	15	15			
九三局	12	12	10		2	
齐齐哈尔局	22	21	20		1	1
绥化局	11	10	10			1
哈尔滨局	11	9	9			2
总局直属	1	1	1			

11-15 续表 (2008 年) 单位:个

单位	行政村通达情况					
	行政村总数	通公路数	通有铺装路面数	通简易路面数	通未铺装路面数	无路面数
总计	**2313**	**1540**	**1108**		**432**	**773**
宝泉岭局	366	222	134		88	144
红兴隆局	432	280	190		90	152
建三江局	329	240	196		44	89
牡丹江局	337	230	196		34	107
北安局	308	205	114		91	103
九三局	201	163	134		29	38
齐齐哈尔局	179	87	52		35	92
绥化局	114	80	66		14	34
哈尔滨局	42	30	23		7	12
总局直属	5	3	3			2

11-16 垦区公路桥梁到达情况(省道)

(2008 年)

路线编号	路线名称起讫地点	桥梁合计		桥梁按年限分				桥梁按跨径分					
				永久性		危险桥梁		大桥		中桥		小桥	
		米	座	米	座	米	座	米	座	米	座	米	座
	省道合计	**2732.64**	**93**	**2732.64**	**93**	**174.20**	**2**	**414.20**	**3**	**749.70**	**15**	**1568.74**	**75**
S210	饶河—抚远	421.70	13	421.70	13	10.00	1	124.00	1	111.70	2	186.00	10
	饶农界—农饶界												
	饶农界—胜锋界	165.00	4	165.00	4	10.00	1	124.00	1			41.00	3
	胜锋界—锋哨界	88.00	2	88.00	2					56.00	1	32.00	1
	锋哨界—农抚界	168.70	7	168.70	7					55.70	1	113.00	6
S303	鹤岗—嫩江	266.50	11	266.50	11					122.30	3	144.20	8
	五农界—尾格界												
	尾格界—格七界	35.40	2	35.40	2							35.40	2
	格七界—七江界	83.20	2	83.20	2					46.60	1	36.60	1
	七江界—嫩江	147.90	7	147.90	7					75.70	2	72.20	5
S306	佳木斯—抚远	411.72	17	411.72	17					42.70	1	369.02	16
	富农界—直锋界	344.22	14	344.22	14					42.70	1	301.52	13
	直锋界—锋哨界	67.50	3	67.50	3							67.50	3
	锋哨界—农抚界												
S307	依兰—饶河	1252.70	40	1252.70	40	164.20	1	290.20	2	236.00	5	726.50	33
	宝农界—二三界	473.50	14	473.50	14			126.00	1	102.00	2	245.50	11
	二三界—三红界	467.00	20	467.00	20					91.00	2	376.00	18
	三红界—农饶界	312.20	6	312.20	6	164.20	1	164.20	1	43.00	1	105.00	4
S308	依兰—宝清	300.72	7	300.72	7					237.00	4	63.72	3
	七农界—农七界	300.72	7	300.72	7					237.00	4	63.72	3
S313	同江—抚远	79.30	5	79.30	5							79.30	5
	同农界—农同界	79.30	5	79.30	5							79.30	5

11-17 垦区公路桥梁到达情况(县道)

(2008年)

路线编号	路线名称起讫地点	桥梁合计		桥梁按年限分				桥梁按跨径分					
				永久性		危险桥梁		大桥		中桥		小桥	
		米	座	米	座	米	座	米	座	米	座	米	座
	县道合计	**1559.84**	**57**	**1559.84**	**57**	**319.40**	**16**	**388.04**	**2**	**415.00**	**7**	**756.80**	**48**
X025	拉哈—甘南	656.04	13	656.04	13	67.00	3	388.04	2	88.00	2	180.00	9
X116	向阳—前卫	23.50	2	23.50	2	17.00	1					23.50	2
X122	虎林—八五二	151.70	5	151.70	5	84.00	1			84.00	1	67.70	4
X126	庆丰—同化	121.80	4	121.80	4	6.00	1			103.80	1	18.00	3
X136	友谊—宝清	77.40	5	77.40	5							77.40	5
X205	勤得利支线	12.50	1	12.50	1	12.50	1					12.50	1
X206	饶河农场—西通	29.90	2	29.90	2							29.90	2
X207	前进—寒葱沟	260.90	14	260.90	14	115.90	7			42.70	1	218.20	13
X208	前锋农场—瓦其卡	29.00	2	29.00	2							29.00	2
X242	佳抚公路建三江支线	47.00	4	47.00	4	10.00	1					47.00	4
X243	佳抚公路创业农场支线												
X244	依饶公路五九七支线	33.00	2	33.00	2	7.00	1			26.00	1	7.00	1
X247	绥北公路赵光农场支线												
X248	依饶公路朝阳支线	23.40	1	23.40	1							23.40	1
X249	依饶公路八五二支线	93.70	2	93.70	2					70.50	1	23.20	1

11-18 垦区通信人员数量及电话装机量

(2008 年)

单位	通信分公司(个)	通信中心(个)	通信人员数量(个)	电话装机总数(部)	年电话装机量(部)	电话装机比率户均(%)
总计	**10**	**102**	**1920**	**269407**	**16698**	**57.7**
农垦通信有限公司			31			
宝泉岭通信分公司	1	11	228	40055	2153	53.9
红兴隆通信分公司	1	11	370	47381	2810	58.5
建三江通信有限责任公司	1	15	285	32028	2328	47.4
牡丹江通信分公司	1	13	202	49744	2065	80.5
北安通信分公司	1	15	239	26686	2064	48.6
九三通信分公司	1	12	176	28013	1954	69.4
齐齐哈尔通信分公司	1	5	105	19314	1049	57.8
绥化通信分公司	1	10	126	9776	1068	52.3
佳木斯通信分公司	1	9	116	11895	671	68.8
哈尔滨通信站	1	1	42	4515	536	32.0

注:11-18 至 11-19 资料由总局通信公司提供。

11-19 垦区通信设备拥有量

(2008 年)

单位	光缆线路(皮长公里)	微波线路(波道公里)	长途线路(路)	程控交换机实占容线(线)	会议电视系统(套)	宽带用户(户)
总计	**13253**	**1629**	**141412**	**471895**	**128**	**60084**
农垦通信有限公司	2333	1156	32280		13	
宝泉岭通信分公司	1660		6960	64885	11	11117
红兴隆通信分公司	1852		9960	75248	10	10329
建三江通信有限责任公司	1711		18720	54269	15	8763
牡丹江通信分公司	2070		13530	87884	15	10301
北安通信分公司	1532		10320	49354	15	4363
九三通信分公司	1078		37800	47928	13	5654
齐齐哈尔通信分公司	296	320	2760	35303	11	3154
绥化通信分公司	350	110	1620	21916	10	2099
佳木斯通信分公司	348		2768	25248	5	3264
哈尔滨通信站	23	43	4694	9860	10	1040

主要统计指标解释

客运线路 指持有道路运政管理机构核发的有效道路客运线路证件，已开通班车、旅游客运线路的条数、班次数。道路客运线路班次的统计范围是经各级道路运政管理机构批准的客运线路，不包括通过本辖区的过境线路。

营运载客汽车 指持有道路运政管理机构核发的道路运输证的客运汽车。计算单位：辆、客位。客位：以道路运政管理机构核发的道路运输证中的核定数为准。大型客车：车身长度>9m；中型客车：6m<车身长度≤ 9m；小型客车：车身长度≤ 6m。

营运载货汽车 指持有道路运政管理机构核发的道路运输证的载货汽车，包括普通载货汽车和专用载货汽车，不包括牵引车和挂车。计算单位：辆、吨位。大型货车：是指标记吨位4吨以上的货车；重型货车：是指标记吨位8吨及以上的货车；中型货车：是指标记吨位2吨以上，4吨及以下的货车；小型货车：是指标记吨位 2 吨及以下的货车。

普通载货汽车 指具有一般构造栏板式、平板式及厢式货运汽车，包括自卸车、半挂车、厢式车等。

专用载货汽车 指具有特殊构造及附属设备从事专门用途的货运汽车，如罐车、集装箱车、大型物件运输车、冷藏车等。

运输管理机构个数 机构个数的统计以组织人事管理关系为依据。在同级机构中运输管理与维修管理机构分设的，应按实际个数分别统计。对于组织人事关系同一管理，而多名称的，即“一套人马，多块牌子”应统计为一个机构。地(市)级：指地、市、州、盟的道路运政管理机构。县(区)级：指县、县级市、县级区、旗的道路运政管理机构。派驻机构或分站：指各级交通主管部门或道路运政管理机构派驻在乡(镇)、口岸、车站等地，从事道路运政管理工作的分支机构。

运政部门人员 指各级道路运政管理机构实际在册人员数，包括运政管理人员和生活后勤服务人员，不包括离退休人员。

管理人员 指从事道路运政管理工作的人员，包括各类运政业务管理、计统、财务以及政治工作人员等。管理人员按其所在机构分，应与机构设置相一致。道路运政管理与其他管理(如水运管理、养路费征收管理)合署设置的机构，其“运政部门人员”和“管理人员”只统计实际从事道路运政管理工作的有关人员。

养护里程 是指用汽车养路费及部分通行费(非经营性收费公路的通行费)养护的公路里程。

宽带IP业务 是为用户提供的一种高速、稳定接入因特网及企业局域网间高速互联的新业务。用户可通过宽带网络享受到高速上网浏览、高速软件下载、播放视频点播节目、远程教育、视频会议、多媒体信息通信等时尚信息服务。

会议电视系统 是一种以传送视频图象信息为主的通信业务。其基本特征是：可以在两个或两个以上地点实时传递点对点的活动图像和声音；还可以传递文件、图表、照片和实物的固定图象。它能将彼此相隔很远的多个会议室连接起来，使各方与会人员不仅可以听到声音，还可以看到图像，可以“面对面”交谈，适合于召开各种会议和现场交流。

程控交换机 是利用电子计算机控制的交换机，它以预先编好的程序控制交换机的接续动作。

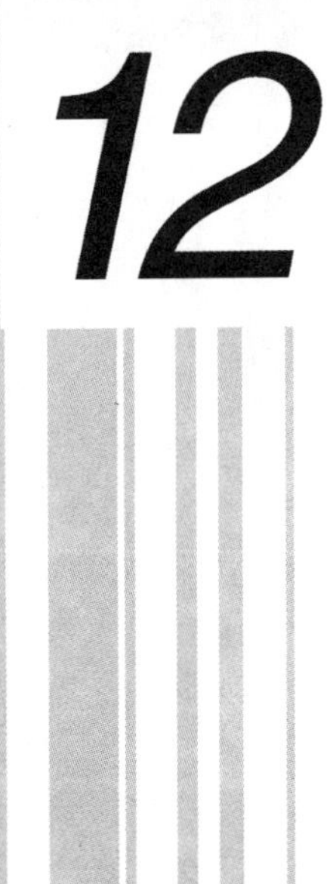

STATISTICAL YEARBOOK

12 批发零售业和餐饮业

社会消费品零售总额（亿元）

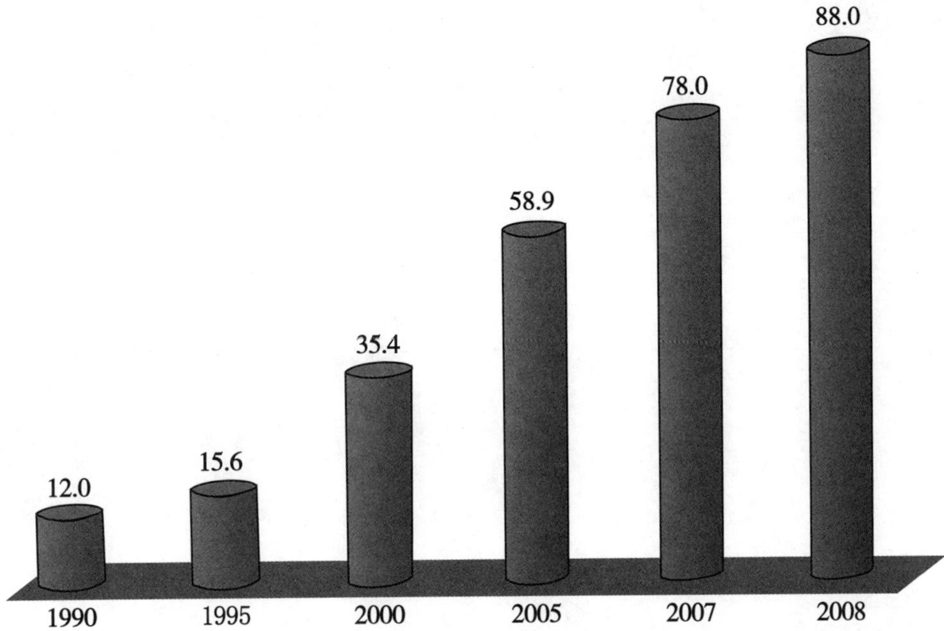

批发零售业商业销售总额（亿元）

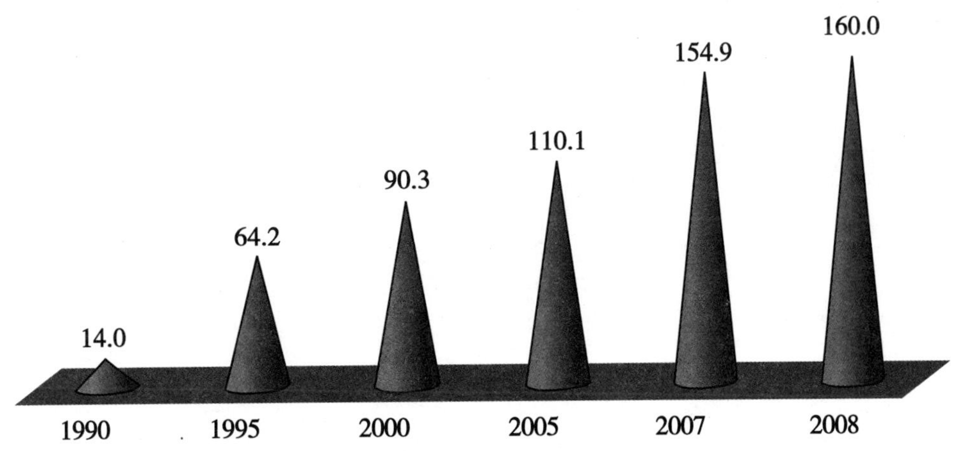

12-1 批发零售贸易业商品购进、销售总额

（2008年）

单位:万元

项　　目	商品购进总额	商品销售总额	批发销售额	零售销售额	年末库存额
总　　额	**1217276**	**1599757**	**634458**	**965299**	**282618**
一、按国民经济行业分组					
农畜产品批发	142493	189903	183552	6352	57974
其中:谷物、豆及薯类批发	68708	88601	82708	5893	17585
种子、饲料批发	60488	86151	85692	459	39288
食品、饮料及烟草制品批发	14860	71943	71550	393	15530
其中:米、面制品食用油批发	10124	65985	65592	393	14939
纺织、服装及日用品批发					
文化、体育用品及器材批发	1068	1068	700	368	12
医药及医疗器械批发	2688	3170	3170		170
矿产品、建材及化工产品批发	354715	387885	151950	235935	76682
石油及制品批发	256723	254915	21802	233113	66536
化肥批发	95227	129095	126273	2822	10134
农药批发	1525	2104	2104		
机械设备、五金交电电子产品批发	32583	38283	37083	1200	4700
农业机械批发	23163	26014	26014		3550
汽车、摩托车及零配件批发	1507	2039	2039		350
其他批发	36844	26568	26310	258	21442
再生物资回收与批发	264	548	290	258	22
综合零售	594845	827783	146813	680970	100404
百货零售	414198	602765	125776	476989	53628
食品、饮料及烟草制品专门零售	9037	12534	1344	11190	2660
粮油零售	5685	6625	1118	5507	2416
纺织、服装及日用品专业零售	7839	10188		10188	824
服装零售	6412	8113		8113	550
文化、体育用品及器材专门零售	1415	1652	440	1212	117
医药及医疗器械专门零售					
家用电器及电子产品专门零售	387	436		436	126
计算机、软件及辅助设备零售					
五金、家具及装修材料零售	9145	15354	7477	7877	1678
其他零售	9358	12990	4070	8920	299
二、按企业规模分					
限额以上企业	322428	391019	157545	233474	104943
限额以下企业	894848	1208738	476913	731825	177675

12-2 各分局批发零售贸易业商品购、销、存总额

单位:万元

年份 单位	商品购进 总额	商品销售 总额	批发	零售	年末 库存额
2000	868760	903114	602545	300569	159734
2003	787842	951846	525632	426214	236257
2004	732910	953548	491287	462261	137844
2005	687933	1101469	427904	673565	199696
2006	1024153	1240820	421550	819270	176915
2007	1137121	1548883	625865	923018	255927
2008	1217276	1599757	634458	965299	282618
宝泉岭局	177943	232032	71800	160232	40453
红兴隆局	132674	207717	94403	113314	16287
建三江局	149797	198186	111389	86797	33062
牡丹江局	124707	177977	69136	108841	16656
北安局	68382	111916	50587	61329	12166
九三局	142788	134601	52289	82312	65429
齐齐哈尔局	38257	69955	17035	52920	3497
绥化局	76727	88948	38781	50167	10607
哈尔滨局	8078	15780	1180	14600	878
总局直属	297924	362646	127860	234786	83584

12-3 各分局批发零售贸易业商品购、销、存总额

(国有经济)

单位:万元

年份 单位	商品购进 总额	商品销售 总额	批发	零售	年末 库存额
2000	541216	580982	514167	66815	81736
2003	306601	341049	322436	18613	72572
2004	295479	386353	378457	7896	69326
2005	202019	444464	276757	167707	130650
2006	383490	478796	224855	253941	68654
2007	169129	316733	298753	17980	28076
2008	121921	160276	149936	10339	50292
宝泉岭局	24128	31421	26889	4532	7864
红兴隆局	12245	16892	15965	927	8788
建三江局	29779	35957	35155	802	19038
牡丹江局	22027	28372	26547	1825	4243
北安局	14175	23629	22627	1002	1179
九三局	12623	14875	14426	449	4177
齐齐哈尔局	2548	1964	1682	282	881
绥化局	1491	2007	2007		1971
哈尔滨局	196	463	463		22
总局直属	2709	4698	4177	521	2130

12-4 各分局批发零售贸易业商品购、销、存总额

(私营经济)

单位:万元

年份 单位	商品购进 总额	商品销售 总额	批发	零售	年末 库存额
2000	60060	56670	36317	20353	13445
2003	20807	23858	18439	5419	2578
2004	51431	40470	31261	9209	3540
2005	35836	45731	37563	8168	7124
2006	35612	46857	37798	9059	6626
2007	41255	50800	44173	6627	7952
2008	55055	70301	66362	3939	8241
宝泉岭局	4704	5801	4938	863	708
红兴隆局	1213	1801	1801		375
建三江局	11576	14304	12324	1980	1388
牡丹江局	7457	12003	10907	1096	1660
北安局	9927	18020	18020		1312
九三局					
齐齐哈尔局					
绥化局	14246	12170	12170		2076
哈尔滨局	380	517	517		93
总局直属	5553	5686	5686		629

12-5 各分局批发零售贸易业商品购、销、存总额

(个体经济)

单位:万元

年份 单位	商品购进 总额	商品销售 总额	批发	零售	年末 库存额
2000	267484	265462	52061	213401	64554
2003	396073	491581	92625	398956	58426
2004	377825	513464	70348	443116	64027
2005	440129	598125	100621	497504	60880
2006	573663	675847	122891	552956	97334
2007	649248	879261	255927	663580	148836
2008	725426	981249	264751	716498	136525
宝泉岭局	145644	191223	36386	154838	31691
红兴隆局	117444	186600	74213	112387	6718
建三江局	108441	147926	63910	84016	12637
牡丹江局	76363	111418	5757	105662	6625
北安局	42270	66440	6113	60327	7675
九三局	130165	119726	37863	81863	61253
齐齐哈尔局	35219	67227	14589	52638	2604
绥化局	60990	74771	24604	50167	6560
哈尔滨局	7502	14800	200	14600	763
总局直属	1388	1118	1118		

12-6 各分局社会消费品零售额

单位:万元

年份 单位	社会消费品零售额	按销售地区分		
		市(分局)	县(农场)	县(农场)以下
2000	354250	54007	194136	106107
2003	448555	73196	285539	89820
2004	468553	79201	289684	99668
2005	588552	93476	370140	124936
2006	671973	108747	417460	145766
2007	780483	116908	491466	172110
2008	887776	118118	587122	182536
宝泉岭局	199802	48190	124782	26831
红兴隆局	140916	2745	87877	50295
建三江局	86299	18129	61756	6414
牡丹江局	120567	2187	83711	34670
北安局	79356	1640	56467	21249
九三局	82770	38771	34989	9010
齐齐哈尔局	64055		49382	14673
绥化局	60859		59355	1504
哈尔滨局	18453		17080	1373
总局直属	34699	6457	11724	16518

12-6 续表

单位:万元

年份 单位	按行业份			
	批发业	零售业	住宿餐饮业	其他
2000	280071		30737	43442
2003	391090		50264	7201
2004	462228		60969	8286
2005	517062		62467	9023
2006	586018		76309	9646
2007	63211	602287	103763	11222
2008	66240	691255	116903	13378
宝泉岭局		160232	37373	2197
红兴隆局		114213	22922	3781
建三江局		84779	461	1059
牡丹江局	226	110775	8905	661
北安局	774	59594	16190	2798
九三局	5074	64283	10530	2883
齐齐哈尔局	25467	33034	5554	
绥化局		49743	11116	
哈尔滨局		14601	3852	
总局直属	34699			

注：2006 年以前零售业的零售额含在批发业中。

12-7 各分局批发零售贸易业基本情况

单位:人、平方米、万元

年份 单位	经营单位 个数	年末固定 资产原值	营业用房 面积	年末从业 人员人数	全年劳动 报酬	销售总额 营业收入
2000	446	118947	399255	40703	44811	903114
2003	282	95926	953050	40696	32866	951846
2004	257	173447	1373728	37608	32091	953547
2005	254	202317	1394706	40342	41563	1101469
2006	245	285062	1317433	40118	45790	1238938
2007	242	276987	1362152	41475	48060	1549148
2008	270	306949	1713857	44046	58374	1599782
宝泉岭局	38	44651	198801	5656	6673	232032
红兴隆局	26	38516	365527	6917	8926	207717
建三江局	28	58621	323164	8618	9767	198186
牡丹江局	63	27179	196683	5084	5843	177977
北安局	33	16154	120466	3818	3356	111884
九三局	20	16806	159820	3662	6647	134601
齐齐哈尔局	6	13019	76540	2401	6365	69955
绥化局	16	17543	64424	2818	3407	88948
哈尔滨局	5	2049	36519	1038	1230	15780
总局直属	35	72411	171913	4034	6162	362703

12-8 各分局餐饮业基本情况

单位:人、平方米、万元

年份 单位	经营单位 个数	年末固定 资产原值	营业用房 面积	年末从业 人员人数	全年劳动 报酬	销售总额 营业收入
2000	108	1399	168720	8182	7892	33870
2003	95	5773	393309	12458	9972	73987
2004	47	57788	681741	16637	12708	91160
2005	51	61680	691769	18717	16817	102748
2006	41	70519	596062	17332	17986	126314
2007	43	79376	608323	16944	23712	148113
2008	48	111807	720987	18323	25915	186880
宝泉岭局	11	12089	90780	3180	4206	37373
红兴隆局	8	13853	136381	3148	3951	33210
建三江局	10	33356	157359	3392	3508	27418
牡丹江局	6	9829	82876	2415	2328	24260
北安局	8	8459	66306	1570	1829	16265
九三局	3	6338	45491	1768	3319	15068
齐齐哈尔局	1	6971	32430	1068	4444	15071
绥化局		5576	25509	654	837	10807
哈尔滨局		2209	38455	753	645	4112
总局直属	1	13127	45400	375	849	3295

12-9 各分局服务业基本情况

单位:人、平方米、万元

年 份 单 位	经营单位 个 数	年末固定 资产原值	营业用房 面 积	年末从业 人员人数	全年劳动 报 酬	销售总额 营业收入
2000	615	17380	2562441	37256	58285	77242
2003	348	28413	627479	41193	30603	102094
2004	68	30108	365906	18225	13235	87171
2005	61	452145	402249	17047	19610	117421
2006	48	61059	405138	16332	21691	150908
2007	48	65524	398936	16771	27553	186115
2008	49	223899	474971	16247	24799	184025
宝泉岭局	10	32360	76567	2770	4374	31039
红兴隆局	15	40710	100811	3461	5826	68831
建三江局	1	57082	101419	2934	3315	22107
牡丹江局	18	18599	75163	2698	2776	16948
北 安 局	1	15811	30357	1227	862	8567
九 三 局	2	15110	29979	1196	1876	12634
齐齐哈尔局		18249	30993	843	4247	12894
绥 化 局		18810	12818	605	736	9041
哈尔滨局		2928	7864	397	581	1884
总局直属	2	4240	9000	116	205	80

12-10 各分局个体工商业基本情况

年 份 单 位	户 数 (户)	从业人员 (人)	注册资金 (万元)	总 产 值 (万元)	销售总额 营业收入 (万元)	消费品 零售额 (万元)
2000	40343	69912	74948	77376	160561	103857
2003	34009	62922	91849	79566	190408	157629
2004	33934	63381	100868	72645	211492	145391
2005	34018	63702	105483	76931	200667	161001
2006	30935	59882	110220	74315	215764	124909
2007	31275	64669	10202	84636	299812	204385
2008	29046	54703	139780	105416	324466	187693
宝泉岭局	4055	13730	13750	35700	72700	70000
红兴隆局	4651	8099	34162	15650	9987	
建三江局	5910	8820	29484	4739	74634	7842
牡丹江局	4102	7010	19354	7586	71179	64512
北 安 局	2729	4633	14310	9250	24317	5762
九 三 局	3168	3793	13526	4420	32890	24200
齐齐哈尔局	2221	4441	8651	7546	10469	567
绥 化 局	1107	1459	1430	15632	20104	13512
哈尔滨局	699	1762	3917	4350	6826	288
总局直属	404	956	1196	543	1360	1010

注:12-10 表至 12-12 表资料由总局工商局提供。

12-11 个体工商业基本情况

年　份 行业分类	户　数 （户）	#城镇	从　业 人　员 （人）	#城镇	注　册 资　金 （万元）	#城镇
2000	40343	12652	69912	23852	74948	29176
2003	34099	8020	62922	12219	91849	23909
2004	33934	14981	63381	31882	100868	50518
2005	34018	15356	63702	31908	105483	52139
2006	30935	14148	59882	30199	110220	50936
2007	31275	11168	64669	26276	120202	44993
2008	29049	10752	54703	22510	142483	46444
一、农林牧渔业	508	56	1069	186	3797	1079
二、工业	54	5	186	15	3464	119
其中：采矿业	54	5	186	15	3464	119
制造业						
三、建筑业	32	23	238	94	1939	276
四、交通运输业	1437	1133	2888	2327	8749	5290
五、批发零售业	15338	5101	25279	9479	58119	19269
六、居民服务与其他服务业	3610	1512	5416	2531	12484	5211
其中：理发及美容保健服务						
洗浴服务						
七、电力、燃气及水的生产和供应业	45	28	301	246	459	276
八、信息传输、计算机服务和软件业	301	195	536	363	1961	1305
九、住宿和餐饮业	4819	2411	11281	6667	23027	12058
十、租赁和商务服务业	103	59	188	124	768	308
十一、卫生、社会保障和其他服务业	19	10	36	16	189	69
十二、文化、体育和娱乐业	193	69	367	111	1066	623
十三、其它行业	2590	150	6918	351	26461	561

12-11续表

年　份 行业分类	总产值 (万元)	#城镇	销售总额 营业收入 (人)	#城镇	消费品 零售总额 (万元)	#城镇
2000	77376	58212	160561	101700	103857	72192
2003	79566	45084	190408	128088	157629	67170
2004	72645	38560	211492	132267	136115	103011
2005	76931	48157	200667	140964	161001	133924
2006	74315	28339	215764	115530	124909	84808
2007	84636	32408	299812	171272	204385	128780
2008	42391	15844	307696	189527	176274	125786
				1784		
一、农林牧渔业	17924	3139	14983		9217	462
二、工业	7846	348	881		671	25
其中:采矿业	7846	348	881		671	25
制造业						
三、建筑业			2100	960	769	769
四、交通运输业			16666	10736	10683	10585
五、批发零售业			159980	91556	95338	57873
六、居民服务与其他服务业			24191	15082	11806	10999
其中:理发及美容保健服务						
洗浴服务						
七、电力、燃气及水的生产和供应业	16621	12357	7280	6270	6000	6000
八、信息传输、计算机服务和软件业			10000	9048	7659	7580
九、住宿和餐饮业			66820	51047	33596	31071
十、房地产业			341			
十一、租赁和商务服务业			574	311	43	39
十二、卫生、社会保障和其他服务业			147	129	30	30
十三、文化、体育和娱乐业			1434	620	443	339
十四、其它行业			2299	1984	19	14

12-12 私营企业基本情况

单位:户、人、万元

年份 单位	合计				城镇			
	户数	雇工人数	投资人数	注册资本金	小计	雇工人数	投资人数	注册资本金
2000	501	11787	1668	26373	264	5399	1085	15595
2003	781	30164	3109	82346	781	30164	3109	82346
2004	924	8732	31984	102350	437	1828	17070	54059
2005	1248	10172	35262	148474	540	2132	18457	77612
2006	1564	29047	10459	194162	368	10948	1286	48927
2007	1921	27777	10453	219554	351	8543	1401	64033
2008	2182	47738	5410	245541	402	6418	1391	70509
宝泉岭局	211	1260	565	29124				
红兴隆局	469	5439	1440	53358				
建三江局	412	1520	930	26078				
牡丹江局	224	3881	975	38369	218	3852	961	37289
北安局	243	2495	243	21021				
九三局	82	2500	290	11195	32	920	99	5506
齐齐哈尔局	127	13770	282	10688				
绥化局	131	1421	131	18436				
哈尔滨局	147	1581	328	27936	144	1525	322	27319
总局直属	8	121	9	395	8	121	9	395
总局局直	128	13750	217	8941				

12-12续表 (2008年) 单位:户、人、万元

行业分类	合计				城镇			
	户数	雇工人数	投资人数	注册资本金	户数	雇工人数	投资人数	注册资本金
总计	**2182**	**47738**	**5410**	**245541**	**402**	**6418**	**1391**	**70509**
农林牧渔业	77	655	185	7618	8	116.	33	1090
采矿业	8	259	23	2396	3	172	4	136
制造业	568	12445	1669	72754	158	3288	620	25887
建筑业	179	15333	882	64153	32	1026	136	14835
交通运输业	82	1455	219	942	17	112	32	4470
批发零售业	929	6313	1304	30594	99	542	261	7086
居民服务和其他服务业	64	510	217	4467	32	318	93	3079
电力、燃气及水的生产和供应业	48	559	254	6143	8	164	70	1888
信息传输、计算机服务和软件业	67	260	126	942	3	32	4	130
住宿和餐饮业	14	157	25	685	1	20	1	50
房地产业	66	9120	203	37089	18	464	63	8934
租赁和商务服务业	26	164	82	886	9	78	22	450
卫生、社会保障和其他服务业	2	5	2	56	1	0	26	904
文化、体育和娱乐业								
其它行业	52	503	219	16816	13	86	26	1570

主要统计指标解释

批发业　指从工农业生产者或商品流通企业购进商品，转卖给工业、农业、建筑业、运输邮电业、餐饮业、服务业等生产经营单位作为生产经营用，以及将商品转卖给其他批发贸易企业或零售企业的商品流通企业（单位）。农副产品采购、供应企业、进口、出口国（境）外商品的对外贸易企业、物资供销企业等，一般都属于批发贸易业。

零售业　指从工农业生产者、批发贸易业或居民购进商品，转卖给城乡居民作为生活消费和售给社会集团作为公共消费的商品流通企业（单位）。

有些商品流通企业兼营批发零售业务，应以其主营业务划分批发业或零售业，即以批发业务为主的作为批发贸易业，以零售业务为主的作为零售贸易业。

餐饮业　指从事食品的烹饪、调制并直接售给居民和社会集团的机构。包括中西餐馆、饭馆、各种小吃店、冷饮店、酒店、茶馆等。

商品购进　指从本企业以外的单位和个人购进作为转卖或加工后转卖的商品，包括从生产者购进、从批发零售贸易业购进、进口等，反映批发零售贸易业从国内、国外市场上购进商品的总量。

商品购进包括：

（1）从工农业生产者购进的商品；

（2）从出版社、报社的出版发行部门购进的图书、杂志和报纸；

（3）从批发零售贸易业购进的商品；

（4）从其他单位购进的商品，如从机关、团体、企业、单位购进的剩余物资，从餐饮业、服务业购进的商品，从海关、市场管理部门购进的辑私和没收的商品，从居民收购的废旧商品等。

（5）从国(境)外直接进口的商品。

商品购进不包括：

（1）企业为了本单位自身经营用，不是作为转卖而购进的商品，如材料物资、包装物、低值易耗品，办公用品等。

（2） 未通过买卖行为而收入的商品，如接收其他部门移交的商品、借入的商品、代其他单位保管的商品、其他单位赠送的样品、加工收回的成品等；

（3）销货退回的买方拒付货款的商品；

（4）商品溢余。

商品销售　指对本企业以外的单位和个人出售的商品，包括对生产经营单位批发、对批发和零售贸易业批发、出口及对居民和社会集团商品零售额，反映批发零售贸易业在国内市场上销售商品以及出口商品的总量。

商品销售包括：

（1）售给城乡居民和社会集团消费的商品；

（2）售给工业、农业、建筑业、运输邮电业、批发零售贸易业、餐饮业、服务业、公用事业等作为生产、经营使用的商品；

（3）售给批发零售贸易业作为转卖或加工后转卖的商品；

（4）对国(境)外直接出口的商品。

商品销售不包括：

（1）出售本单位自用废旧包装用品和其他废旧物资；

（2）未通过买卖行为付出的商品，如随机构移交而交给其他单位的商品、借出的商品、交付代其他单位保管的商品、加工原料付出和赠送给其他单位的样本等；

（3）经本单位介绍，由买卖双方直接结算，本单位只收取手续费的业务；

（4）购货退出的商品；

（5）商品损耗和损失；

零售额　指国民经济各行各业售给城乡居民直接用于生活消费的商品和社会集团直接用于公共消的商品的总量。

零售额包括；

（1）售给城乡居民生活用的消费品；

（2）售给机关、团体、学校、企业、事业单位附设的专供本单位人员食用，不对外营业的食堂的各种食品、燃料；

（3）售给部队干部、战士生活用的粮食、副食品、衣着品、日用品、燃料；

（4）售给来华外国人、华侨、港澳台同胞的消费品；

（5）售给行政事业单位、社会团体的办公纸张、帐册、文印用品、计算工具、书报杂志奖品；公共用品的针、纺织品，学校用的教学用品，文体用品，工作服、套袖、围裙、手套、毛巾、肥皂等非专用的劳动保护用品，职工食堂用的餐具、饮具、设备和清洁卫生工具等日用百货和杂品，家具、设备、日用电器、电讯设备、电影器材和照相器材，取暖用的设备和燃料，防暑降温饮料，供职工乘用的交通工具和油料，零星修理各种公用消费品、生活用房屋和各种零配件、材料、工具、建筑材料等，中西药品、中药材和医疗器材等。

零售额不包括：

（1）售给工业、农业、建筑业、运输邮电业、地质勘察、水利业、批发零售贸易业、餐饮业、社会服务业、公用事业等单位用于生产和业务经营使用的商品；

（2）售给批发零售贸易业、餐饮业等单位用于转卖的商品；

（3）售给对外营业影剧院的设备和器材；

（4）售给自然科学研究单位直接用于科学研究的各种仪器仪表、化学试剂、元器件、工具等；

（5）售给消防队、清洁队、出租汽车公司等单位用于业务活动的设备、车辆和燃料；

（6）售给企业单位生产上专用的劳动保护用品；

（7）售给民政部门救灾用的商品；

（8）售给国营农场、国营拖拉机站、排灌站的各种农业生产资料和燃料。

商品库存　指批发零售贸易业已取得所有权的全部商品，反映批发零售贸易业的商品库存对市场商品供应的保证程度。

商品库存包括：

（1）存放在本单位(如门市部、批发站、采购站、经营处)的仓库、货物、货柜和货架中的商品；

（2）挑选、整理、包装中的商品；

（3）已记入购进而尚未运到本单位的商品，即发货单或银行承兑凭证已到而货未到的商品；

（4）寄放他处的商品，如因购货方拒绝付款而暂时存放在购货方的商品；

（5）委托其他单位代销(未作销售或调出)尚未售出的商品；

（6）代其他单位购进尚未交付的商品。

STATISTICAL
YEARBOOK

13 对外经济贸易

出口商品总值（万美元）

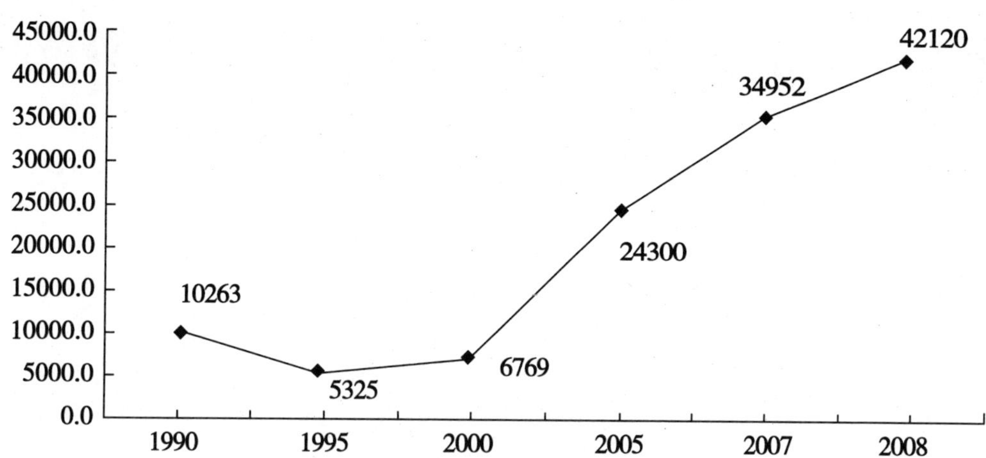

利用外资情况（万美元）

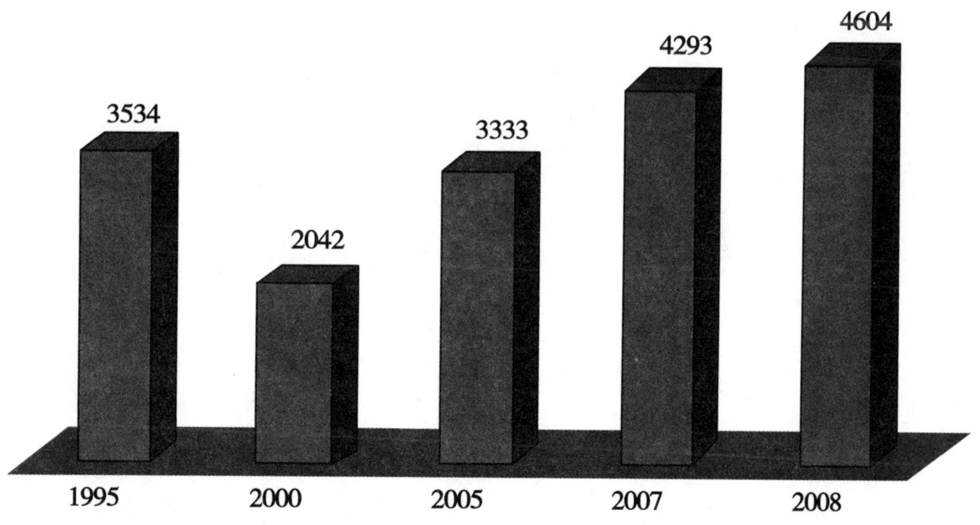

13-1 进出口贸易总额

年份 单位	按人民币计算（万元）			按美元计算（万美元）		
	进出口总额	出口总额	进口总额	进出口总额	出口总额	进口总额
1990	48379.1	44073.2	4305.9	11174.9	10262.9	912.0
1995	93877.5	44301.8	49575.7	11284.1	5325.1	5959.0
2000	57874.3	55978.8	1895.5	6998.1	6768.9	229.2
2002	107510.0	88158.2	19351.8	13000.0	10660.0	2340.0
2003	133147.0	115697.3	17449.7	16100.0	13990.0	2110.0
2004	176018.0	157130.0	18888.0	21284.0	19000.0	2284.0
2005	369722.0	194886.1	174835.9	46100.0	24300.0	21800.0
2006	429000.0	226200.0	202800.0	55000.0	29000.0	26000.0
2007	491371.1	258647.7	232723.4	66401.5	34952.4	31449.1
2008	503200.0	285600.0	217600.0	74394.0	42120.0	32274.0
宝泉岭局	41495.6	39632.4	1863.2	6102.3	5828.3	274.0
红兴隆局	54357.2	54357.2		7993.7	7993.7	
建三江局	51545.4	51545.4		7580.2	7580.2	
牡丹江局	54627.9	54627.9		8033.5	8033.5	
北安局	14079.4	14079.4		2070.5	2070.5	
九三局	21279.9	21279.9		3129.4	3129.4	
齐齐哈尔局	15665.1	15665.1		2303.7	2303.7	
绥化局	11606.2	11606.2		1706.8	1706.8	
哈尔滨局	12138.0	12138.0		1785.0	1785.0	
总局直属	226405.3	10668.5	215736.8	33688.9	1688.9	32000.0

13-2 主要年份按贸易方式分的进出口贸易总额

项目	1990	1995	2000	2004	2005	2006	2007	2008
按人民币计算(万元)								
进出口总额	48379.1	93877.5	57874.3	176018.0	369722.0	429000.0	491371.1	508111.0
出口总额	44073.2	44301.8	55978.8	157130.0	194886.1	226200.0	258647.7	287679.6
出口供货	35693.7	35392.3	37419.2	98222.8	105469.6	131269.3	141817.3	167645.1
自营出口	1623.1	8625.6	5746.0	30598.2	31597.9	35323.1	46320.3	47600.0
边贸易货	1090.7	277.9	9433.6	28309.0	57818.6	59607.6	70510.2	71907.3
补偿贸易	5665.7		3380.0					
进口总额	4305.9	49575.7	1895.5	18888.0	174835.9	202800.0	232723.4	220431.4
自营进口	2474.0	49405.2	1357.9	66161.0	174835.9	176056.9	232723.4	220431.4
边贸易货	1831.9	170.5	537.6	12271.9		26743.1		
按美元计算(万美元)								
进出口总额	11174.9	11284.1	6998.1	21284.0	46100.0	55000.0	66401.5	74274.0
出口总额	10262.9	5325.1	6768.9	19000.0	24300.0	29000.0	34952.4	42120.0
出口供货	8526.1	4254.9	4524.7	11877.0	13150.8	16829.4	19164.5	24545.4
自营出口	305.8	1036.8	694.8	3699.9	3939.9	4528.6	6259.5	7000.0
边贸易货	231.0	33.4	1140.7	3423.1	7209.3	7642.0	9528.4	10574.6
补偿贸易	1200.0		408.7					
进口总额	912.0	5959.0	229.2	2284.0	21800.0	26000.0	31449.1	32274.0
自营进口	524.0	5938.5	164.2	800.1	21800.0	22571.4	31449.1	32000.0
边贸易货	388.0	20.5	65.0	1483.9		3428.6		

注:13-1 表至 13-8 表资料由总局商务局提供。

13-3 主要年份按类别分的出口商品总额

单位:万美元

类 别	1990	1995	2000	2004	2005	2006	2007	2008
出口金额	10262.9	5325.1	6768.9	19000.0	24300.0	29000.0	34952.4	42120.0
粮油食品类	9567.7	5000.5	6148.0	15411.4	16086.9	19408.5	22949.2	27204.1
土畜产品类	400.1		323.7	2045.1	5690.8	7036.7	8151.5	9010.9
轻工产品类	121.2	293.0	139.8	450.2	1141.5	1095.4	2035.6	3133.0
工艺品类	35.9		40.0	28.8	112.5	165.0	204	
医药保健类	50.0		7.0	311.8	380.8	272.9	681.8	755.1
化工产品类	37.4		35.4	50.0		7.0	170	
非金属矿产品类	17.1			158.5	203.0	167.0	223	200.0
机械设备类	0.2			220.2	334.4	101.1	184.7	1218.0
其 它	33.3		75.0	324.0	350.1	746.4	352.9	598.9

13-4 主要年份按类别分的进口商品总额

类 别	2006			2007			2008		
	合计	自营	易货	合计	自营	易货	合计	自营	易货
进口总额	26000.0	22571.4	3428.6	31449.1	31449.1		32274.0	32274.0	
成套设备及技术引进	218.0		218.0						
航空设备									
汽车及摩托车									
农、林、牧业机械	2828.1		2828.1	1913.3	1913.3		537.1	537.1	
起重挖掘机械									
轻 工	63.0	63.0							
钢 材									
石油及产品									
化工原料									
其 它	22890.9	22508.4	382.5	29535.8	29535.8		31462.9	31462.9	

13-5 主要年份商品出口数量和金额

单位:吨、人民币万元

品名	1995		2000		2007		2008	
	数量	金额	数量	金额	数量	金额	数量	金额
黄大豆	188977.0	35634.0	122793.0	27318.3	123431.0	39535.9	99421.9	6800.1
其他杂豆	4421.0	1457.1	41533.0	10367.3	87041.2	31169.5	73981.0	4678.4
豆粉				389.5	7074.0	5952.5	10913.3	1574.0
大米			57135.0	10473.0	314869.6	60937.5	131871.0	10479.1
面粉	60.0	13.4	4160.0	631.0	800.0	150.9	600.0	50.0
奶粉	390.0	619.4			6291.0	13354.7	2171.0	787.0
蕃茄酱			1750.0	880.8	736.0	478.7	250.0	25.0
白瓜籽	648.0	730.8			4870.0	4149.9	4872.0	659.0
蔬菜	2061.0	1207.6	2000.0	62.9	44072.0	6491.2	10389.0	445.0
大麻籽	20.0	3.4						
黑木耳				79.4			5.0	5.0
猪肉罐头			200.0	280.4				
水果	64.0	12.7			200.0	153.9		
饼干	23.0	52.1						
精盐	50.0	6.9						
快餐面	7.0	22.3						
甜菜粕	11138.0	1160.4	16000.0	1284.3	22106.0	6716.9	14600.0	832.0
山野菜			45.0	14.1	166.0	1731.6	250.0	326.0
玉米胚芽饼	1316.0	94.3						
羊草	684.0	75.3						
其他合成香料		113.9						
糖甙			120.0	206.8	223.0	5017.9	186.4	821.4
糠醛			200.0	87.7	1600.0	1258.0		
卫生筷子		2072.4		806.3	6000.0	82.1		
纸制品		47.6						

13-6 主要商品出口数量和金额

(2008年)

品 名	单 位	数 量	金额(万元)	品 名	单 位	数 量	金额(万元)
黄 豆	吨	99421.9	46444.6	糖 甙	吨	186.4	5610.1
大 米	吨	235802.0	101525.9	蕃茄酱	吨	250.0	170.7
小粒豆	吨	20200.0	13318.5	中草药	吨	420.0	2691.0
杂 豆	吨	73981.0	31953.4	肠 衣	吨	1356.0	3066.6
冻牛肉	吨	1232.0	3438.2	铅笔板	万打	101.0	532.7
大豆粉	吨	8783.0	7451.5	农机具	台套	99.0	1707.5
冻干菜	吨	24.0	245.8	角瓜子	吨	1670.0	1461.6
白瓜子	吨	4872.0	4500.9	豆秸粕	吨	97.0	100.4
山野菜	吨	250.0	2226.5	万寿菊颗粒	吨	450.0	546.4
速动树莓	吨	50.0	464.4	兔 皮	万张	55.0	2253.9
冻干三莓	吨	97.0	2540.7	火柴梗	吨	830.0	566.8
甜菜粕	吨	14600.0	5682.5	水 泥	吨	99800.0	3995.5
焦 炭	吨	15000.0	1366.0	羊 绒	吨	41.0	3838.4
亚麻布	万米	104.0	2568.0	服装鞋帽		4400.0	2199.2
柳 编	箱	154000.0	2732.0	脱水蔬菜	吨	180.0	562.7
鹿 茸	公斤	1900.0	277.9	叶黄素树脂	吨	514.8	6087.5
水飞蓟	吨	2670.0	2188.3	聚苯板	万立方米	10.5	1803.1
速冻蔬菜	吨	4710.0	3114.4	亚麻纱	米	317.0	1550.4
毛 葱	吨	6400.0	983.5	猪 肉	吨	4231.0	7321.7
马铃薯种薯	吨	3000.0	792.2	辣 椒	吨	175.0	259.5
狐狸皮	张	21000.0	887.9	甜葫芦条	吨	939.0	2561.2
米糠油	吨	3567.0	1341.4	麦绿素	吨	80.0	1561.3
红 砖	吨	940.0	259.5	奶 粉	吨	2171.0	5375.2

13-7 主要年份按国别和地区分的出口商品总额

(自营出口部分)　　单位:万美元

国别(地区)	1990	1995	2000	2004	2005	2006	2007	2008
总　计	**257.2**	**1070.2**	**694.8**	**3699.9**	**3939.9**	**4528.6**	**6259.5**	**7000.0**
亚洲国家和地区	257.2	757.9	527.9	3213.2	2237.3	3011.0	3748.6	3998.5
香　港	163.7	39.0		45.7		32.3	458.2	135.9
韩　国	3.7	39.9	31.6	256.7	337.5	524.1	684.8	1185.4
日　本	69.4	456.7	429.7	2683.0	1196.7	1474.3	1035.7	1513.2
泰　国		1.9						
新加坡	24.1		6.6	91.8	153.4	76.4	113.5	60.0
阿联酋		50.2		13.5	20.0	45.0		
欧洲国家		235.5	53.0	323.9	1171.4	1005.0	1760.7	1874.1
意大利				149.4	174.2	321.0	176.0	
瑞　士		75.6					16.2	

13-8 利用外资情况

单位:万美元

年　份	签订合同数(个)	实际利用外资额	对外借款		外商直接投资		外商其他投资	
				政府贷款		合资经营		补偿贸易
1978-2008	**277**	**54736.7**	**21612**	**10493**	**21104.7**	**21104.7**	**9931**	**6783**
1980	1	1350.0					1350.0	1350.0
1985	4	3631.0	3519.0		112.0	112.0		
1990								
1991	1	51.0			51.0	51.0		
1992	1	662.0			662.0	662.0		
1993	32	1399.0			1399.0	1399.0		
1994	6	3900.0	500.0	500.0	400.0	400.0	2700.0	2700.0
1995	6	3534.0			1489.0	1489.0	2045.0	2045.0
1996	9	708.0			708.0	708.0		
1997	4	37.0			37.0	37.0		
1998	5	594.0			594.0	594.0		
1999	4	7597.0	7040.0	7040.0	557.0	557.0		
2000	10	2042.0	1259.0	1259.0	291.0	291.0	492.0	492.0
2001	25	3166.0	1456.0	1456.0	1377.0	1377.0		
2002	9	1211.0			130.0	130.0	1081.0	
2003	12	3411.0			1344.0	1344.0	2067.0	
2004	30	1389.0			1389.0	1389.0		
2005	36	3333.0	494.0	494.0	2839.0	2839.0		
2006	33	3267.0			3267.0	3267.0		
2007	39	4292.7			4292.7	4292.7		
2008	37	4604.0			4604.0	1935.2		

主要统计指标解释

出口总值　指各进出口贸易公司和赋有经营进出口权的企业的出口(包括代理出口)、补偿贸易出口、来料加工产品的出口总额(实际统计按工缴费的收入统计)。

进口总值　指各进出口贸易公司及有经营进出口权的企业进口总额(其中包括代理进口)。

海关进出口总额　海关进出口总额指实际进出我国国境的货物总金额。包括对外贸易实际进出口货物，来料加工装配进出口货物，国家间、联合国及国际组织无偿援助物资和赠送品，华侨、港澳台同胞和外籍华人捐赠品，租赁期满归承租人所有的租赁货物，进料加工进出口货物，边境地方贸易及边境地区小额贸易进出口货物(边民互市贸易除外)，中外合资经营企业、中外合作经营企业、外商独资经营企业进出口货物和公用物品，到、离岸价格在规定限额以上的进出口货样和广告品(无商业价值、无使用价值和免费提供出口的除外)，从保税仓库提取在中国境内销售的进出口货物，以及其他进出口货物。进出口总额用以观察一个国家在对外贸易方面的总规模。我国规定出口货物按离岸价格统计，进口货物按到岸价格统计。

利用外资　指我国各级政府、部门、企业、中国银行和其他单位通过对外借款、吸收客商直接投资和商品信贷及其他方式，从国外和港澳地区筹措的资金。

对外借款　是我国利用外资的主要部分，包括我国通过外国政府贷款、国际金融组织贷款，外国银行的买方信贷和现汇货款以及对外发行债券和股票等方式，从国外和港澳地区借用的资金。

外商直接投资　是指外国企业和经济组织或个人(包括华侨、港澳同胞以及我国在境外注册的企业)按我国有关政策、法规、在我国境内开办独资企业、与我国境内的企业或经济组织共同举办合资企业、合作经营企业或合作开发资源的投资以及客商从企业得到收益的再投资。

现汇贸易　又称自由外汇贸易。是指两个国家或地区间在贸易结算时，使用可以自由兑换货币的现汇国家所进行的或是采用记帐贸易现汇结算的对外贸易，都属于现汇贸易。

易货贸易　亦称换货贸易。是指不以货币直接结算的贸易。它是在双方等值的基础上，把出口货物和进出口货物直接结合起来，以不使用货币直接结算的贸易方式。它分狭义和广义的易货贸易两种。

代理　是许多国家商人在从事进出口业务中习惯采用的一种贸易做法。是指代理人按照本人的授权，代表本人与第三人订立合同或作其他法律行为，而由本人直接享有由此而产生的权利与承担相应的义务。

补偿贸易　是指在信贷基础上进行的、进口与出口相结合的贸易方式，即进口设备，然后以回销产品和劳务所得价款，分期偿还进口设备的价款及利息。

STATISTICAL

YEARBOOK

14 教育科技和文艺事业

初中和小学升学率（%）

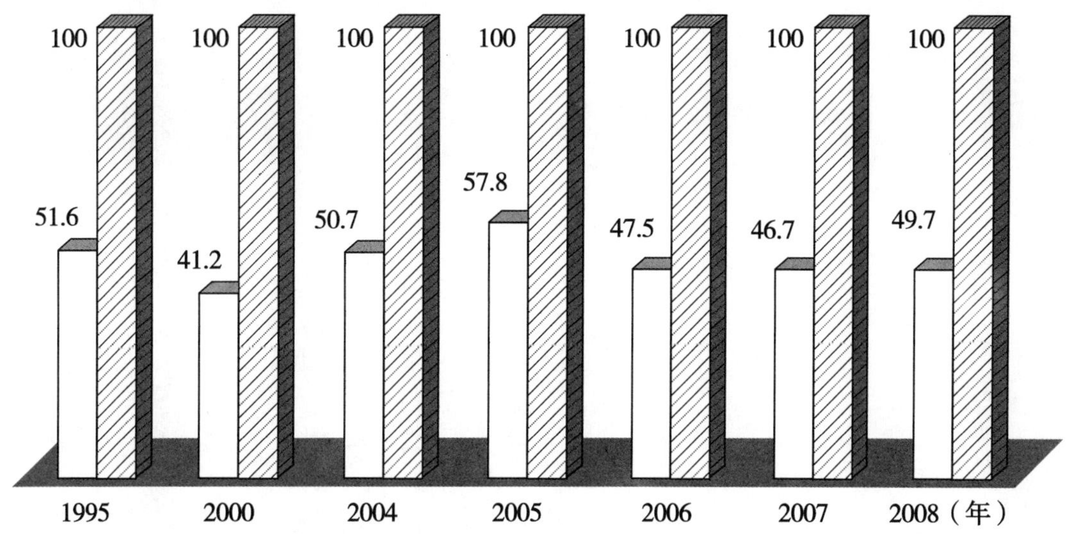

在校学生数（万人）

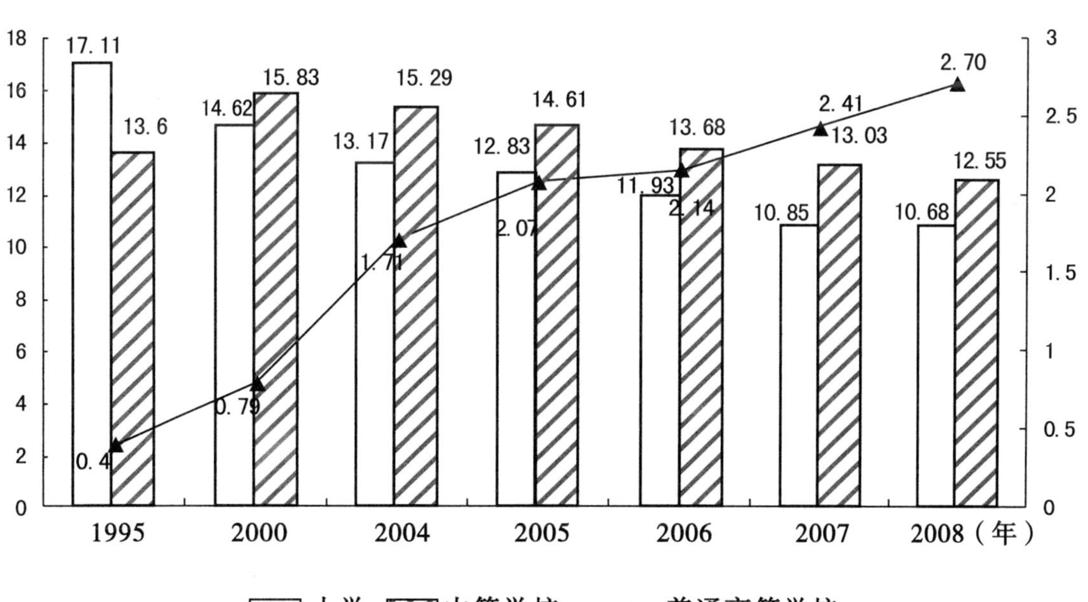

14-1 各级各类学校数

单位:所

年份	普通高等学校	中等学校	中等专业学校	中等技术学校	中等师范学校	普通中学
1991	2	252	6	5	1	190
1992	2	249	7	6	1	186
1993	2	245	6	5	1	183
1994	2	227	6	5	1	170
1995	2	215	6	5	1	164
1996	2	208	7	6	1	163
1997	2	197	7	6	1	158
1998	2	195	7	6	1	159
2000	2	169	7	6	1	145
2001	2	153	5	5		145
2002	2	152	5	5		144
2003	4	148	2	2		142
2004	4	144	2	2		138
2005	4	140	2	2		134
2006	4	135	2	2		131
2007	4	135	2	2		131
2008	4	130	2	2		126

14-1续表

单位:所

年份	完全中学	高中	初中	九年一贯制学校	职业中学	小学	幼儿园
1991		57	133		56	364	204
1992		51	135		56	348	200
1993		52	131		56	320	193
1994		50	120		51	299	199
1995		49	115		45	291	198
1996		45	118		38	243	215
1997		44	114		32	236	208
1998		42	117		29	230	212
2000		38	107		17	187	217
2001		31	114		3	159	85
2002	11	22	83	28	3	156	87
2003	8	22	82	30	4	146	86
2004	6	20	88	24	4	140	85
2005	3	20	84	27	4	134	88
2006	5	20	57	49	2	101	78
2007	4	20	47	60	2	69	109
2008	2	17	57	50	2	78	117

14-2 各级各类学校教职工数

单位：人

年 份	普通高等学校	中等学校	中等专业学校	中等技术学校	中等师范学校	普通中学
1991	3001	17429	1033	851	182	13008
1992	2998	17722	1136	972	164	13039
1993	2524	17182	1323	1171	152	12482
1994	2626	15773	1304	1202	102	11782
1995	2516	16369	1318	1182	136	12416
1996	2513	17233	1532	1398	134	13448
1997	2501	16934	1504	1362	142	13308
1998	2497	18287	1550	1408	142	14817
2000	2341	17320	1531	1399	132	14499
2001	2174	15107	1215	1215		13548
2002	1960	15344	1211	1211		13795
2003	2705	14829	895	895		13632
2004	2969	14402	390	390		13710
2005	3129	14067	398	398		13366
2006	2389	13194	351	351		12776
2007	2441	13072	370	370		12635
2008	2202	13190	370	370		12665

14-2 续表

单位：人

年 份	高 中	初 中	职业中学	小 学	幼儿园
1991	4460	8548	3388	13459	2891
1992	3972	9067	3547	13143	3204
1993	3780	8702	3377	12890	2723
1994	3574	8208	2687	12727	2571
1995	3948	8468	2635	13397	2934
1996	4276	9172	2253	14844	3044
1997	4231	9077	2122	14514	2891
1998	4129	10688	1920	14491	2685
2000	3968	10531	1290	13488	2905
2001	3706	9842	344	11770	1469
2002	3774	10021	338	11541	1451
2003	3729	9903	302	11251	1470
2004	3706	10004	302	11286	1430
2005	3613	9753	303	10821	1385
2006	3453	9323	67	10014	1195
2007	3415	9220	67	9855	1513
2008	3343	9322	155	10112	1485

14-3 各级各类学校教师数

单位:人

年 份	普通高等学校	中等学校	中等专业学校	中等技术学校	中等师范学校	普通中学
1991	533	9118	429	373	56	7071
1992	531	9285	416	359	57	7149
1993	554	8863	389	343	46	6868
1994	613	8390	424	376	48	6680
1995	603	9159	436	384	52	7421
1996	639	10111	566	498	68	8330
1997	633	10136	557	498	59	8468
1998	619	11113	577	518	59	9502
2000	627	10862	540	478	62	9654
2001	586	9551	415	415		8901
2002	567	9875	416	416		9227
2003	1593	9748	297	297		9253
2004	1084	9639	157	157		9284
2005	1264	9471	175	175		9098
2006	1331	9179	179	179		8966
2007	1444	9100	198	198		8868
2008	1482	9169	198	198		8864

14-3 续表

单位:人

年 份	高 中	初 中	职业中学	小 学	幼儿园
1991	1833	5238	1618	9636	1905
1992	1827	5322	1720	7489	2075
1993	1719	5149	1606	9283	1953
1994	1650	5030	1286	8953	1863
1995	1897	5524	1302	9321	2035
1996	2110	6220	1215	10123	2253
1997	2093	6375	1111	10004	2142
1998	2199	7303	1034	9680	2064
2000	2128	7526	668	9220	2138
2001	2105	6796	235	8100	920
2002	2202	7025	232	7900	921
2003	2306	6947	198	7815	953
2004	2394	6890	198	7824	952
2005	2278	6820	198	7609	899
2006	2347	6619	34	7321	741
2007	2287	6581	34	7219	973
2008	2347	6517	107	7415	952

14-4 各级各类学校在校学生数

单位:人

年份	普通高等学校	中等学校	中等专业学校	中等技术学校	中等师范学校	普通中学
1991	3058	141248	3978	3328	650	110086
1992	3331	137115	4251	3639	612	106019
1993	3839	136984	4553	3912	641	106222
1994	4209	132572	5595	4778	817	104013
1995	3998	136035	5707	4990	717	108803
1996	3924	140798	7066	6010	1056	113849
1997	4122	140703	8407	7641	766	114037
1998	4666	153981	9251	8459	792	128853
2000	7933	158302	8080	7196	884	137667
2001	6505	146009	9088	9088		134413
2002	8895	150469	10311	10311		138028
2003	12121	152010	10196	10196		139907
2004	17090	152903	9302	9302		141506
2005	20659	148277	7221	7221		138911
2006	21432	136818	4935	4935		131625
2007	24115	130259	4108	4108		125834
2008	27032	125510	3353	3353		120903

14-4 续表

单位:人

年份	高中	初中	职业中学	小学	幼儿园
1991	25640	84446	27184	167942	37718
1992	22407	83612	26845	170664	39780
1993	21178	85044	26209	174313	39087
1994	20636	83377	22964	170991	33250
1995	21354	87449	21525	171081	32350
1996	21686	92163	19883	170435	34411
1997	22793	91244	18259	170850	36996
1998	23331	105522	15877	153174	35351
2000	25473	112194	12555	146177	33413
2001	26695	107718	2508	135853	22894
2002	29302	108726	2130	131388	22999
2003	36157	103750	1907	134198	24265
2004	36693	104813	2095	131703	26806
2005	36640	102271	2145	128320	24803
2006	36120	95505	258	119267	21554
2007	35619	90215	317	108471	30405
2008	34991	85912	1254	106808	27920

14-5 各级各类学校招生数

单位:人

年份	普通高等学校	中等学校	中等专业学校			普通中学
				中等技术学校	中等师范学校	
1991	1021	49363	2241	2084	157	35027
1992	1168	47852	1749	1529	220	34558
1993	1427	49051	1906	1630	276	35753
1994	1263	49564	2005	1727	278	36824
1995	1301	52331	2144	1898	246	39848
1996	1323	48446	2680	2410	270	36062
1997	1464	46169	3095	2825	270	34585
1998	1615	62953	3234	2962	272	55336
2000	3400	46516	2131	1843	288	37812
2001	2218	44467	2864	2864		40931
2002	3149	46527	3425	3425		42464
2003	3315	40833	2904	2904		37571
2004	6542	42554	2791	2791		39245
2005	5903	39268	1706	1706		37024
2006	7280	39180	1121	1121		37979
2007	8370	37280	1466	1466		35661
2008	9571	32444	948	948		31121

14-5 续表

单位:人

年份	高中	初中	职业中学	小学	幼儿园
1991	8017	27010	12095	25573	14368
1992	6799	27759	11545	28656	16637
1993	7130	28623	11392	29055	18033
1994	7599	29225	10735	27338	
1995	7196	32652	10339	29255	21228
1996	7976	28086	9704	27439	24116
1997	7503	27082	8489	27138	23459
1998	8262	47074	4383	28918	20969
2000	7872	29940	6573	27075	20266
2001	10117	30814	672	24722	16870
2002	11983	30481	638	23735	16434
2003	13628	23943	358	26800	17648
2004	12943	26302	518	24153	18518
2005	12326	24698	538	21900	16688
2006	12554	25425	80	18114	13716
2007	11331	24330	153	16669	20831
2008	11403	19718	375	16243	19167

14-6 各级各类学校毕业生数

单位:人

年份	普通高等学校	中等学校	中等专业学校	中等技术学校	中等师范学校	普通中学
1991	993	47081	1333	1198	135	39321
1992	895	45315	1476	1198	278	36597
1993	881	44718	1223	1047	176	35244
1994	927	46653	1243	1198	45	37693
1995	1482	43211	1612	1297	315	35230
1996	1376	46253	1773	1487	286	37659
1997	1188	43376	1768	1520	248	35746
1998	1021	49335	1976	1730	246	40938
2000	1204	43818	2934	2664	270	36856
2001	912	43348	1894	1894		34872
2002	859	35203	2664	2664		31505
2003	3438	35785	3690	3690		31239
2004	2364	42977	3010	3010		39001
2005	2814	40915	3708	3708		36211
2006	5974	43212	2631	2631		40433
2007	6144	38322	1434	1434		36803
2008	7386	37354	1157	1157		35871

14-6 续表

单位:人

年份	高中	初中	职业中学	小学
1991	8033	31288	6427	27081
1992	8872	27725	7242	27812
1993	8351	26893	8251	28626
1994	7449	30244	7717	29225
1995	6402	28828	6369	32652
1996	7348	30311	6821	28086
1997	6530	29216	5862	27082
1998	7339	33599	6421	47074
2000	7091	29765	4028	29940
2001	7572	27300	6582	11065
2002	7959	23546	1034	30481
2003	6877	24362	856	23983
2004	10565	28436	966	26439
2005	11176	25035	996	25128
2006	11867	28566	148	12239
2007	11526	25277	85	24375
2008	120818	23853	326	19734

14-7 各级各类成人学校基本情况

(2008 年)

各类学校	学校数（所）	毕业生数（人）	招生数（人）	在校学生数（人）	教职工数（人）	#专任教师	兼任教师（人）
总计	**80**	**125172**	**8734**	**129661**	**2772**	**1829**	**746**
一、成人高等学校	3	668	1506	3445	576	242	44
广播电视大学	1	128	38	263	383	143	
职工高等学院							
管理干部学院	1	487	634	1798	182	99	44
教师进修学院	1				11	11	
普通高校办函授部		53	834	1384			
二、成人中等学校	77	124504	7228	126216	2196	1587	702
中等专业学校	3	5530	7228	15334	901	873	
教师进修学校	6				58	50	
职业技术培训学校	68	118974		110882	1237	664	702

14-8 各级各类成人学校在校学生数

单位:人

各类学校	1995	2000	2003	2004	2005	2006	2007	2008
成人高等学校	5633	4020	2012	518	1508	1822	2323	3445
广播电视大学	2184	1071	1171	52	643	528		263
职工高等学院	400							
管理干部学院	374	613	710	335	655	1000	1667	1798
教师进修学院	2199	2108						
普通高校办函授部	476	228	131	131	210	294	656	1384
成人中等专业学校	10286	2251	868	868	1071	912	13636	15334

14-9 中等专业学校分科在校生人数

单位:人

年份	合计	中等技术学校						中等师范学校
			农科	林科	医药	财经	其他	
1991	3978	3328	1536	620	520	652		650
1992	4251	3639	1784	612	540	640	63	612
1993	4553	3912	1759	666	767	720		641
1994	5595	4778	1897	1085	1008	788		817
1995	5707	4990	1255	812	756	706	1461	717
1996	7066	6010	2721	1531	844	914		1056
1997	8407	7641	3083	1908	1036	1100	514	766
1998	9251	8459	3602	1691	1296	1090	780	792
2000	8080	7196	2455	1330	1281	1350	780	884
2001	9088	9088	3816	1800	1064	1245	1163	
2002	10311	10311	3956	2507	900	1145	1803	
2003	10196	10196	3599	2513	934	1045	2105	
2004	9302	9302	3340	2438	1034	1170	1320	
2005	7221	7221	3920	665	1172	310	1154	
2006	4935	4935	2679	352	670	211	1023	
2007	4108	4108	1877	215	534	245	1237	
2008	3353	3353	1530	175	435	200	1013	

14-10 中等专业学校分科招生数

单位:人

年份	合计	中等技术学校						中等师范学校
			农科	林科	医药	财经	其他	
1991	2241	2084	1294	280	150	360		157
1992	1749	1529	911	160	138	308	12	220
1993	1906	1630	600	150	480	400		276
1994	2005	1727	458	520	330	419		278
1995	2144	1898	248	267	238	706	439	246
1996	2680	2410	1170	520	320	400		270
1997	3095	2825	891	520	400	500	514	270
1998	3234	2962	1354	380	460	502	266	272
2000	2131	1843	593	230	172	650	198	288
2001	2864	2864	1081	948	213	421	201	
2002	3425	3425	1980	700	155	410	180	
2003	2904	2904	1551	145	434	405	369	
2004	2791	2791	1142	712	268	295	374	
2005	1706	1706	855	104	228	101	418	
2006	1121	1121	491	107	0	101	422	
2007	1466	1466	763	47	128	98	430	
2008	948	948	516	30	83	63	256	

14-11 中等专业学校分科毕业生数

单位:人

年份	合计	中等技术学校	农科	林科	医药	财经	其他	中等师范学校
1991	1333	1198	499	289	37	373		135
1992	1476	1198	581	168	118	320	11	278
1993	1223	1047	392	83	252	320		176
1994	1243	1198	381	88	417	312		45
1995	1612	1297	640	189	68	400		315
1996	1773	1487	473	360	234	420		286
1997	1768	1520	435	568	203	314		248
1998	1976	1730	522	568	200	440		246
2000	2934	2664	1535	470	333	210	116	270
2001	1894	1894	753	450	430	160	101	
2002	2664	2664	1480	455	319	260	150	
2003	3669	3669	2049	710	400	261	249	
2004	3010	3010	1175	1062	198	170	405	
2005	3708	3708	1578	1306	202	50	572	
2006	2631	2631	1119	420	434	30	628	
2007	1434	1434	748	133	108	81	364	
2008	1157	1157	603	107	87	65	295	

14-12 中等专业学校分类别专任教师数

单位:人

年份	合计	中等技术学校	农科	林科	医药	财经	其他	中等师范学校
1991	429	373	192	68	33	80		56
1992	416	359	190	63	33	65	8	57
1993	399	353	175	61	40	77		46
1994	424	376	182	67	50	77		48
1995	436	384	109	47	41	77	110	52
1996	566	498	273	112	41	72		68
1997	557	498	248	95	42	71	42	59
1998	577	518	233	102	50	72	61	59
2000	540	478	203	102	47	67	59	62
2001	415	415	170	105	46	45	49	
2002	416	416	168	96	42	50	60	
2003	297	297	69	96	43	30	59	
2004	157	157	40	20	24	10	63	
2005	175	175	46	20	24	10	75	
2006	179	179	42	20	25	5	87	
2007	198	198	64	20	24	8	82	
2008	198	198	64	20	24	8	82	

14-13　普通高等学校教职工数

单位:人

年 份	教职工总　数	校本部教职工	专任教师	教辅人员	行政人员	工勤人员
1991	3001	1580	429	229	401	521
1992	2998	1572	416	222	411	523
1993	2524	1605	554	154	392	505
1994	2626	1778	613	275	386	504
1995	2516	1594	603	214	327	450
1996	2513	1557	639	202	313	403
1997	2501	1543	633	199	314	397
1998	2497	1515	619	202	312	382
2000	2341	1391	627	88	257	419
2001	2174	1274	586	74	249	365
2002	1960	1042	567	209	134	132
2003	2705	1593	880	197	199	317
2004	2969	1882	1084	251	279	268
2005	3129	2154	1264	294	334	262
2006	2389	2034	1331	240	251	212
2007	2441	2116	1444	213	249	210
2008	2512	2202	1482	237	290	193

14-14　普通中等专业学校教职工数

单位:人

年 份	教职工总　数	校本部教职工	专任教师	教辅人员	行政人员	工勤人员
1991	1033	1144	429	80	192	443
1992	1136	1125	416	85	195	429
1993	1323	1199	399	103	194	503
1994	1304	1304	424	138	203	539
1995	1318	1221	436	119	231	435
1996	1532	1451	566	129	223	533
1997	1504	1457	557	147	257	496
1998	1550	1511	577	139	271	524
2000	1531	1418	540	133	259	486
2001	1215	1103	415	106	153	429
2002	1211	1102	416	109	152	425
2003	895	856	297	114	115	330
2004	390	386	157	53	66	110
2005	398	394	175	53	60	106
2006	351	347	179	50	69	49
2007	370	370	198	52	67	53
2008	367	367	198	50	67	52

14-15 各级学校教师负担学生数

单位:人

年 份	高等学校		中等学校		小学	
	教师楼	平均每个教师负担学生数	教师楼	平均每个教师负担学生数	教师楼	平均每个教师负担学生数
1991	533	5.7	7500	15.2	9636	17.4
1992	531	6.3	7565	14.6	9489	18.0
1993	554	6.9	8863	15.5	9283	18.8
1994	613	6.9	8390	15.8	8953	19.1
1995	603	6.6	9159	14.9	9321	18.4
1996	639	6.1	10111	13.9	10123	16.8
1997	633	6.5	10136	13.9	10004	17.1
1998	619	7.5	11620	13.7	9680	15.8
2000	627	12.7	10862	14.6	9220	15.9
2001	586	11.1	9551	15.3	8100	16.8
2002	567	15.7	9875	15.2	7900	16.6
2003	880	13.8	9748	15.6	7815	17.1
2004	1084	15.8	9639	15.9	7824	16.8
2005	1264	16.3	9521	15.6	7609	16.9
2006	1331	16.1	9179	14.9	7321	16.3
2007	1444	16.7	9100	14.3	7219	15.0
2008	1482	18.2	9169	13.7	7415	14.4

14-16 平均每万人口在校学生数和大中小学学生构成

单位:人

年 份	各级学校在校学生数占垦区人口 %	平均每万人口中			大中小学学生占学生总数%		
		大学生(人)	中学生(人)	小学生(人)	大学生	中学生	小学生
1991	18.2	20	730	1075	1.0	40.0	58.9
1992	18.2	21	706	1095	1.1	38.8	60.0
1993	20.2	24	699	1147	1.2	42.0	55.3
1994	19.7	27	705	1160	1.4	33.8	55.6
1995	19.9	26	872	1145	1.3	41.9	55.0
1996	20.1	26	876	956	1.4	40.1	56.0
1997	26.4	26	731	1095	1.3	36.1	54.1
1998	20.6	30	826	982	1.6	44.9	53.5
2000	20.0	51	882	937	2.5	48.1	49.4
2001	18.5	42	936	871	2.3	50.6	47.1
2002	18.6	57	965	842	3.1	51.8	45.1
2003	19.8	81	933	894	4.1	51.0	44.9
2004	19.2	109	901	839	5.7	46.9	47.9
2005	19.8	138	989	855	6.9	49.9	43.2
2006	17.8	137	844	765	7.8	48.3	43.9
2007	16.4	151	786	677	9.2	48.5	41.3
2008	16.2	168	733	647	10.4	48.4	41.2

14-17 各分局各类学校数

单位:所

年份 单位	普通 高等学校	中等专业 学校	中等 技术学校	中等 师范学校	普通 中学	完全 中学
2001	2	5	5		145	
2002	2	5	5		144	11
2003	4	2	2		142	8
2004	4	2	2		138	6
2005	4	2	2		132	3
2006	4	2	2		131	5
2007	4	2	2		131	2
2008	4	2	2		126	
宝泉岭局		1	1		16	
红兴隆局					15	
建三江局					18	
牡丹江局					16	
北安局		1	1		17	
九三局					12	
齐齐哈尔局					10	
绥化局					9	
哈尔滨局					11	2
总局直属	4				2	

14-17 续表

单位:所

年份 单位	高中	初中	九年一贯 制学校	职业 中学	小学	幼儿园
2001	31	86		3	85	
2002	22	83	28	3	156	87
2003	22	82	30	4	146	86
2004	20	88	24	4	140	85
2005	18	84	26	4	134	88
2006	20	57	49	2	101	78
2007	20	47	60	2	69	109
2008	17	57	50	2	78	117
宝泉岭局	3	8	5		10	14
红兴隆局	2	11	2	1	17	18
建三江局	2		16		1	24
牡丹江局	1		15		1	15
北安局	3	14			15	14
九三局	1	11		1	13	13
齐齐哈尔局	2	3	5		10	
绥化局	1	8			9	9
哈尔滨局	2	2	7		2	10
总局直属						

14-18　各分局各类学校教职工数

单位:人

年份 单位	普通 高等学校	中等学校	中等专业 学校	中等 技术学校	中等 师范学校	普通 中学
2001	2174	15107	1215	1215		13548
2002	1960	15344	1211	1211		13795
2003	2705	14829	895	895		13632
2004	2969	14402	390	390		13710
2005	3129	14066	398	398		13366
2006	2389	13204	351	351		12776
2007	2441	13072	370	370		12635
2008	2202	13083	367	367		12665
宝泉岭局		1980	175	175		1805
红兴隆局		1682				1663
建三江局		1685				1685
牡丹江局		1872				1872
北安局		2077	192	192		1885
九三局		1221				1189
齐齐哈尔局		698				698
绥化局		1003				1003
哈尔滨局		588				588
总局直属	2202	277				277

14-18续表

单位:所

年份 单位	高中	初中	职业 中学	小学	幼儿园
2001	3706	9842	344	11770	1469
2002	3738	10057	338	11541	1451
2003	3692	9940	302	11251	1470
2004	3706	10004	302	11286	1430
2005	3613	9753	302	10821	1385
2006	3453	9323	77	10014	1195
2007	3410	9225	67	9855	1513
2008	3343	9322	51	10112	1485
宝泉岭局	428	1377		1083	267
红兴隆局	439	1224	19	1426	221
建三江局	444	1241		1574	399
牡丹江局	494	1378		1216	227
北安局	497	1388		1456	140
九三局	313	876	32	847	138
齐齐哈尔局	185	513		744	
绥化局	265	738		1212	66
哈尔滨局	155	433		382	27
总局直属	123	154		172	

14-19 各分局各类学校教师数

单位:人

年份 单位	普通 高等学校	中等学校	中等专业 学校	中等 技术学校	中等 师范学校	普通 中学
2001	586	9551	415	415		8901
2002	567	9875	416	416		9227
2003	880	9748	297	297		9253
2004	1084	9639	157	157		9284
2005	1264	9521	175	175		9148
2006	1331	9179	179	179		8966
2007	1444	9100	198	198		8868
2008	1482	9098	198	198		8864
宝泉岭局		1290	82	82		1208
红兴隆局		1215				1199
建三江局		1104				1104
牡丹江局		1298				1298
北安局		1327	116	116		1211
九三局		886				866
齐齐哈尔局		577				577
绥化局		748				748
哈尔滨局		418				418
总局直属	1482	235				235

14-19续表

单位:人

年份 单位	高中	初中	职业 中学	小学	幼儿园
2001	2105	6796	235	8100	920
2002	2202	7025	232	7900	921
2003	2306	6947	198	7815	953
2004	2394	6890	198	7824	952
2005	2278	6870	198	7609	899
2006	2347	6619	34	7321	741
2007	2287	6581	34	7219	973
2008	2347	6517	36	7415	952
宝泉岭局	370	838		794	149
红兴隆局	347	852	16	960	136
建三江局	329	775		1159	252
牡丹江局	269	1029		933	139
北安局	360	851		966	113
九三局	188	678	20	589	92
齐齐哈尔局	161	416		603	
绥化局	115	633		946	53
哈尔滨局	89	329		295	18
总局直属	119	116		170	

14-20 各分局各类学校在校学生数

单位:人

年份 单位	普通 高等学校	中等学校	中等专业 学校	中等 技术学校	中等 师范学校	普通 中学
2001	6505	146009	9088	9088		134413
2002	8895	150468	10311	10311		138028
2003	10196	156035	10196	10196		144172
2004	17090	152903	9302	3524		141506
2005	20659	148277	7221	7221		138911
2006	21432	136818	4935	4935		131625
2007	24115	130259	4108	4108		125834
2008	27032	124607	3353	3353		120903
宝泉岭局		18431	1156	1156		17275
红兴隆局		15269				15057
建三江局		15695				15695
牡丹江局		17813				17813
北安局		18186	1472	1472		16714
九三局		11602				11463
齐齐哈尔局		8006				8006
绥化局		11240				11240
哈尔滨局		4744				4744
总局直属	27032	3621	725	725		2896

14-20续表

单位:人

年份 单位	高中	初中	职业 中学	小学	幼儿园
2001	26695	107718	2508	135853	22894
2002	30202	107826	2130	131388	22999
2003	36157	108015	1667	134198	24265
2004	36693	104813	2095	131703	26806
2005	36640	102271	2145	128320	21555
2006	36120	95505	258	119267	21554
2007	35619	90215	317	108471	30405
2008	34991	85912	351	106808	27920
宝泉岭局	6264	11011		10440	3174
红兴隆局	4928	10129	212	10819	3101
建三江局	5122	10573		18441	4781
牡丹江局	4178	13635		15302	3227
北安局	5656	11058		17009	3885
九三局	3012	8451	139	9039	4916
齐齐哈尔局	1871	6135		8533	194
绥化局	1468	9772		10836	3277
哈尔滨局	988	3756		4475	1365
总局直属	1504	1392		1914	

14-21 各分局各类学校招生数

单位:人

年份 单位	普通 高等学校	中等学校	中等专业 学校	中等 技术学校	中等 师范学校	普通 中学
2001	2218	44467	2864	2864		40931
2002	3149	46527	3425	3425		42464
2003	3315	40833	2904	2904		37571
2004	6542	42554	2791	2791		39245
2005	5903	39268	1706	1706		37024
2006	7280	39180	1121	1121		37979
2007	8370	37280	1466	1466		35661
2008	9571	32164	948	948		31121
宝泉岭局		5135	332	332		4803
红兴隆局		4361				4308
建三江局		1697				1697
牡丹江局		4559				4559
北安局		5878	432	432		5446
九三局		3723				3681
齐齐哈尔局		2044				2044
绥化局		2465				2465
哈尔滨局		1209				1209
总局直属	9571	1093	184	184		909

14-21 续表

单位:人

年份 单位	高中	初中	职业 中学	小学	幼儿园
2001	10117	30814	672	24722	17402
2002	11983	30481	638	23735	16434
2003	13628	23943	358	26800	17468
2004	12943	26302	518	24153	18518
2005	12326	24698	538	21900	13742
2006	12554	25425	80	18114	13716
2007	11331	24330	153	16669	20831
2008	11403	19718	95	16243	19167
宝泉岭局	2068	2735		1549	1956
红兴隆局	1667	2641	53	1934	1600
建三江局	1697			1833	2396
牡丹江局	1315	3244		2727	1643
北安局	1828	3618		2378	3023
九三局	997	2684	42	1741	4502
齐齐哈尔局	511	1533		1059	186
绥化局	520	1945		1927	2496
哈尔滨局	322	887		834	1365
总局直属	478	431		261	

14-22 各分局各类学校毕业生数

单位:人

年份 单位	普通 高等学校	中等学校	中等专业 学校	中等 技术学校	中等 师范学校
2001	912	43348	1894	1894	
2002	859	35203	2664	2664	
2003	3690	35665	3690	3690	
2004	2364	42977	3010	3010	
2005	2814	40915	3708	3708	
2006	5974	43212	2631	2631	
2007	6144	38322	1157	1157	
2008	7386	37112	1157	1157	
宝泉岭局		6050	415	415	
红兴隆局		4115			
建三江局		5918			
牡丹江局		4830			
北安局		5934	496	496	
九三局		2843			
齐齐哈尔局		2075			
绥化局		2782			
哈尔滨局		1213			
总局直属	7386	1352	246	246	

14-22 续表

单位:人

年份 单位	普通 中学	高中	初中	职业 中学	小学
2001	34872	7572	27300	·6582	30601
2002	31505	7959	23546	1034	30481
2003	31239	6877	24362	736	23983
2004	39001	10565	28436	966	26439
2005	36211	11176	25035	996	25128
2006	40433	11867	28566	148	25431
2007	36803	11526	25277	84	24375
2008	35871	12018	23853		19734
宝泉岭局	5635	2479	3156		2735
红兴隆局	4094	1720	2374	21	2641
建三江局	5918	1674	4244		
牡丹江局	4830	1368	3462		3215
北安局	5438	1871	3567		3618
九三局	2780	995	1785	63	2684
齐齐哈尔局	2075	499	1576		1533
绥化局	2782	498	2284		1945
哈尔滨局	1213	341	872		932
总局直属	1106	573	533		431

14-23 各分局中学毕业生和小学毕业生升学率

年份 单位	高中毕业生升学率			初中毕业生升学率			小学毕业生升学率		
	毕业生人数（人）	升入高等学校（人）	升学率（%）	毕业生人数（人）	升入高级中学人数（人）	升学率（%）	毕业生人数（人）	升入初级中学人数（人）	升学率（%）
2001	7572	5471	72.3	27300	11229	41.1	30601	30601	100.0
2002	7959	6225	78.2	23546	13324	56.6	30481	30481	100.0
2003	6877	6566	95.5	24362	14992	61.5	23983	23983	100.0
2004	10565	7813	74.0	28436	14427	50.7	26439	26439	100.0
2005	11176	8944	80.0	25035	14490	57.8	25128	25128	100.0
2006	11867	8911	75.1	28566	13576	47.5	25431	25431	100.0
2007	11526	9249	80.2	25277	11799	46.7	24375	24375	100.0
2008	12018	9854	82.0	23853	11863	49.7	19734	19734	100.0
宝泉岭局	2479	2093	84.4	3156	2068	65.5	2735	2735	100.0
红兴隆局	1720	1596	92.8	2374	1812	76.3	2641	2641	100.0
建三江局	1674	1452	86.7	4244	1712	40.3			
牡丹江局	1368	1315	96.1	3462	1336	38.6	3215	3215	100.0
北安局	1871	1121	59.9	3567	1890	53.0	3618	3618	100.0
九三局	995	848	85.2	1785	1122	62.9	2684	2684	100.0
齐齐哈尔局	499	444	89.0	1576	537	34.1	1533	1533	100.0
绥化局	498	470	94.4	2284	541	23.7	1945	1945	100.0
哈尔滨局	341	170	49.9	872	358	41.1	932	932	100.0
总局直属	573	345	60.2	533	487	91.4	431	431	100.0

注：升入高等学校人数中含部分往届毕业生。建三江局小学校由于五四学制改为六三学制，所以2008年小学没有毕业生数。

14-24 各分局小学学龄儿童入学率

年份 单位	学龄儿童数（人）	已入学学龄儿童数（人）	入学率（%）
2001	132369	132369	100.0
2002	127015	127015	100.0
2003	130075	130075	100.0
2004	124850	124850	100.0
2005	122107	122107	100.0
2006	113397	113397	100.0
2007	101882	101882	100.0
2008	101342	101342	100.0
			100.0
宝泉岭局	10108	10108	100.0
红兴隆局	10318	10318	100.0
建三江局	16517	16517	100.0
牡丹江局	13823	13823	100.0
北安局	16058	16058	100.0
九三局	9036	9036	100.0
齐齐哈尔局	8257	8257	100.0
绥化局	10836	10836	100.0
哈尔滨局	4475	4475	100.0
总局直属	1914	1914	100.0

注：14-1至14-24表资料由总局教育局提供。

14-25　广播、电视自办节目播出情况

(2008 年)

单位	有线广播站(个)	自办广播节目平均每日播音时间(小时)		广播人口覆盖率(%)	有线电视站(个)	自办电视节目平均每周播音时间(小时)		电视人口覆盖率(%)
		小计	新闻			小计	新闻	
总计	**105**	**13:23**	**13:23**	**92.4**	**105**	**17:35**	**21:50**	**91.7**
宝泉岭局	13	1:45	1:45	92.5	13	1:45	2:10	92.5
红兴隆局	12	1:10	1:10	96.3	12	1:10	2:10	96.3
建三江局	15	1:45	1:45	91.2	15	1:45	2:10	90.2
牡丹江局	13	1:45	1:45	93.0	13	1:45	2:10	93.0
北安局	14	1:45	1:45	90.3	14	1:45	2:10	87.1
九三局	11	1:45	1:45	88.9	11	1:45	2:10	86.0
齐齐哈尔局	7	1:45	1:45	84.2	7	1:45	2:10	84.2
绥化局	9	1:10	1:10	91.7	9	1:10	2:10	91.7
哈尔滨局	11			96.2	11			96.2
总局直属				100.0		4:30	4:30	100.0

注：14-25 表资料由总局广播电视局提供。

14-25 续表

年份 单位	有线电视总用户数(万户)	转播电视节目套数(套)	电视转播台(座)	电视发射机(部)	千瓦发射机(部)	广播电视事业机构(个)	职工人数(人)	卫生地面站(座)	开通光纤网长度(公里)			开通光纤的农牧场及生产队(个)
									一级	二级	三级	
总计	**24.76**	**27**	**37**	**66**	**43**	**105**	**1105**	**139**	**2253.4**	**3335**	**8182**	**1700**
宝泉岭局	3.46	27	9	15	12	13	164	14		485	835	270
红兴隆局	4.80	27	7	12	5	12	165	13		664	1771	348
建三江局	4.02	27	7	13	11	15	155	19		460	913	271
牡丹江局	2.74	27	6	10	4	13	139	26		470	1500	228
北安局	2.99	27	2	4	3	14	127	6		240	1567	205
九三局	3.50	27	3	6	4	11	106	5		486	802	167
齐齐哈尔局	1.42	27	2	4	4	7	51	10		230	500	90
绥化局	0.95	27	1	2		9	42	20		300	294	121
哈尔滨局	0.70	27				11	32	18				
总局直属	0.18	27					124	8	2253			

14-26　专业艺术表演团体单位、人员数及演出、收支情况

指　　标	单位	1995	2000	2003	2004	2005	2006	2007	2008
单位数	个	1	1	1	1	1	1	1	1
人员数	人	73	54	29	29	27	26	26	27
演出场数	场	68	164	60	60	150	100	50	68
# 到基层演出	场	11	140	59	50	106	62	40	50
观众人数	人次	60000	195000	80000	100000	150000	150000	95000	130000
# 基层观众	人次	20000	160000	75000	60000	100000	93000	80000	90000
本年新创作并演出剧目	个	30	36	15	30	16	18	17	9
# 获奖总数	个	3	17	5	1			5	
国家经费补贴	万元	80	170	15	198	239	272	462	462
演出收入	万元	3	5	8	21	11	7.8	5.8	3

注:14-26 表资料由总局文工团提供.

14-27　杂志和报纸出版情况

年 份	杂志				报纸			
	种　数（种）	每期平均印　数（册）	总印数（万册）	总印张数（万印张）	种　数（种）	每期平均印数（份）	总印数（万份）	总印张数（万印张）
1991	6	44600	48.0	157.3	4	56800	730.4	730.4
1992	6	50600	55.0	192.2	5	65800	1345.8	1332.3
1993	6	56100	58.0	199.7	5	67900	1497.1	1417.4
1994	7	24517	24.6	74.3	4	60000	1081.3	277.5
1995	7	16000	13.4	41.9	4	68836	1347.0	671.7
1996	4	23000	17.0	68.8	2	47136	1547.0	612.0
1997	6	22750	19.7	82.6	2	51000	1653.1	720.0
1998	6	21200	29.1	85.7	2	67400	2046.1	2046.0
1999	5	18559	14.6	68.3	2	72500	2023.6	2024.0
2000	5	15560	11.0	58.4	1	55000	1650.0	1650.0
2001	4	12580	7.6	38.9	1	40050	1335.1	1335.0
2002	4	15416	9.3	48.1	1	48000	1598.4	1598.4
2003	4	12486	7.5	38.2	1	49000	1631.7	1631.7
2004	4	8325	5.0	26.1	1	36500	1216.3	1216.3
2005	4	13000	7.8	40.7	1	38100	1269.0	1269.0
2006	4	12600	7.8	38.6	1	42300	1387.8	1387.8
2007	4	11400	7.6	35.7	1	44450	1541.8	1541.8
2008	4	12100	7.8	36.5	1	46485	1612.7	1612.7

14-28 科学研究与技术开发机构、人员、经费及资产情况

指标	单位	2007				2008			
		合计	自然科学技术领域	社会人文科学领域	科学技术情报	合计	自然科学技术领域	社会人文科学领域	科学技术情报
独立研究与开发机构									
(一)总局直属									
机构数	个	11	9	1	1	19	17	1	1
职工人数	人	303	263	13	27	871	832	12	27
# 科技人员	人	254	215	13	26	513	475	12	26
管理人员	人	40	36		4	95	91		4
工人	人	63	62		1	318	317		1
经费收入额	万元	5514.0	5118.5	130.0	265.5	9257.6	8616.9	179.4	461.3
# 国拨	万元	3395.8	3199.6		196.2	4643.2	4105.8	179.4	358.0
基本建设投资额	万元					33.4	33.4		
# 设备及工器具购置	万元					582.9	511.2		71.7
年末固定资产原值	万元	5267.5	4676.4	82.8	508.3	10230.1	9669.3	52.5	508.3
(二)分局直属									
机构数	个	6	6						
职工人数	人	497	497						
# 科技人员	人	183	183						
管理人员	人	235	235						
工人	人	79	79						
经费收入额	万元	858.2	858.2						
# 国拨	万元								
基本建设投资额	万元	46.0	46.0						
# 设备及工器具购置	万元	46.0	46.0						
年末固定资产原值	万元	3434.7	3434.7						

注：14-28至14-30表资料由总局科技局提供。

14-29　科学研究与技术开发项目科技奖励情况

单位:个

指　　标	2002	2003	2004	2005	2006	2007	2008
本年开展的研究与开发项目	105	94	94	187	121	202	29
本年完成并通过鉴定的研究与开发项目	37	25	20	50	38	23	21
获奖的研究、开发项目	34	32	6	34	7	33	29
获国家星火奖							
获科技进步奖	32	30	6	34	7	33	29
# 国家级科技进步奖							
省、部级科技进步奖	10	8	6	5	7	6	5
总局级科技进步奖	22	22		29		27	24
获农业部丰收奖	2	2					
获省星火奖							
一、独立研究与开发机构							
本年开展的研究与开发项目	65	62	62	127	39	134	14
本年完成并通过鉴定的研究与开发项目	23	17	14	8	11	5	3
获奖的研究、开发项目	9			10	2	14	7
获国家星火奖							
获科技进步奖	7	7	5	10	2	14	7
# 国家级科技进步奖							
省、部级科技进步奖	2	3			2	1	1
总局级科技进步奖	5	4		10		13	6
二、非独立研究与开发机构							
本年开展的研究与开发项目	40	34	30	60	82	68	15
本年完成并通过鉴定的研究与开发项目	14	8	6	42	27	18	18
获奖的研究、开发项目	25	23	1	24	5	19	22
获国家发明奖							
获科技进步奖	25	23	1	24	5	19	22
# 国家级科技进步奖							
省、部级科技进步奖	8	5	1	5	5	5	4
总局级科技进步奖	17	18		19		14	18
获农业部丰收奖							
获省星火奖							

14-30 垦区科学技术进步奖名单

(2008)

成果编号	项目名称	主要完成单位	主要完成人	获奖等级
080001	高产优质小麦新品种垦九10号的选育及推广	黑龙江省农垦总局九三科学研究所	李慧英、宋　伟、孙作凤 王立民、郭彦泰、陈　辉 王　婧	省三等奖
080002	青杨天牛化学生态控制及无公害技术研究	黑龙江农垦林业职业技术学院	张淑梅、张国财、赵静夫 郭宝松、姜庭武、邓　刚 张运芳	省三等奖
080003	优质肉牛规模化生产综合技术研究与示范	黑龙江八一农垦大学	苗树君、张洪友、曲永利 倪宏波、李　宁、沈冰蕾 付尚杰	省三等奖
080004	优质瘦肉型猪繁育体系及高效生产工艺的研究	黑龙江八一农垦大学动物科技学院	殷　松、刘春华、尚彩云 赵利保、周宏建、郝士彬 赵军辉、宗一夫、王华军	省三等奖
080005	建立黑龙江垦区农产品质量安全体系的对策研究	黑龙江省农垦绿色食品办公室	李　阳、余　捷、张　涛 杨淑波、迟兆江、孟昭春 王南云	省三等奖
080101	玉米大垄垄上行间覆膜高产高效栽培技术研究	农垦科学院作物开发研究所、八五二农场	陈德恩、李艳杰、杨富江 于　琳、王向平、马学涛 吴跃琦、史　丰、于春立 郝积霞、吴惠云、王德仁 于永梅、林　兰、张文修	总局一等奖
080102	大豆高产攻关技术研究与示范	八五二农场、农垦总局农业局、农垦科学院	陈德恩、杨富江、史　坚 王向平、王德仁、马学涛 刘赞林、吴惠云、林　岚 张文修、徐国良	总局一等奖
080103	高产优质多抗水稻新品种三江1号选育与推广	建三江农业科学科研所、黑龙江八一农垦大学植物科技学院、北安分局科研所	林秀华、郑桂平、李国俊 高　原、史凤海、刘凤艳 钱永德、杨　文、范业春 聂宏伟、李金峰、刘传芹 师国义、吕艳东、吴　红	总局一等奖
080104	超高产优质水稻新品种垦鉴稻10号的选育与推广应用	黑龙江八一农垦大学、黑龙江农垦总局建三江分局、黑龙江农垦总局齐齐哈尔分局、黑龙江省齐齐哈尔市种子公司、黑龙江农垦总局牡丹江分局、黑龙江省鸡西市种子公司、黑龙江省佳木斯斯市种子公司、黑龙江省绥化种子公司	郑桂萍、钱永德、吕艳东 王海泽、孔祥森、刘丽华 汪秀志、张红梅、张鸿礼 孙长艳、李金峰	总局一等奖

14-30 续表 1

080105	基于GPS的自动控制变量施固态肥播种机研制	黑龙江八一农垦大学	王　熙、庄卫东、赵　军 王新忠、王智敏、梁春英 陈德恩、张福山、金明山 杨富江、杨　辉、董玉坤 李爱传、史国滨	总局一等奖
080106	茸鹿胚胎移植技术的应用开发研究	农垦科学院哈尔滨特产研究所、新疆农二师三十三团、北京绿神鹿业有限责任公司、黑龙江省阿城市玉泉子富鹿场、哈尔滨农垦天山种鹿场	赵列平、李　宁、梁伟东 蒋小明、赵广华、李和平 韩欢胜、王子富、张佳谊 佟云鹏、侯伟力、刘文辉 王　君、李　丽、蒋淑英	总局一等奖
080107	高产优质肉鹅新品系的培育	黑龙江八一农垦大学、大庆市大同区北方种鹅场	杨焕民、周瑞进、刘胜军 李士泽、李　鹏、甄　莉 康　波、薛琳琳、吴秀芬 潘迎丽、李玉环、刘　双 计　红、周　娟、赵　悦	总局一等奖
080108	寒区奶牛科学饲养技术应用	黑龙江八一农垦大学、八五一一农场、八五七农场、庆丰农场、八五四农场	苗树君、曲永利、沈冰蕾 倪宏波、宋伟红、胡恩伟 韩　华、李　伟、徐春阳 李洪旗、李山平、张春杰 卫喜明、徐　琴	总局一等奖
080201	寒地水稻综合高产配套技术推广	农垦科学院水稻研究所、红卫农场、七星农场	刘华招、刘　延、郭文琛 刘和平、魏玉光、赵清政 陈淑杰、朱广石、李春光 田洪刚、王丽萍、袁亚莉	总局二等奖
080202	利用复合菌系资源化处理畜禽粪便及多功能生物有机肥的研究与应用	黑龙江八一农垦大学、佳木斯三兴农业技术服务有限公司、中国农业大学	王伟东、崔宗均、高亚梅 王彦杰、荆瑞勇、韩庆岭 孙冬梅、张鸿雁、郑殿军 汤　晖、郑宇航、郎建华	总局二等奖
080203	低湿耕地综合治理工程及水资源合理模式研究	农垦勘测设计研究院、八五〇农场、农垦建三江分局水务局、农垦红兴隆分局水务局、农垦九三分局水务局、农垦北安分局水务局、庆丰农场	姚　章、贾忠军、夏广亮 赵　清、仲崇合、贾庆丰 杜　宪、周东升、安瑞强 袁　斌、郭凤廷、初幸福	总局二等奖
080204	高油高异黄酮大豆新品种垦农21的育成与推广	黑龙江八一农垦大学	朱洪德、费志宏、朱桂华 孔祥森、于洪久、张　军 王　芳、冯丽娟、王春凤 胡远富、王密金、侯　杨	总局二等奖
080205	斜辊式稻麦收割机	牡丹江农垦迎丰机械制造有限责任公司、八五四农场	侯凯生、王建群、张雁良 王华兴、马光超、吴宪文 张卫民	总局二等奖

14-30 续表 2

080206	MH90S双行玉米青贮收获机推广应用	黑龙江省农垦天阳农机有限公司、农垦总局农机推广站、农垦总局农机监理站、农垦宝泉岭分局农机推广站、农垦红兴隆分局农机推广站、农垦建三江分局农机推广站、农垦牡丹江分局农机推广站	辛明玲、陈必安、邹 林 王 兵、姚红兵、冯 舟 俄立生、任宏斌、王凤海 刘怀山、武 志、侯林山	总局二等奖
080207	黑龙江省特种经济动物养殖开发技术	农垦科学院哈尔滨特产动物研究所、柳河农场、勤得力农场、铁力农场、八五八农场	李世良、李 宁、王喜海 崔本君、李龙泷、梁伟东 韩欢胜、赵福忠、郭 莹 王洪亮、王明明、张大帅	总局二等奖
080208	优质肉牛规模化养殖技术	农垦科学院畜牧兽医研究所、红兴隆分局畜牧水产局、红兴隆分局科技处、八五二农场、北兴农场、五九七农场、友谊农场	孙晓玉、李 宁、梁伟东 张孝军、林一飞、孙洪文 刘护国、于达恒、王东光 毛忠德、黄增援、赵德山	总局二等奖
080209	奶牛隐性酮病防治技术的研究	黑龙江八一农垦大学、八五一一农场、八五七农场、绿色草原牧场、大庆市庆新牧业有限公司	张洪友、夏 成、武 瑞 吴 凌、李祥辉、付世新 唐晓艳、刘兆民、黄海波 王龙祥、吴继红、邢茂文	总局二等奖
080210	垦区科技进步贡献率测算系统的研究	黑龙江八一农垦大学	谭 峰、李金海、章 磷 金宝石、于小秋、郇建华 王晓亮、富 爽、王亚轩	总局二等奖
080211	智能化农业信息处理核心技术研究	黑龙江八一农垦大学	徐 梅、谭 峰、刘振忠 冯乃杰、马晓丹、金宝石 高天琦	总局二等奖
080301	CS-150型马铃薯收获机	黑龙江八一农垦大学、中国农机院	衣淑娟、杨红帆、刘汉武 陶桂香、毛 欣、赵 达 张义峰、姜 楠、马永财	总局三等奖
080302	黑龙江垦区森林病虫害防治地理信息系统的研究	农垦林业职业技术学院、东北林业大学、农垦总局林业局、总局森林病防站、农垦绥化分局林业局	张淑海、李成德、郭宝松 郎明久、张国财、赵静夫 姜庭武、王金武、梁东生	总局三等奖
080303	米糠的综合开发利用研究	黑龙江八一农垦大学	鹿保鑫、王宪青、李志江 王 霞、王 颖	总局三等奖
080304	黑龙江垦区龙头企业人才发展实证分析	黑龙江农垦职业学院、九三粮油工业集团有限公司、完达山乳业股份有限公司、黑龙江多多集团有限公司、北大荒丰缘麦业集团有限公司	张德全、张 文、李凤梅 胡 伟、阎春荣、梁 亮 张平翼、王守江、王建军	总局三等奖
080305	自制双螺纹加压针、钉滑移变向外固定架治疗股骨颈及粗隆间骨折	农垦总局九三分局中心医院、讷河市人民医院、齐齐哈尔市第一医院、齐齐哈尔市中医院、齐齐哈尔市附属二院	潘伟新、王怀珠、程指民 李东旭、龙治强、曾庆友 张姝妍、孙荣军	总局三等奖

主要统计指标解释

科技活动 指在所有科学技术领域内，即自然科学、农业科学、医药科学、工程与技术科学、人文与社会科学中，与科技知识的产生、发展、传播和应用密切相关的全部的、有组织的、系统的科技活动。所谓有组织的、系统的科技活动，指在一个机构的范围之内，并列入这一机构的工作计划，由这一机构的人员有计划地进行的科技活动。目前科技活动统计包括研究与发展活动、研究与发展成果应用活动和科技服务活动。

研究与发展(R&D) 指为了增进知识，以及利用这些知识去开创新的用途而进行的系统的创造性的工作。它具备四种基本条件：创造性、新颖性或创新、科学方法的运用和新知识的产生。它包括三种类型：基础研究、应用研究和实验发展。

①**基础研究** 指不直接考虑用途，以揭示客观事物的本质、运动规律，获得新发现、新学说为目的或对已有的规律、发现、学说作系统的补充而进行的理论研究或实验。其成果以科学论文、科学著作为主要形式。

②**应用研究** 指利用基础研究所发现的知识，确定特定的目标，为了明确基础研究成果的实用化的可能性，探索新方法(原理性)而进行的独创性研究，及时对已经实用化的技术探索新的应用方法(原理性)而进行的研究。应用研究实际上并不直接产生新的(或改进)产品或工艺，其成果为科学论文、科学著作、原理性模型和专利等。

③**实验发展** 指利用基础研究、应用研究及实际经验所获得的知识，为生产新的材料、产品和装置、建立新的工艺、系统和服务，对已生产和建立的上述各项进行实质性的改进而从事的系统性工作。其成果为一种具有新产品或新技术基本特点的原型，可达到设计定型的新产品或新工艺、实验报告等。垦区的科研项目与课题大多属试验发展类。

科技活动机构 指调查范围内有建制的从事科技活动的科研机构。包括国有科学研究与技术开发机构、科技情报与文献机构，全日制普通高等学校附属科技活动机构、大中型工业企业附属的技术开发机构。全日制普通高等学校附属的科技活动机构指学校上级主管部门正式批准的以科技活动为主，相对稳定的开展科技活动的机构。大中型工业企业附属的技术开发机构(也称企业办科技机构)指企业自办或与外单位合办，管理上同生产系统相对独立的，或单独核算的专门技术开发机构，如企业办研究所或开发中心、开发部等。垦区科研机构主要包括总局、分局属科研部门，农场附属的研究与开发机构、工业企业附属的技术开发机构等 。

科研单位个数 指专门进行工、农业生产科学研究、科学试验的专门科研单位。

从业人员 指由本机构年末直接组织安排工作并支付工资的各类人员总数，包括固定职工、国家有编制的合同制职工、招聘人员和返聘的离退休人员。不包括离退休人员，停薪留职人员。

科技人员 是指在垦区科研机构工作并已取得科学技术职称，或大学、大专、中专的理、工、农、经等科学毕业生。

科研成果 凡是经过科学鉴定或同行评议，或得到其它方式的社会公认，认为符合科研成果条件，并附有评价，鉴定材料或实际试用的报告资料的科学工作成果，均作为科研成果予以统计。

普通高等、中等专业学校 指垦区按照国家规定的审批程序批准举办，通过全国统一招生考试招收高中毕业生和具有同等学历者初中毕业生和具有同等学历者，实施高等或中等教育，培养高等或中等专门人才的学校。包括大学(本科)、专科学校、大专(专科)和中等专业学校。

成人高等、中等学校 指垦区按照国家规定的审批程序批准举办，通过统一考试，招收高中毕业生和具有同等学历者、在职职工，利用多种形式对成人实施高等和中等教育，培养相当普通高等学校、专科学校、中等学校或本科、专科水平的专门人才的学校。包括电视大学、职工高等学校、干部管理学院、教育学院、独立函授学院以及普通高等学校举的函授夜大学等和职工中等专业学校等。

普通中学 指垦区内高、初中合一或高中、初中分设的中学，也包括中小学合一，以中学为主的学校，但这类学校的学生要分开统计，即小学校的学生数要统计到小学学生中去。

一贯制学校 指在一所学校连续实施中小学教育的机构。其中包括实施九年义务教育的九年一贯制学校和实施高中教育的十二年一贯制学校。

教职工总数 指垦区在各类学校中工作的在册

全部职工人数。包括校本部、科研机构、校办工厂农（林）场和附属机构的人员。但不包括离休人员，学校办集体所有制单位人员等。

专任教师 指垦区各类学校中，专职从事教学工作的人员。高等学校函授部夜大学的专任教师也包括在内。但不包括调离教学岗位，担任行政领导的原教学人员。

教辅人员 指从事教学辅助工作，为教学服务的人员。如图书管理员、资料室的资料员、电化教育馆人员等。

在校学生数 指学年初开学以后，具有学籍的在校学生人数，但普通中学不包括毕业生在校补习复读的学生数。农垦学校个数和在校学生数的规定：在农垦系统办的学校中，高中、职高、初中、小学多制合一的，其学校个数为1，并填在普通中学栏内，但在校学生数应分别统计。

升学率 被升入高一级学校的人数与应届毕业学生总人数之比。计算公式为：

$$\text{升学率}=\frac{\text{被录取升入高一级学校的人数}}{\text{应届毕业学生总数}}\times 100\%$$

这一指标反映某一级教育的学生继续接受高一级教育的比例。

STATISTICAL YEARBOOK

15 卫生、环保和其他

卫生机构人员数（人）

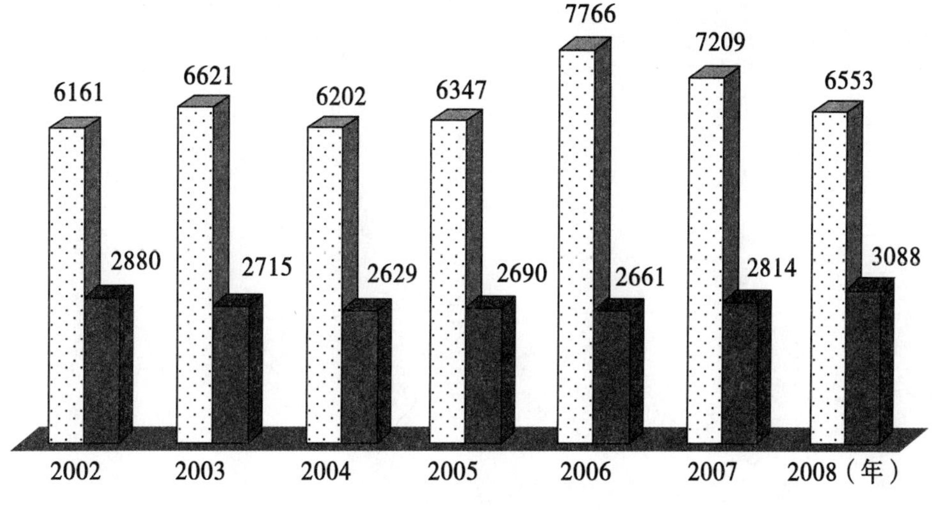

交通事故发生情况

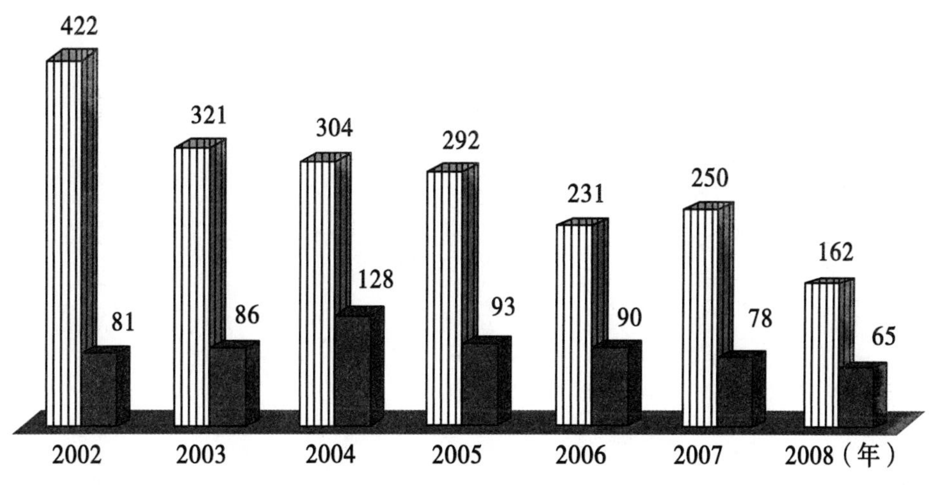

15-1 卫生机构数

单位:个

年份	总计	医院	疗养院、所	门诊部、所	卫生所	卫生防疫站	妇幼保健所、站	个体开业诊所	其它卫生机构
1990	3265	147	1	2916	2755	98	78	18	7
1991	3248	150	1	2891	2711	100	85	14	7
1992	3271	158	1	2866	2721	101	94	44	7
1993	3261	123	1	2800	2644	100	99	131	7
1994	3250	127	1	2784	2739	105	102	124	7
1995	3185	136	1	2736	2698	104	100	101	7
1996	3042	126	1	2709	2651	103	97		6
1997	3053	116	1	2726	2674	110	97		3
1998	2978	116	1	2662	2607	102	96		1
2000	2829	116	1	2511	2460	105	95		1
2001	2666	116	1	2349	2146	105	95		
2002	2524	122	1	2241	1937	90	70		
2003	2587	123	1	2286	2141	95	82		
2004	2577	122	1	2260	2105	101	93		
2005	2313	115	1	1870	1806	115	99		
2006	2397	116	1	1947	1854	116	111		
2007	2601	116	1	2179	2144	112	89		
2008	2564	116	1	2132	2090	114	92		

15-2 卫生机构人员数

单位:人

年份	总计	卫生技术人员	#医生	#中医	#西医师	#西医士	#护师、护士	每千人口医生数
1990	19185	14903	7628	252	4024	3350	3748	4.8
1991	20082	15306	7340	236	3795	3307	3656	4.7
1992	20508	15994	7007	231	4096	2676	3562	4.5
1993	19458	15441	6795	222	4384	2189	3399	4.3
1994	18409	14498	6553	210	4241	2097	3233	4.2
1995	18436	14426	6758	164	4520	2074	3456	4.4
1996	17638	14052	6832	151	4578	2101	3506	4.4
1997	17290	13889	7145	136	5080	1928	3729	4.6
1998	16464	13251	6933	108	5144	1679	3617	4.4
2000	14079	11487	6392	88	5174	1130	3289	4.1
2001	13472	11022	6237	192	5002	507	2939	4.1
2002	12735	10535	6161	69	5066	986	2880	3.9
2003	12052	10053	6621	85	4862	874	2715	4.2
2004	11704	9836	6202	80	4806	821	2629	3.3
2005	12096	10103	6347	76	4918	840	2690	4.0
2006	12322	10427	7766	46	5134	786	2661	4.9
2007	12498	10767	7209	40	5321	690	2814	4.4
2008	13228	11482	6553	139	5374	1040	3088	4.1

注：15-1至15-9表资料由总局卫生局提供

15-3 卫生机构床位数

单位:张

年 份	总 计	医 院	#综合医院	疗养院、所	每千人口医院床位数
1990	9324	9004	8278	320	5.6
1991	9536	9216	8384	320	5.9
1992	9778	9458	8630	320	6.1
1993	9263	8943	8557	320	6.0
1994	9234	8914	8664	320	5.7
1995	9301	8981	8661	320	6.0
1996	9133	8813	8563	320	5.6
1997	8891	8571	8321	320	5.7
1998	8558	8238	7988	320	5.4
2000	7838	7518	7268	320	5.1
2001	7334	7014	6680	320	4.7
2002	7217	6897	6647	320	4.3
2003	7194	6874	6624	320	4.1
2004	6970	6650	6400	320	5.6
2005	7352	7032	6677	320	4.5
2006	7483	7163	6798	320	4.7
2007	7724	7404	6959	320	4.7
2008	8274	7974	7374	300	4.8

15-4 各分局卫生机构、床位、人员数

年 份	机构数（个）	床位数（张）	人员合计（人）	卫生技术人员	其他技术人员	管理及工勤人员
2001	2666	7014	13472	11022	171	2279
2002	2524	6897	12735	10535	162	2038
2003	2587	6874	12052	10053	207	1792
2004	2577	6650	11704	9836	207	1661
2005	2313	7032	12096	10103	437	1556
2006	2397	7163	12322	10427	359	1536
2007	2601	7404	12498	10767	389	1342
2008	2564	7974	13228	11482	407	1339
宝泉岭局	441	1034	1971	1718	39	214
红兴隆局	481	1231	2393	2073	57	263
建三江局	395	760	1594	1431	58	105
牡丹江局	446	1144	2047	1785	47	215
北安局	296	636	1325	1132	62	131
九三局	184	558	980	880	17	83
齐齐哈尔局	153	480	913	808	33	72
绥化局	104	285	367	332	18	17
哈尔滨局	49	154	171	157	1	13
总局直属	15	1692	1460	1159	75	226

15-5　卫生机构、床位、人员数

（2008 年）　　单位:张

机构类别	机构数（个）	床位数（张）	人员合计（人）	卫生技术人员	其他技术人员	管理及工勤人员
总　　计	**2564**	**10100**	**13228**	**11482**	**407**	**1339**
一、医疗卫生机构	2248	9800	12394	10727	402	1265
1. 医院	116	7974	9373	7725	393	1255
(1) 总局总医院	1	908	895	751	60	84
(2) 分局中心医院	7	2120	3023	2387	177	459
(3) 农(厂)场职工医院	107	4346	5173	4367	156	650
（4）　专科医院	1	600	282	220		62
2．卫生院、门诊部(所)	2132	1826	3021	3002	9	10
(1) 卫生院、门诊部	42	381	356	344	8	4
(2) 卫生所	2090	1445	2665	2658	1	6
二、疗养院	1	300	87	23	5	59
三、卫生监督及防保机构	309		747	732		15
1. 卫生监督所	103		295	290		5
2. 疾病预防控制中心	114		238	230		8
3. 妇幼保健站	92		214	212		2

15-6　医院病床使用情况

单位:张

年　份	病床周转次　数(次)	病床工作日(日)	病床使用率(%)	出院者平均住　院　日(日)
1990	18.19	274.51	75.21	13.69
1991	17.17	266.09	72.90	14.20
1992	16.50	251.80	68.98	13.67
1993	13.78	189.40	51.89	12.74
1994	10.82	151.17	41.42	12.32
1995	10.31	150.06	40.56	12.56
1996	11.80	154.00	42.19	11.50
1997	11.70	154.10	42.22	11.70
1998	12.20	154.74	42.38	11.20
1999	12.15	154.83	42.51	11.50
2000	11.02	124.50	34.12	9.80
2001	13.00	160.60	44.00	11.00
2002	15.10	167.10	45.78	10.00
2003	14.87	178.40	48.87	10.80
2004	14.47	154.16	45.67	9.13
2005	18.89	259.47	58.14	11.50
2006	17.53	219.48	56.00	12.50
2007	18.08	247.77	63.26	11.98
2008	15.69	217.87	62.00	12.09

15-7　医院诊疗人次和入院人数

年　份 医院类别	诊疗人次(人次)	#门、急诊	入院人数(人)	每百诊次的入院数(人)	每百门、急诊次的入院人数(人)
1995	1760466	1756621	106947	6.1	6.1
2000	2033217	1648100	95428	4.7	5.8
2001	1121671	890500	57503	5.1	6.5
2002	1734296	1581446	89881	5.1	5.6
2003	2340238	1627949	89760	3.8	1.2
2004	1035274	337205	83387	3.5	9.4
2005	1564276	31410	100309	6.4	8.5
2006	1659555	67003	104409	6.3	9.0
2007	2051904	62299	114909	5.6	6.4
2008	2065895	88926	120935	5.9	13.8
1.总局总医院	145193	8269	12394	8.5	23.0
2.分局中心医院	580928	31989	54721	9.4	9.6
3.农场职工医院	1339774	48668	53820	4.0	14.8

注:本表不包含门诊部、所、基层卫生所、室和个体开业诊所的诊疗人次数。

15-8　住院病人疾病前十位顺位

(2008年)

顺位号	疾病名称	百分比(%)
1	循环系统疾病	25.66
2	呼吸系统疾病	11.92
3	消化系统疾病	10.54
4	损伤、中毒和外因的某些其他后果	9.29
5	肿瘤	8.89
6	妊娠、分娩和产褥期	7.94
7	泌尿生殖系统疾病	6.12
8	内分泌、营养和代谢疾病	4.21
9	影响健康状态和与保健机构接触的因素	4.12
10	某些传染病和寄生虫病	4.00

15-9　住院病人疾病死因前十位顺位

(2008年)

顺位号	疾病名称	百分比(%)
1	肿瘤	44.19
2	循环系统疾病	33.66
3	呼吸系统疾病	5.94
4	消化系统疾病	4.05
5	损伤、中毒和外因的某些其他后果	3.60
6	泌尿生殖系统疾病	2.34
7	某些传染病和寄生虫病	2.16
8	内分泌、营养和代谢疾病	1.53
9	症状、体征和临床与实验异常所见，不可规类于他处者	0.54
10	神经系统疾病	0.45

15-10　离休、退休及退职职工人数

单位：人

年　份	离退休、退职职工人数	#国有经济单位	在职职工与离退休职工之比	#国有经济单位
1995	156652	156652	4.3	4.2
1996	157160	157160	4.0	4.0
1997	158523	158523	3.9	3.8
1998	168974	168596	3.4	3.2
1999	175036	174472	2.7	2.6
2000	176445	175850	2.5	2.4
2001	197714	196708	2.1	2.0
2002	203575	203459	2.0	1.9
2003	209503	209059	1.9	1.8
2004	209645	208631	1.8	1.7
2005	222677	221663	1.6	1.4
2006	229558	228544	1.5	1.3
2007	230577	229563	1.6	1.4
2008	245583	244569	1.5	1.3

15-11　主要年份离休、退休及退职人员保险福利费用总额

单位：万元

项　　目	1995	2000	2005	2006	2007	2008
总　　计	**53005.3**	**102114.5**	**158898**	**235433**	**247288**	**290076**
1. 离　休　金	4224.9	11475.6	16472	16809	17844	21145
2. 退　休　金	33186.6	76440.1	133028	205564	214424	252858
3. 退职生活费	1598.2	3313.9	3193	3532	5008	5197
4. 医疗卫生费	4785.1	5842.1	4291	8503	8895	9344
5. 护　理　费						
6. 生活补贴费						
7. 交通费补贴	92.5	122.9				
8. 丧葬抚恤救济费	399.3	695.1				
9. 冬季取暖补	1363.3	1974.6				
10. 副食品价格补贴						
11. 其　　他	7355.5	2250.2	1914	1025	1117	1532

注：15-10至15-14表资料由总局劳动局提供。

15-12 按经济类型和企业、事业机关分的离休、退休及退职职工保险福利费用

单位:万元

年份	费用总额	国有单位	企业单位	事业单位	机关单位	集体单位
1990	19116.7	19108.3	18573.4	443.9	91.0	8.4
1992	30084.7	30079.2	28741.0	950.3	387.9	5.5
1993	35597.0	35597.0	33970.0	1204.0	422.0	
1994	47807.6	47807.6	44872.2	2322.4	613.0	
1995	53005.3	53005.3	50155.6	1006.2	1843.5	
1996	67065.6	67065.6	64362.2	2267.1	436.3	
1997	75600.5	75600.5	72897.0	2267.1	436.4	
1998	92130.3	92130.3	86314.8	3756.7	2058.8	
2000	105799.8	105697.8	102012.5	2485.4	1199.9	96.9
2001	138152.7	127962.4	120473.9	5727.1	1761.4	1150.5
2002	160989.5	152182.9	150671.4	6059.4	2747.2	61.8
2003	162462.1	153574.9	151849.8	7540.7	3071.6	199.1
2004	155810.0	155810.0	143677.0	11034.0	1099.0	
2005	158898.0	158836.0	150588.0	7609.0	639.0	63
2006	235433.0	235370.0	223193.0	8038.0	4139.0	63
2007	247288.0	244784.0	229951.0	13786.0	984.0	63
2008	290076.0	290014.0	272561.0	12345.0	5108.0	62

15-13 职工保险福利费用构成

(2008年)

单位:万元

项目	费用总额	国有单位	集体单位	其他单位
总计	**52319**	**45899**	**5**	**6415**
医疗卫生费	15122	13913	2	1207
丧葬抚恤救济费	3005	2903		102
生活困难补助费	3002	2032		970
文体宣传费	3682	2624		1058
集体福利设施及集体福利事业补贴费	13364	11332	2	2030
计划生育补贴	3582	3433		149
冬季取暖补贴	3670	3307		363
其他	6892	6355	1	536

15-14 职工保险福利费用总额

单位:万元

年 份	合 计	国有单位	#单位支付	#集体单位	保险福利费用总额相当于工资总额(%)
1979	3938.8	3938.8	3938.8		8.3
1980	5530.5	5560.5	5560.5		10.5
1981	5071.0	5071.0	5071.0		10.3
1982	5532.6	5507.2	5507.2	25.4	10.7
1983	7805.2	7768.0	7768.0	37.2	13.6
1984	6918.8	6918.8	6918.8	22.7	12.7
1985	7046.0	7026.4	7026.4	19.6	13.2
1986	7570.5	7515.6	7244.5	54.9	10.8
1987	8743.1	8679.2	8370.7	63.9	11.8
1988	7590.2	7529.9	7231.5	60.3	9.2
1989	10631.2	10577.5	10203.6	53.7	11.0
1990	18853.1	18841.4	18401.6	11.7	20.2
1991	14741.2	14730.7	14221.8	10.5	16.5
1992	26911.4	26901.9	26351.6	9.5	21.1
1993	28751.0	28751.0	28751.0		21.5
1994	31428.4	31428.4	30548.2		
1995	30011.6	30011.6	30011.6		14.7
1996	27882.3	27882.3	27882.3		12.4
1997	25367.4	25367.4	25367.4		11.1
1998	32161.5	31930.5	31930.5	231.0	11.4
2000	31246.4	30956.9	30956.9	70.9	12.4
2001	27880.1	27600.4	27600.4	82.5	12.4
2002	26979.4	22609.8	16686.7	19.1	10.0
2003	26199.2	23378.9	16714.9	171.5	9.8
2004	32505.0	28950.0	24119.0		12.0
2005	29857.0	24138.0	16516.0		11.0
2006	38913.0	32151.0	24589.0		10.6
2007	44615.0	44108.0	28482.0		10.7
2008	52319.0	45899.0	34308.0		11.3

15-15　矿山与非矿山生产事故发生情况

单位:万元

项　目	单 位	非煤矿山按事故发生程度分					非矿山按事故发生程度分				
		合 计	特 大	重 大	较 大	一 般	合 计	特 大	重 大	较 大	一 般
发　生	起	1				1	3				3
死　亡	人	1				1	4				4
重　伤	人										
损失折款	万元	50				50	150				150
平均每起事故损失	万元	50				50	150				150

15-16　火灾与交通事故发生情况

单位:万元

项　目	单 位	火灾按事故发生程度分					交通按事故发生程度分			
		合 计	特 大	重 大	较 大	一 般	合 计	特 大	重 大	一 般
发　生	起	42				42	162	1	52	109
死　亡	人						65	3	62	
受　伤	人						221	3	40	178
损失折款	万元	150.9				150.9	80.08	2	48.44	29.64
平均每起事故损失	万元	3.59				3.59	0.49	2	0.93	0.27

注：15-15至15-16表资料由总局安全办提供，损失折款为直接损失。

15-17 垦区残疾人状况

(2008 年)

指标名称	单位	数量	指标名称	单位	数量
一、基本情况					
残疾人总数	人	90715	5. 白内障及低视力康复		
其中：听力残疾	人	14832	白内障复明手术	例	447
言语残疾	人	1243	其中：免费手术	例	70
肢体残疾	人	26090	低视力者配用助视器	人	80
视力残疾	人	11892	6. 精神病康复		
精神残疾	人	18506	覆盖总人口数	万人	158.3
智力残疾	人	5724	监护病人数	人	6001
多重残疾	人	12428	显好病人数	人	1956
二、组织情况			参与社会总人数	人	687
1. 组织机构数	个	114	接受治疗的精神病患者	人	2382
2. 残联干部数	人	165	接受医疗救助的贫困患者	人	2000
3. 残联编制总数	人	148	其中：中国彩票公益金救助	人	2000
4. 已建残疾人协会	个	316	中国彩票公益金投入经费	万元	153
三、康复			总局投入经费	万元	38
1. 康复训练			7. 聋儿康复		
肢体残疾康复训练	人	45	新收训聋儿	人	21
智力残疾康复训练	人	31	培训聋儿家长	人	21
贫困肢体残疾儿童矫治手术	人	80	救助贫困聋儿	人	2
2. 康复服务			四、教育		
残疾人用品用具供应件数	件	991	1. 在学校受特教的学生	人	482
其中：免费发放用品用具件数	件	559	2. 在特教学校特教班就读学生	人	141
用品用具供应品种	种	7	3. 普通学校随班就读残疾学生	人	341
			4. 学龄残疾儿童少年合计	人	614

注：15-17 表资料由总局残联提供。

15-17 续表

指 标 名 称	单位	数量	指 标 名 称	单位	数量
5. 未入学学龄残疾儿童总人数	人	604	六、就业		
6. 本年度资助在校学生	人	254	1. 已就业累计	人	14459
其中：中国彩票公益金	人	160	集中就业累计	人	441
彩票公益金资助	万元	10	本年度安排集中就业	人	28
五、扶贫			按比例安排就业累计	个	5131
1. 贫困残疾人口状况			本年度按比例安排就业	人	204
绝对贫困残疾人	人	817	个体就业累计	人	8887
相对贫困残疾人	人	403	本年度安排个体就业	人	279
当地低收入残疾人	人	6522	2. 实际登记失业人数	人	1342
2. 扶贫效果			盲人医疗按摩机构	个	1
本年扶持贫困残疾人	人	1704	盲人保健按摩机构	个	2
本年实际解决温饱	人	5571	七、残疾人社会保障		
本年返贫	人	12	1. 参加社会保险	人	9261
本年实用技术培训	元	254630	集中就业参加社会保险	人	952
3. 残疾人危房改造	户	3006	其中：参加养老保险	人	910
中国彩票公益金投入经费	万元	100	按比例就业参加社会保险	人	3722
各级投入资金	万元	794.8	其中：参加养老保险	人	3427
4. 优惠政策			个体就业参加社会保险	人	4587
享受减免照顾的贫困残疾人	人	616	其中：参加养老保险	人	4216
5. 社会帮扶			2. 应纳入最低生活保障范围	人	28317
结对帮扶的单位	个	107	其中：已纳入最低生活保障	人	19026
结对帮扶个人	人	248	集中供养	人	200
帮扶物资折款及资金投入	万元	26.1	临时救济	人	3141

15-18　工业污染排放及处理利用情况

(2008 年)

单位名称	企业个数（个）	企业专职环保人员数（个）	工业锅炉数（台）	#烟尘排放达标	#二氧化硫排放达标	工业锅炉蒸吨数（蒸吨）	#烟尘排放达标
总　　计	**103**	**161**	**188**	**175**	**173**	**1571.2**	**1449.2**
宝泉岭局	14	41	25	25	25	179.0	179.0
红兴隆局	19	20	48	40	38	245.0	219.0
建三江局	15	15	19	19	14	73.0	73.0
牡丹江局	25	38	33	33	33	311.0	311.0
北　安　局	6	11	13	13	13	110.0	110.0
九　三　局	7	10	15	10	15	175.2	79.2
齐齐哈尔局	5	7	9	9	9	54.0	54.0
绥　化　局	7	7	13	13	13	72.0	72.0
哈尔滨局	4	10	7	7	7	52.0	52.0
总局直属	1	2	6	6	6	300.0	300.0

注：15-18 至 15-24 表资料由总局环保局提供。

15-18 续表 1

单位名称	#二氧化硫排放达标	工业炉窑数（台）	#烟尘排放达标	#二氧化硫排放达标	工业用水总量（万吨）	新鲜水量	重复用水量
总　　计	**1523.2**	**13**	**11**	**11**	**4150.45**	**2553.71**	**1596.72**
宝泉岭局	179	1	1	1	514.38	488.95	25.43
红兴隆局	207	4	2	2	217.36	147.67	69.68
建三江局	63				21.40	11.17	10.23
牡丹江局	311	8	8	8	1019.92	639.37	380.55
北　安　局	110				227.64	183.53	44.11
九　三　局	175.2				301.71	176.85	124.87
齐齐哈尔局	54				109.02	93.25	15.77
绥　化　局	72				26.91	16.57	10.34
哈尔滨局	52				14.55	14.45	0.10
总局直属	300				1697.55	781.91	915.64

15-18 续表 2

单位名称	工业用水重复利用率（%）	废水治理设施数（套）	废水治理设施处理能力（万吨/日）	废水治理设施运行费用（万元）	工业废水排放量（万吨）	工业废水达标量（万吨）	工业废水排排放达标率（%）
总　　计	**38.47**	**82**	**6.95**	**946.00**	**2303.87**	**1912.50**	**83.01**
宝泉岭局	4.94	6	0.76	121.00	465.45	462.62	99.39
红兴隆局	32.06	11	1.67	118.60	107.19	7.50	7.00
建三江局	47.80	3	0.19	8.30	9.13	9.09	99.56
牡丹江局	37.31	30	2.98	198.20	538.78	392.48	72.85
北　安　局	19.38	10	0.82	41.50	182.31	177.31	97.26
九　三　局	41.39	5	0.27	24.80	99.04	11.97	12.08
齐齐哈尔局	14.47	5	0.06	157.00	93.25	53.01	56.85
绥　化　局	38.41	5	0.09	203.50	15.47	8.47	54.75
哈尔滨局	0.69	3	0.02	33.10	13.66	10.46	76.58
总局直属	53.94	4	0.10	40.00	779.59	779.59	100.00

15-18 续表 3

单位名称	工业废水污染物去除量（吨）		工业废水排放量（吨）		煤炭消费总量（万吨）		
	化学需氧量	氨　氮	化学需氧量	氨　氮		燃料煤消费量	原料煤消费量
总　　计	**7850.72**	**20.62**	**11141.35**	**614.90**	**167.51**	**124.47**	**43.04**
宝泉岭局			355.99	53.34	9.86	9.58	0.27
红兴隆局	3240.00	15.00	3548.48	60.64	13.91	12.27	1.64
建三江局	369.20	1.98	71.91	0.72	11.05	11.05	
牡丹江局	3808.20	2.22	3772.07	91.92	65.02	24.09	40.93
北　安　局	231.11	0.97	429.67	70.94	4.95	4.95	
九　三　局	150.22		1031.41	111.79	9.30	9.30	
齐齐哈尔局	45.00	0.45	1260.00	60.53	6.84	6.84	
绥　化　局	6.64		135.62	7.00	1.82	1.82	
哈尔滨局	0.36		272.19	76.10	3.27	3.27	
总局直属			264.00	81.92	41.49	41.29	0.20

15-18 续表 4

单位名称	工业废气排放量（万标立方米）	燃料燃烧中排放量	生产工艺过程中排放量	废气治理设施（套）	废气治理设施处理能力（万立方米/时）	废气治理设施运行费用（万元）
总　　计	**5152691**	**5078816**	**73875**	**219**	**217.92**	**604.6**
宝泉岭局	46428	45228	1200	22	9.99	27.0
红兴隆局	83360	61760	21600	49	26.25	83.0
建三江局	90755	90755		24	9.44	110.0
牡丹江局	294469	243394	51075	68	93.70	222.1
北安局	34546	34546		10	26.64	34.0
九三局	54445	54445		19	14.87	41.6
齐齐哈尔局	10197	10197		8	3.62	6.4
绥化局	13275	13275		7	2.38	5.5
哈尔滨局	18700	18700		6	19.02	3.0
总局直属	4506516	4506516		6	12.00	72.0

15-18 续表 5

单位名称	二氧化硫排放量（吨）	燃料燃烧过程中排放量	#排放达标量	生产过程中排放量	#排放达标量	烟尘去除量（吨）	烟尘排放量（吨）
总　　计	**9475.00**	**9020.60**	**7758.72**	**505.53**	**504.36**	**56277.37**	**16323.05**
宝泉岭局	737.44	682.40	682.40	55.03	53.86	3762.49	309.38
红兴隆局	1048.65	939.97	276.05	108.67	108.67	3920.00	514.20
建三江局	1302.59	1302.59	1213.26			13386.33	9613.78
牡丹江局	2718.61	2427.94	2034.31	341.83	341.83	6947.08	1950.65
北安局	296.57	296.57	296.57			5227.84	1076.39
九三局	689.06	689.06	689.06			432.05	268.74
齐齐哈尔局	393.61	393.61	393.61			485.77	16.72
绥化局	145.28	145.28	145.28			876.58	86.46
哈尔滨局	225.58	225.58	225.58			1320.57	128.68
总局直属	1917.61	1917.61	1802.61			19918.67	2358.04

15-18续表6

单位名称		工业粉去除量（吨）	工业粉排放量（吨）		工业固体废物产生量（万吨）	工业固体废物综合利用量（万吨）	工业固体废物综合利用率（%）
	#排放达标量			#排放达标量			
总计	**15794.49**	**5953.24**	**12045.54**	**5572.54**	**52.15**	**33.67**	**64.55**
宝泉岭局	308.91	1011.60	6473.00		21.29	2.80	13.14
红兴隆局	489.70	1400.00	1646.40	1646.40	2.39	2.39	100
建三江局	9564.20	15.48			3.65	3.65	100
牡丹江局	1775.31	3526.16	3623.78	3623.78	7.69	7.69	100
北安局	1030.03				1.75	1.75	100
九三局	36.43				2.43	2.43	100
齐齐哈尔局	16.72				0.46	0.46	100
绥化局	86.46				0.55	0.55	100
哈尔滨局	128.68				0.77	0.77	100
总局直属	2358.04		302.36	302.36	11.18	11.18	100

15-19　各地区生活及其他污染情况

（2008年）

单位名称	生活及其他煤炭消费量（万吨）	城镇生活污水CDD排放量（吨）	城镇生活污水中氨氮排放量（吨）	生活及其他SO_2（吨）	生活及其他烟尘排放量（吨）
总计	**94.88**	**17377.65**	**2027.34**	**3094**	**8882**
宝泉岭局	14.9	2430.90	283.60	572	1937
红兴隆局	26	3116.37	363.57	459	3140
建三江局	14.56	2498.79	291.52	225	790
牡丹江局	21.8	1852.74	216.15	558	890
北安局	3.88	2457.18	286.67	421	398
九三局	6.2	1368.75	159.68	397	443
齐齐哈尔局	2	2279.79	265.97	153	520
绥化局	2.21	764.31	89.16	141	132
哈尔滨局	0.86	505.89	59.02	33	111
总局直属	2.47	102.93	12.00	135	521

15-20 各地区环境信访工作情况

(2008 年)

单位:件

单位名称	来信情况					
	水污染	大气污染	固体废物污染	躁声污染	生态环境破坏	其他
总计	**19**	**30**	**4**	**41**	**2**	**2**
宝泉岭局	5	5	1	36		1
红兴隆局	1	3		2		
建三江局						
牡丹江局	2	3		2		
北安局						
九三局		2				1
齐齐哈尔局		1	4			
绥化局						
哈尔滨局						
总局直属	12	16		2	2	

15-21 黑龙江垦区自然保护地名录

(2008 年)

保护地名称	面积(公顷)	主要保护对象	类型	建立时间	主管部门
宝泉岭分局	**4305.0**				
1. 普阳农场	672.0	沼泽湿地	湿地	1998.6.5	普阳农场
2. 宝泉岭农场	800.0	沼泽湿地	湿地	2000.10.20	宝泉岭农场
3. 宝泉岭农场	500.0	沼泽湿地	湿地	2000.10.20	宝泉岭农场
4. 二九〇农场	2333.0	湿地	湿地	2003.6.15	二九0农场
红兴隆分局	**37109.0**				
1. 曙光农场	1.2	荷花池		1999.8	曙光农场
2. 江川荷花池	15.0	荷花池	湿地	1999.8.17	江川农场
3. 北兴农场	300.0	沼泽湿地	湿地	1999.11.19	北兴农场
4. 北兴农场	150.0	沼泽湿地	湿地	1999.11.19	北兴农场
5. 北兴农场	150.0	沼泽湿地	湿地	1999.11.19	北兴农场
6. 蛤蟆通水库	10161.0	森林,水体	森林	2000.12.6	八五二农场
7. 松花江北岸	6000.0	沼泽湿地	湿地	2000.12.6	二九一农场

15-21 续表 1

保护地名称	面积(公顷)	主要保护对象	类　型	建立时间	主管部门
8. 黑鱼泡	2666.0	沼泽湿地	湿　地	2000.12.6	友谊农场
9. 八虎力	2666.0	沼泽湿地	湿　地	2000.12.6	曙光农场
10. 次生林	15000.0	天然次生林	森　林	2000.12.6	双鸭山农场
建三江分局	**18449.0**				
1. 前锋农场	8466.4	沼泽湿地	湿　地	1999.11.9	分局环保局
2. 鸭绿河农场	1173.3	沼泽湿地	湿　地	1999.11.9	分局环保局
3. 浓江农场	2136.4	沼泽湿地	湿　地	1999.11.9	分局环保局
4. 青龙山农场	4566.7	沼泽湿地	湿　地	1999.11.9	分局环保局
5. 红卫农场	1333.3	沼泽湿地	湿　地	1999.11.9	分局环保局
6. 前锋农场	773.3	沼泽湿地	湿　地	2000.10.14	前锋农场
牡丹江分局	**16316.0**				
1. 八五四农场	3333.3	湿　地	湿　地	2000	八五四农场
2. 八五一一农场	690.9	森　林	森　林	2000.11.21	八五一一农场
3. 云山农场	8000.0	森　林	森　林	2000.11.20	云山农场
4. 宁安农场	702.0	林　地	森　林	2000.11.24	宁安农场
5. 八五六农场	3590.4	湿　地	湿　地	2002.12.31	八五六农场
北安分局	**98380.92**				
1. 锦河农场	19333	人 工 林	森　林	2000.5.23	锦河农场
2. 龙门农场	756	湿　地	湿　地	2002.7.10	龙门农场
3. 龙门农场	10733	林　地	森　林	2002.7.10	龙门农场
4. 二龙山农场	450	沼泽湿地	湿　地	1999.9.15	二龙山农场
5. 龙镇农场	272.8	沼泽湿地	湿　地	1999.9.22	龙镇农场
6. 龙镇农场	904.5	沼泽湿地	湿　地	1999.9.22	龙镇农场
7. 龙镇农场	245.3	天然次生林	森　林	2000.6.18	龙镇农场
8. 龙镇农场	814	草原，林地	森　林	2001	龙镇农场
9. 龙镇农场	2508.75	林　地	森　林	2001	龙镇农场
10. 尾山农场	4000	天然次生林	森　林	1999.9.26	尾山农场
11. 格球山农场	407.52	人 工 林	森　林	1998.12.23	格球山农场
12. 格球山农场	779.25	沼泽湿地	湿　地	1998.12.23	格球山农场
13. 格球山农场	733.3	湿　地	湿　地	2001.1	格球山农场
14. 格球山农场	837.5	人 工 林	森　林	2001.1	格球山农场

15-21 续表 2

保护地名称	面积(公顷)	主要保护对象	类　型	建立时间	主管部门
15. 红星农场	4030.14	湿　地	湿　地	2001.10.10	红星农场
16. 赵光农场	5142.16	草　地	草　原	2002.4.1	赵光农场
17. 建设农场	49	沼泽湿地	湿　地	1999.8.15	建设农场
18. 红色边疆农场	533.33	草　地	草　原	1999.8.16	红色边疆农场
19. 红色边疆农场	1000	沼泽湿地	湿　地	2002.7.2	红色边疆农场
20. 红色边疆农场	5333.3	草　地	草　原	2001.8	红色边疆农场
21. 襄河农场	400	沼泽湿地	湿　地	2000.10.16	襄河农场
22. 襄河农场	800	沼泽湿地	湿　地	1999.8.26	襄河农场
23. 襄河农场	4446.66	湿　地	湿　地	2001.9	襄河农场
24. 引龙河农场	950	沼泽湿地	湿　地	1999.8.26	引龙河农场
25. 引龙河农场	280	沼泽湿地	草　原	2000.6.5	引龙河农场
26. 引龙河农场	1000	林　地	森　林	2001.5.20	引龙河农场
27. 长水河农场	40	人 工 林	森　林	2000.7.31	长水河农场
28. 长水河农场	728.08	沼泽湿地	湿　地	1999.7.20	长水河农场
29. 长水河农场	9041.33	林地，草地	森　林	2001.7.11	长水河农场
30. 逊克农场	10333.33	人 工 林	森　林	2001.8	逊克农场
31. 长水河农场	82	湿　地	湿　地	2002.11.22	长水河农场
32. 逊克农场	10666.67	湿　地	湿　地	2002.1.3	逊克农场
33. 引龙河农场	750	林地，湿地，草地	森　林	2003.4.10	引龙河农场
九三分局	**52057.94**				
1. 鹤山农场	533.33	草　地	草　原	1999.9.6	鹤山农场
2. 鹤山农场	33.33	草　地	草　原	1999.9.6	鹤山农场
3. 鹤山农场	66.67	草　地	草　原	1999.9.6	鹤山农场
4. 鹤山农场	100	草　地	草　原	1999.9.6	鹤山农场
5. 跃进农场	1839.13	林　地	森　林	1999.11.2	跃进农场
6. 大西江农场	66.67	草　地	草　原	1999.8.10	大西江农场
7. 大西江农场	50	草　地	草　原	1999.8.10	大西江农场
8. 大西江农场	32.67	草　地	草　原	1999.8.10	大西江农场
9. 尖山农场	178.43	天然草地	草　原	1999.8.10	尖山农场
10. 荣军农场	373.33	沼泽湿地	湿　地	1999.7.21	荣军农场
11. 荣军农场	40	沼泽湿地	湿　地	1999.7.21	荣军农场

15-21 续表 3

保护地名称	面积(公顷)	主要保护对象	类　型	建立时间	主管部门
12. 红五月农场	42	草　地	草　原	1999.10.12	红五月农场
13. 红五月农场	147.53	草　地	草　原	1999.10.12	红五月农场
14. 红五月农场	154	草　地	草　原	1999.10.12	红五月农场
15. 红五月农场	105.47	草　地	草　原	1999.10.12	红五月农场
16. 红五月农场	232.33	草　地	草　原	1999.10.12	红五月农场
17. 红五月农场	179.73	草　地	草　原	1999.10.12	红五月农场
18. 红五月农场	151.2	草　地	草　原	1999.10.12	红五月农场
19. 红五月农场	161	草　地	草　原	1999.10.12	红五月农场
20. 红五月农场	80.53	草　地	草　原	1999.10.12	红五月农场
21. 红五月农场	39	草　地	草　原	1999.10.12	红五月农场
22. 红五月农场	255.8	草　地	草　原	1999.10.12	红五月农场
23. 红五月农场	113.27	草　地	草　原	1999.10.12	红五月农场
24. 红五月农场	64.93	草　地	草　原	1999.10.12	红五月农场
25. 七星泡农场	4000	野生植物	湿　地	1999.9.9	七星泡农场
26. 七星泡农场	300	野生植物	湿　地	1999.10.7	七星泡农场
27. 七星泡农场	1000	野生植物	湿　地	1999.10.7	七星泡农场
28. 七星泡农场	2500	野生植物	湿　地	1999.10.7	七星泡农场
29. 山河农场	2250.5	野生植物	湿　地	1999.11.17	山河农场
30. 嫩北农场	279	林　地	森　林	1999.6.21	嫩北农场
31. 嫩北农场	2700	林　地	森　林	2002.6.21	嫩北农场
32. 嫩北农场	106	沼泽湿地	湿　地	1999.6.21	嫩北农场
33. 建边农场	1666.67	草　地	草　原	1999.5.30	建边农场
34. 建边农场	1770	草　地	草　原	1999.5.30	建边农场
35. 大西江农场	257.3	湿　地	湿　地	2000.8	大西江农场
36. 尖山农场	264.7	湿　地	湿　地	2000.8.10	尖山农场
37. 七星泡农场	100	湿　地	湿　地	2000.5	七星泡农场
38. 鹤山农场	2242.27	湿　地	湿　地	2002.10.25	鹤山农场
39. 跃进农场	1467.46	湿　地	湿　地	2002.10.25	跃进农场
40. 大西江农场	2797.51	湿　地	湿　地	2002.10.25	大西江农场
41. 尖山农场	2559.32	湿　地	湿　地	2002.10.25	尖山农场
42. 红五月农场	1599.86	湿　地	湿　地	2002.10.25	红五月农场

15-21 续表 4

保护地名称	面积(公顷)	主要保护对象	类　型	建立时间	主管部门
43. 七星泡农场	2762.79	湿　　地	湿　　地	2002.10.25	七星泡农场
44. 山河农场	2658.57	湿　　地	湿　　地	2002.10.25	山河农场
45. 嫩北农场	3554.63	湿　　地	湿　　地	2002.10.25	嫩北农场
46. 荣军农场	1334.31	湿　　地	湿　　地	2003.12.19	荣军农场
47. 建边农场	3436.7	湿　　地	湿　　地	2003.4.11	建边农场
48. 建边农场	5410	湿　　地	湿　　地	2003.4.11	建边农场
绥化分局	**6334.85**				
1. 和平牧场	2160	湿　　地	湿　　地	2001.10.2	和平牧场
2. 海伦农场	66.7	湿　　地	湿　　地	2001.6.15	海伦农场
3. 海伦农场	133.3	湿　　地	湿　　地	2001.6.15	海伦农场
4. 绥棱农场	36	湿　　地	湿　　地	2001.5.6	绥棱农场
5. 绥棱农场	59	湿　　地	湿　　地	2001.5.6	绥棱农场
6. 嘉荫农场	37.5	湿　　地	湿　　地	2001.4.7	嘉荫农场
7. 嘉荫农场	42.5	湿　　地	湿　　地	2001.4.7	嘉荫农场
8. 柳河农场	150	湿　　地	湿　　地	2001.11.20	柳河农场
9. 柳河农场	154	湿　　地	湿　　地	2001.11.20	柳河农场
10. 安达畜牧场	266.7	湿　　地	湿　　地	2001.11.20	安达畜牧场
11. 铁力农场	34	湿　　地	湿　　地	2001.5.5	铁力农场
12. 和平牧场	944	湿　　地	湿　　地	2001.5.10	和平牧场
13. 和平牧场	462	湿　　地	湿　　地	2002.6.22	和平牧场
14. 肇源农场	1171.65	湿　　地	湿　　地	2002.6.22	肇源农场
15. 红光农场	660	湿　　地	湿　　地	2002.3.20	红光农场
齐齐哈尔分局	**10834.5**				
1. 绿色草原牧场	4000	沼泽湿地	湿　　地	1999.5.20	分局环保局
2. 查哈阳农场太平湖水库	6000	林地，水体	森　　林	2000.10.23	查哈阳农场
3. 富裕牧场盐碱草原	604.5	草　　地	草　　原	2001.11.5	富裕牧场
4. 依安农场	230	水　　面	湿　　地	2002.7.8	依安农场
哈尔滨分局	**1755.64**				
1. 沙河农场	400	野生植物	森　　林	1999.6.31	哈尔滨分局
2. 四方山农场	1075.64	草　　地	草　　原	2003.10.28	四方山农场
3. 岔林河农场	280	湿　　地	湿　　地	2003.9.5	岔林河农场

15-22 各地区自然保护区名录

(2008年)

自然保护区名称	地　点	面积（公顷）	主要保护对象	批准日期	类　型	级别
1.洪河自然保护区	同江市抚远县洪河农场	21836	水禽，自然沼泽湿地	1984.1 1996.11	内陆湿地和水域生态系统	国家级
2.兴凯湖自然保护区	密山市兴凯湖农场、八五七农场、虎林市八五六农场、鸡西市八五一〇农场	120761	珍贵稀有野生动，植物湿地生态环境	1990.4 1994.4	内陆湿地和水域生态系统	国家级
3.挠力河自然保护区	宝清县饶河县富锦市五九七、八五二、八五三、红旗岭、饶河、八五九、胜利、红卫等	160595	湿地，水禽	2002.7	内陆湿地和水域生态系统	国家级
4.虎口湿地自然保护区	虎林县八五八、八五六农场	15000	湿地、水禽	1997.2	内陆湿地和水域生态系统	省　级
5.勤得利鲟鳇鱼自然保护区	同江市抚远县勤得利农场	36663	鲟鳇等水生动物、森林湿地水域	1998.12	野生动物	省　级
6.乌苏里江自然保护区	抚远县八五九农场	39668	湿地、水禽	2001.1	内陆湿地和水域生态系统	省　级
7.哈拉海自然保护区	齐齐哈尔市哈拉海农场	16564	湿地，水禽	2005.7	内陆湿地和水域生态系统	省　级
8.水莲自然保护区	萝北县共青、名山、军川农场	8952	湿地，水禽	2003.9	内陆湿地和水域生态系统	省　级
9.东风自然保护区	德都县七星泡农场、五大连池市格球山农场	1667	水禽，水资源，野生动物，沼泽湿地	1994.6 1996.12	内陆湿地和水域生态系统	总局级
10.科洛河自然保护区	嫩江县山河、嫩江、七星泡农场	3577	湿地、水禽	1996.12	内陆湿地和水域生态系统	总局级
11.锦江自然保护区	二九一农场	9700	湿地	2006.1	内陆湿地和水域生态系统	总局级
12.友谊自然保护区	友谊农场	4593	湿地	2007.12	内陆湿地和水域生态系统	总局级
13.双兴自然保护区	绥棱县绥梭农场	3396	水生资源野生动植物	1995.7	内陆湿地和水域生态系统	分局级
14.锦河自然保护区	黑河市锦河农场	1500	森林、野生动植物风景点	1995.9	森林生态系统	分局级
15.跃进自然保护区	德都县二龙山农场	2800	森林生态系统，动、植物	1996.1	森林生态系统	分局级
16.育新自然保护区	海伦市海伦农场	3361	森林生态系统、动植物	1996.1	森林生态系统	分局级
17.青石岭自然保护区	北安市建设农场	20300	水、鱼、鸟及周围森林植被	1997.11	水域生态系统类型	分局级
18.和平草原自然保护区	大庆市和平牧场	6500	草原草甸	2000.3	草原与草甸生态系统 地质遗迹	分局级
19.沾河自然保护区	逊克县逊克农场	2904	火山遗迹、珍贵动植物	2001.11	森林生态系统	分局级
20.嘉荫次生林自然保护区	嘉荫县嘉荫农场	10133	天然次生林	2001.12	内陆湿地和水域生态系统	分局级
21.王老好河自然保护区	长水河农场	2700	湿地	2005.1	内陆湿地和水域生态系统	分局级
22.其它自然保护区	扎龙自然保护区（林甸县巨浪农场、齐齐哈尔种畜场）	17100	湿地、水禽	2005.1	内陆湿地和水域生态系统	
23.其它自然保护区	嘟噜河自然保护区（绥滨县普阳农场、汤原县梧桐河农场）	4813	湿地、水禽	2003		

15-23 垦区国家级生态示范区建设指标

(2008年)

指　　标	二类地区标准	总局实际
社会经济发展		
(1)农场职工家庭人均纯收入(元)	2700	9525
(2)城镇单位GDP能耗(吨标准煤/万元)	1.4—1.5	1.07
(3)人口自然增长率(‰)	符合当地政策	-0.91
(4)村镇饮用水卫生合格率(%)	≥80	82
(5)环保投资占GDP比例(%)	1.10	1.56
(6)单位GDP耗水(立方米/万元)	<400	242
区域生态环境保护		
(7)森林覆盖率(%)	达到国家有关标准	17
草原超载率(%)	<5	0
(8)退化土地治理率(%)	>70	75
(9)灌溉定额(立方米/亩)旱田	<250	100
水田	<400	地下水350　地表水380
水份生产率(公斤/立方米)	1.2	1.2
(10)受保护地区面积(%)	>10	13.5
(11)矿山土地复垦率(%)	>40	63.27
农村环境保护		
(12)秸杆综合利用(%)	>80	91
(13)畜禽粪便处理(资源化)率(%)	>90(40)	98.2(48.6)
(14)单位化肥施用量(折纯,公斤/公顷)	≤280	158
(15)农林病虫害综合防治率(%)	>50	79
农药使用强度(折纯,公斤/公顷)	<3.0	2.9
(16)农用薄膜回收率(%)	>85	95
(17)受保护基本农田面积(%)	>85	88
城镇环境保护		
(18)城镇大气环境质量	达到功能区标准	达标
(19)水环境质量	达到功能区标准	达标
(20)城镇噪声环境质量	达到功能区标准	达标
(21)城镇固体废物处理率(%)	≥70	93
(22)城镇人均公共绿地面积(平方米)	>8	15.3
参考指标		
(23)卫生厕所普及率(%)	>50	67.49
(24)城市气化率(%)	>75	80
(25)城市生活污水集中处理率(%)	>40	50
(26)旅游环境达标率(%)	>90	98.2

15-24 生态垦区建设指标

(2008年)

指　标　名　称	数量	指　标　名　称	数 量
经济发展		有机食品种植面积比率(%)	5
1.人均生产总值(元/人)	27467	无公害食品种植面积比率(%)	80.7
2.农场职工家庭人均纯收入(元/人)	9525	28.工业固体废物处置利用率(%)	100
3.第三产业占GDP比重(%)	26.3	29.工业用水重复利用率(%)	38.18
4.环保产业比重(%)	1.75	30.城市生活污水集中处理率(%)	50
5.科技投入GDP比重(%)	1.87	31.城市生活垃圾无害化处理率(%)	87.6
6.环保投入占GDP比重(%)	1.56	32.城市人均公共绿地面积(m^2)	15.3
生态环境保护与建设		33.旅游区环境达标率(%)	98.2
7.受保护地区占国土面积比例(%)	13.5	34.城市燃气普及率(%)	80
8.水土流失治理率(%)	55	35.采暖地区集中供热普及率(%)	57
9.草原(场)"三化"比率(%)	12	36.生态农业试点县及生态示范区面积比率(%)	100
10.矿山土地复垦率(%)	63.27	资源利用	
11.受保护天然林比率(%)	100	37.单位GDP能耗(吨标准煤/万元)	1.07
12.森林覆盖率(%)	17	38.单位GDP水耗(m^3/万元)	242
13.物种多样性指数	1.09	39.秸秆综合利用率(%)	91
14.珍稀濒危物种保护率(%)	100	40.城市清洁能源使用率(%)	52
15.地表水水质满足功能区要求率	83	41.耕地保存率(%)	111
16.集中式饮用水源水质达标率(%)	84	42.有机肥施用量(m^3/hm^2)	25
17.村镇饮用水卫生合格率(%)	82	43.可利用草场占草场面积比例(%)	60
18.城市空气环境质量达标率(%)	99		江河水小于40%
19.主要污染物排放强度SO_2(千克/万元GDP)	2.76	44.水资源可用利用率(%)	地下水
COD(千克/万元GDP)	6.27		80%-85%
20.城市噪声满足功能区要求率(%)	96.5	社会进步	
21.化肥施用强度(折纯)(Kg/hm^2)	158	45.人口自然增长率(‰)	-0.91
22.农药使用强度(实物量)(Kg/hm^2)	2.9	46. 城市化水平(%)	54
23.农用塑料薄膜回收率(%)	95	47.恩格尔系数(%)	36.8
24.集约化畜禽养殖场粪便综合利用率(%)	98.2	48.基尼系数	0.40
25.农林病虫害综合防治率(%)	79	49.环境保护宣传教育普及率(%)	从业人员70%
26.受保护基本农田面积(%)	88		中小学生90%
27.绿色食品种植面积比率(%)	30	50.公众对环境的满意率(%)	94.4

主要统计指标解释

卫生机构 经卫生及有关行政部门批准，有固定的专业卫生人员和卫生经费，为社会提供医疗、预防保健服务或从事医学教育、科研等工作的单位。它包括医院，疗养院、所，门诊部、所，专科防治所、站，卫生防疫站、妇幼保健所、站，药品检验所、室，医学科学研究机构以及其他卫生机构。

医院 指经上级主管部门批准，设有固定床位能收留病人住院并能为病人提供医疗、护理服务的医疗机构。包括农场及农场以上医院、农场卫生院、其他医院三部分。按所属性质分为卫生部门、工业及其他部门、集体所有制、私人开业四类，其中农场及农场以上医院按业务性质分为综合医院和专业医院。

妇幼保健所、站 我国妇幼保健事业的主干机构，也是与医疗、防疫机构并列的卫生事业的重要组成部分。它是根据妇女与儿童的生理特点、针对危害妇女儿童健康的主要疾病和影响因素，采取防治及保健措施，以保障妇女儿奄的身心健康，提高他们的健康水平为主要目标的卫生事业单位。省、地级妇幼保健机构一般设妇幼保健院，县级妇幼保健机构一般设妇幼保健所、站。各级妇幼保健机构是本地区妇幼保健、计划生育技术的业务指导中心，以预防保健为中心、指导基层为重点，保健与临床相结合。

床位数 指医疗机构能够接待病人住院治疗的固定实有床位。包括正规床、简易床、监护床和正在消毒、修理的床位以及因扩建或大修理而停用的床位(按扩建或大修前的床位数计算)。

病床不包括：门诊诊断室的检查床、观察室的观察床、抢救室的抢救床，产科的待产床、接产床、新生儿床，库存床，为急用临时增设的加床，病人在家治疗的家庭病床，病人家后的陪待床。

卫生机构年末从业人员 在卫生机构工作的全部工作人员。按其现任职务，可划分为卫生技术人员、其他技术员人、管理人员、工勤人员。

医务人员又称卫生技术人员：指由卫生事业机构支付工资的全部固定职工和合同制职工中现任职务为卫生技术工作的人员。包括中医师、西医师、中西医结合高级医师、护师、中药师、西药师、检验技师、其他技师、中医士、西医士、护士、助产士、中药剂士、西药剂士、检验士、其他技士、其他中医、护理员、中药剂员、西药剂员、检验员、其他初级卫生技术人员。

医生：经卫生部门审查合格，从事医疗工作能独立处置一般病号疾病和应急救护，有处方权的人员。包括卫生技术人员中的中医师、西医师、中西医结合高级医师，中医士、西医士和其他中医。

保险福利费用总额 指垦区各单位实际支付给职工和离休、退休、退职人员，以及用于集体的劳动保险和福利的费用。

(1)职工保险福利费用具体包括：①医疗卫生费：指职工的医疗费住院费、职工供养直系亲属的医疗补助费，职工因工伤就医路费，住院伙食补助费，包括各企业、事业、机关单位的医疗机构医务经费。②丧葬抚恤救济费；③生活困难补助；④文体宣传费；⑤集体福利事业补贴费；⑥集体福利设施费；⑦计划生育补贴；⑧上下班交通费补贴；⑨洗理卫生费：⑩其他。

(2)离休、退休、退职人员保险福利费用具体包括：①离休费；②退休费；③退职生活费；④医疗卫生费：指按国发(1978)104号文件规定发给退职人员的退职生活费。⑤护理费：指因工致残，饮食起居需人扶助的离休、退休人员的护理费，以及因病生活不能自理的离休干部护理费。⑥生活补贴：指按1985年国务院《关于发给离休、退休人员生活补贴费的通知》规定，发给离休、退休人员的生活补贴费。⑦交通费补贴：指按月发给离休人员的交通费补贴。⑧丧葬抚恤救济费。⑨其他：包括易地安置的离休、退休、退职人员安家补贴费，生活困难补助以及书报费、洗理费、副食品价格补贴、房贴、水电贴、少数民族补贴以及由于肉、蛋、糖、蔬菜等调价发给的价格补贴等。

STATISTICAL

YEARBOOK

附录 各农牧场和总局直属单位基本情况

附录 1-1　第二、三产业单位数

(2008 年)　　单位:个

农　场	管理区个数	工业企业数	建筑企业数	运输仓储业数	批发和零售企业数	住宿和餐饮企业数	居民服务及其它服务业单位数	学校数	医疗卫生机构
二九〇	6	5	2	1	2			1	45
绥滨	4	7	1	1	2	2		1	52
江滨	4	2		1	3	1	1	1	28
军川	4	4	3		2	1		1	43
名山	3	3	0	2	2	1	2	1	24
延军	2	6	1	1	2			1	23
共青	4	4		2	3		2	1	31
宝泉岭	5	1	2		2		1	2	58
新华	4	8	1	1	3	1		1	45
普阳	4	4	2	1	3	2	1	1	24
汤原	2	1	1	1	3	1		2	13
依兰			1		2	1	1	1	8
梧桐河	2	2			1		1	1	22
友谊	11	24	3		9	1	14	1	84
五九七	6	8		2				3	53
八五二	8	4	2	2	1			4	89
八五三	7	9	3	2	4	1		4	71
饶河	9	2		2	3			2	36
二九一	4	4	2	1	3	1		2	45
双鸭山	5	3	1		1			2	22
江川	5	3	1	2		1		2	24
曙光	5	1	1	1				2	6
北兴	8	8	1	3	2	1	1	3	46
红旗岭	5		1	1		1		2	28
宝山	2	1		1		1		2	3
八五九	11	5	2	4	4	1		1	26
胜利	14	4	1	2	4	1		1	27
七星	12	5	2	4	3	1		2	45
勤得利	15			2	1	1		1	38
大兴	11	1		1				1	34
青龙山	7	2	1	2	2			1	24
前进	15	4	2	1	1	1		1	17
创业	9	2		2	2	1		1	28
红卫	11	2	1	1	1			2	29
前哨	9	2	1	2	2			1	3
前锋	9	2	1	3	1	1		1	7
洪河	9	2		2	2	1		1	7
鸭绿河	8	1		1				1	12
二道河	7	1		3		1	1	1	3
浓江	9			1	1			1	14
八五〇	13	7	2	2	5		2	3	41
八五四	12	8	5	1	4		3	2	42
八五五	6	5	1	1	4		2	2	36
八五六	14	5	1	2	3		1	2	36
八五七	12	20	1	1	7	1	2	2	29
八五八	10	6	2	1	2			2	28
八五一〇	7	5		2	3		3	2	23
八五一一	7	9	1	3	8			2	30
庆丰	9	6	1	1	3		1	2	28
云山	10	6	1	2	1	1	2	2	27
兴凯湖	6	8	1	3	4	1		2	38
海林	3	3		2	3	1		2	15
宁安	3	6			3	1		2	12
山市种奶牛场	0	1						1	1
锦河	7	7						2	23
红色边疆	5	2	2		2			2	18

附录1-1续表　　　　(2008年)　　　　单位:个

农　场	管理区个数	工业企业数	建筑企业数	运输仓储业数	批发和零售企业数	住宿和餐饮企业数	居民服务及其它服务业单位数	学校数	医疗卫生机构
逊　克	10	2		1				2	45
龙　门	5	3		2	2			2	14
襄　河	6	5	1	1	3			2	16
龙　镇	6	5	2	1	2			2	19
二龙山	8	10	1	1	2			2	23
引龙河	7	4	2	1	2			2	22
尾　山	4	3		1	1			2	14
格球山	4	5		1	1			2	6
长水河	6	4	2	2	2	1		2	24
赵　光	11	8	1	1	1			2	31
红　星	7	4		1	3			2	24
建　设	6	3	1	1	2			2	21
五大连池原种场	12	3	1		2		1		4
鹤　山	12	6	1		1			3	2
大西江	6	4			3			2	16
尖　山	9	3	1	1	1			2	16
荣　军	5	2			2			1	13
红五月	5	2			2	1		2	3
七星泡	10	2	1		2		1	3	3
嫩　江	10	1	1		3		1	2	3
山　河	8				2			2	3
嫩　北	8	3		1	2			2	1
建　边	5							2	3
哈拉海	1	3						2	1
克　山	5	5	1		2			3	3
依　安	2							1	2
富裕牧场	3	3			1			2	14
查哈阳	8	3			2			12	47
泰　来		1						2	1
绿色草原牧场	3							2	4
巨浪牧场								2	1
齐齐哈尔种畜场	3	3			1				1
繁荣种畜场	5								15
大山种羊场									1
红旗种马场									1
嘉　荫	8	8			12			2	33
铁　力	7	7	1	1	1			2	27
海　伦	5	6						2	9
红　光	3	7			1			2	12
绥　棱	8	7	1					2	26
安达牧场	1	2			1			1	1
和平牧场	5	7						2	21
肇　源	1	2						2	1
柳　河	1	4						2	2
茂兴湖水产养殖场	1								1
涝洲鱼种场	1								
庆　阳	1	5			1			1	1
岔林河	1	3			1			1	1
沙　河	1	1						1	1
香坊实验	2	1			1			1	1
青　年	1	5							1
闫家岗	1	5	1					2	1
红　旗	1	2	1					1	1
四方山	1							1	1
松花江	1				2			2	3
阿城原种场		1							5
九龙山柞蚕育种场									

附录 1-2　土地利用情况

（2008 年）

农场名称	土地面积（公顷）	#耕地面积	#林地面积	#园地面积	#草原面积	#水面面积	#可垦荒地面积
二九〇	80122	41094	10555		4335	12545	
绥滨	51888	35380	9892		208	3564	157
江滨	35453	21624	5043	32	1252	676	
军川	59974	39000	8295		1006	2529	1506
名山	29018	17170	2527			3195	3601
延军	44080	14675	4100			1642	2018
共青	57359	30692	8673		980	2354	10490
宝泉岭	67100	28183	13659	18	11122	6182	2082
新华	55873	29307	8118		787	3468	2670
普阳	42131	29687	3867	2		4302	1238
汤原	13276	9600	1058	15	758	133	301
依兰	5629	3536	620	5	282	268	236
梧桐河	31268	16533	2129		1691	3355	1439
友谊	188812	91910	18509	394	7806	6390	18773
五九七	96205	40160	8996	596	7384	5278	5213
八五二	133592	69934	27110		493	10603	9931
八五三	118152	53806	24228	200		20532	13746
饶河	69642	28734	20494			4464	6445
二九一	60150	37467	4158		218	5491	1528
双鸭山	33565	13800	13371		296	705	414
江川	37167	17112	2401		1545	696	50
曙光	17215	10669	2562		465	75	248
北兴	77558	30005	31937	59	581	1616	6581
红旗岭	37388	18327	8074		68	2766	4026
宝山	10940	6701	529		1333	11	408
八五九	135581	80000	24033		1433	7342	8010
胜利	90500	36666	21824		4667	1315	3396
七星	120822	75333	13696			754	8431
勤得利	124673	46666	21099			16375	12109
大兴	80000	43270	6162		1369	2286	4598
青龙山	60133	30015	8265		499	2389	800
前进	76584	52000	7105		5006	1279	4489
创业	52987	34000	6562		1911	588	5413
红卫	64831	35333	8095		535	5093	3637
前哨	69225	38333	14134		1069	3900	1351
前锋	110350	71334	6495		701	639	10562
洪河	65680	36934	6699		4000	193	3651
鸭绿河	51275	27466	9394		948	135	3150
二道河	55766	32066	4086		1054	1623	2669
浓江	54000	33067	5214		267	3575	2256
八五〇	49511	30273	10022		1252	189	301
八五四	123244	54538	17575		10612	3832	16104
八五五	51443	22353	21705		69	1886	823
八五六	122039	66841	13824		17252	7261	2956
八五七	50833	31777	4090		1219	569	
八五八	74248	27000	10007		5660	6726	7982
八五一〇	50958	16200	18673	21	108	388	
八五一一	52244	17203	23990		332	1577	3689
庆丰	62772	28754	5751	186	7249	3703	7325
云山	49215	27534	8717	5	2729	3207	3157
兴凯湖	113934	34974	7010		154	44540	
海林	17591	8733	3514	11	1200	151	
宁安	11703	4243	6435	75		78	
山市种奶牛场	18119	3136	10372	40	3992	22	
锦河	157572	9266	22712	20	134	946	3706
红色边疆	78853	14905	8005	2	4889	1894	1934

附录1-2续表　　　　　　　　　　　　　(2008年)

农场名称	土地面积（公顷）	#耕地面积	#林地面积	#园地面积	#草原面积	#水面面积	#可垦荒地面积
逊　克	179307	39084	24584		10000	1316	
龙　门	35323	13249	10801		3382	218	1368
襄　河	59740	18606	6519		12500	746	
龙　镇	47203	21067	3699	4	6126	495	1396
二龙山	52722	25415	5242		7594	1380	2989
引龙河	42151	22328	7512		3500	768	2897
尾　山	30073	15238	7447	14	6166	409	
格球山	26260	14127	7667	12	3254	273	254
长水河	45024	21520	8681		7288	587	3655
赵　光	45657	29898	3032		4877	721	4869
红　星	39227	22365	2844	1	5014	572	3319
建　设	39080	16300	7115		7997	527	1766
五大连池原种场	18837	8380	2305	1	1661	2042	
鹤　山	56956	30855	9683	4	6553	303	
大西江	37958	18993	9480	20	6260	726	57
尖　山	40539	20666	6875		3991	133	71
荣　军	20095	13808	4811		970	113	20
红五月	28983	13021	5885		3308	382	1207
七星泡	79163	31141	13783		8513	1120	4341
嫩　江	48941	25786	5935		9570	410	
山　河	91992	23495	13838		17561	1387	1440
嫩　北	42202	22806	8463	1	6099	1963	
建　边	79853	17025	6305		18656	1173	9934
哈拉海	29473	9397	1419		12335	2000	1468
克　山	35146	27200	6035			35	
依　安	9541	4726	2581		1233	725	75
富裕牧场	27637	8333	6151		5495	449	2626
查哈阳	83878	50767	14434	21	4406	6045	2015
泰　来	10213	3000	3189		1886	873	455
绿色草原牧场	38137	3000	9592		16131	1543	385
巨浪牧场	9667	2167	1386		4850	667	
齐齐哈尔种畜场	20552	3073	707	394	7673	160	814
繁荣种畜场	11039	8600	117		895	19	
大山种羊场	14861	2002	2470		2667	1467	
红旗种马场	4400	1200			1920		
嘉　荫	50305	14973	29028		87	427	236
铁　力	23926	13348	1507	13	149	68	3216
海　伦	23878	15831	3241			980	2654
红　光	16765	9876	3555	8	1769	186	416
绥　棱	26690	14614	3335		4694	1520	
安达牧场	4895	865	916	48	2538	164	
和平牧场	32491	7320	9816	13	10804	2364	
肇　源	7811	3341	996		148	1511	158
柳　河	14552	3920	7833	15		400	109
茂兴湖水产养殖场	14552	4852	9			8002	262
涝洲鱼种场	536	8	5			495	
庆　阳	7639	3341	2075		146	180	276
岔林河	8058	3312	1175		2592	643	
沙　河	2543	947	896			548	
香坊实验	1104	706	49				
青　年	664	270	4			9	
闫家岗	1068	538	28		98	233	
红　旗	1299	845	81	33			
四方山	12080	4715	1547		5227		
松花江	8744	3839	3661			63	311
阿城原种场	2627	1399	193			11	133
九龙山柞蚕育种场	826	15	807				

附录1-3　人口、从业人员

(2008年)

农场名称	年末总户数（户）	年末总人数（人）	年末社会从业人员（人）	1. 按三次产业分		
				第一产业	第二产业	第三产业
二九〇	8279	22298	12200	9687	748	1765
绥滨	6553	19234	12386	8829	1607	1950
江滨	7231	16812	9817	7674	902	1241
军川	7420	18792	10813	8788	615	1410
名山	4517	10818	7336	5666	748	922
延军	3134	10108	7144	4954	1341	849
共青	8098	18842	9148	6345	1343	1460
宝泉岭	10755	27099	15593	9427	1598	4568
新华	8611	23032	12641	9063	1082	2496
普阳	4026	10806	8645	7131	535	979
汤原	2478	6401	4442	2745	669	1028
依兰	1459	3579	2695	2222	102	371
梧桐河	3775	9432	7098	5991	272	835
友谊	35108	104242	41071	33308	3428	4335
五九七	11518	29209	17720	14688	650	2382
八五二	19588	49862	32740	21830	5363	5547
八五三	14050	33007	21502	16782	1507	3213
饶河	5167	12700	9323	7336	694	1293
二九一	7205	18223	12366	9952	835	1579
双鸭山	6734	17262	11332	9157	972	1203
江川	5273	13120	8599	7144	553	902
曙光	4358	12309	6170	4874	628	668
北兴	7241	19875	11207	8342	426	2439
红旗岭	3228	9123	5977	4047	855	1075
宝山	1505	4575	3003	2509	118	376
八五九	7145	18606	13264	10460	877	1927
胜利	5011	14128	10464	8051	752	1661
七星	10880	34090	22632	15176	1924	5532
勤得利	6698	19562	9940	6532	595	2813
大兴	4174	11728	5110	3509	250	1351
青龙山	3667	15375	6543	5113	140	1290
前进	5283	10394	9909	7779	503	1627
创业	3820	13087	7612	5648	408	1556
红卫	4207	12014	6009	4588	239	1182
前哨	3942	11976	5450	3383	710	1357
前锋	4073	4393	7412	5931	245	1236
洪河	1757	5227	3728	3038	74	616
鸭绿河	1634	3246	4001	3404	97	500
二道河	1223	5586	1929	1227	76	626
浓江	2255	13850	3775	3179	104	492
八五〇	5623	21036	8660	6749	337	1574
八五四	8108	12918	8165	5638	614	1913
八五五	5271	18839	6927	5383	499	1045
八五六	7305	17166	9504	6820	598	2086
八五七	6317	12231	7559	4851	865	1843
八五八	4189	16403	7649	5297	1069	1283
八五一〇	6144	15686	5058	2001	1058	1999
八五一一	6174	13541	6225	3809	550	1866
庆丰	5525	11328	6874	4990	1043	841
云山	4134	12311	4688	3508	302	878
兴凯湖	4801	5912	8749	6063	1740	946
海林	2230	6115	4381	3078	644	659
宁安	1929	5931	2663	1795	233	635
山市种奶牛场	2132	9118	3566	1980	106	1480
锦河	3230	10390	3905	3129	323	453
红色边疆	3420		3607	2903	217	487

附录1-3续表1　　(2008年)

农场名称	年末总户数（户）	年末总人数（人）	年末社会从业人员（人）	1. 按三次产业分		
				第一产业	第二产业	第三产业
逊　克	7474	23312	8929	7758	212	959
龙　门	2477	7168	4526	3699	267	560
襄　河	2397	8186	4952	3834	369	749
龙　镇	5103	14409	6050	4162	499	1389
二龙山	5379	17211	8690	6592	661	1437
引龙河	4154	12639	5960	4748	324	888
尾　山	3094	10124	4669	3281	444	944
格球山	3219	7802	3832	2661	519	652
长水河	4480	13090	7888	5834	464	1590
赵　光	9347	26926	9814	7090	798	1926
红　星	3950	11885	6693	5485	486	722
建　设	4688	14305	8177	6894	330	953
五大连池原种场	2827	7164	4790	3824	379	587
鹤　山	8551	21584	14145	11271	955	1919
大西江	4575	12269	6517	4452	863	1202
尖　山	4494	14142	9287	8504	216	567
荣　军	3973	9961	4859	4510	54	295
红五月	3649	10175	5972	4932	75	965
七星泡	5197	13955	7747	6051	507	1189
嫩　江	4100	12212	5661	4418	162	1081
山　河	4148	12388	7637	6280	193	1164
嫩　北	3914	11389	7120	5660	189	1271
建　边	3139	9382	6162	5205	169	788
哈拉海	1478	3819	2051	1711	79	261
克　山	9517	22311	13953	11858	548	1547
依　安	1744	4291	2633	2193	193	247
富裕牧场	3369	11392	6274	4345	1227	702
查哈阳	21351	61814	27642	20794	2221	4627
泰　来	769	2000	938	793	20	125
绿色草原牧场	1923	5580	3259	2943	53	263
巨浪牧场	1226	3214	1673	1473	41	159
齐齐哈尔种畜场	2659	7145	2879	2458	96	325
繁荣种畜场	4211	12411	4797	4617		180
大山种羊场	1285	3975	2063	1920	40	103
红旗种马场	954	3148	699	677		22
嘉　荫	4021	9924	6153	3872	1299	982
铁　力	3843	9173	6641	4701	590	1350
海　伦	5077	12716	6421	4089	836	1496
红　光	4098	11149	6304	4424	680	1200
绥　棱	3337	7871	4267	2966	419	882
安达牧场	839	1941	1363	814	118	431
和平牧场	3810	10625	5599	3781	821	997
肇　源	1723	3925	3531	2758	144	629
柳　河	979	2640	1487	1065	108	314
茂兴湖水产养殖场	492	1304	718	675		43
涝洲鱼种场	241	626	294	294		
庆　阳	2802	8445	3927	2992	292	643
岔林河	1480	4250	1795	1213	208	374
沙　河	831	2752	1145	877	152	116
香坊实验	1517	4266	2722	1086	581	1055
青　年	325	1496	782	268	418	96
闫家岗	1100	2900	1407	953	171	283
红　旗	1002	2922	1819	574	454	791
四方山	903	2376	1427	1130		297
松花江	1951	4931	2205	748	728	729
阿城原种场	1600	4790	2064	1904	98	62
九龙山柞蚕育种场	71	241	63	63		

附录1-3续表2　　(2008年)

农场名称	2. 按职工非职工分			其他从业人员（人）
	在岗职工（人）	专业技术人员（人）	国有单位（人）	
二九〇	5506	706	5506	6694
绥滨	3922	593	3860	8464
江滨	2364	352	2358	7453
军川	5341	445	5125	5472
名山	2780	333	2773	4556
延军	2140	255	2140	5004
共青	3186	388	3186	5962
宝泉岭	3157	719	3117	12436
新华	2241	533	2241	10400
普阳	2761	451	2302	5884
汤原	1867	95	1797	2575
依兰	1072	120	775	1623
梧桐河	1393	284	1393	5705
友谊	23283	1252	22025	17788
五九七	9652	456	9461	8068
八五二	12799	1074	12528	19941
八五三	2336	922	2336	19166
饶河	4089	246	4032	5234
二九一	4583	564	4468	7783
双鸭山	5099	453	5099	6233
江川	4541	219	4464	4058
曙光	3858	534	3331	2312
北兴	5886	584	5796	5321
红旗岭	3018	280	3018	2959
宝山	1084	23	1084	1919
八五九	867	506	867	12397
胜利	937	471	774	9527
七星	1654	927	1654	20978
勤得利	1138	530	1138	8802
大兴	650	297	612	4460
青龙山	531	307	531	6012
前进	629	379	610	9280
创业	535	220	535	7077
红卫	556	259	556	5453
前哨	583	279	583	4867
前锋	558	417	480	6854
洪河	418	252	418	3310
鸭绿河	392	121	392	3609
二道河	293	112	293	1636
浓江	1246	275	1246	2529
八五〇	2294	489	2202	6366
八五四	2294	522	2294	5871
八五五	2193	674	2193	4734
八五六	2435	461	2304	7069
八五七	2800	507	2800	4759
八五八	1635	328	1635	6014
八五一〇	1701	364	1701	3357
八五一一	1765	491	1761	4460
庆丰	1839	340	1839	5035
云山	2162	366	2103	2526
兴凯湖	2542	520	2536	6207
海林	549	167	434	3832
宁安	1444	194	1433	1219
山市种奶牛场	1526	88	1526	2040
锦河	1841	186	1841	2064
红色边疆	2511	292	2134	1096

附录1-3续表3　　　　(2008年)

农场名称	2. 按职工非职工分			其他从业人员（人）
	在岗职工（人）	专业技术人员（人）	国有单位（人）	
逊　　克	3697	469	3697	5232
龙　　门	2037	373	1669	2489
襄　　河	2240	219	2109	2712
龙　　镇	2726	391	2695	3324
二 龙 山	4205	761	4180	4485
引 龙 河	2532	332	2532	3428
尾　　山	1945	156	1897	2724
格 球 山	1811	295	1746	2021
长 水 河	2824	137	2735	5064
赵　　光	4014	615	3869	5800
红　　星	4828	353	4758	1865
建　　设	3611	523	3497	4566
五大连池原种场	2992	104	2992	1798
鹤　　山	7725	279	7552	6420
大 西 江	3557	271	3387	2960
尖　　山	5118	334	5005	4169
荣　　军	3709	231	3442	1150
红 五 月	2865	275	2845	3107
七 星 泡	5521	564	5510	2226
嫩　　江	3143	280	3105	2518
山　　河	3924	372	3797	3713
嫩　　北	4686	286	3959	2434
建　　边	2279	450	2279	3883
哈 拉 海	1134	80	1134	917
克　　山	6980	771	6980	6973
依　　安	1098	256	1098	1535
富裕牧场	2095	164	1380	4179
查 哈 阳	11688	1221	11632	15954
泰　　来	399	51	399	539
绿色草原牧场	891	170	891	2368
巨浪牧场	556	16	556	1117
齐齐哈尔种畜场	2879	17	2299	
繁荣种畜场	2182	19	2113	2615
大山种羊场	1201		1153	862
红旗种马场	532		510	167
嘉　　荫	3742	241	3107	2411
铁　　力	3829	606	3589	2812
海　　伦	2604	471	2365	3817
红　　光	1866	359	1866	4438
绥　　棱	3035	341	2841	1232
安达牧场	129	90	129	1234
和平牧场	1383	383	1383	4216
肇　　源	687		687	2844
柳　　河	637	167	637	850
茂兴湖水产养殖场	304	11	304	414
涝洲鱼种场	199	1	199	95
庆　　阳	1484	46	1484	2443
岔 林 河	917	151	917	878
沙　　河	270	40	270	875
香坊实验	568	20	555	2154
青　　年	65	36	65	717
闫 家 岗	117	67	116	1290
红　　旗	325	133	325	1494
四 方 山	503	36	503	924
松 花 江	367	113	367	1838
阿城原种场	951	6	951	1113
九龙山柞蚕育种场	63	9	63	

附录1-4　生产总值

(2008年)　　单位:万元

农场名称	生产总值	#公有及公有控股	第一产业	#农业	#畜牧业	第二产业	工业	建筑业
二九〇	74099	37552	52311	34043	17985	8391	7382	1009
绥滨	75186	35944	46179	33153	12840	9450	7178	2272
江滨	44742	18163	26053	17279	8713	8200	6675	1525
军川	72186	33109	43348	31422	11769	13994	10294	3700
名山	51299	18897	28945	16936	11456	9684	8098	1586
延军	26465	9528	12841	8655	3954	8277	7814	463
共青	48911	23893	34004	21269	12654	6113	5663	450
宝泉岭	82629	19355	34339	17628	16110	10928	7381	3547
新华	54408	24636	33950	21933	11180	8306	6432	1874
普阳	55931	26460	36329	24944	11111	7402	6500	902
汤原	22553	9506	13739	7843	5621	3166	3010	156
依兰	8659	4241	4569	2698	1603	959	501	458
梧桐河	29250	16542	19260	13989	4952	4894	4696	198
友谊	147909	63878	81064	57684	21187	28155	22464	5691
五九七	83028	39902	48198	37754	7517	11858	7565	4293
八五二	191830	76310	96674	73353	20987	33096	24244	8852
八五三	118722	55487	64103	51862	11760	26744	20735	6009
饶河	52904	27265	32995	25306	6592	5327	4604	723
二九一	70503	36351	40222	31834	5316	8642	6895	1747
双鸭山	37919	13746	16374	9287	6486	7828	5149	2679
江川	43513	21208	30328	20049	8242	6481	4477	2004
曙光	41644	7923	23792	7048	16524	8980	8259	721
北兴	55967	26701	34471	21662	9492	7383	4670	2713
红旗岭	41353	22395	26340	20167	5741	8645	7135	1510
宝山	15474	8092	9209	7545	1640	1734	615	1119
八五九	63799	43391	44157	38842	4909	7898	5084	2814
胜利	50639	30676	33970	28412	5024	9630	4894	4736
七星	99624	70236	71622	63090	6171	6733	5265	1468
勤得利	43234	29417	33075	27753	4609	2797	1845	952
大兴	48721	38518	40775	37302	3218	2294	1015	1279
青龙山	31557	22737	24025	20874	3113	1844	1051	793
前进	65104	42742	45874	41072	4773	11693	9740	1953
创业	48200	36138	36428	33835	2539	5694	4565	1129
红卫	45270	36753	38264	35089	3043	2083	1304	779
前哨	33960	24225	25106	22658	2089	2475	875	1600
前锋	54588	44657	47872	43085	4449	1512	920	592
洪河	34838	30386	31192	29295	1820	845	450	395
鸭绿河	31087	25505	27197	24760	2409	1097	510	587
二道河	30852	26101	26708	25256	1378	1131	335	796
浓江	39438	32556	33807	31913	1869	1462	491	971
八五〇	60567	33639	38451	30806	7542	9316	7201	2115
八五四	90811	56705	61011	54300	6311	11506	9200	2306
八五五	35821	19918	23446	18248	5002	3749	3176	573
八五六	94686	68300	70331	64025	5723	10263	7174	3089
八五七	71346	36676	42613	33393	8659	14507	12650	1857
八五八	62909	30630	39093	29128	9050	11704	6851	4853
八五一〇	44927	17964	19956	11243	7871	10752	10089	663
八五一一	45496	16352	22909	13007	9624	10111	6686	3425
庆丰	49646	26241	28098	23606	4400	13151	8980	4171
云山	52379	30070	35062	27216	7750	6078	3049	3029
兴凯湖	60441	33085	33958	30284	3166	14270	10995	3275
海林	28002	6913	15414	6318	8951	5420	2950	2470
宁安	21628	8050	14881	7071	7765	3763	3323	440
山市种奶牛场	2487	1218	1589	816	733	218	218	
锦河	9478	3114	4653	3100	1308	1315	1205	110
红色边疆	12084	6371	5454	4299	1095	1320	950	370

附录 1-4 续表 1　　　　(2008 年)　　　　单位:万元

农场名称	生产总值	#公有及公有控股	第一产业	#农业	#畜牧业	第二产业	工业	建筑业
逊克	28712	18614	19510	14059	5209	1993	1833	160
龙门	12464	7728	6145	4679	1401	1255	1123	132
襄河	17675	10047	10472	8296	2046	1598	1208	390
龙镇	23887	11924	12248	9826	2121	2012	1652	360
二龙山	32559	14926	18712	13750	4751	2847	1747	1100
引龙河	25603	13453	16071	11297	4231	3510	1990	1520
尾山	20669	11703	12069	8200	3609	2100	1800	300
格球山	22420	13700	11448	6560	4809	3676	3521	155
长水河	24918	12173	12422	7904	4338	2997	2737	260
赵光	35700	19793	21438	16510	4620	3832	3131	701
红星	29668	18381	17690	13800	3596	2724	2544	180
建设	22080	14503	13628	10334	2266	1209	1052	157
五大连池原种场	6409	5374	5423	4542	237	158	62	96
鹤山	35646	18422	24921	14356	10349	3905	2322	1583
大西江	29149	17855	18998	11495	5374	3454	2459	995
尖山	22985	13112	19162	10340	6863	623	223	400
荣军	21510	9990	12246	8112	3760	1018	560	458
红五月	17787	9498	12565	7257	4969	943	903	40
七星泡	32869	21672	24443	18576	4481	1908	1531	377
嫩江	27069	20942	22798	18020	3427	711	597	114
山河	26150	16995	19495	15154	3197	674	404	270
嫩北	21013	14586	16132	12420	3228	1177	477	700
建边	17315	9430	11183	7988	2614	1172	812	360
哈拉海	8413	5888	6655	5507	1133	670	670	
克山	38932	15421	20225	10765	8877	3237	2231	1006
依安	10652	5100	8209	4301	3778	801	801	
富裕牧场	20924	5378	16472	3949	11961	1186	970	216
查哈阳	109059	44324	55867	35579	18082	8502	5892	2610
泰来	7969	3027	6353	2890	3409	451	451	
绿色草原牧场	11116	2131	9007	1451	7291	400	350	50
巨浪牧场	6615	2009	4960	1600	3289	440	315	125
齐齐哈尔种畜场	6803	2307	5172	1622	2964	362	362	
繁荣种畜场	4151	1706	2338	1633	554			
大山种羊场	3137	1888	2483	1512	478	88	88	
红旗种马场	1186	615	862	615	171			
嘉荫	34749	9744	17651	10369	6453	4600	3610	990
铁力	43421	10842	18484	10070	7190	10486	7566	2920
海伦	30800	12281	16129	10638	4935	4171	3121	1050
红光	25566	6740	12275	5418	6510	5926	5147	779
绥棱	30650	15307	21344	14713	5843	3837	3156	681
安达牧场	6718	622	2599	440	2158	1395	1239	156
和平牧场	19845	5200	10742	2902	7730	4478	4100	378
肇源	16647	4996	11452	4462	6385	1744	1492	252
柳河	8748	4323	5434	3430	1739	849	849	
茂兴湖水产养殖场	4391	2848	4186	2368	1350			
涝洲鱼种场	401	359	374	3	15			
庆阳	14923	5194	6917	4815	695	5055	5055	
岔林河	7666	3715	4966	3022	356	677	677	
沙河	2216	963	819	702	111	736	736	
香坊实验	11343	2318	4473	1852	2529	4362	3846	516
青年	4530	546	2186	105	2081	1642	1642	
闫家岗	7580	1335	3845	756	3040	1817	1417	400
红旗	8355	3482	3473	2764	709	1847	851	996
四方山	8020	6803	6547	3511	2130			
松花江	6917	2992	2814	2236	236	2670	2670	
阿城原种场	1765	1338	1263	617	646	51	51	
九龙山柞蚕育种场	45	36	36		36			

附录1-4续表2　　(2008年)　　单位:万元

农场名称	第三产业	#交通运输业	#批发零售业	#住宿餐饮业	#居民服务和其他服务业	#卫生、社会保障和社会福利业	#教　育
二九〇	13397	1849	6732	960	502	345	675
绥滨	19557	1674	3202	1458	9250	199	542
江滨	10489	1321	5399	1575	359		488
军川	14845	1960	7775	1123	1510	258	549
名山	12670	1020	6226	1910	1134	159	490
延军	5347	527	2889	419	95	86	310
共青	8794	2170	2151	1100	658	65	536
宝泉岭	37362	7065	13569	7061	5109	88	1098
新华	12152	1776	2358	1154	3616	140	749
普阳	12200	2229	4547	1754	1768	236	510
汤原	5647	833	2729	206	649		240
依兰	3131	519	826	418	196	75	67
梧桐河	5096	278	981	724	266	135	278
友谊	38691	5341	5324	2672	17210	418	112
五九七	22972	6555	7369	826	4069	173	1056
八五二	62060	12184	30707	6956	6081	698	135
八五三	27874	5847	6559	2295	7657	570	1270
饶河	14582	5064	3310	428	3355	154	552
二九一	21639	4350	11154	1309	841	310	624
双鸭山	13717	2623	2901	373	2290	70	672
江川	6704	1256	1810	485	941	82	580
曙光	8872	2503	1899	624	2310	57	474
北兴	14113	4560	2871	1227	1329	269	666
红旗岭	6367	987	1963	647	209	156	415
宝山	4532	2327	1301	71	265	36	132
八五九	11744	2371	2960	1199	594	290	1080
胜利	7040	842	1339	880	1246	140	749
七星	21269	3960	5550	1800	3120	232	1875
勤得利	7362	963	1729	733	772	62	824
大兴	5652	1665	1160	901	318	126	554
青龙山	5688	603	2820	313	188	46	486
前进	7537	1410	1555	1368	505	166	711
创业	6078	776	1215	825	430	64	540
红卫	4922	253	1532	347	804	115	527
前哨	6379	445	3318	322	165	90	498
前锋	5205	368	2563	354	182	179	174
洪河	2801	296	488	353	284	48	291
鸭绿河	2793	617	593	310	231	41	289
二道河	3013	237	1046	280	322	37	187
浓江	4169	696	1377	610	327	44	226
八五〇	12800	1891	5572	497	1343	392	1012
八五四	18295	5920	4291	2697	1990	340	489
八五五	8626	1677	3398	843	704	213	570
八五六	14092	2975	3837	1328	837	292	1176
八五七	14226	2106	4024	2186	1637	803	568
八五八	12113	2851	4542	1520	733	170	355
八五一〇	14219	1508	2794	1887	1345	134	673
八五一一	12476	4287	2986	1175	757	420	560
庆丰	8397	2046	2923	360	677	385	607
云山	11239	2778	3159	1106	2459	280	410
兴凯湖	12213	3029	5305	1201	185	162	493
海林	7169	2131	2339	504	990	196	315
宁安	2984	531	1230	185	205	72	173
山市种奶牛场	679	10	76	30		5	46
锦河	3510	352	1005	317	32	76	508
红色边疆	5310	720	1365	690	200	196	470

附录 1-4 续表 3　　　　(2008 年)　　　　单位:万元

农场名称	第三产业	#交通运输业	#批发零售业	#住宿餐饮业	#居民服务和其他服务业	#卫生、社会保障和社会福利业	#教　育
逊　　克	7209	115	473	390	170	166	487
龙　　门	5064	1410	1735	417	202	132	576
襄　　河	5605	1096	2089	323	245	121	364
龙　　镇	9628	1296	3265	1007	720	470	354
二 龙 山	11000	2170	5672	859	324	98	319
引 龙 河	6022	1206	1994	546	540	131	310
尾　　山	6500	700	1529	675	340	467	830
格 球 山	7297	163	2977	647	565	173	388
长 水 河	9499	649	2098	1238	790	1085	1533
赵　　光	10430	2102	3382	1032	420	160	880
红　　星	9254	1680	3535	427	546	250	700
建　　设	7243	418	1650	932	161	152	366
五大连池原种场	827	79	39	41	12	26	
鹤　　山	6820	467	1008	272	176	126	845
大 西 江	6697	438	3656	478	165	95	476
尖　　山	3201	229	990	165	24	109	340
荣　　军	8246	720	5348	320	602	74	271
红 五 月	4279	180	1884	168	94	37	278
七 星 泡	6518	635	1887	768	1080	126	748
嫩　　江	3560	334	446	285	231	151	671
山　　河	5981	371	1830	360	840	128	446
嫩　　北	3704	112	1067	501		169	522
建　　边	4959	460	1800	661	471	125	316
哈 拉 海	1088	2	308	54	24	23	152
克　　山	15470	2922	7452	737	210	560	1090
依　　安	1642	426	218	35	17	46	265
富裕牧场	3265	128	1179	302	98	107	390
查 哈 阳	44690	6415	10520	7869	7932	649	4456
泰　　来	1165	115	603	100	251		
绿色草原牧场	1709	37	575	133	8	50	323
巨浪牧场	1215	102	192	36	310	150	200
齐齐哈尔种畜场	1269	294	217	84	42	6	
繁荣种畜场	1813	58	255	58	160	150	
大山种羊场	566		296				
红旗种马场	324	15	116	2		2	
嘉　　荫	12498	2645	6115	890	1560	158	242
铁　　力	14452	4610	4910	570	2950	55	220
海　　伦	10499	1712	5250	677	500	78	610
红　　光	7365	1414	4022	551	214	34	347
绥　　棱	5470	2015	1308	806		39	277
安达牧场	2724	73	2365	37			46
和平牧场	4625	750	985	376	75	359	635
肇　　源	3452	342	1848	396	232	59	138
柳　　河	2465	372	492	167	476	271	352
茂兴湖水产养殖场	205		72	33			
涝洲鱼种场	27						
庆　　阳	2951	606	474	146	29	54	465
岔 林 河	2024	896	236	135		35	120
沙　　河	661	30	167	4			119
香坊实验	2508	212	865	329	369	18	201
青　　年	702		160			21	
闫 家 岗	1918	310	601	240		24	167
红　　旗	3035	247	988	356	400	22	348
四 方 山	1473	500	300	240		22	42
松 花 江	1433	247	255	131	59	35	266
阿城原种场	451		7			11	
九龙山柞蚕育种场	9						

附录 1-5　固定资产投资

(2008 年)

单位:万元

农场名称	固定资产投资				按用途分投资		按投资行业分	
	合　计	公有控股经济	非公有控股经济	#个　体	生产性建设	非生产性建设	农林牧渔业	工　业
二九〇	11803	9918	1885	1225	9692	2111	6446	575
绥滨	8568	7883	685	561	5468	3100	2997	8
江滨	7780	4792	2988	2988	4283	3497	2512	591
军川	11546	9528	2018	418	9676	1870	5806	
名山	7842	5211	2631	2631	6343	1499	3489	
延军	8988	3143	5845	35	7526	1461	5307	
共青	11438	6526	4912	4912	9535	1903	8268	
宝泉岭	9615	4306	5309	5309	8615	1000	6500	
新华	17749	10351	7398	7398	13338	4411	7175	1295
普阳	9276	4637	4639	4639	8435	841	8305	
汤原	4543	2957	1586	1586	3654	889	3142	10
依兰	3070	1037	2033	2033	2166	904	1689	110
梧桐河	5355	4593	762	762	4408	947	4408	
友谊	16196	13647	2549	2549	12861	3335	9196	
五九七	7546	4831	2715	2715	6873	673	5072	90
八五二	8605	7505	1100	1100	6089	2516	4918	
八五三	17088	11272	5816	4716	9977	7111	6782	
饶河	8410	5871	2539	2539	5074	3336	2579	
二九一	4792	2232	2560	1400	2232	2560	920	
双鸭山	2438	1264	1174	1174	1760	678	1760	
江川	7968	7014	954	954	7308	660	2832	
曙光	3829	3484	345	345	3040	789	1134	
北兴	5293	5173	120	120	3743	1550	1806	123
红旗岭	8715	6995	1720	1720	6321	2394	1927	
宝山	2115	1815	300	300	2115		2115	
八五九	8061	4429	3632	3632	3718	4343	2728	
胜利	9976	6816	3160	3160	6922	3054	2344	246
七星	8760	5679	3081	3081	7485	1275	7485	
勤得利	4656	2636	2020	2020	3194	1462	1944	
大兴	11327	10359	968	968	7858	3469	1949	
青龙山	5108	3470	1638	1638	3245	1863	3245	
前进	9179	6972	2207	2207	4851	4328	946	
创业	8481	5981	2500	2500	7010	1471	2873	
红卫	6888	5069	1819	1819	3927	2961	1960	
前哨	8790	7642	1148	1148	6885	1905	3392	
前锋	11282	9607	1675	1675	7416	3866	1574	
洪河	8574	6988	1586	1586	6429	2145	3912	
鸭绿河	6585	5015	1570	1570	5400	1185	2517	
二道河	5151	3370	1781	1745	3523	1628	2712	36
浓江	7282	6583	699	699	5192	2090	2132	110
八五〇	12284	6369	5915	501	8414	3871	4516	2530
八五四	12485	11315	1170	1170	10126	2359	2928	
八五五	10132	5730	4402	1062	9332	800	1572	1500
八五六	10757	6721	4036	4036	7018	3739	2477	
八五七	13414	9604	3810	2310	7774	5640	6891	
八五八	12217	8370	3847	3847	7005	5212	4885	
八五一〇	16708	15185	1523	390	10876	5832	4177	210
八五一一	8699	5284	3415	645	5606	3093	1475	1205
庆丰	6219	3046	3173	773	1932	4287	1227	150
云山	8730	7170	1560	560	6490	2241	2507	
兴凯湖	7068	2968	4100	4100	2656	4412	1727	
海林	3363	2614	749	749	1768	1595	1322	446
宁安	9600	7453	2147	2147	8163	1437	5622	2541
山市种奶牛场	764	688	76	76	764	0	459	
锦河	5665	5325	340	240	2524	3142	748	
红色边疆	3193	2643	550	550	1985	1208	1459	

附录 1-5 续表 1　　　　(2008 年)　　　　单位:万元

农场名称	固定资产投资				按用途分投资		按投资行业分	
	合计	公有控股经济	非公有控股经济	#个体	生产性建设	非生产性建设	农林牧渔业	工业
逊克	5378	4676	702	702	4273	1106	1642	
龙门	3713	3568	145	145	1928	1785	1208	
襄河	5530	5254	276	276	3181	2348	1327	
龙镇	5934	4529	1405	1405	4492	1442	936	1400
二龙山	4319	3539	779	367	2975	1344	1367	
引龙河	5531	5331	200		4753	778	1292	
尾山	2279	1172	1107	1107	1379	900	1022	
格球山	5993	3388	2605		2685	3308	961	80
长水河	7105	5479	1626	1626	5453	1652	780	
赵光	5615	4161	1454	1454	3751	1864	1929	47
红星	6412	4787	1625	1625	4400	2012	3250	1150
建设	5783	3792	1991	1991	1477	4306	1477	
五大连池原种场	4622	3692	930	930	4508	114	2412	
鹤山	9405	5022	4383	4383	3748	5657	3499	249
大西江	2263	1906	358	358	1922	341	1565	
尖山	4075	3235	840	840	3306	769	2366	
荣军	1432	1329	104	104	1024	408	1024	
红五月	2324	983	1341	1341	1373	951	1373	
七星泡	4701	1926	2775	2775	1109	3592	1074	
嫩江	2015	1355	660	660	802	1213	802	
山河	4117	2497	1620	760	2794	1323	2794	
嫩北	5198	1930	3268	1200	3191	2007	1386	
建边	3284	838	2446	2446	2144	1140	854	50
哈拉海	1633	754	879	879	202	1431	202	
克山	8570	5470	3100	3100	3902	4668	3212	187
依安	2021	1002	1019	1019	1026	995	606	420
富裕牧场	3072	2622	450		1953	1119	1110	
查哈阳	12473	8631	3842	3842	5020	7453	4439	
泰来	909	909			862	47	347	
绿色草原牧场	2555	2555			1627	928	1380	
巨浪牧场	1611	774	837	837	624	987	624	
齐齐哈尔种畜场								
繁荣种畜场	563	563			562	2	24	
大山种羊场	141		141	141	60	81	60	
红旗种马场								
嘉荫	6143	5837	306	306	4839	1304	1802	1942
铁力	4083	2583	1500	1500	1748	2335	358	
海伦	7990	7320	670	670	5451	2539	3143	
红光	5598	4968	630	630	3226	2372	1469	
绥棱	7916	7166	750	750	6607	1309	2333	1690
安达牧场	765	366	399	399	441	324	399	
和平牧场	4545	2695	1850	1850	2084	2461	1392	46
肇源	1997	1797	200	200	899	1098	309	590
柳河	1483	1166	317	317	646	837	214	
茂兴湖水产养殖场	306	306			240	66		
涝洲鱼种场								
庆阳	2021	1271	750		539	1482	114	50
岔林河	1948	472	1476		1948		369	
沙河	74	74			39	35	39	
香坊实验	3079	3079			2898	181	2673	
青年	506	76	430	430	431	75	431	
闫家岗	2822	1982	840	290	2222	600	1877	345
红旗	1900	1900			1763	137	1763	
四方山	2367	2367			2285	82	1704	
松花江	1259	1259			339	920	25	
阿城原种场								
九龙山柞蚕育种场								

附录 1-5 续表 2　　(2008 年)　　单位:万元

农场名称	按投资行业分							
	建筑业	交通运输仓储业	批发和零售业	房地产业	水利环境和公共设施业	居民服务和其它服务业	教育	卫生、社会保障和福利业
二九〇		2671		660	1012			196
绥滨	2451		12	124	1844		655	410
江滨		1180		1530	1082			112
军川	1970	1900					68	
名山		2779	75		98	670	383	247
延军		2219		1007				275
共青		1267		1730			150	23
宝泉岭		2115		95	376		102	59
新华		4868		1940	1572	265	4	45
普阳		130		285	460			78
汤原		502			740	8	110	22
依兰	26	341		371	71	9		256
梧桐河				500		66	276	45
友谊		3665		1150	380		560	885
五九七		1711			225		448	
八五二		1171		1100	581		365	
八五三		3195		3906	2607	283	300	15
饶河		2495		346	1343			997
二九一		1312		2560				
双鸭山				500	178			
江川		4476			480	180		
曙光	315	1591		110	80			599
北兴		1814			1248		190	15
红旗岭		4394		1600	729			65
宝山								
八五九		990		2500	50	159	870	1
胜利		2554	1778	1785		414	855	
七星				1275				
勤得利		1250		1300			162	
大兴		5909		916	572	483	514	850
青龙山				990	32		350	
前进		3905		2030	80	246	261	44
创业		4137		1020	264		138	11
红卫		1967		1200	78	220	1395	48
前哨		3493		970	418		266	34
前锋	2121	3721		1000	2095		762	
洪河		2517		926			258	37
鸭绿河		2883		850		27	116	55
二道河		775		780	626	46	92	
浓江		2950		359	1370		360	1
八五〇	40	1328		3425				160
八五四		7198		1170		470	172	82
八五五		4420	1840	646			154	
八五六		4541		3377	90	60	100	112
八五七		851	32	3810	641	431		95
八五八		2120		5212				
八五一〇		6489		1033	4588			
八五一一		2926		2430	213	180		70
庆丰		555		3023	325			160
云山		3955	28	1000	383		395	150
兴凯湖		929		4100				312
海林				749	207		521	50
宁安				1200	67		100	70
山市种奶牛场		305						
锦河		1776			1119		939	562
红色边疆		526			389		806	7

附录1-5续表3　　　　(2008年)　　　　单位:万元

农场名称	按投资行业分							
	建筑业	交通运输仓储业	批发和零售业	房地产业	水利环境和公共设施业	居民服务和其它服务业	教育	卫生.社会保障和福利业
逊克		2370	261	394		427	53	28
龙门		720		350				
襄河		1854		562	299		997	
龙镇	192	1964		873	185		291	42
二龙山		1607		412				
引龙河		3461		200		110	199	
尾山		357		600	300			
格球山		1645		2900	354			
长水河		4673		1361				81
赵光		1775		750	148		775	6
红星				780	837		300	
建设				1501	2521		270	
五大连池原种场		2096						
鹤山				4927			100	
大西江	358			326	15			
尖山	940				425	246		98
荣军					308		100	
红五月				876				75
七星泡		35		2740	95	279	298	112
嫩江						1000	30	118
山河				860	456			
嫩北		1805		1480	105	190	200	32
建边	1200	20	20	590		100		65
哈拉海				859	428		46	14
克山	104	378	21	917	1278	623	236	253
依安				468	225		54	
富裕牧场		844		450	100		563	
查哈阳		581		4094	1055		2241	63
泰来		515						47
绿色草原牧场		248		400	185		100	243
巨浪牧场				837				150
齐齐哈尔种畜场								
繁荣种畜场		538						
大山种羊场				81				
红旗种马场								
嘉荫		1095		467	375		117	97
铁力		1390		1500	120		300	100
海伦		2308		503	231		773	155
红光		1757		998	456		259	21
绥棱		2584		750	273		209	77
安达牧场		42			9	290	21	
和平牧场		646		1350	195			22
肇源					701	60	66	19
柳河		432		200	245		50	20
茂兴湖水产养殖场		240						66
涝洲鱼种场								
庆阳		375		962	247		193	80
岔林河	1580							
沙河					30			5
香坊实验		225			144			37
青年								75
闫家岗				550	50			
红旗							100	37
四方山		581						
松花江		314		340	134		196	
阿城原种场								
九龙山柞蚕育种场								

附录1-6　财务情况

(2008年)　　　　　　单位:万元

农场名称	资产总计	流动资产	#应收账款	#预付账款	#存货	非流动资产合计	固定资产原价	固定资产净值
二九〇	6513	3206	12		2349	3307	11415	438
绥滨	28905	10866	377		3396	18039	27734	9296
江滨	4874	2296	14		1246	2578	8389	417
军川	19880	4877	5		2094	15003	33052	10658
名山	12050	3513			978	8537	16409	5408
延军	7811	2051			778	5760	12026	2407
共青	19863	10467	103		4087	9396	16224	5701
宝泉岭	9302	6268	8		3729	3034	10371	940
新华	7791	4561	8		2879	3230	10221	
普阳	19347	6897	33		1943	12450	18648	2988
汤原	3874	402			108	3472	6235	1822
依兰	3546	1135	11		254	2411	4364	1508
梧桐河	13702	2810			818	10892	14342	5421
友谊	33554	10502	226		7548	23052	37234	20226
五九七	24033	7553			6429	16480	42040	13572
八五二	15374	14331			13351	1043	23488	993
八五三	10320	9161			4636	1159	10980	267
饶河	19114	6040			5117	13074	32919	11217
二九一	13120	5757			3608	7363	13754	5333
双鸭山	7419	3760	898		2102	3659	10999	3051
江川	12443	2709			1337	9734	19681	6515
曙光	10017	4826	2		1395	5191	14857	4369
北兴	20314	9089	19		2043	11225	30137	9868
红旗岭	19091	9157			4296	9934	23391	7712
宝山	4686	125			26	4561	10942	3841
八五九	8251	3737		3	1365	4514	16324	2265
胜利	24041	10924	3	25	273	13117	31509	8916
七星	7931	2187			24	5744	11514	2932
勤得利	6968	3424	32		111	3544	10645	1087
大兴	13271	5025	3		2775	8246	28172	6350
青龙山	1393	957			378	436	5911	100
前进	19563	5509	60		1964	14054	38917	10999
创业	14711	7642	8		2250	7069	20723	4412
红卫	11315	3031			70	8284	21167	6291
前哨	21748	7391	38		3369	14357	23404	10495
前锋	21948	5152	734		240	16796	25098	12930
洪河	20492	7875	5		4823	12617	22358	9816
鸭绿河	15330	3269	15		1018	12061	22058	9673
二道河	15402	2034	10		1121	13368	21651	10492
浓江	14132	3069			904	11063	20823	8923
八五〇	33019	15817	6		11203	17202	33691	15409
八五四	8910	7766			4267	1144	17336	952
八五五	12503	6413		95	4367	6090	21211	5340
八五六	8701	4279			1142	4422	13069	1346
八五七	44009	21303	59		11363	22706	47382	21657
八五八	22582	8362		2	3706	14220	45355	13752
八五一〇	19666	7128	25		4802	12538	28212	9027
八五一一	26485	16399	163	12	9669	10086	23905	9267
庆丰	3259	2001			986	1258	8844	1228
云山	15391	5706	2		3208	9685	28952	8934
兴凯湖	4066	2481	23		224	1585	17718	1125
海林	13105	5358			5148	7747	15129	7530

注:附录1-6表由总局财务处提供。

附录 1-6 续表 1　　(2008 年)　　单位:万元

农场名称	资产总计	流动资产	#应收账款	#预付账款	#存　货	非流动资产合计	固定资产原价	固定资产净值
宁　安	16025	3329			2677	12696	14756	6876
双　峰	5440	2568			827	2872	1604	1383
锦　河	7564	4757			2275	2807	12057	2986
红色边疆	7164	2729	31		1607	4435	11788	4015
逊　克	24793	7704	55		5597	17089	32424	15920
龙　门	6781	2023	1		1268	4758	11087	4420
襄　河	7682	1028	4		400	6654	22304	6421
龙　镇	12581	2202	5		780	10379	19785	8513
二龙山	25947	6112	81		2795	19835	25981	10618
引龙河	15258	6543		11	2224	8715	19709	7730
尾　山	10845	4326	11		2103	6519	14951	4675
格球山	12516	6111		158	1561	6405	15478	4450
长水河	14522	4585	56		1825	9937	22984	7718
赵　光	15721	5720		6	1513	10001	27731	7418
红　星	21129	7111	8		2995	14018	15998	6335
建　设	10016	3068	284		634	6948	20248	6589
鹤　山	8975	4418	810		1433	4557	10633	2640
跃　进	6058	3342	180		1472	2716	7506	1718
大西江	19062	11094	485	15	6988	7968	17026	6835
尖　山	10652	6982			835	3670	9816	1097
荣　军	9262	4926	74		1509	4336	8561	2416
红五月	10793	7628	54		2515	3165	5896	2098
七星泡	21670	10544	36	1	8438	11126	22384	8622
嫩　江	18285	10603	948		1540	7682	16823	5967
嫩　北	14172	8647	2		2926	5525	12018	3321
山　河	14117	6795	30		2051	7322	16370	4896
建　边	10835	7161	64		1981	3674	9006	2800
哈拉海	2752	924			169	1828	4618	1458
克　山	36976	10968	117	81	7345	26008	35497	16611
依　安	6713	3276			2556	3437	7100	3273
富　裕	7334	3763	4		2082	3571	8790	3150
查哈阳	41173	16690	413	82	10525	24483	49749	22993
泰　来	3147	1968			1325	1179	4779	1179
绿色草原	9708	6546	33		2994	3162	6609	3589
巨　浪	2071	669			111	1402	4028	1348
嘉　荫	10916	3914			2795	7002	15550	6128
铁　力	7396	1232			189	6164	14073	3626
海　伦	17436	4620	25		719	12816	18964	7565
红　光	12175	4042			2933	8133	17993	5596
绥　棱	15650	785			57	14865	22006	9834
和　平	10879	3103			2496	7776	16870	7009
肇　源	5028	1808			33	3220	8348	2398
安　达	1633	322	18		7	1311	2697	1081
柳　河	3857	1513			1080	2344	5754	1770
庆　阳	4742	2022			252	2720	6830	2416
沙　河	1915	1100	16	14	39	815	1989	683
岔林河	4580	877		2	57	3703	6054	3581
四方山	4164	1326				2838	6981	1990
香　坊	26622	7997	28		936	18625	17403	12975
青　年	5231	965	52			4266	8452	3599
闫家岗	5110	772				4338	4829	2672
红　旗	18131	2845	392		22	15286	16674	12258
松花江	3219	1188			20	2031	4484	1094

附录1-6续表2　　(2008年)　　单位:万元

农场名称	长期投资	无形资产	负债及所有者权益	#流动负债	#短期借款	#应付家庭农场款	#应付账款	#预收账款
二九〇	1524		6513	4787	1160		26	170
绥滨	2607		28905	14190	250	2143	206	
江滨	664		4874	2867	150		27	
军川	3995		19880	7538		1642	275	
名山	2150		12050	7071	1968	486	22	
延军	2608		7811	5857	2665	1592	37	
共青	3231		19863	11962	4465	1058	162	
宝泉岭	1972		9302	7397	628		147	
新华	2724		7791	3934	826		215	
普阳	3387		19347	10316	1273	1915	190	
汤原	1650		3874	1967	214	103	4	
依兰	903		3546	2063	474	143	4	
梧桐河	1300		13702	10604	3928	18	55	
友谊	41	24	33554	68272	19329		1423	597
五九七	2282		24033	42788	14014	269	740	
八五二			15374	39054	7360		964	22
八五三	292		10320	22862	8202		490	24
饶河	1451		19114	23906	1559	264	472	2
二九一	2021		13120	15672	1062		41	
双鸭山	625		7419	13393	2696	59	278	
江川	1150		12443	21602	5867	390	502	
曙光	556		10017	17555	3993	605	230	
北兴	1110		20314	20573	2723	664	14	
红旗岭	1269		19091	18599	3748	172	1224	
宝山	376		4686	5749	980	3		
八五九	1080		8251	15155	8572		377	
胜利	1955		24041	8408		20	26	
七星	767		7931	24770	16002		173	
勤得利	651		6968	18638	4024		663	
大兴	609		13271	15908	5174	131	90	
青龙山	215		1393	8378	2668		29	73
前进	861		19563	16032	3984	7	2010	
创业	825		14711	11470	3135	50	785	
红卫	795		11315	8055	4477	88	116	
前哨	1597		21748	21895	9950	65	1263	42
前锋	1691		21948	18085	5585	497	3309	
洪河	1530		20492	22641	6270	559	807	
鸭绿河	429		15330	16273	5792	14	195	
二道河	1064		15402	25309	6525		1296	
浓江	1004		14132	14909	5173	1	553	
八五〇	1865		33019	25583	3672	5461	2421	
八五四		14	8910	13591	5223		934	
八五五	695		12503	11817	1500	387	206	1
八五六	355		8701	10029			727	
八五七	1174		44009	32482	1380	120	1601	
八五八	1000		22582	16272	3680	927	1242	
八五一〇			19666	21072	2310	25	3144	856
八五一一	134		26485	15764	2350	19	1502	11
庆丰			3259	8859	2886		575	
云山	750		15391	14060	5847	12	271	
兴凯湖	460		4066	19751	7885		2518	120
海林			13105	4407	1225		573	

附录 1-6 续表 3　　(2008 年)　　单位:万元

农场名称	长期投资	无形资产	负债及所有者权益	#流动负债	#短期借款	#应付家庭农场款	#应付账款	#预收账款
宁安	634	389	16025	4614	70		2298	
双峰			5440	126		126		
锦河			7564	5361	1755	246	64	
红色边疆			7164	7299	1820	2142	264	
逊克			24793	24741	7843	1345	223	
龙门			6781	4987		75	18	
襄河	82		7682	15384	2023	77	167	
龙镇	1702		12581	16137	4658	73	219	
二龙山	9315		25947	16252	3224	1015	575	
引龙河			15258	16041	3052	2984	88	
尾山	1958		10845	5609		255	502	
格球山	955		12516	2601		67	115	
长水河	883		14522	12004	3050		483	
赵光	50		15721	12998	2335	756	298	8
红星	5019	68	21129	18962	5547	107	899	67
建设	643		10016	13488	4490	442	285	82
鹤山	1907		8975	6650		3289	409	
跃进	931		6058	7760	500	1232	70	
大西江	1133		19062	16927	1954	3056	3848	3
尖山	2573		10652	4523		697	308	
荣军	1383		9262	6592		1926	30	
红五月	895		10793	7389	1578	1062	1667	
七星泡	2413		21670	16465	5167	4511	1296	
嫩江	1562		18285	7574		2673	256	135
嫩北	2204		14172	4818		239	15	
山河	2426		14117	8406		4321	703	
建边	907		10835	8214		1212	293	
哈拉海	344		2752	2125		46	433	
克山	9102		36976	15494	7675	456	388	
依安			6713	1439	426	5	18	
富裕			7334	5732	2899	3	62	
查哈阳	314		41173	34173	12567	1247	3213	
泰来			3147	1449	258	39	264	
绿色草原	14		9708	4111			1414	
巨浪			2071	628	29			
嘉荫	194		10916	2349				
铁力	1783		7396	3035	1615		111	
海伦	2341		17436	11000	3870		29	
红光	1308		12175	5949	200		68	101
绥棱	1283		15650	2486	2327	1	1	
和平	13		10879	1873	190	1	69	
肇源	438		5028	411		12	2	
安达	112		1633	656	20		110	
柳河	326		3857	529				
庆阳			4742	1063			4	
沙河	131		1915	1156	545		227	18
岔林河			4580	2465	650		325	
四方山			4164	2845	205		1447	
香坊	3106		26622	16490	5360		40	
青年	667		5231	6478	5207		45	
闫家岗	480		5110	4061	756			
红旗	1667		18131	10003	594		5	
松花江			3219	1878		55		

附录 1-6 续表 4　　(2008 年)　　单位:万元

农场名称	非流动负债	#长期借款	所有者权益	#实收资本	#资本公积	#未分配利润	主营业收入	营业税金及附加	利润总额
二九〇	399	376	1327	2117	2049	-2839			-51
绥滨	2116	1342	12599	4601	12014	-4727	582		2105
江滨	468	442	1539	614	1358	-433			-208
军川	1037	957	11305	3653	7385	-1708	178		1581
名山	665	486	4314	468	3515	-890	47		1095
延军	28	16	1926	2255	1856	-2185			1106
共青	1116	1116	6785	3525	3948	-1596	211	1	2510
宝泉岭	2609	2171	-704	2321	4580	-7605			-126
新华	2595	1878	1262	1639	1732	-2109			-438
普阳	1288	1259	7743	3366	4668	-2068	579		2362
汤原	24	9	1883	948	405	-65			544
依兰	218	215	1265	237	697	91			501
梧桐河	1795	1274	1303	4345	1312	-4354			1368
友谊	14022	13100	-48740	11505	5650	-65912	2484	116	-34
五九七	6718	6623	-25473	2000	3542	-31015	254		924
八五二	4781	4449	-28461	5568	4079	-38108	8271		-25
八五三	2756	2588	-15298	2511	4360	-22169	106		-17
饶河	5397	5397	-10189	1059	3096	-14344		1	440
二九一	3044	3044	-5596	2971	3073	-11640	58	1	-10
双鸭山	1117	838	-7091	1284	3958	-12333	1		1886
江川	833	833	-9992	741	1520	-12253			-1653
曙光	1899	1899	-9437	2955	1548	-13973			-168
北兴	508	508	-767	3402	2536	6954	68	4	3290
红旗岭	4407	4407	-3915	1545	2593	-8053			387
宝山			-1063	1577	617	-3361			-196
八五九	5811	5811	-12715	220	6396	-19331			-1816
胜利	10914	10914	4719	374	3244	732		2	1844
七星	1642	1517	-18481	688	5186	-24355		1	-57
勤得利	875	875	-12545	83	263	-12934	158	7	-1175
大兴	2233	1668	-4870	1875	3960	-10735	21		-2654
青龙山	1654	1625	-8639	153	315	-9107			-202
前进	2141	2141	1390	3225	5379	-7985	153	5	1568
创业	2828	2793	413	392	4279	-4258	1485	22	2646
红卫	2490	2490	770	253	1546	-2209			2112
前哨	2515	2470	-2662	1238	4595	-8495	1434	5	1285
前锋	5967	5967	-2104	854	2739	-6088			1564
洪河	8448	8448	-10597	1627	1521	-13800	5374	4	-921
鸭绿河	8457	8040	-9400	150	3033	-12583			-212
二道河	7783	7658	-17690	1947	1732	-21369	704	8	166
浓江	6273	6273	-7050	1325	1466	-9886			378
八五〇	3390	2930	4046	1858	6546	-5610	8541	14	2951
八五四	1458	1177	-6139	1455	1255	-8849	134	1	-7
八五五	4417	4111	-3731	2362	2737	-11176	641		519
八五六	5772	3051	-7100	3734	2962	-13796		3	-9
八五七	5046	4232	6481	4352	5449	-5491		2	3023
八五八	378	164	5932	3279	2449	-914	17835	1	1470
八五一〇	5990	5570	-7396	4123	3325	-14844	1308	15	-1272
八五一一	3332	3260	7389	2664	14415	-9791	3232	17	689
庆丰	525	465	-6125	1179	1722	-9026			-345
云山	468	408	863	1541	4110	-5375	1028		1129
兴凯湖	882	187	-16567	5286	1187	-23040		2	-856
海林	87	87	8611	1583	4864	852	340		160

附录1-6续表5　　(2008年)　　单位:万元

农场名称	非流动负债	#长期借款	所有者权益	#实收资本	#资本公积	#未分配利润	主营业收入	营业税金及附加	利润总额
宁安	1672	1609	9739	2321	7214	-155	109	2	923
双峰	472	215	4842	239	1936	2527			499
锦河	2349	2255	-146	5002	974	-6122	1076		143
红色边疆	1097	947	-1232	2434	1187	-4853			12
逊克	1092	1046	-1040	2600	6698	-10338			132
龙门	808	807	986	1834	1237	-2085			232
襄河	939	875	-8641	1989	1978	-12608			-4242
龙镇	1471	1405	-5027	2768	2844	-10639			518
二龙山	2301	1895	7394	11123	4513	-8242	1	1	934
引龙河	847	821	-1630	3767	2990	-8387			617
尾山	179	178	5057	3379	1913	-235	1612		1068
格球山	21	3	9894	2703	3145	2044	18		1502
长水河	1245	1147	1273	5425	2876	-7028	236		40
赵光	389	314	2334	5934	1293	-4893	525	2	1716
红星	293	197	1874	4948	3942	-7016	898	1	837
建设	650	650	-4122	2925	1470	-8517			480
鹤山	310	310	2015	1451	1119	-1531	1664	1	513
跃进	1651	1651	-3353	1797	341	-5491	1282	1	645
大西江	1123	1123	1012	3577	870	-3650	1103		1269
尖山	688	688	5441	1738	260	2711	90		2593
荣军	1411	1411	1259	1390	349	-756	460		1547
红五月	1320	1227	2084	2213	1988	-2266	200		1344
七星泡	1600	1600	3605	2857	2555	-2287	189		2807
嫩江	1229	1229	9482	3627	3738	1591	67	4	2216
嫩北	515	515	8839	2538	3269	2573			2375
山河	964	964	4747	3194	739	213	681		1373
建边	2214	2030	407	1416	807	-1816			1317
哈拉海			627	194	822	-464			-476
克山	2678	2678	18804	5291	10088	3418	780	28	373
依安	988	988	4286	1825	3268	-807		3	570
富裕	1573	1573	29	1131	1195	-2297			-168
查哈阳	5805	5805	1195	4049	4805	-7672	4801		5546
泰来	182	182	1516	1447	885	-816			-122
绿色草原	403	403	5194	3085	3425	-1318	105		-482
巨浪	155	155	1288	1127	533	-378			-786
嘉荫	425	150	8142	2051	3993	365			-330
铁力	457	317	3904	3777	701	-574	3634		1255
海伦	2356	729	4080	1221	3444	-585	3944		560
红光	2571	1928	3655	1572	1906	177	1372		510
绥棱	1485	1109	11679	7160	2849	1592	5374		866
和平	850	712	8156	5581	3225	-650	46		504
肇源	479	279	4138	3019	381	670			416
安达	101	67	876	1603	1752	-2479			-73
柳河	527	273	2801	1149	1529	123	36		247
庆阳	407	357	3272	1360	668	40	60		496
沙河	182	169	577	961	208	-592			30
岔林河	13	13	2102	2446	1659	-2020	38		138
四方山	348		971	1829	1130	-1988			272
香坊	562	562	9570	5790	1682	1737	107	58	380
青年	2762	2712	-4009	2149	638	-6941			20
闫家岗	2422	1744	-1373	109	8317	-9799			-556
红旗	601	601	7527	2633	9839	-4945	15	15	531
松花江	109	97	1232	1473	671	-912			155

附录1-7　人民生产、生活

(2008年)

农场名称	从业人员劳动报酬（万元）	职工工资总额（万元）	年末储蓄总额（万元）	人均纯收入（元）	等级公路（公里）	家用计算机（台）
二九〇	11990	5032	46216	10318	265	638
绥滨	12982	3527	27085	13867	381	1350
江滨	9641	1983	20846	9909	55	560
军川	11100	5673	27007	12443	254	759
名山	6525	2051	13667	11996	105	472
延军	7211	2106	7254	8809	132	353
共青	8986	2177	22800	11396	130	371
宝泉岭	21737	3395	94620	9744	200	981
新华	12901	2656	24932	9844	179	980
普阳	5511	3186	23340	14960	120	817
汤原	4534	1654	4508	10110	82	236
依兰	1926	837	2211	9086	8	210
梧桐河	4752	1438	8956	9817	77	478
友谊	50398	27244	47884	8260	451	3343
五九七	17372	10050	13784	8596	265	1620
八五二	21368	8846	65781	14508	398	4119
八五三	23066	3456	33490	12212	355	3821
饶河	7746	4513	8003	12066	197	623
二九一	25754	9513	20035	13244	255	524
双鸭山	9347	4857	5639	8138	179	743
江川	4020	1319	5572	13899	108	346
曙光	10053	7003	3168	10220	156	410
北兴	12986	6397	33600	10776	173	935
红旗岭	8107	4193	14708	15581	129	360
宝山	3673	664	2159	11048	31	287
八五九	12456	1352	39769	11263	226	482
胜利	15634	1034	16000	10801	192	874
七星	34766	3323	47499	12270	372	1564
勤得利	6877	1726	27300	8709	80	2051
大兴	3701	854	19400	10462	75	587
青龙山	7706	1210	15970	9277	49	910
前进	12731	988	21885	11069	118	652
创业	10991	1172	22017	10893	80	499
红卫	6826	1458	22315	11074	70	399
前哨	5766	1174	13825	10144	25	646
前锋	13948	1310	18098	10685	34	750
洪河	5054	949	14700	11100		408
鸭绿河	4548	651	8180	10307	50	255
二道河	2256	534	5843	13763	74	547
浓江	3225	792	6934	11286	82	128
八五〇	6781	1981	16650	10887	177	1424
八五四	8973	2235	13916	11306	272	2769
八五五	5514	1641	12369	10584	212	798
八五六	8890	2015	16077	11838	240	896
八五七	7502	1734	16471	14112	130	1841
八五八	7951	1235	12473	11321	167	243
八五一〇	4598	1054	6498	6847	149	608
八五一一	7050	1096	7739	11874	171	954
庆丰	6035	1236	12426	10410	146	697
云山	4016	1440	7557	10584	162	275
兴凯湖	4057	1340	4807	10432	160	198
海林	5596	1084	4715	14120	80	468
宁安	2319	863	3727	10187	30	176
山市种奶牛场	1012	438	1048	3330	52	35
锦河	2950	1534	2782	7868	153	184
红色边疆	2882	2015	2966	8125	98	146

附录1-7续表1　　　　　　　　　　(2008年)

农场名称	从业人员劳动报酬（万元）	职工工资总额（万元）	年末储蓄总额（万元）	人均纯收入（元）	等级公路（公里）	家用计算机（台）
逊克	6076	3340	9930	8967	393	334
龙门	4012	1554	4957	8410	56	150
襄河	3579	1740	4910	8516	96	95
龙镇	4667	2128	4170	8513	116	346
二龙山	8467	4369	10576	8900	141	108
引龙河	5072	2356	7152	8648	169	797
尾山	4645	2160	4191	9433	96	360
格球山	3220	1729	3796	10069	92	251
长水河	7388	2326	7740	8756	116	560
赵光	8300	3801	16742	9603	210	1403
红星	4067	2519	5580	9159	95	500
建设	8614	4412	16487	9702	129	608
五大连池原种场	2016	1483	3576	6152	70	88
鹤山	18699	11292	10806	10920	161	295
大西江	9114	5206	3811	9248	90	199
尖山	10835	6655	12055	10810	144	435
荣军	5038	4604	4509	8519	55	142
红五月	5419	2617	5655	8492	54	210
七星泡	15093	8005	16062	8901	152	836
嫩江	7136	3623	13510	9180	156	404
山河	11572	6497	14907	10830	100	603
嫩北	10643	6437	16480	9520	146	501
建边	9866	3839	5513	9068	68	329
哈拉海	3183	2372	3514	11212	66	10
克山	11091	7021	17516	9299	225	796
依安	2583	1031	2458	8493	8	77
富裕牧场	5682	2699	5645	8325	31	204
查哈阳	38002	13445	36776	9099	89	1620
泰来	620	246	875	9490	20	70
绿色草原牧场	2847	942	2214	9923	2	120
巨浪牧场	1973	540	2179	9433	14	20
齐齐哈尔种畜场	2748	2643	137	4485		38
繁荣种畜场	3007	1382	156	3185		35
大山种羊场	1138	588	247	4933		55
红旗种马场	348	257	94	2427		21
嘉荫	6693	2213	5874	12961	12	20
铁力	3967	2594	7681	13840	39	480
海伦	7916	2123	3943	9845	90	230
红光	4621	1477	3909	8763	97	261
绥棱	3067	2372	4240	11878	30	575
安达牧场	1889	101	701	7155		30
和平牧场	6618	1659	7026	8140	23	272
肇源	4552	426	2145	13867	15	81
柳河	1775	498	820	12231	31	242
茂兴湖水产养殖场	895	194	1593	11200	6	66
涝洲鱼种场	207	172		6182		
庆阳	3842	2368	3197	10540		289
岔林河	2302	652	1944	10347		56
沙河	1650	365	141	9504	2	27
香坊实验	3062	779	3159	10256		
青年	921	125	214	10338		
闫家岗	1722	290	1105	9860		51
红旗	2153	549	1690	10157		341
四方山	2581	1085	1170	11452	42	
松花江	2955	574	2717	10226		76
阿城原种场	630	321	591	3144		34
九龙山柞蚕育种场	40	40	245	3500		2

附录 1-7 续表 2　　(2008 年)

农场名称	固定电话（部）	社会消费品零售总额（万元）	普通中学在校学生数（人）	小学在校学生数（人）	医院床位数（张）	医生数（人）
二九〇	5905	16117	890	989	60	85
绥滨	2849	18800	819	729	60	67
江滨	3914	15860	648	561		28
军川	3978	17441	823	743	62	88
名山	1742	21806	483	371	25	37
延军	2267	10329	346	301	22	36
共青	3000	11500	684	706	40	21
宝泉岭	2947	22590	2268	929	35	48
新华	6861	13310	856	1034	60	73
普阳	2003	14288	567	531	54	36
汤原	759	4514	273	282	15	20
依兰	714	2770		228	20	11
梧桐河	1680	4268	409	438	27	33
友谊	20700	21299			193	188
五九七	5338	14555	950	1076	178	98
八五二	13749	33863	1503	1931	248	158
八五三	6572	19087	1459	1589	171	195
饶河	2221	8493	430	561	108	70
二九一	4857	9449	658	1009	60	95
双鸭山	2381	4425	637	613	42	36
江川	2833	5370	431	530	38	17
曙光	2592	4623	375	586	63	29
北兴	6050	11597	684	851	109	87
红旗岭	2764	3898	481	484	50	56
宝山	907	1513	294	277	28	13
八五九	1867	5868	822	986	80	34
胜利	2701	5507	740	784	40	25
七星	6055	15775	2244	2479		26
勤得利	3507	4038	1107	1673	51	23
大兴	2149	2659	624	913	48	22
青龙山	1887	2950	424	722	50	18
前进	1630	6010	940	1080	76	41
创业	1759	2860	661	872	30	10
红卫	1123	5607	430	828	40	17
前哨	1673	5073	647	782	35	14
前锋	3018	5253	851	790	40	30
洪河	283	1385	334	663	18	9
鸭绿河	1200	2004	348	397	20	7
二道河	650	1858		267	26	6
浓江	902	1323	311	440	14	19
八五〇	3630	5700	758	803	60	65
八五四	6613	11459	1156	958	100	58
八五五	4217	8901	518	517	60	69
八五六	5056	10221	930	966	87	59
八五七	5191	9430	680	681	92	83
八五八	3725	12216	556	709	64	72
八五一〇	4045	11985	1892		75	65
八五一一	5709	11472	1196	1085	100	90
庆丰	4916	8251	587	666	73	47
云山	3336	12605	576	591	73	59
兴凯湖	3582	6789	639	890	73	75
海林	1797	5990	304	404	30	37
宁安	1430	2375	540	528	24	26
山市种奶牛场	1194	356	210		20	7
锦河	1100	2393	377	577	30	7
红色边疆	2175	3086	334	597	24	33

附录1-7续表3　　　　(2008年)

农场名称	固定电话（部）	社会消费品零售总额（万元）	普通中学在校学生数（人）	小学在校学生数（人）	医院床位数（张）	医生数（人）
逊克	4821	2623	1154	2057	24	69
龙门	950	1640	402	541	20	22
襄河	1086	3887	339	308	22	21
龙镇	1700	7480	901	726	70	19
二龙山	3489	12464	958	817	30	53
引龙河	1597	5535	503	518	20	8
尾山	1617	3142	469	434	20	35
格球山	1210	2113	247	461	24	27
长水河	2228	6401	425	691	24	32
赵光	6721	9346	1890	1623	111	80
红星	1686	7128	430	613	20	12
建设	2024	9970	665	651	76	19
五大连池原种场	809	736			20	5
鹤山	2813	3698	436	1066	40	33
大西江	2673	3086	559	702	34	8
尖山	2078	5488	560	526		26
荣军	1312	6745		316	15	8
红五月	871	5235	344	430	30	16
七星泡	2965	7402	489	687	30	42
嫩江	2206	2192	479	616	15	32
山河	3050	5905	554	609	30	17
嫩北	2508	4627	681	650	40	11
建边	1440	3100	513	636	30	29
哈拉海	1178	604	125	225	13	4
克山	5658	8387	1537	1486	100	78
依安	777	821	592			2
富裕牧场	1751	2025	630	640	20	6
查哈阳	14654	46753	2498	3319	174	120
泰来	563	1300	88	198	7	14
绿色草原牧场	1398	1650	276	356	18	10
巨浪牧场	749	541	164	302	10	6
齐齐哈尔种畜场	1551	736			20	3
繁荣种畜场	1174	731			17	13
大山种羊场	905	904			10	2
红旗种马场	260	206			2	1
嘉荫	2335	15996	4	1634	42	17
铁力	2558	9010	1622	1801	50	23
海伦	1120	8435	1468	1718	45	27
红光	1038	8344	1826	1415	32	30
绥棱	2056	6654	842	1813	35	28
安达牧场	1085	622	1301	1096	3	3
和平牧场	2311	6284		1706	20	20
肇源	1544	4475	1336	1031	16	9
柳河	953	958	1093	401	30	8
茂兴湖水产养殖场	448	83	581		4	2
涝洲鱼种场	171					
庆阳	571	2768	1033	928	18	7
岔林河	942	746	847		20	8
沙河	450	676		301	7	2
香坊实验	1057	2503		1333	20	8
青年	276	948			20	5
闫家岗	764	2340	192	245	10	4
红旗	1032	6199	686	698	12	3
四方山	113	1501		247	9	3
松花江	1614	751	245	186	30	6
阿城原种场	702	20			20	13
九龙山柞蚕育种场	23					

附录1-8　机械年末拥有量

(2008年)

农场名称	大中型拖拉机（台）	#100马力以上	小型拖拉机（台）	大中型拖拉机配套农具（台）	小型拖拉机配套农具（台）	播种机（台）	机动水稻插秧机（台）
二九〇	1035	49	1001	1614	821	352	1498
绥滨	741	64	780	720	563	360	904
江滨	1040	30	540	1101	490	503	916
军川	798	43	647	1364	763	692	227
名山	288	43	608	588	719	390	200
延军	588	33	148	397	236	120	70
共青	877	101	429	1115	346	505	363
宝泉岭	763	55	625	1305	666	530	192
新华	595	27	1539	798	1052	636	934
普阳	712	42	680	951	821	403	512
汤原	407	24	239	772	716	561	30
依兰	79	6	239	165	284	178	21
梧桐河	367	5	438	426	291	152	638
友谊	1273	422	2675	2791	2892	989	1536
五九七	368	93	1446	1255	1448	1037	450
八五二	1005	192	1469	1892	1568	719	559
八五三	1009	90	2079	2221	3511	605	1554
饶河	571	37	813	1141	707	515	108
二九一	380	67	1520	1088	1467	498	1326
双鸭山	586	31	377	990	471	741	18
江川	947		260	1163	178		1564
曙光	130	25	603	238	495	261	204
北兴	1151	82	965	1876	1306	1510	48
红旗岭	323	29	1843	746	369	140	542
宝山	123	10	374	180	343	34	625
八五九	1089	69	1269	1286	1018	590	1366
胜利	1040	39	195	3104	496	1143	1025
七星	1873	41	918	6278	2799	276	2612
勤得利	623	82	737	1211	755	491	591
大兴	355	44	1653	1209	911	345	776
青龙山	518	18	515	761	749	250	1361
前进	991	24	444	1623	593	190	2132
创业	1062	2	268	2079	1050	52	2162
红卫	904		930	811	458	9	1438
前哨	577	107	650	845	361	335	277
前锋	454	44	560	918	1194	267	1750
洪河	281	17	440	280	376	106	837
鸭绿河	434	6	666	1638	702	48	856
二道河	587	10	239	1761	502	51	616
浓江	750	20	790	2132	1266	27	1291
八五〇	929	21	824	1525	484	223	1379
八五四	740	47	1419	900	2486	313	1154
八五五	181	42	1008	272	1092	842	106
八五六	1785	19	1686	2084	1215	572	1183
八五七	1350	27	1228	2184	900	240	2250
八五八	727	5	1439	945	1427	104	1756
八五一〇	239	37	797	527	858	608	7
八五一一	568	36	649	464	1983	833	169
庆丰	945	38	1148	1191	934	469	726
云山	297	17	1066	275	1014	845	695
兴凯湖	461	3	1372	544	1102	37	1473
海林	128	71	283	1559	257	72	14
宁安	174	37	445	354	202	128	
山市种奶牛场	1	1	544		905	285	
锦河	94	38	436	447	502	112	
红色边疆	888	42	242	1067	367	235	

附录 1-8 续表 1　　　　　　　　　　(2008 年)

农场名称	大中型拖拉机（台）	#100 马力以上	小型拖拉机（台）	大中型拖拉机配套农具（台）	小型拖拉机配套农具（台）	播种机（台）	机动水稻插秧机（台）
逊克	385	87	2258	2088	2795	2232	
龙门	50	50	720	163	678	715	
襄河	41	29	547	257	489	368	
龙镇	104	29	451	507	555	255	
二龙山	163	85	933	840	650	228	
引龙河	284	102	1106	1107	1202	493	
尾山	95	44	180	506	240	151	
格球山	108	63	188	481	164	75	
长水河	152	77	473	639	324	201	
赵光	200	79	644	1166	551	263	
红星	220	75	753	687	935	344	
建设	123	50	450	780	850	408	
五大连池原种场	349	12	414	419	362	392	
鹤山	240	60	579	768	582	341	
大西江	90	36	472	256	282	155	
尖山	158	89	332	525	445	200	
荣军	78	50	126	268	34	86	
红五月	90	54	297	281	158	84	
七星泡	264	55	626	692	534	172	
嫩江	97	62	584	537	752	194	
山河	207	49	745	612	810	175	
嫩北	199	46	921	915	1619	152	
建边	141	44	483	334	511	211	
哈拉海	117	11	470	234	940		6
克山	218	89	428	1335	232	303	
依安	61	17	170	80	139		181
富裕牧场	48	14	465	67	460	195	46
查哈阳	593	146	1835	626	636	135	1975
泰来	28	9	106	28	106	2	122
绿色草原牧场	34	10	781	49	609	299	
巨浪牧场	14	6	240	70	260	86	
齐齐哈尔种畜场	3		712	2	582	85	45
繁荣种畜场			1189		972	820	9
大山种羊场	33		510	240	200	200	150
红旗种马场	92		70	80	60	65	
嘉荫	168	39	26	523		40	2
铁力	238	9	661	262	651	421	314
海伦	111	65	328	111	317	215	
红光	71	27	383	323	497	153	
绥棱	75	12	162	231	249	204	40
安达牧场	1		16	1	6	6	
和平牧场	75	4	744	29	691	150	
肇源	38	4	155	70	85		537
柳河	90	2	138	79	187	149	9
茂兴湖水产养殖场							
涝洲鱼种场							
庆阳	51		1098	19	245		182
岔林河	250		772	173	287	41	551
沙河	50		90	50	90	30	22
香坊实验	2	2	7		16	4	
青年	2	2					
闫家岗	9	9	29	3	8	6	
红旗	8	3	15	29	4	13	
四方山	132		80	116	79	90	
松花江	26	6	174	66	286	171	12
阿城原种场	1	1	1		56	50	
九龙山柞蚕育种场							

附录 1-8 续表 2　　　　(2008 年)

农场名称	联合收割机（台）	#自走式	脱粒机（台）	种子清选机（台）	汽车合计（台）	#载重汽车	推土机（台）	挖掘机（台）	农业机械总动力（千瓦）
二九〇	318	297	95	28	283	100	8		104513
绥滨	430	429	10	3	297	144	5	6	102798
江滨	257	239	9	19	210	55	2	3	84387
军川	136	129	117	26	127	66	1	2	61398
名山	82	78	58	28	152	87	3	4	39193
延军	66	66	15	14	89	46	13	10	29435
共青	198	183	127	3	172	67	22	8	71318
宝泉岭	170	170	48	7	828	577	12	11	67926
新华	181	181	210	5	480	111	10	5	68829
普阳	165	165	85	19	147	51	13	8	66384
汤原	125	125	19	1	126	103	2	1	27142
依兰	29	29	14	5	43	32	4		10394
梧桐河	182	164	14	3	91	52	4	2	47665
友谊	569	528	234	30	906	272	43	32	232782
五九七	250	243	84	11	105	27	16	9	86925
八五二	309	287	40	31	911	340	6	5	110687
八五三	468	468	544	4	618	367	8	15	143589
饶河	319	318	21	9	199	82	5	10	67263
二九一	242	240	301	6	208	105	1	5	105365
双鸭山	58	58	56	7	134	69	6	2	28657
江川	324	274			248	75	11	4	83969
曙光	91	86	4	2	21	3	6		30532
北兴	142	138	124		494	248	2	3	71015
红旗岭	265	265		1	187	42	4	7	58621
宝山	74	74			106	71	9	6	31650
八五九	428	405	109	15	350	106	14	5	123848
胜利	284	284	116	11	259	81	7	16	88705
七星	653	653	69	14	1065	232	7	12	196708
勤得利	329	324		19	236	46	14	15	94247
大兴	219	219	99	8	79	42	7	8	82702
青龙山	243	216		16	38	10	2	3	65336
前进	322	322	18	2	99	25	1	6	107573
创业	345	345	160	1	141	68	6	5	107631
红卫	186	186			182	43	3	5	98076
前哨	198	99		1	190	73	4	7	55112
前锋	138	138	286	11	143	28	13	5	92822
洪河	260	207	113	3	100	16	3	5	66026
鸭绿河	259	259	66	1	100	29	11	7	56561
二道河	142	142	445	7	73	26	1	11	48204
浓江	285	285	132		47	21	1	4	81142
八五〇	307	306	73	5	252	130	13	4	96857
八五四	341	337	180	3	184	72	6	8	98937
八五五	80	80	21	5	264	129	11	2	32140
八五六	379	356	193	9	293	72	8	8	158581
八五七	669	665	127	2	365	217	12	14	151637
八五八	352	332	1142	2	141	87	17	9	104651
八五一〇	79	79	13	12	108	34	2		34753
八五一一	69	50	47	6	333	237	8	2	39175
庆丰	489	489	65	19	157	123	59		104815
云山	191	191	551	24	80	33	2	2	62026
兴凯湖	177	130	82	5	288	112	5		71791
海林	85	85		2	149	78	6	2	27068
宁安	98	93	12	7	63	18	1	1	24022
山市种奶牛场					12	2	7		8520
锦河	59	59		3	90	41	3	8	18011
红色边疆	41	41	27	27	102	54	2	3	35154

附录 1-8 续表 3　　　　　　　　　　　　(2008 年)

农场名称	联合收割机（台）	#自走式	脱粒机（台）	种子清选机（台）	汽车合计（台）	#载重汽车	推土机（台）	挖掘机（台）	农业机械总动力（千瓦）
逊　克	116	100		33	131	48	4	4	81013
龙　门	32	32		2	50	11	1	1	25939
襄　河	41	34		3	116	58	3	1	17563
龙　镇	78	78		2	137	56	1	4	24698
二龙山	90	67		14	215	109	2	4	56331
引龙河	140	140	31	33	298	150	22	5	44797
尾　山	40	40		9	308	220	4	1	17004
格球山	46	46		21	81	32	4	2	16687
长水河	66	66			134	66		3	26689
赵　光	78	71		2	197	81	27	11	36123
红　星	58	58	8	6	199	103	1		32924
建　设	54	54	1	10	100	50	6	5	29499
五大连池原种场	33	33	1	13	81	18			18441
鹤　山	110	110	4	8	158	29	4	1	42733
大西江	73	73		1	106	36	3	1	26054
尖　山	88	88		9	108	16	5	1	31454
荣　军	46	46		14	86	32	1	2	25526
红五月	64	64		5	61	8		1	21804
七星泡	102	102		21	179	79	5	2	45860
嫩　江	64	64	2	10	155	25	3	1	29231
山　河	109	109		12	91	29	1		35336
嫩　北	108	108	14	16	81	34	5	1	42061
建　边	87	87	16	7	69	20	8	1	25579
哈拉海	11	11			12				16914
克　山	109	108		23	328	201	3	1	40643
依　安	59	59	1	6	59	36	2		12261
富裕牧场	37	36	6		62	3	4	1	16480
查哈阳	258	258		6	461	48	23	10	131575
泰　来	33	33			4		1	2	7911
绿色草原牧场			34		41				17185
巨浪牧场	12	12			22	4		1	9087
齐齐哈尔种畜场	14		8		113	64	1		12189
繁荣种畜场	5	2	19		6	2			18999
大山种羊场	170	35			20		20	2	24893
红旗种马场	3	3			18	2		1	5422
嘉　荫	79	79			125	60			17315
铁　力	112	110	4		88	25	3	6	38068
海　伦	70	67			117	45	4	5	20374
红　光	56	56	11		88	16	12	7	18544
绥　棱	69	69	4	11	105	55	5	4	12980
安达牧场					32	16			2349
和平牧场	9	7	13		78	27	3		17376
肇　源	155	155			50	4	2	1	22930
柳　河	19	19	26		48	23	3	3	6311
茂兴湖水产养殖场					26				4117
涝洲鱼种场					1		1		685
庆　阳	51	46	7		185	84	23		23797
岔林河	115	115			176	136	10	3	30143
沙　河	10	10			5	3	5	1	4036
香坊实验				1	122	53		1	1523
青　年	1	1			29	3			1239
闫家岗	2				50	8	1		4271
红　旗					88	28		1	2867
四方山	4	4	12	2	152	138	4	1	6433
松花江	17	16			50	31	1		5646
阿城原种场				3			3		928
九龙山柞蚕育种场									

附录1-9　农业现代化生产及基础设施情况

(2008年)

农场名称	当年机耕面积(公顷)	当年机播(公顷)	有效灌溉面积(公顷)	排灌站(座)	排灌能力(立方米/秒)	机电井(眼)
二九〇	41820	41545	27634	1	16	2244
绥滨	34533	34233	30102	3	48	1844
江滨	20668	20463	12567			1064
军川	38078	35651	8763	1	10	949
名山	17170	16584	10752			871
延军	14675	14197	1445			66
共青	30385	29302	10172			597
宝泉岭	28183	27777	3918	3	9	728
新华	29307	28902	11322	3	32	976
普阳	29817	28556	19555	4	15	1610
汤原	9600	9552	323	1	1	4
依兰	3536	3000	970	2	2	40
梧桐河	16533	15977	11125	5	40	730
友谊	91910	83478	35993	16	60	3095
五九七	39238	36917	14067	6	32	848
八五二	71938	66833	10007	4	35	37
八五三	53806	48914	28002	10	39	960
饶河	28734	24094	16670	5	15	906
二九一	37467	35918	24244	8	60	2656
双鸭山	11205	10405	667			18
江川	17112	17112	17112	3	60	1897
曙光	10669	8807	2667	2	4	204
北兴	30005	29873	2200	1	1	10
红旗岭	18327	17835	14667	7	84	151
宝山	6541	6470	6273	1	12	1062
八五九	50356	50356	33911	1	32	1633
胜利	35333	32640	25000	2	6	1194
七星	75333	75097	54533			2497
勤得利	46666	43748	20000			987
大兴	43270	36403	33333	2	4	1168
青龙山	22291	22234	21623	2	24	1022
前进	52000	51738	36667	1	6	1887
创业	34000	32587	33333	1	8	1874
红卫	35318	35258	32000	3	12	1414
前哨	38333	38333	20000			957
前锋	60867	47987	36000			1992
洪河	36934	32671	30133	1	12	1333
鸭绿河	27466	25897	21667			972
二道河	32066	29051	22611			764
浓江	33067	28725	27467			1247
八五〇	30916	29923	22151	1	10	2315
八五四	54538	42727	35494	2	10	1144
八五五	23787	22204	1613	1	3	28
八五六	66957	58163	45722	1	225	1977
八五七	34633	33525	25232	15	75	848
八五八	34414	27582	26102	8	47	1990
八五一〇	16125	16104	413			
八五一一	17203	13539	3335	3	8	119
庆丰	28793	28250	19334	2	130	1758
云山	29614	29447	13200	9	48	1115
兴凯湖	34932	34179	27203			
海林	8725	4340	400			
宁安	7195	3698	2664	2	6	2
山市种奶牛场	3128	2872				
锦河	8160	7011				
红色边疆	13347	13207	1367			371

附录1-9续表1　　(2008年)

农场名称	当年机耕面积（公顷）	当年机播（公顷）	有效灌溉面积（公顷）	排灌站（座）	排灌能力（立方米/秒）	机电井（眼）
逊克	39084	37987	200			
龙门	13249	13249				
襄河	18606	18534				3
龙镇	20525	20283	200	1	1	
二龙山	25402	25145	466	1		1
引龙河	22328	22328				
尾山	15238	15238				1
格球山	14134	14092				
长水河	21520	17245				
赵光	29898	29670	220	1	8	
红星	22365	22298	538			13
建设	16300	15300	1000	1	9	
五大连池原种场	8380	8380				
鹤山	30855	30711	115	2	6	
大西江	18993	18944				
尖山	20666	20536				
荣军	13808	13754	1720			37
红五月	13021	12930				2
七星泡	31122	30701		1		1
嫩江	25783	25713				5
山河	23439	22952				1
嫩北	22806	22697				
建边	17025	17025				9
哈拉海	9297	7600	4350			390
克山	27200	26245	10102			138
依安	5667	4637	4296	1	1	129
富裕牧场	7809	5710	6611			121
查哈阳	50843	50307	36542	26	29	6045
泰来	3000	3000	3000	7	12	420
绿色草原牧场	2833	2833	837			44
巨浪牧场	2667	2600	2167			241
齐齐哈尔种畜场	3026	1066	2832	2	2	
繁荣种畜场	8600	8600	3205			20
大山种羊场	2002	1740	1400	5	10	
红旗种马场	1200	1200				
嘉荫	14973	13280	1000			19
铁力	12831	10664	8686	1	2	751
海伦	14436	13769	667			
红光	8764	6322	200	1	2	1
绥棱	14280	7355	2668			14
安达牧场	597	397	521			96
和平牧场	7320	7320	5870			190
肇源	3341	2913	3341	3	18	
柳河	3867	2400	1467	2	2	6
茂兴湖水产养殖场	4852	3552	1300			
涝洲鱼种场	8		8	1	1	
庆阳	3179	2106	2361	2	2	154
岔林河	3312	3206	2900			983
沙河	947	644	653	2	2	148
香坊实验	645	277				53
青年	270	270	207			28
闫家岗	538	538	494			73
红旗	514	340	580			46
四方山	4715	4620				42
松花江	3839	3392	356			
阿城原种场	1372	1211	161			
九龙山柞蚕育种场						

附录1-9续表2　　　　　　　　　　　　(2008年)

农场名称	化肥施用量（折纯量，吨）	农业用电量（万千瓦时）	粮食仓储能力（吨）	粮食处理中心（座）	粮食处理中心（吨/小时）	农用飞机场（处）	种子加工厂（座）
二九〇	8081	174	31281	1	30	1	1
绥滨	8587	196	28880	1	30	1	1
江滨	4249	147	32730	1	30	1	1
军川	6236	230	45041	1	30	1	1
名山	3163	62	25380	1	30		1
延军	2108	95	12550	1	41		1
共青	5723	180	17000	1	30	1	1
宝泉岭	5937	7728	126760	1	30	1	1
新华	6078	134	54798	2	30	1	1
普阳	6992	228	24370	5	79	1	1
汤原	2018	77	8500				
依兰	661	71	9490				
梧桐河	3357	119	2000	1	15		1
友谊	14426	1121	225095	8	127		1
五九七	6441	2517	34688	1	56	1	
八五二	10243	412	10900	1	50	1	
八五三	7870	1022	13990	6	73	1	1
饶河	3551	192	14568	1	38	1	
二九一	5030	223	29940	3	27	1	1
双鸭山	2425	344	2250				
江川	3591	351	12450	1	20	1	
曙光	2591	179	8928				
北兴	4767	213	7500			1	
红旗岭	2733	597	1500			1	
宝山	1120	95	8000				
八五九	7767	439	59410			1	1
胜利	3861	471	19230	2	42	1	
七星	12294	2147	70087	3	20	1	1
勤得利	6271	568	14150	3	70	1	
大兴	6129	544	2600	1	12	1	
青龙山	3628	133	15840	1	20	1	1
前进	10179	580	60850	1	15	1	1
创业	7150	669	10410	1	15	1	
红卫	5768	297	3500	1	5	1	1
前哨	4971	815	26828	3	32	1	
前锋	10236	773	10000	1	15	1	1
洪河	4745	334	43540	1	90	1	
鸭绿河	4353	371	18160	1	80	1	1
二道河	5008	568	174100	4	616	1	1
浓江	6983	945	20320	1	20	1	
八五〇	5182	166	38200	4	70	1	1
八五四	8773	400	53641			1	1
八五五	3268	219	21975	1	30		1
八五六	11394	218	39434	1	25	2	1
八五七	4658	315	123350	1	20	1	1
八五八	5761	228	41780	5	80	1	1
八五一〇	2659	166	15084	1	8		1
八五一一	2819	299	39921	1	10		1
庆丰	4188	756	54315	1	15	1	3
云山	3591	167	45085	1	13	1	1
兴凯湖	3535	300	12812	1	45	1	1
海林	1758	56	19200	1	10		1
宁安	1358	63	12590	1	5		1
山市种奶牛场	436						
锦河	924	53	4360				
红色边疆	1690	325	17575	1	15		

附录 1-9 续表 3　　　　　　　　　　　　(2008 年)

农场名称	化肥施用量(折纯量,吨)	农业用电量(万千瓦时)	粮食仓储能力(吨)	粮食处理中心(座)	粮食处理中心(吨/小时)	农用飞机场(处)	种子加工厂(座)
逊　　克	4553	355	31968	3	35		
龙　　门	1771	22	14240	1	25		
襄　　河	2400	38	18820	2	60	1	
龙　　镇	2635	66	27330	5	89	1	1
二 龙 山	3206	184	17895	3	70	1	1
引 龙 河	2613	131	24860	6	91		
尾　　山	1848	203	12970	5	76		
格 球 山	1388	97	12830	5	45	1	
长 水 河	2770	135	31650	1	15	1	1
赵　　光	4147	220	47385	2	35	1	1
红　　星	2484	69	20460	2	25		1
建　　设	1836	185	12900	2	60	1	1
五大连池原种场	1043	20	8880	1	15		1
鹤　　山	3897	63	17275	4	81	1	1
大 西 江	1880	162	14730	1	30	1	1
尖　　山	3280	101	25350	1	60	1	1
荣　　军	1978	86	15500	1	20		
红 五 月	2064	81	11480	1	30		1
七 星 泡	4955	72	20220	2	25	1	1
嫩　　江	4710	56	27205	1	25	1	1
山　　河	3154	24	19700	2	85	2	
嫩　　北	2522	37	25437	3	170	1	1
建　　边	1975	176	16367	2	40		1
哈 拉 海	2122	30	3151				
克　　山	4347	90	12401	2	80	1	2
依　　安	491	52	4550				
富裕牧场	1946	48	400				
查 哈 阳	7473	503	19518	2	42	1	1
泰　　来	832	96					
绿色草原牧场	398	50					
巨浪牧场	441	10	3400	1	13		
齐齐哈尔种畜场	991	36					
繁荣种畜场	1741		2000	1	10		
大山种羊场	466	60					
红旗种马场		16					
嘉　　荫	2151	74	21685	9	62		1
铁　　力	2188	340	2230				
海　　伦	1729	38	17430	1	50		
红　　光	1457	44	7716			1	
绥　　棱	1414	158	7140				
安达牧场	148	49		3	40		
和平牧场	2125	263					
肇　　源	994	360	3000				
柳　　河	607	25					
茂兴湖水产养殖场	1574	105					
涝洲鱼种场		20					
庆　　阳	698	92	2850	1	15		1
岔 林 河	802	43	5000				
沙　　河	247	84	4000				
香坊实验	86	55					
青　　年	68	23					
闫 家 岗	167	85					
红　　旗	135	90					
四 方 山	1409	50	2000				
松 花 江	750	10	2510				
阿城原种场	283	10					
九龙山柞蚕育种场							

附录 1-10　农林牧渔业总产值及商品产值

（2008 年）

单位:万元

农场名称	农林牧渔业总产值	#国有经济	#农业	#林业	#畜牧业	#渔业
二九〇	98230	59134	58680	242	39096	142
绥滨	84677	56747	56577	34	27750	136
江滨	47978	29639	29495	74	18339	30
军川	83629	56697	56524	173	26749	10
名山	53398	29557	28749	205	23644	618
延军	25964	17104	16955	327	8595	87
共青	67135	38334	38180	18	28801	136
宝泉岭	68478	31678	31473	150	35806	50
新华	66269	41236	40823	355	24302	113
普阳	71102	46727	46456	77	24115	54
汤原	25982	13755	13383	83	12219	8
依兰	8552	4728	4604	48	3486	94
梧桐河	36093	25338	24989	198	10535	11
友谊	150937	104627	102848	686	44453	463
五九七	85695	63468	64018	1802	16636	83
八五二	178737	129403	127789	2598	46516	1834
八五三	112873	87902	87914	335	24028	352
饶河	58635	43151	42299	841	14454	870
二九一	70826	53974	53974		10848	482
双鸭山	30271	16339	16145	787	13226	113
江川	54273	34198	33781	7	16836	280
曙光	46424	12383	12232	135	33723	16
北兴	62546	41157	37348	5136	19654	286
红旗岭	46712	34886	34214	193	11715	231
宝山	15430	12123	11608	25	3792	5
八五九	77565	67562	66714	213	10002	516
胜利	62152	51128	50519	25	10682	341
七星	130697	117600	114471	298	12720	378
勤得利	60627	50092	49820	323	9306	1178
大兴	72597	65614	65443	5	6794	109
青龙山	41384	34829	34791	34	6485	70
前进	85496	75882	75843	39	9590	24
创业	63832	58549	58549		5174	109
红卫	67002	61038	60918	100	5856	108
前哨	50327	45935	45270	246	4386	6
前锋	87229	78078	77391	60	9079	12
洪河	55369	51428	51413	15	3817	124
鸭绿河	45880	40837	40828	9	5008	35
二道河	47253	44371	44231	141	2859	23
浓江	54649	50492	50477	14	4126	31
八五〇	71254	51621	52214	75	18856	42
八五四	110602	95689	95667	131	14024	781
八五五	43359	31752	31462	135	11547	45
八五六	125252	109917	110306	53	13488	1406
八五七	76118	50618	59159	68	15911	743
八五八	71035	49343	52961	45	16555	1474
八五一〇	39153	20217	19737	481	17889	1044
八五一一	43253	22702	22375	272	20449	102
庆丰	51378	41430	41416	22	9778	161
云山	64597	48667	48600	67	15816	114
兴凯湖	58886	31576	52028	420	6084	354
海林	31037	12116	12116	135	18661	125
宁安	26452	12805	12700	48	13662	43
山市种奶牛场	3271	1715	1631	84	1554	2
锦河	9549	4938	6264	248	3019	18
红色边疆	12770	10253	10253	40	2434	43

附录1-10续表1　　(2008年)　　单位:万元

农场名称	农林牧渔业总产值	#国有经济	#农　业	#林　业	#畜牧业	#渔　业
逊　克	44358	31907	32320	146	11685	90
龙　门	13744	10558	10551	57	3113	6
襄　河	22195	17481	17404	78	4549	165
龙　镇	26824	21904	21568	154	4722	137
二龙山	37843	27550	27498	126	9912	308
引龙河	32851	23269	23049	406	8876	446
尾　山	25976	17957	17442	84	8019	24
格球山	24344	14383	14224	57	9961	102
长水河	26466	17452	17137	280	8989	25
赵　光	45847	34907	34844	51	9824	171
红　星	35421	27416	27295	121	7555	181
建　设	26908	21660	20110	383	4843	404
五大连池原种场	10097	9195	8399	241	661	
鹤　山	52140	29138	28667	243	23002	84
大西江	36207	24269	20527	275	11938	67
尖　山	41184	25830	21992	185	15251	55
荣　军	23646	15290	14556	606	8356	128
红五月	24473	13425	12927	209	10880	127
七星泡	45144	35103	33171	244	10041	237
嫩　江	42838	35161	32200	201	7656	21
山　河	39373	30415	30076	179	7498	191
嫩　北	30974	23537	22849	342	7437	43
建　边	21047	15226	14256	260	5821	
哈拉海	13347	10829	10799	30	2518	
克　山	49806	30916	29734	434	18839	11
依　安	17765	8972	8694	22	8789	42
富裕牧场	37222	10095	9300	795	26580	96
查哈阳	117733	76410	72399	706	41001	322
泰　来	12732	5110	5070	40	7576	25
绿色草原牧场	19376	3169	2670	307	16207	
巨浪牧场	10629	3290	3225	9	7310	30
齐齐哈尔种畜场	14892	3437	3437		10545	
繁荣种畜场	6150	4720	4720		1182	
大山种羊场	5448	3070	2907		1280	184
红旗种马场	1615	1099	1099		379	
嘉　荫	37966	18936	21613	199	14341	276
铁　力	35003	16652	16639	13	16812	172
海　伦	30924	18995	18995		10838	265
红　光	25529	10477	10597	30	14151	235
绥　棱	41840	26216	26166	50	13322	473
安达牧场	5570	880	880		4687	
和平牧场	24702	6654	5934	720	17826	
肇　源	20767	6783	6389	395	12520	888
柳　河	10991	6739	6871	349	3550	112
茂兴湖水产养殖场	9823	1318	5686		3037	1100
涝洲鱼种场	686	635	8		51	627
庆　阳	12678	5811	8660	1177	1528	369
岔林河	9340	6014	5953	490	689	351
沙　河	1534	1262	1277		246	11
香坊实验	9166	3469	3340		5622	
青　年	5393	381	381		5012	
闫家岗	8334	1714	1624		6620	90
红　旗	6621	5045	5045		1576	
四方山	12340	12340	6054	942	4734	
松花江	5094	4516	3912	109	520	58
阿城原种场	2803		1188		1615	
九龙山柞蚕育种场	85	85			85	

附录1-10续表2　　(2008年)　　单位:万元

农场名称	农林牧渔业商品产值	#农　业	#林　业	#畜牧业	#渔　业
二九〇	92825	53893	112	38689	131
绥　滨	80710	53137	34	27408	131
江　滨	43526	26920		16606	
军　川	76239	49689		26540	10
名　山	44679	20416	10	23637	616
延　军	25121	16112	327	8595	87
共　青	64066	37011	18	26915	122
宝泉岭	66178	30406	43	35682	47
新　华	60685	36671	87	23816	111
普　阳	63169	39737	77	23301	54
汤　原	25602	13383		12219	
依　兰	8117	4539	45	3451	82
梧桐河	32821	22596		10214	11
友　谊	137980	95062	311	42159	448
五九七	74389	57616	1621	15076	75
八五二	170983	120261	2598	46516	1609
八五三	102736	80479	278	21656	323
饶　河	53108	38265	791	13261	792
二九一	63803	52755		10580	468
双鸭山	29782	15746	772	13153	112
江　川	46358	30911		15168	279
曙　光	41985	11132	124	30714	15
北　兴	58105	34707	3776	19336	286
红旗岭	41482	30409	193	10661	219
宝　山	14198	10679	25	3489	5
八五九	73598	63375	129	9599	495
胜　利	56293	47933	7	8033	320
七　星	115635	104871		10404	360
勤得利	56047	46329	64	8564	1090
大　兴	68777	62167		6507	103
青龙山	36088	31439	26	4613	10
前　进	75216	68339	18	6859	
创　业	57944	53907		3945	92
红　卫	63637	57988		5547	102
前　哨	45431	41351	29	4046	5
前　锋	78081	71906		6175	
洪　河	53119	49339		3661	119
鸭绿河	41859	37151		4673	35
二道河	43071	40234	70	2745	23
浓　江	51217	47449		3739	29
八五〇	52586	35566	10	16970	40
八五四	100996	86419	22	13774	781
八五五	40414	28945	111	11316	43
八五六	104308	90877	28	12043	1361
八五七	63144	48739	34	14019	352
八五八	64896	47335		16201	1360
八五一〇	30897	16269	136	13536	956
八五一一	39593	20368	241	18892	92
庆　丰	46854	37695	18	8993	147
云　山	63022	47400	65	15450	107
兴凯湖	53731	47909	120	5378	325
海　林	29942	11042	120	18661	120
宁　安	25587	12174	48	13336	29
山市种奶牛场	2941	1467	75	1398	2
锦　河	7686	5121	197	2350	18
红色边疆	11032	8893	32	2070	37

附录 1-10 续表 3　　(2008 年)　　单位:万元

农场名称	农林牧渔业商品产值	#农业	#林业	#畜牧业	#渔业
逊克	38306	29572	132	8519	83
龙门	12259	9401	51	2802	5
襄河	18115	14806		3155	154
龙镇	24076	19497	154	4288	137
二龙山	32214	23434	110	8480	190
引龙河	28396	20359	252	7400	385
尾山	18382	12521		5841	20
格球山	21279	13735	57	7389	98
长水河	24427	15631	259	8513	24
赵光	35245	26999	31	8056	159
红星	29030	22526		6342	162
建设	22344	17600	280	4200	264
五大连池原种场	8334	7432	241	661	
鹤山	43040	23312	187	19458	83
大西江	31163	19535	275	11286	67
尖山	33354	19372	150	13781	51
荣军	21244	13333	560	7306	45
红五月	19996	11399		8512	85
七星泡	37910	28259		9417	234
嫩江	34506	27857	38	6590	21
山河	32388	25584	158	6530	115
嫩北	24046	17690	93	6221	42
建边	15313	11168	100	4045	
哈拉海	12236	9718		2518	
克山	48927	29734	344	18839	11
依安	16818	8220		8560	38
富裕牧场	33029	7950	450	24540	89
查哈阳	114396	72375	702	40997	322
泰来	12712	5070	40	7576	25
绿色草原牧场	12768	87	268	12414	
巨浪牧场	5062	525	9	4500	28
齐齐哈尔种畜场	13591	3235		10356	
繁荣种畜场	5903	4720		1182	
大山种羊场	2926	1876		923	127
红旗种马场	1478	1099		379	
嘉荫	36359	21600	198	14285	276
铁力	31688	15422		16104	162
海伦	29836	18869		10702	265
红光	24683	10402	30	14017	234
绥棱	38837	25619	50	12696	473
安达牧场	4459	703		3756	
和平牧场	19396	4747	570	14079	
肇源	19797	6389		12520	888
柳河	10882	6871	349	3550	112
茂兴湖水产养殖场	9823	5686		3037	1100
涝洲鱼种场	643	8		45	590
庆阳	8660	6396	823	1140	301
岔林河	5899	5005		543	351
沙河	1450	1200		240	10
香坊实验	8961	3340		5622	
青年	5393	381		5012	
闫家岗	8334	1624		6620	90
红旗	6590	5030		1560	
四方山	5033	2035	320	2678	
松花江	3834	3320	36	447	30
阿城原种场	2803	1188		1615	
九龙山柞蚕育种场	17			17	

附录1-11　农作物播种面积、单产和总产

(2008年)

农场名称	总播种面积（公顷）	1.粮食			(1)谷物		
		面积（公顷）	单产（公斤/公顷）	总产（吨）	面积（公顷）	单产（公斤/公顷）	总产（吨）
二九〇	41820	41110	7784	320006	36444	8449	307926
绥滨	34533	33346	8997	300002	32666	9134	298357
江滨	20668	19885	7466	148466	16630	8388	139497
军川	38078	36677	8185	300199	27006	9927	268091
名山	17170	16508	7906	130518	13885	8911	123727
延军	14675	13663	5168	70617	8510	6967	59288
共青	30385	28652	6656	190720	21333	7959	169788
宝泉岭	28183	26671	5934	158273	17264	7681	132609
新华	29307	28133	7287	205000	20333	9165	186355
普阳	29817	29276	8543	250116	26142	9216	240916
汤原	9600	9437	7437	70182	6388	9691	61909
依兰	3536	3177	6782	21548	2214	8599	19038
梧桐河	16533	15780	8260	130350	14780	8677	128246
友谊	91910	78504	6735	528714	67565	7451	503455
五九七	40160	36334	7427	269835	26734	9070	242465
八五二	72667	63633	7469	475292	42073	9720	408948
八五三	53806	51495	7319	376899	36002	9307	335068
饶河	28734	27527	7149	196803	22004	8291	182435
二九一	37467	34534	8126	280630	33867	8235	278879
双鸭山	13467	10000	7979	79787	7667	9724	74553
江川	17112	17112	9225	157854	17112	9225	157854
曙光	10669	8334	4713	39276	5334	6298	33593
北兴	30005	22200	6184	137288	13200	8456	111613
红旗岭	18327	16754	8915	149355	15667	9320	146022
宝山	6541	6442	8879	57198	6415	8907	57136
八五九	50356	49356	7378	364156	40578	8492	344606
胜利	35333	34667	7539	261352	29000	8529	247350
七星	75333	71740	8141	584016	59733	9253	552692
勤得利	46666	46266	6018	278409	30666	7988	244961
大兴	43270	42603	7722	328989	36603	8549	312937
青龙山	22291	22291	8287	184717	21902	8396	183896
前进	52000	51667	7576	391428	42667	8684	370503
创业	34000	34000	9265	315000	33533	9359	313844
红卫	35333	34666	9173	318006	32000	9750	312002
前哨	38333	38000	6327	240410	24667	8387	206892
前锋	60867	60467	7007	423682	46933	8344	391630
洪河	36934	36867	7283	268520	30800	8250	254100
鸭绿河	27466	27366	7325	200468	23000	8284	190526
二道河	32066	29933	7881	235908	26333	8644	227613
浓江	33067	32734	7713	252488	28334	8573	242912
八五〇	30981	29623	7934	235032	25488	8769	223510
八五四	54538	52920	7709	407952	43160	8827	380990
八五五	23820	21787	5326	116035	8280	9604	79520
八五六	68200	66057	8094	534647	57533	8877	510707
八五七	34667	31334	8379	262560	28668	8879	254538
八五八	34414	33517	7879	264085	29334	8626	253032
八五一〇	16125	11081	5984	66314	5747	8977	51588
八五一一	17203	11592	6941	80461	8001	8791	70337
庆丰	28793	27313	7536	205842	23373	8379	195854
云山	29614	27970	7172	200610	19867	9003	178853
兴凯湖	34974	34883	7632	266215	27597	8992	248162
海林	8733	7301	6631	48414	4267	9021	38493
宁安	7195	5549	6227	34551	3300	7806	25760
山市种奶牛场	3136	2733	2742	7493	774	5691	4405
锦河	8160	5952	2578	15344	2728	3332	9090
红色边疆	13347	11557	3513	40604	4930	4836	23840

附录1-11续表1　　　　　　　　　　(2008年)

农场名称	总播种面积（公顷）	1.粮食			（1）谷物		
		面积（公顷）	单产（公斤/公顷）	总产（吨）	面积（公顷）	单产（公斤/公顷）	总产（吨）
逊克	39084	33800	3517	118877	11333	4881	55320
龙门	13249	10722	3330	35707	4667	4372	20402
襄河	18606	17619	3671	64671	6460	4575	29556
龙镇	20525	17666	3464	61193	6333	5154	32643
二龙山	25415	23715	4356	103296	8396	5958	50021
引龙河	22328	20272	3573	72441	4786	5501	26328
尾山	15238	12208	4213	51436	3601	5102	18374
格球山	14134	10136	3820	38717	3667	5553	20363
长水河	21520	18669	4455	83175	7335	6363	46671
赵光	29898	27058	4305	116490	11476	5993	68770
红星	22365	18716	4457	83418	6270	6706	42045
建设	16300	13000	5484	71288	7000	7114	49801
五大连池原种场	8380	8380	3252	27253	2531	4147	10497
鹤山	30855	28295	3847	108838	10981	5350	58745
大西江	18993	18074	3557	64288	6107	5094	31108
尖山	20666	19236	4826	92839	8033	7008	56297
荣军	13808	13203	4084	53927	4095	5741	23508
红五月	13021	12736	3411	43448	3667	4136	15166
七星泡	31141	27522	4215	115994	10600	5595	59303
嫩江	25783	23672	4269	101044	8676	5681	49288
山河	23495	21834	4147	90538	7715	5364	41381
嫩北	22806	20366	3798	77346	7702	4898	37722
建边	17025	15665	3570	55923	4557	4820	21963
哈拉海	9297	7813	8531	66654	7400	8848	65475
克山	27200	22533	4985	112325	6400	6104	39063
依安	5667	4220	8495	35850	3887	8811	34250
富裕牧场	8333	5200	7900	41079	4867	8082	39333
查哈阳	51533	40666	8240	335101	36667	8812	323104
泰来	3000	2700	9500	25649	2666	9565	25500
绿色草原牧场	2833	1333	8074	10763	1200	8452	10142
巨浪牧场	2667	1733	6618	11469	1467	7502	11005
齐齐哈尔种畜场	3026	2885	6159	17769	2765	6361	17589
繁荣种畜场	8600	8346	5346	44616	7033	6068	42675
大山种羊场	2002	2002	7452	14919	1734	8345	14471
红旗种马场	1200	733	3045	2232	200	6000	1200
嘉荫	14973	12068	3962	47808	2267	7232	16396
铁力	13343	10934	8434	92214	10267	8775	90094
海伦	14436	8769	3668	32167	1400	7985	11179
红光	8764	5363	5188	27824	1200	8408	10090
绥棱	14280	10068	6024	60651	4335	8777	38049
安达牧场	797	130	5231	680	130	5231	680
和平牧场	7320	4266	4782	20400	2910	6598	19200
肇源	3341	3341	9960	33276	3341	9960	33276
柳河	3920	3587	6739	24172	2187	8378	18322
茂兴湖水产养殖场	4852	4852	7324	35538	4085	8362	34160
涝洲鱼种场	8	8	6625	53	8	6625	53
庆阳	3341	3158	8666	27366	2894	9183	26577
岔林河	3312	3312	8843	29287	3312	8843	29287
沙河	947	947	7093	6717	776	8112	6295
香坊实验	699	88	7500	660			
青年	270	270	8567	2313	270	8567	2313
闫家岗	538	284	8204	2330	200	8500	1700
红旗	590	258	7500	1935			
四方山	4715	4201	7842	32944	3934	8211	32304
松花江	3839	3787	6603	25007	2363	9238	21829
阿城原种场	1399	1372	4591	6299	590	7297	4305
九龙山柞蚕育种场							

附录 1-11 续表 2

(2008 年)

农场名称	#水稻			#小麦			#玉米		
	面积（公顷）	单产（公斤/公顷）	总产（吨）	面积（公顷）	单产（公斤/公顷）	总产（吨）	面积（公顷）	单产（公斤/公顷）	总产（吨）
二九〇	24110	8586	207018				11334	8479	96098
绥滨	24667	8890	219289				7999	9885	79068
江滨	11127	8477	94320				5503	8210	45177
军川	6005	9721	58375				21001	9986	209716
名山	5000	8806	44030				8800	9003	79227
延军	1200	7407	8888	507	3998	2027	6536	7217	47172
共青	6333	7785	49305				15000	8032	120483
宝泉岭	2931	8162	23922	100	3290	329	14000	7672	107411
新华	10333	9037	93382				10000	9297	92973
普阳	13942	9162	127735				12200	9277	113181
汤原	288	9510	2739				6100	9700	59170
依兰	810	8741	7080				1404	8517	11958
梧桐河	10320	9013	93016				4460	7899	35230
友谊	30001	8289	248687				23442	8209	192441
五九七	14067	9300	130820	667	4439	2961	11333	9308	105482
八五二	10007	9376	93824	333	4655	1550	26400	10877	287159
八五三	28002	9300	260419				8000	9331	74649
饶河	16670	8700	145029				3334	8250	27506
二九一	20000	9000	180004				8867	9000	79803
双鸭山	667	9450	6303				7000	9750	68250
江川	17112	9225	157854						
曙光	2667	6901	18404				2667	5695	15189
北兴	2200	8265	18183	667	4433	2957	9000	9375	84375
红旗岭	14667	9324	136754				1000	9268	9268
宝山	6273	8972	56284				142	6000	852
八五九	33911	8700	295026				4667	8399	39200
胜利	25000	8850	221250	2000	5250	10500	2000	7800	15600
七星	54533	9450	515339	333	5571	1855	3067	8273	25373
勤得利	20000	8700	174009	53	5151	273	5333	8100	43197
大兴	33333	8700	289997				1937	8250	15980
青龙山	21623	8400	181633				266	8248	2194
前进	36667	9000	330003				6000	6750	40500
创业	33333	9366	312194				200	8250	1650
红卫	32000	9750	312002						
前哨	20000	8625	172505	667	5166	3446	2667	9015	24043
前锋	36000	9000	324000	1600	5220	8352	5333	7200	38398
洪河	30133	8250	248600				667	8246	5500
鸭绿河	21667	8406	182133				1333	6296	8393
二道河	22333	9122	203718				1933	6781	13107
浓江	27467	8625	236903				667	7426	4953
八五〇	22051	8728	192451				3437	9037	31059
八五四	35494	9000	319446				5333	9375	49996
八五五	1613	9000	14517				6667	9750	65003
八五六	46667	9000	420003				9533	9000	85800
八五七	26001	8865	230494				2667	9015	24044
八五八	29334	8626	253032						
八五一〇	413	8581	3544				5334	9007	48044
八五一一	3334	8605	28688				4667	8924	41649
庆丰	19373	8249	159809				4000	9011	36045
云山	13200	8625	113850				6667	9750	65003
兴凯湖	27203	9049	246157	218	3752	818	176	6744	1187
海林	400	9302	3721	1167	6960	8122	2700	9870	26650
宁安	1924	8299	15967	60	5950	357	1316	7170	9436
山市种奶牛场							774	5691	4405
锦河				2359	3003	7083	305	6210	1894
红色边疆				1470	4350	6395	1330	6750	8978

附录1-11续表3

(2008年)

农场名称	#水稻 面积（公顷）	#水稻 单产（公斤/公顷）	#水稻 总产（吨）	#小麦 面积（公顷）	#小麦 单产（公斤/公顷）	#小麦 总产（吨）	#玉米 面积（公顷）	#玉米 单产（公斤/公顷）	#玉米 总产（吨）
逊克				9000	4584	41260	2333	6027	14060
龙门				3667	4500	16502			
襄河				4460	4500	20072	667	6225	4152
龙镇	200	8250	1650	4200	4725	19845	1600	6000	9600
二龙山				5724	5535	31684	1336	8250	11022
引龙河				2751	4695	12917	1367	7388	10100
尾山				2734	5265	14394	667	4501	3002
格球山				2667	5250	14002	1000	6361	6361
长水河				4667	6180	28842	1334	7650	10205
赵光				6984	5280	36876	2680	8840	23690
红星	135	8252	1114	2133	4620	9855	2668	9750	26013
建设	1000	8250	8250	2333	5625	13124	2000	9750	19499
五大连池原种场				2531	4147	10497			
鹤山				7014	4522	31719	3267	7411	24213
大西江				3600	5112	18405	2067	5251	10853
尖山				4700	5362	25200	3333	9330	31097
荣军				2330	4987	11620	1365	7500	10238
红五月				3467	3985	13817	200	6745	1349
七星泡				6000	5085	30510	2600	7555	19642
嫩江				4146	5213	21612	2100	7876	16540
山河				5873	4995	29333	667	10124	6753
嫩北				4202	4890	20548	2000	5139	10278
建边				3413	4875	16639	117	6000	702
哈拉海	3400	9075	30855				4000	8655	34620
克山				1333	4283	5709	3400	7530	25602
依安	3400	9000	30600				487	7495	3650
富裕牧场	3000	8350	25050				1867	7650	14283
查哈阳	28000	9450	264601				8667	6750	58503
泰来	2333	9751	22750				334	8234	2750
绿色草原牧场							1200	8452	10142
巨浪牧场	133	7519	1000				1334	7500	10005
齐齐哈尔种畜场	1333	6749	8997				1432	6000	8592
繁荣种畜场	400	7192	2877				6633	6000	39798
大山种羊场	1400	8433	11806				334	7979	2665
红旗种马场							200	6000	1200
嘉荫	1000	8564	8564	800	4882	3906	467	8407	3926
铁力	8667	8943	77506				1333	8141	10852
海伦	667	7607	5074				733	8329	6105
红光	200	7690	1538				1000	8552	8552
绥棱	2668	8502	22683				1667	9218	15366
安达牧场							130	5231	680
和平牧场							2530	6750	17077
肇源	3341	9960	33276						
柳河	1467	8175	11992				720	8792	6330
茂兴湖水产养殖场	1300	8654	11250				2319	8845	20511
涝洲鱼种场	8	6625	53						
庆阳	2361	9225	21780				533	9000	4797
岔林河	2900	8790	25492				412	9211	3795
沙河	653	8184	5344				123	7732	951
香坊实验									
青年	207	8773	1816	20	3900	78	43	9744	419
闫家岗	200	8500	1700						
红旗									
四方山							3867	8250	31902
松花江	356	9326	3320				2007	9222	18509
阿城原种场	161	6752	1087				429	7501	3218
九龙山柞蚕育种场									

附录 1-11 续表 4　　　　(2008 年)

农场名称	#大　麦			(2)豆　类			#大　豆		
	面　积（公顷）	单　产（公斤/公顷）	总　产（吨）	面　积（公顷）	单　产（公斤/公顷）	总　产（吨）	面　积（公顷）	单　产（公斤/公顷）	总　产（吨）
二九〇	1000	4810	4810	4666	2589	12080	4467	2593	11583
绥滨				680	2419	1645	613	2499	1532
江滨				3205	2719	8714	2959	2737	8100
军川				9671	3320	32108	9661	3321	32084
名山	85	5529	470	2579	2558	6597	2432	2572	6254
延军	267	4498	1201	5153	2199	11329	4953	2233	11061
共青				7297	2850	20800	7167	2865	20530
宝泉岭	233	4064	947	9336	2713	25331	9253	2723	25194
新华				7800	2390	18645	6333	2706	17134
普阳				3132	2934	9190	3061	2944	9012
汤原				3029	2694	8161	3000	2700	8100
依兰				963	2606	2510	938	2623	2460
梧桐河				1000	2104	2104	1000	2104	2104
友谊	14122	4413	62327	10818	2265	24507	10381	2277	23638
五九七	667	4801	3202	9600	2851	27370	9600	2851	27370
八五二	5333	4953	26415	21560	3077	66344	21333	3081	65729
八五三				15493	2700	41831	13333	2700	35999
饶河	2000	4950	9900	5523	2601	14368	4722	2625	12395
二九一	5000	3814	19072	667	2625	1751	667	2625	1751
双鸭山				2333	2243	5234	1333	2325	3099
江川									
曙光				3000	1894	5683	2000	1665	3330
北兴	1333	4575	6098	9000	2853	25675	7000	2925	20475
红旗岭				1079	3044	3285	1000	3045	3045
宝山				27	2296	62	27	2296	62
八五九	2000	5190	10380	8778	2227	19550	8445	2235	18875
胜利				5667	2471	14002	3334	2400	8002
七星	1800	5625	10125	11854	2546	30176	11787	2551	30068
勤得利	5280	5205	27482	15600	2144	33448	10667	2250	24001
大兴	1333	5221	6960	6000	2675	16052	5667	2700	15302
青龙山	13	5308	69	382	2034	777	265	2098	556
前进				9000	2325	20925	9000	2325	20925
创业				467	2475	1156	467	2475	1156
红卫				2666	2252	6004	2666	2252	6004
前哨	1333	5175	6898	13333	2514	33518	7333	2325	17048
前锋	4000	5220	20880	13534	2368	32052	8534	2400	20482
洪河				6067	2377	14420	5600	2400	13440
鸭绿河				4366	2277	9942	3993	2300	9185
二道河	2067	5219	10788	3600	2304	8295	3600	2304	8295
浓江	200	5280	1056	4400	2176	9576	2767	2310	6392
八五〇				4135	2786	11522	3468	2907	10080
八五四	2333	4950	11548	9760	2762	26962	8342	2850	23772
八五五				13507	2703	36515	10000	2700	27000
八五六	1333	3679	4904	8466	2780	23533	7333	2850	20899
八五七				2666	3009	8022	2333	3090	7209
八五八				4180	2640	11036	4180	2640	11036
八五一〇				5334	2761	14726	4000	2880	11519
八五一一				3591	2819	10124	3333	2872	9572
庆丰				3940	2535	9988	3333	2550	8500
云山				8093	2681	21701	7759	2700	20949
兴凯湖				7271	2475	17995	7175	2475	17758
海林				3034	3270	9921	3034	3270	9921
宁安				1809	2862	5178	1809	2862	5178
山市种奶牛场				1959	1576	3088	1959	1576	3088
锦河	64	1766	113	3215	1932	6211	3168	1937	6135
红色边疆	2130	3975	8467	5957	2561	15256	5087	2550	12972

附录 1-11 续表 5　　(2008 年)

农场名称	#大麦			(2)豆类			#大豆		
	面积（公顷）	单产（公斤/公顷）	总产（吨）	面积（公顷）	单产（公斤/公顷）	总产（吨）	面积（公顷）	单产（公斤/公顷）	总产（吨）
逊克				21267	2691	57219	14800	2852	42215
龙门	1000	3900	3900	5533	2483	13739	4000	2400	9600
襄河	1333	4000	5332	9159	2720	24915	6959	2703	18810
龙镇	333	4649	1548	10000	2595	25950	8000	2550	20400
二龙山	1336	5475	7315	10651	2977	31709	9650	2970	28661
引龙河	668	4957	3311	14485	2831	41008	8467	2924	24756
尾山	200	4890	978	5940	2912	17300	5740	2925	16790
格球山				5802	2559	14850	5336	2565	13688
长水河	1334	5715	7624	10000	2850	28500	7000	2850	19950
赵光	1692	4530	7664	14099	2874	40522	11573	2860	33099
红星	1334	3795	5063	12247	3281	40179	8467	3300	27942
建设	1667	5356	8928	6000	3581	21487	5667	3615	20488
五大连池原种场				5849	2865	16756	5782	2865	16565
鹤山	700	4019	2813	15781	2651	41832	14342	2681	38446
大西江	440	4205	1850	11267	2771	31225	10267	2881	29581
尖山				10483	3129	32798	10021	3135	31412
荣军	400	4125	1650	8508	3053	25979	7824	3045	23824
红五月				8402	2890	24281	7740	2887	22345
七星泡	2000	4576	9151	15542	3116	48422	14500	3131	45395
嫩江	2430	4583	11136	13846	3157	43705	11877	3151	37424
山河	1175	4506	5295	13619	3389	46156	11400	3420	38983
嫩北	1500	4597	6896	12164	3044	37028	10864	3102	33695
建边	1027	4500	4622	11056	3058	33804	9856	3060	30159
哈拉海				333	2544	847	333	2544	847
克山	1667	4650	7752	7333	2790	20460	7333	2790	20460
依安									
富裕牧场									
查哈阳				2666	1500	3999	1333	1500	1999
泰来									
绿色草原牧场									
巨浪牧场				233	1352	315			
齐齐哈尔种畜场				120	1500	180	100	1530	153
繁荣种畜场				1313	1478	1941	1267	1499	1899
大山种羊场				268	1672	448	100	2240	224
红旗种马场				533	1936	1032	366	2000	732
嘉荫				7801	2759	21521	6668	2799	18663
铁力				667	3178	2120	667	3178	2120
海伦				7369	2848	20988	7369	2848	20988
红光				2606	3056	7964	2606	3056	7964
绥棱				3733	3175	11851	2667	3200	8535
安达牧场									
和平牧场				1356	885	1200	133	744	99
肇源									
柳河				867	2880	2497	334	2982	996
茂兴湖水产养殖场				767	1797	1378	767	1797	1378
涝洲鱼种场									
庆阳				264	2989	789	197	2472	487
岔林河									
沙河				171	2468	422	171	2468	422
香坊实验									
青年									
闫家岗									
红旗									
四方山				267	2397	640	267	2397	640
松花江				1424	2232	3178	1424	2232	3178
阿城原种场				782	2550	1994	782	2550	1994
九龙山柞蚕育种场									

附录 1-11 续表 6　　(2008 年)

农场名称	(3) 薯类面积（公顷）	2.油料作物			3.麻类			4.药材面积（公顷）	5.蔬菜瓜果类面积（公顷）
		面积（公顷）	单产（公斤/公顷）	总产（吨）	面积（公顷）	单产（公斤/公顷）	总产（吨）		
二九〇		10	1000	10					
绥滨									
江滨	50								20
军川									
名山	44	5	5400	27				18	25
延军					467	2899	1354	39	133
共青	22								130
宝泉岭	71								566
新华									507
普阳	2								8
汤原	20	20	1200	24					10
依兰		26	2500	65					
梧桐河									50
友谊	121	6114	1371	8382				1093	1536
五九七		1000	1523	1523					333
八五二		6667	1449	9660				333	225
八五三		2000	1125	2250				3	41
饶河		867	1188	1030				200	140
二九一									333
双鸭山		1667	1125	1875					467
江川									
曙光		334	1198	400					1334
北兴		6666	1095	7299					132
红旗岭	8	1333	1254	1672					40
宝山									81
八五九								333	
胜利		333	1502	500					
七星	153	3053	903	2757					87
勤得利		400	1360	544					
大兴		667	451	301					
青龙山	7								
前进		333	1652	550					
创业									
红卫									
前哨									
前锋									
洪河									
鸭绿河									
二道河		2000	1222	2444					
浓江									
八五〇		145	979	142					44
八五四		334	1123	375	334	5249	1753		150
八五五		1333	1200	1600					33
八五六	58	1334	1111	1482					142
八五七		1334	817	1090				333	33
八五八	3	400	1500	600					64
八五一〇		4163	1518	6321					200
八五一一		2398	1093	2621				34	76
庆丰		400	2100	840					400
云山	10				667	4501	3002		110
兴凯湖	15								27
海林									98
宁安	440	123	2528	311	20	5000	100		1120
山市种奶牛场		382	809	309					2
锦河	9			1055	2153	3000	6460	6	49
红色边疆	670	330	1124	371	330	4124	1361	200	600

附录1-11续表7　　　　(2008年)

农场名称	(3)薯类面积（公顷）	2.油料作物			3.麻类			4.药材面积（公顷）	5.蔬菜瓜果类面积（公顷）
		面积（公顷）	单产（公斤/公顷）	总产（吨）	面积（公顷）	单产（公斤/公顷）	总产（吨）		
逊克	1200	666	1731	1153	3267	4350	14213	400	751
龙门	522				2000	4000	8000		60
襄河	2000	47	1128	53	320	4500	1440	40	47
龙镇	1333				2000	3887	7774	600	
二龙山	4668				271	5251	1423	65	560
引龙河	1001				868	3450	2995	9	512
尾山	2667				1334	4500	6003		29
格球山	667	1667	1220	2033				600	397
长水河	1334				1334	2500	3335		537
赵光	1483	33	1061	35	694	2501	1736	57	94
红星	199				1000	2307	2307	118	331
建设					1000	2468	2468		200
五大连池原种场									
鹤山	1533	200	1720	344				800	66
大西江	700								
尖山	720							350	29
荣军	600	90	1189	107				10	52
红五月	667	20	2400	48				30	75
七星泡	1380	300	1957	587	1400	4496	6294	200	475
嫩江	1150	80	1738	139	614	5927	3639	32	5
山河	500							200	410
嫩北	500	920	1389	1278	333	3429	1142	333	87
建边	52				627	5700	3574		
哈拉海	80	786	1827	1436					
克山	8800	2253	2477	5581	667	2250	1501	80	333
依安	333	447	2239	1001					400
富裕牧场	333								1133
查哈阳	1333	6867	1500	10300					1133
泰来	33	100	3300	330					
绿色草原牧场	133							133	
巨浪牧场	33							267	
齐齐哈尔种畜场									37
繁荣种畜场		14	1071	15					
大山种羊场									
红旗种马场		467	1435	670					
嘉荫	2000	1000	1456	1456	1000	4300	4300	533	372
铁力								2001	201
海伦		3333	3651	12168				1000	
红光	1557	533	2336	1245				667	868
绥棱	2000							333	3879
安达牧场								200	200
和平牧场		1222	3347	4090				417	160
肇源									
柳河	533								333
茂兴湖水产养殖场									
涝洲鱼种场									
庆阳		33	2303	76				50	
岔林河									
沙河									
香坊实验	88								356
青年									
闫家岗	84								80
红旗	258								150
四方山		200	2100	420					48
松花江									
阿城原种场									27
九龙山柞蚕育种场									

附录1-11续表8　　(2008年)

农场名称	6.甜菜			7.饲料面积（公顷）		8.其他作物面积（公顷）
	面积（公顷）	单产（公斤/公顷）	总产（吨）		#青饲料面积	
二九〇				700	700	
绥滨				887	886	300
江滨				763	763	
军川				1401	1137	
名山				614	614	
延军				373	373	
共青				833	833	770
宝泉岭				946	946	
新华				667	667	
普阳				533	533	
汤原				133	133	
依兰				333	333	
梧桐河				653	653	50
友谊	4663	40921	190815			
五九七	1000	38348	38348	1000	1000	493
八五二	667	45021	30029	475	475	667
八五三				267	267	
饶河						
二九一	2133	42200	90013	467	467	
双鸭山	333	27000	8991	333	333	667
江川						
曙光						667
北兴	7	27000	189	1000	1000	
红旗岭				200	200	
宝山				18		
八五九				667	667	
胜利				333	333	
七星				400	400	53
勤得利						
大兴						
青龙山						
前进						
创业						
红卫				667	667	
前哨				333	333	
前锋				400	400	
洪河				67	67	
鸭绿河				100	100	
二道河				133	133	
浓江				333	333	
八五〇	217	11074	2403	943	910	
八五四				800	800	
八五五				667	667	
八五六				667	667	
八五七	266	34876	9277	1334	1334	33
八五八				433	433	
八五一〇	14	38143	534	667	667	
八五一一	200	45000	9000	2820	2667	83
庆丰	67	34507	2312	613	613	
云山				867	867	
兴凯湖				64	64	
海林				667	667	667
宁安	169	50414	8520			214
山市种奶牛场				19	19	
锦河						
红色边疆				330	330	

附录 1-11 续表 9　　(2008 年)　　单位:公顷

农场名称	6.甜菜 面积(公顷)	6.甜菜 单产(公斤/公顷)	6.甜菜 总产(吨)	7.饲料 面积(公顷)	#青饲料面积	8.其他作物面积(公顷)
逊克				200	200	
龙门				467	467	
襄河				533	533	
龙镇	59	40508	2390	200	200	
二龙山				804	804	
引龙河				667	667	
尾山	1000	27000	27000	667	667	
格球山	667	30000	20010	667	667	
长水河				880	880	100
赵光	1114	53132	59189	834	834	14
红星	1334	11288	15058	866	866	
建设	800	45519	36415	333	333	967
五大连池原种场						
鹤山	201	26055	5237	800	800	493
大西江	60	45000	2700	400	400	459
尖山	716	30000	21480	335	335	
荣军	100	27930	2793	353	353	
红五月	60	33500	2010	100	100	
七星泡	1230	35305	43425			14
嫩江	970	40275	39067	410	410	
山河	300	30000	9000	651	651	100
嫩北	260	23115	6010	500	500	7
建边	300	28000	8400			433
哈拉海	333	45000	14985			365
克山				1334	1334	
依安	467	45000	21015	133	133	
富裕牧场	533	37702	20095	1467	1467	
查哈阳	667	30000	20010	2200	2200	
泰来				200	200	
绿色草原牧场				1367	1334	
巨浪牧场				667	667	
齐齐哈尔种畜场	27	29630	800	67	67	10
繁荣种畜场	240	15000	3600			
大山种羊场						
红旗种马场						
嘉荫						
铁力						207
海伦				667	667	667
红光	333	35090	11685	267	267	733
绥棱						
安达牧场				267	267	
和平牧场	47	21723	1021	954	954	254
肇源						
柳河						
茂兴湖水产养殖场						
涝洲鱼种场						
庆阳						100
岔林河						
沙河						
香坊实验				189	189	66
青年						
闫家岗				174	174	
红旗	40	50000	2000			135
四方山	133	30000	3990	133	133	
松花江						52
阿城原种场						
九龙山柞蚕育种场						

附录1-12　林业、水果生产情况

(2008年)

农场名称	年末人工成林面积（公顷）	#当年造林面积	#用材林面积	#农田防护林面积	育苗面积（公顷）	林木采伐量（立方米）	果园面积（公顷）	水果产量（吨）
二九〇	7642	142	81	6340	41	490		
绥滨	6608	73	3076	1900	100			
江滨	5023	47		5023	5	300		
军川	5743	125	594	5149	27			
名山	2426	20	604	1544	7	200		
延军	3599	17	2118	1086				
共青	8638	87	2430	6183	35	83		
宝泉岭	10568	87	7370	3064	26	463	18	83
新华	6599	33	5019	1501	15	474		
普阳	3621	53	704	2670	30	150		
汤原	1038	7	98	933	20			
依兰	487	13	249	235	2			
梧桐河	2124	44		1852	5			
友谊	11751	106	2093	9297	8	1380	394	3390
五九七	3941		735	2994	23	330	596	3065
八五二	9143	130	2077	7066	35	1946		
八五三	8090	105		7121	12	2231	200	3450
饶河	7469	90	5575	1834	41	4500		
二九一	4158			4158				
双鸭山	1768	133	756	1012	9			
江川	2397		213	1567	4			
曙光	2382		486	1896		622		
北兴	9217	200	8256	961	16	1000	59	73
红旗岭	3161	76	2380	781		800		
宝山	529	14	80	440				
八五九	8469	27	3712	4345	13			
胜利	8313	20	4777	3133	28	200		
七星	12290	413	1566	10620	31			
勤得利	7068	120	2096	4972	4	300		
大兴	5654	25	310	4295				
青龙山	3840	40	551	3289	15			
前进	6015	60	1827	3563	13	250		
创业	5618		824	4731				
红卫	7537	200	593	6630				
前哨	6664	166	862	5468	10	196		
前锋	6348	200	3532	1911	15			
洪河	5515	33	2071	3444				
鸭绿河	2741	15	936	1800				
二道河	3635	67	1070		3			
浓江	5066	79	810	4220				
八五〇	4923		1625	3298	10			
八五四	14762	70	11780	2127		1700		
八五五	12065	67	11344	592	53	1000		
八五六	5086		2665	1908		602		
八五七	3842	7	2428	1382		400		
八五八	3306		3289		2	220		
八五一〇	6611		4646	1636			17	27
八五一一	8777		7789	152	16	1000		
庆丰	3627		1681	1684	0	197		
云山	5693		4003	1690	27	166	5	120
兴凯湖	3022		2436	555	20	300		
海林	3410	40	3087	315	6	294		
宁安	2824		2584		9	400	75	370
山市种奶牛场	2859	20	2859			1060		
锦河	22702		22702		8			
红色边疆	7384		6597	637				

附录 1-12 续表

农场名称	年末人工成林面积（公顷）	#当年造林面积	#用材林面积	#农田防护林面积	育苗面积（公顷）	林木采伐量（立方米）	果园面积（公顷）	水果产量（吨）
逊克	9798	190	8983	691	20	51		
龙门	8698	76	8123	455				
襄河	6519	100	6142	44	9			
龙镇	2873	72	2230	515	15			
二龙山	3478	66	1140	870	10	350		
引龙河	5790	80	5189	568	15	850		
尾山	7338	86	6505	803	5	380		
格球山	7547		6271	763	8			
长水河	5091	104	3021	1756	15			
赵光	2969	48	862	2017				
红星	2422		33	2389	7	50		
建设	7009		5298	600	3			
五大连池原种场	2094		1636	165				
鹤山	9613	150	3557	2347		4000		
大西江	9382		4977	2165	20	310		
尖山	6849	100	4445	2271	39	5000		
荣军	4811		2814	722	30	700		
红五月	2902	25	1059	559	20	500		
七星泡	13755		10784	2374	28	1699		
嫩江	4251	1072	2478	1773	33	504		
山河	13838		9696	2116	6			
嫩北	4402		2956	1076	76	1800	1	4
建边	6190		466	5722	15			
哈拉海	1419	2	649	140				
克山	5849		330	5393	20	14085		
依安	2581	41	1198	1383				
富裕牧场	6151	112	520	5631				
查哈阳	14414	33	6768	5897		14644		
泰来	3133	40	1523		2			
绿色草原牧场	9592	172		9592	32	10300		
巨浪牧场	1386		824			200		
齐齐哈尔种畜场	695		45				393	6549
繁荣种畜场	116	4						
大山种羊场	935	60	60					
红旗种马场								
嘉荫	20069		18885	842		625		
铁力	1104	66	447	475				
海伦	3241		1766	1295				
红光	3443		1781	1638	5	200		
绥棱	1682		1057	625			333	
安达牧场	916		756	160				
和平牧场	9716			9716	100	950	13	
肇源	985		739	246				
柳河	1205		1205		96	504	15	154
茂兴湖水产养殖场								
涝洲鱼种场								
庆阳	1471		1423					
岔林河	1175	87	399					
沙河	464		451	13				
香坊实验	49			49				
青年								
闫家岗	28	5		28				
红旗	81			81			33	1075
四方山	1547	7		375				
松花江	2817		1777		59			
阿城原种场								
九龙山柞蚕育种场								

附录1-13　畜牧业、渔业生产情况

（2008年）

农场名称	大牲畜年末存栏（头）	#马	#黄牛	#奶牛	猪年末存栏（头）	羊年末存栏（只）	禽年末存栏（只）	出栏肥猪（头）	出栏肉牛（头）
二九〇	10129		1410	8719	60532	1819	64250	217000	3168
绥滨	5638		1510	4128	61502	4348	55279	188010	1670
江滨	5871		836	5035	38688	4208	67530	79500	1281
军川	6673		761	5912	69281	2845	41675	147210	2330
名山	10580		4860	5720	68018	4195	63724	98816	5503
延军	3049		641	2408	22231	3043	25738	36289	2404
共青	3485		948	2537	74251	4837	21152	185023	1825
宝泉岭	8995		1011	7984	99232	2286	126702	198287	1207
新华	7496		2401	5095	45307	4507	182487	120003	2145
普阳	7576		4586	2990	65010	11542	52485	130400	3500
汤原	3813		2488	1325	33155	3148	39681	69150	1780
依兰	1887		319	1568	2109	1027	9816	4020	3327
梧桐河	1565		225	1340	34596	1763	6635	60910	1693
友谊	46059	1	44620	1430	116383	114237	1761759	176613	7060
五九七	16612		16601	11	14975	56606	208745	35162	21099
八五二	19545		18552	993	54312	35352	397686	137268	47664
八五三	21935		19610	2325	60450	10840	409164	100722	6152
饶河	15566		15566		12666	87530	166184	21399	7821
二九一	17279		12650	4629	7815	7715	333868	11870	8300
双鸭山	8099		7821	278	28055	5509	78453	62875	4279
江川	5071		5036	35	97628	7910	195982	109659	3082
曙光	4955		4955		151578	2938	98050	213588	2558
北兴	17042	3	16614	425	17643	11855	147308	29980	17942
红旗岭	7403		7403		9288	99446	102688	24904	3386
宝山	1906		1906		3135	3658	43552	2587	1570
八五九	3676		51	3625	9191	13020	160500	21212	138
胜利	6199		6025	174	13102	33044	163000	25104	4241
七星	13646		13605	41	15011	57049	500357	25508	4048
勤得利	4812		4308	504	10062	28102	182067	22029	2109
大兴	7117		7104	13	5013	56036	110000	11612	2822
青龙山	3608		3603	5	6012	22014	70500	15002	2504
前进	7915		7915		19719	38317	250617	24521	3209
创业	1593		1593		1507	19789	49262	10715	1451
红卫	210		210		7977	65520	170006	14000	33
前哨	1305		1305		5021	30041	40100	11019	824
前锋	3090		2789	301	8898	31048	134000	22204	2902
洪河	3739		3709	30	5037	43129	90000	7374	1408
鸭绿河	4103		4103		5004	19006	90024	9205	2102
二道河	1800		1800		4700	27000	50000	5300	700
浓江	2903		2903		5014	51048	20124	7003	1104
八五〇	8143		2030	6113	18128	3110	223993	45733	6441
八五四	7072		2516	4556	24632	4000	200000	30955	5350
八五五	7650		4000	3650	15500	10000	283093	23700	9100
八五六	7246		4134	3112	12511	4216	278301	42232	10244
八五七	9566		2060	7506	32614	3160	280800	41066	6379
八五八	6162		3013	3149	28669	2038	451375	52918	10750
八五一〇	7885		5274	2611	34840	9324	243386	69612	5064
八五一一	18928		4803	14125	17876	6685	403871	13821	4275
庆丰	7435		4330	3105	16380	3620	192400	17449	7328
云山	10420		3517	6903	20649	15050	262000	33755	6047
兴凯湖	3481		3481		16020	3759	239600	16571	2520
海林	12977		4024	8953	19151	3045	181500	25882	9123
宁安	4507		4507		53202	3390	110608	82210	8228
山市种奶牛场	2742		735	2007	1906	922	9066	1655	516
锦河	3174	43	3026	105	3671	15701	17360	5185	2068
红色边疆	4922		4767	155	7980	6882	55220	996	1427

附录1-13续表1　　(2008年)

农场名称	大牲畜年末存栏（头）	#马	#黄牛	#奶牛	猪年末存栏（头）	羊年末存栏（只）	禽年末存栏（只）	出栏肥猪（头）	出栏肉牛（头）
逊　克	18692	590	18015	87	15834	150049	199915	9016	7502
龙　门	4826		2820	2006	6215	6053	25100	2800	1240
襄　河	8950	364	8014	572	4906	5211	27620	5439	3556
龙　镇	4063	25	2201	1837	7202	13002	50004	6500	2404
二龙山	9409	24	2435	6950	6284	4412	71035	5406	3167
引龙河	11175	110	5000	6049	6042	3980	43225	9300	3600
尾　山	7928		2500	5428	5780	9328	25000	8661	4708
格球山	7490	172	1508	5810	5715	3218	50170	8220	5898
长水河	10611		1264	9347	4811	4057	54012	5328	3000
赵　光	10852		2200	8652	5500	3500	68102	7500	3347
红　星	8700		1700	7000	3000	3000	20575	8200	4000
建　设	6691	75	6010	556	11520	10182	60725	9138	3356
五大连池原种场	589	13	373	199	190	1124	5767	533	245
鹤　山	12560	87	2176	10208	3573	20710	31825	31872	10028
大西江	7404	26	3675	3677	3283	19611	104740	7727	10871
尖　山	9695	323	4300	4704	5406	11629	43870	19038	6607
荣　军	4629	10	618	3985	3175	4843	19700	15732	4368
红五月	4396	4	1322	3018	5571	11648	22233	9452	5195
七星泡	17563	122	10702	6703	6585	29317	65068	8667	4645
嫩　江	6170	13	1557	4580	1583	11784	13052	8960	3780
山　河	23682		20020	3662	5020	12501	12910	8005	7406
嫩　北	14957	23	13306	1620	688	4052	17158	1148	11819
建　边	20140	80	20004		935	68002	20188	1600	5303
哈拉海	1900		293	1572	2134	11200	9790	1847	723
克　山	9550		1989	7516	28767	9327	165134	64845	4732
依　安	3026	38	1827	1109	5196	2264	130125	40118	5098
富裕牧场	13687	29	1093	12540	13148	6447	160134	49711	6863
查哈阳	15897	10	3093	12704	45535	30510	352722	129884	8477
泰　来	5446		3546	1900	4047	2223	90200	11748	3703
绿色草原牧场	15722		1689	14018	2037	896	4752	10009	3673
巨浪牧场	7169	5	345	6801	1670		5000	6100	778
齐齐哈尔种畜场	6207	48	152	5950	10018	319	236794	15282	1403
繁荣种畜场	1078		253	800	4500	4060	48513	5841	41
大山种羊场	1686	120	264	1172	253	1790	5593	938	791
红旗种马场	221	16	160	34	472	1655	2850	786	125
嘉　荫	20065		20065		28265	45140	34700	30040	13310
铁　力	15650		14150	1500	50150	11010	143235	50030	9205
海　伦	8171		6502	1669	26194	9670	105264	28902	6058
红　光	11402		9501	1901	32320	16006	72752	33350	7262
绥　棱	10064		10012	52	35170	15019	91220	30079	10023
安达牧场	4136	38	1021	3025	2139	1042	14194	3023	3239
和平牧场	18942	88	3610	15097	13220	16210	81814	12440	4590
肇　源	720		720		3350	2380	78950	6741	1654
柳　河	1100		1100		8889	917	10200	12391	1800
茂兴湖水产养殖场	28			28	20		1778	100	
涝洲鱼种场					236		5980	340	
庆　阳	756	3	663	90	4699	1624	58694	5919	530
岔林河	775		758	17	1043		27400	709	784
沙　河	124		110	14	680		1500	1600	15
香坊实验	1968			1968	7649		116200	10428	39
青　年					753		152460	354	
闫家岗	1922			1922	9156		77000	11468	368
红　旗	641			641	6150		36500	5010	136
四方山	2158	9	68	2068	1264	5640	46400	1420	245
松花江	407		340	67	981	3321	9897	1307	369
阿城原种场							108000		
九龙山柞蚕育种场									

附录 1-13 续表 2

(2008 年)

农场名称	出栏肉羊（只）	出栏肉禽（只）	肉类总产量（吨）	牛奶产量（吨）	羊毛产量（公斤）	禽蛋产量（吨）	蜂蜜产量（公斤）	鲜鱼产量（吨）	#养殖产量（吨）
二九〇	3586	53549	15853	22700	19500	441		103	65
绥滨	3500	55102	13748	10580	19758	615		151	92
江滨	3016	47533	5906	16730	10036	720	660	12	12
军川	5550	27535	10634	15162	22720	300		5	
名山	4622	119792	8562	15006	6372	763		45	4
延军	1805	9120	3024	5670	2008	428		51	40
共青	4981	48818	14219	7685	19000	237		60	60
宝泉岭	2464	90507	14443	21502	3200	444	2400	40	29
新华	3548	610404	9843	14548	8985	902		116	116
普阳	8026	48735	10106	9088	19292	281		40	
汤原	1800	49195	5228	3780	1315	101	100	7	7
依兰	2230	24185	911	3950	500	86	5400	53	40
梧桐河	2808	12854	4942	3673	5189	31		20	
友谊	67822	3637760	24910	3424	274767	2830	8735	697	662
五九七	53255	321492	7267	29	12403	221	70881	59	16
八五二	43636	865379	20619	3011	17360	2376		1765	1705
八五三	10431	1185583	10891	5955		1611	186381	307	223
饶河	6451	492561	4195		7595	173	143520	277	41
二九一	9530	619220	4370	8380	13847	351	900	497	454
双鸭山	6341	156271	6383	776	6854	305	15000	89	89
江川	4430	205668	9124	130	9600	456	400	323	323
曙光	1775	67729	16755			257		15	15
北兴	8296	225127	5523	1668	4053	340	81730	240	240
红旗岭	42319	124775	3518			106	18500	180	75
宝山	4000	91513	1196		8610	158		4	4
八五九	13013	281900	2299	10131		556	63000	430	130
胜利	23158	251500	3419	430	2252	352	86650	243	53
七星	32709	550417	4078	107	5000	760		315	315
勤得利	21757	211100	2722	1409	1012	923	4012	900	850
大兴	30011	140200	2058	28	5002	492		100	
青龙山	15904	161970	2083	53		412		60	
前进	24254	210876	3136			652		20	
创业	21507	130126	1628		2085	721		78	78
红卫	31000	260000	1977		12000	330		80	
前哨	17731	70204	1355		2124	182		5	
前锋	28006	180200	2896	800	3000	310		20	
洪河	22373	50600	1228	14	6000	130		95	70
鸭绿河	22903	120007	1612		1000	280		35	
二道河	18000	60000	895		1000	130		15	
浓江	24506	66889	1195		1000	152		26	12
八五〇	6995	526827	6037	23283		1180		34	34
八五四	7500	726000	4171	18022		1024	15460	619	619
八五五	18200	502312	4717	14690	2892	1062	7750	56	56
八五六	8285	529432	5512	12115	3743	626			
八五七	5033	823225	5698	29231	6065	1788		715	482
八五八	9098	1024304	8595	12097	1604	2365	9874	1096	951
八五一〇	13874	673140	7165	9065	8206	1066	1400	808	338
八五一一	5293	287085	2813	54087	950	1007	44800	60	60
庆丰	4565	402666	3491	12113	2500	750	6000	118	111
云山	13581	687720	5015	25005	3200	936	67800	71	71
兴凯湖	4742	422400	2468			900		236	120
海林	5025	477594	4879	35159		902		135	135
宁安	13231	270396	7532		9500	536		34	34
山市种奶牛场	687	3313	220	4697	1168	71		2	2
锦河	12270	58580	1015	328	4560	252	9150	20	
红色边疆	5840	86913	559	335	890	130		145	20

附录 1-13 续表 3　　　　(2008 年)

农场名称	出栏肉羊（只）	出栏肉禽（只）	肉类总产量（吨）	牛奶产量（吨）	羊毛产量（公斤）	禽蛋产量（吨）	蜂蜜产量（公斤）	鲜鱼产量（吨）	#养殖产量（吨）
逊克	50028	150213	2847	290	153376	458		43	
龙门	3200	68320	534	5489	12014	275		6	1
襄河	5865	154400	1355	1632	11010	410		165	165
龙镇	25102	99998	1129	5002	8870	265		120	120
二龙山	6814	286120	1547	23880	16050	399		282	269
引龙河	4245	133100	1474	20740	8100	450		387	387
尾山	15016	30200	1333	16290	8725	56		28	28
格球山	3313	90210	1484	18600	1000	64		99	99
长水河	4033	135520	1263	30352	2020	55		18	14
赵光	1911	54000	1341	24332	4870	100		172	172
红星	3000	110000	1599	21250	4900	600		177	163
建设	7109	80564	1436	1520	16400	407		391	323
五大连池原种场	1925	39526	226	594	1852	30	1500		
鹤山	30814	115720	5323	30516	46220	220		66	66
大西江	24755	129260	2682	12658	121000	895		61	61
尖山	81700	125254	3949	11101	135800	534		50	45
荣军	21038	24500	2020	12517	38000	195		96	96
红五月	21712	64022	2243	9717	47362	104		127	125
七星泡	18461	90161	1751	17205	117502	657	2100	386	386
嫩江	18266	67000	1961	12745	46944	394		16	16
山河	22712	20382	2139	10003	29176	116		165	130
嫩北	10571	45386	2110	3671	38205	135	5167	35	35
建边	37205	41031	1535		90000	60			
哈拉海	13767	51444	619	2762	80756	79			
克山	10072	277711	6990	19798	20452	1574		10	10
依安	15084	186039	4398	2964		201		40	40
富裕牧场	9603	459800	6312	35541	22000	2330		95	55
查哈阳	85790	1094095	15613	35421	218200	2290		267	265
泰来	5206	126800	2018	4925		408		23	
绿色草原牧场	2011	95013	1448	42900	3000	43			
巨浪牧场		121500	726	18080		40		120	120
齐齐哈尔种畜场	130	2140138	4516	18245		140			
繁荣种畜场	1125	39135	447	1110	240	61			
大山种羊场	2590	35690	340	1960	5000	20		110	70
红旗种马场	750	32500	164	6	5250	5			
嘉荫	60350	266900	6267			620	44500	276	
铁力	15530	653410	6075	4202	8500	978		198	198
海伦	17377	385586	4521	3640	27200	681		450	450
红光	28001	598513	5378	6811	25110	451		292	292
绥棱	15264	389828	5355	256	12500	291		387	355
安达牧场	3565	89994	914	9522	9019	27			
和平牧场	14500	63900	2126	57202	81585	920			
肇源	4516	85211	1479		3600	490		485	485
柳河	2313	182283	1758		7620	310		100	93
茂兴湖水产养殖场		1715	197	28		18		2250	2250
涝洲鱼种场		460	30			12		950	950
庆阳	546	81420	741	160		117	32540	226	155
岔林河		24000	214	36		111		345	121
沙河		700	118	18		10	6000	10	10
香坊实验		120900	1066	6707		719			
青年		718192	2000			983		93	83
闫家岗		709000	2684	4465		1104			
红旗		20100	491	1670		260		34	14
四方山	5600	73100	415	9010	18000	266			
松花江	1695	8688	208	45		49			
阿城原种场		500000	1125			162			
九龙山柞蚕育种场									

附录 1-14　农村公路里程及公路硬化情况

(2008 年)　　单位:公顷

农场名称	公路里程	#硬化路面里程	有铺装里程	简易铺装里程	不含专用公路里程	硬化率(%)
依兰	69	1	1		32	2.0
新华	354	51	51		177	14.4
江滨	208	46	46		118	22.1
军川	361	97	97		244	26.9
名山	158	41	41		72	25.8
延军	173	29	29		108	16.9
共青	262	21	21		131	8.1
宝泉岭	376	51	51		202	13.6
绥滨	349	83	83		236	23.7
普阳	317	49	49		167	15.4
汤原	170	11	11		61	6.5
梧桐河	230	32	32		111	13.8
二九〇	415	88	88		272	21.1
八五二	860	120	120		437	13.9
八五三	693	98	98		340	14.2
红旗岭	290	86	86		161	29.6
饶河	330	121	121		152	36.8
五九七	568	80	80		269	14.1
双鸭山	213	12	12		94	5.4
北兴	435	56	56		214	12.8
友谊	47	10	10		47	21.1
二九一	335	74	74		184	22.2
宝山	68	32	32		42	47.0
江川	269	63	63		138	23.6
曙光	160	56	56		92	35.0
胜利	462	98	98		251	21.2
勤得利	424	46	46		219	10.9
前锋	393	28	28		270	7.1
前哨	350	7	7		248	2.1
八五九	483	47	47		272	9.7
红卫	293	58	58		215	19.8
二道河	194	8	8		125	4.0
前进	270	71	71		134	26.2
青龙山	228	47	47		129	20.8
洪河	207	19	19		131	9.0
鸭绿河	189	62	62		118	32.8
浓江	218	61	61		137	28.1
大兴	368	115	115		247	31.3
七星	531	130	130		246	24.5
创业	485	85	85		225	17.5
八五八	259	123	123		187	47.4
八五〇	268	57	57		169	21.4
八五六	392	142	142		282	36.1
八五七	238	111	111		146	46.4
八五四	464	121	121		292	26.1
八五五	327	43	43		187	13.2
八五一〇	143	85	85		143	59.7
八五一一	166	41	41		166	24.7
海林	170	63	63		80	37.0
宁安	63	13	13		38	20.5
庆丰	293	44	44		174	14.9
山市奶牛场	36	32	32		36	87.2
兴凯湖	265	112	112		164	42.5

注:附录 1-14 表资料由总局交通局提供。

附录 1-14 续表　　　　(2008 年)　　　　单位:公顷

农场名称	公路里程	#硬化路面里程	有铺装里程	简易铺装里程	不含专用公路里程	硬化率(%)
云　　山	240	96	96		159	39.9
长水河	230	44	44		156	19.1
二龙山	172	32	32		123	18.7
格球山	113	31	31		81	27.6
红　　色	96	24	24		59	25.5
红　　星	123	21	21		92	16.9
建　　设	162	99	99		120	61.2
锦　　河	176	3	3		161	1.8
龙　　门	90	24	24		68	26.9
龙　　镇	137	16	16		104	12.0
尾　　山	120	31	31		95	25.9
五人连池原种场	47	19	19		47	40.0
襄　　河	145	51	51		107	35.6
逊　　克	510	40	40		426	7.8
引龙河	222	68	68		136	30.6
赵　　光	260	61	61		183	23.6
大西江	135	56	56		101	41.9
哈拉海	71	12	12		49	16.4
鹤　　山	125	34	34		91	27.4
红五月	130	56	56		114	43.3
尖　　山	183	93	93		140	50.8
建　　边	106	34	34		54	31.5
嫩　　北	166	56	56		111	33.9
嫩　　江	217	57	57		118	26.5
七星泡	190	38	38		126	20.1
荣　　军	125	52	52		66	42.0
山　　河	160	49	49		85	30.4
跃　　进	136	36	36		84	26.8
查哈阳	687	99	99		368	14.4
大山种羊场	81	19	19		81	23.3
繁荣种畜场	107	6	6		107	5.2
富　　裕	158	20	20		119	12.8
红旗种马场	54				54	
巨　　浪	62	13	13		46	21.7
克　　山	284	54	54		169	19.2
绿　　色	147	25	25		117	17.2
齐齐哈尔种畜场	59				59	
泰　　来	79	21	21		51	26.2
依　　安	109	14	14		43	12.6
安　　达	38	3	3		13	8.5
海　　伦	233	75	75		97	32.3
和　　平	125	59	59		85	47.7
红　　光	192	92	92		104	47.8
嘉　　荫	161	32	32		83	19.6
涝洲鱼种场	9				9	
柳　　河	57	12	12		36	20.6
茂兴湖养殖场	28	2	2		28	8.4
绥　　棱	205	83	83		122	40.3
铁　　力	290	38	38		164	13.1
肇　　源	73	19	19		32	26.2
岔林河	47	5	8		15	18.0
红　　旗	8	2	5		8	62.6
青　　年		27	2		5	45.4
庆　　阳	88	2	27		53	31.0
沙　　河	10	34	2		10	22.8
四方山	34	11	34		34	100.0
松花江	30	4	11		30	36.6
香　　坊	7	9	4		7	61.2
阎家岗	10		9		10	86.1

附录2　总局直属单位基本情况

(2008年)

农场名称	所在地	总户数(户)	总人口(人)	年末在岗职工(人)	在岗职工工资总额(万元)	增加值(万元)	固定资产投资完成额(万元)	汽车(辆)	房屋实有面积(平方米)
农垦科学院	佳木斯	1164	3203	1280	1852	6141	1215	19	106578
北大荒药业有限公司	哈尔滨	1502	4141	3143	6170	17415	3758	15	292091
完达山乳业股份有限公司	哈尔滨	812	2141	4688	8571	58721	14408	114	235219
北大荒丰缘麦业有限公司	哈尔滨	273	581	913	706	7029	2879	12	123030
九三粮油工业集团有限公司	哈尔滨	2170	5868	3038	7508	69807	1076	92	452905
北大荒薯业	哈尔滨	181		547	1110	10458		15	208184
浩良河化肥厂	伊　春	2086	5206	386	702	2541		9	264500
农垦北大荒商贸集团有限责任公司	哈尔滨	3200	3928	2603	4488	28099	5518	18	343699
农垦贸易集团公司	哈尔滨	43	533	226	105	-3516			970
农垦科研育种中心(总部)	哈尔滨	24	71	40	348	631	959		6644
农垦通信有限公司	哈尔滨	1325	3805	1733	8161	8201		39	138822
北大荒农业股份有限公司(总部)	哈尔滨	60	140	77	332	1120		6	8875
农垦建工集团	哈尔滨	1403	4192	1108	3158	39283		89	108240
天德建筑工程有限公司	哈尔滨	26	78	1123	1824	2891			2261
农垦佳昌建筑安装公司	佳木斯	42	171	181	387	1708		7	2940
农垦硕亚建筑安装工程有限公司	佳木斯	200	671	178	249	1325			14239
垦区兴垦建筑安装有限公司	佳木斯	196	597	202	257	433			
农垦水利有限公司	哈尔滨	610	1830	640	335	672		20	13286
正业建设有限公司	哈尔滨	330	665	306	854	1982		3	11469
农垦嘉隆建筑工程有限公司	哈尔滨	102	301	180	24	147			5100
汇雅装饰公司	哈尔滨	15	42	30	41	45			900
九三农垦恒达建筑安装工程有限责任公司	哈尔滨	31	87	34	724	1980			3947
成业建设工程有限责任公司	哈尔滨	58	201	126	309	998		20	3197
农垦鑫源房地产开发公司	哈尔滨	10	36	12	12				720
农垦佳昌房地产开发有限公司	哈尔滨	23	56	25	31	258	1156	2	1300
农垦鑫泰房地产开发有限公司	佳木斯	5	17	17	37	37			
农垦泰鑫房地产开发有限公司	哈尔滨	6	18	25	21	45	18531	1	800
农垦佳木斯学校	佳木斯	317	986	337	1588	2068		1	217190
农垦农业职业技术学院	哈尔滨	339	853	511	1022	3313	2637		108825
八一农垦大学	大　庆	762	18391	1083	4621	8816	857	33	462351
农垦管理干部学院	哈尔滨	172	447	221	1115	1824		7	43645
农垦职业学院	哈尔滨	376	791	608	1943	4772		7	136633
农垦总局精神病防治院	佳木斯	85	460	388	1070	1491	3325	2	37975
农垦总局医院	哈尔滨	290	1076	881	4500	8248		12	63308
农垦佳木斯医院	佳木斯	28	84	88	259	521		1	7580
农垦公安局交警支队	哈尔滨	50	160	57	210	400		11	9421
农垦土地整理储备中心	哈尔滨	10	30	10	20	21			900
农垦总局水务局	哈尔滨	30	115	24	118	307		1	5400
农垦勘察设计院	哈尔滨	207	796	278	1459	2063	305	4	32892
农垦工会委员会	哈尔滨	21	50	28	118			2	2274
垦区采购招标中心	哈尔滨	9	26	20	80	126		2	6920
农垦总局能源办	哈尔滨	3	9	5	26	56			575
农垦总局就业局	哈尔滨	2	6	6	22	38		1	120
哈尔滨职业介绍所	哈尔滨			4	18	23			280
农垦职业技能鉴定指导中心	哈尔滨	2	6	3	16	17			200
农垦总局直属行政事业财务结算中心	哈尔滨	50	125	82	398	1035		2	4500
农垦广播电视局	哈尔滨	25	62	122	449	901	480	5	4862
农垦通用航空公司	佳木斯	140	383	157	365	1477	7713	9	21887
农垦总局特种设备检验所	哈尔滨	15	40	15	75	87			1019
北大荒博物馆	哈尔滨	2	5	5	27	101			4052
农垦总局哈尔滨干休所	哈尔滨	11	34	12	39	297		6	9695
农垦经济调查队	哈尔滨	5	16	8	35	45			470
农垦总局政法委	哈尔滨	7	16	10	42	77			700
农垦司法局	哈尔滨	7	26	10	73	78		2	810
农垦中级法院	哈尔滨	41	127	56	286	439		9	13720
农垦检查院	哈尔滨	41	110	41	322	356		8	10100
农垦公安局	哈尔滨	64	217	64	387	459			7000
农垦水利工程建设监理咨询有限公司	哈尔滨	64	212	84	190	275			4480
宏禹水利工程建设监理有限责任公司	哈尔滨	30	99	59	115	144			2100

附录2续表　　　　　　　　(2008年)

农场名称	所在地	总户数(户)	总人口(人)	年末在岗职工(人)	在岗职工工资总额(万元)	增加值(万元)	固定资产投资完成额(万元)	汽车(辆)	房屋实有面积(平方米)
农垦环宇工程建设投资有限公司	哈尔滨	11	17	11	21	43			880
农垦海纳水利咨询勘测设计有限公司	哈尔滨	30	75	30	44	21			2100
华业工程设计有限公司	哈尔滨	4	12	4	18	39			360
农垦现代农业工程设计有限公司	哈尔滨	22	55	29	85	158			1400
正业勘测设计有限公司	哈尔滨	119	318	142	368	602		3	7461
农垦三兴农业生物工程研究所	哈尔滨	4	11	2	3	10			400
农垦宏大土地开发整理有限公司	哈尔滨	1	3	1	3	3			80
农垦乳品检测中心	哈尔滨	14	37	30	99	236	121	2	955
农垦金秋家政服务有限公司	哈尔滨	1	3	3	17	13			71
农垦兴达物业有限责任公司	哈尔滨	3	6	3	11	12			186
农垦总局动物卫生监督所	哈尔滨	5	13	5	20	22			350
农垦总局图书馆	哈尔滨	2	5	2	6	6			377
国土资源厅驻农垦总局国土资源局	哈尔滨	11	30	17	70	414			1200
垦区公证处	哈尔滨	4	7	7	22	23			216
北大荒众荣农机有限公司	哈尔滨	7	15	7	3	3			580
垦丰种业有限公司	哈尔滨	79	229	209	753	1498		12	4100
农垦绿森林野生特产有限公司	哈尔滨	6	18	6	8	7			240
农业机械安全监理总站农垦分站	哈尔滨	1	4	2	8	14			90
农垦干部培训中心	哈尔滨	48	145	246	625	1061		1	28560
农垦总局植保植检站	哈尔滨	2	6	2	10	11			240
农垦总局气象管理站	哈尔滨	4	9	4	14	15			200
农垦总局森林病虫害防治检疫站	哈尔滨	3	9	3	12	12			350
农垦盛达水利物资经销有限公司	哈尔滨	10	30	12	41	92		1	552
农垦佳星液化气经销有限公司	佳木斯	15	41	22	17	34		3	1143
北大荒农机有限公司	哈尔滨	8	20	14	123	286		1	975
农垦总局办公室	哈尔滨	520	1500	421	1922	4304	6406	57	133166
农垦工程造价管理站	哈尔滨	5	12	6	39	49			550
农垦绿色食品办公室	哈尔滨	7	18	13	78	96		2	1210
国营农场总局机关农场	佳木斯	20	63						2250
农垦总局驻佳木斯办事处	佳木斯	102	241	54	193	371		7	118086
农垦农业综合开发有限责任公司	哈尔滨	5	12	5	7	8			360
农垦天阳农机有限公司	哈尔滨	8	21	13	22	447		3	536
龙垦资产评估有限公司	哈尔滨	5	11	5	10	27		1	500
建正会计师事务所	哈尔滨	6	17	6	16	40			500
农垦总局北大荒文工团	哈尔滨	22	62	27	208	266		1	840
农垦经济研究所	哈尔滨	8	18	13	84	117		1	860
农垦总局住房公积金管理中心	哈尔滨	10	19	18	97	108		1	2439
农垦工商行政管理局	哈尔滨	37	111	75	346	638		8	8020
农垦工程咨询评审中心	哈尔滨	8	20	8	43	91		1	1340
农垦总局环境保护局	哈尔滨	13	74	31	129	294		4	2271
农垦总局驻北京办事处	北　京		58	18	135	364		15	3852
农垦太湖疗养院	宜　兴		168	90	420	819		9	22090
农垦迈高广告有限公司	哈尔滨	3	9	6	5	2		1	266
农垦总局交通局	哈尔滨	60	147	78	438	626	320	11	13615
农垦总局工程质量监督站	哈尔滨	7	21	10	35	81		1	803
农垦社会保险事业管理局	哈尔滨	31	86	72	199	436		2	7800
农垦总局投资办公室	哈尔滨	8	17	13	68	45		1	1298
农垦人才中心	哈尔滨	11	23	13	35	116		3	972
农垦总局墙体材料改革办公室	哈尔滨	3	19	7	46	58		1	354
农垦总局老干部休养所	佳木斯	11	36	15	57	88		4	2700
农垦日报社	哈尔滨	30	92	50	297	459		3	7502
农垦阳光农业相互保险公司	哈尔滨	189	1085	401	1821	3708		42	25018
北大荒北药开发有限公司	哈尔滨	14	52	38	46	62		3	450
农垦总局卫生监督所	哈尔滨	16	56	15	130	138		1	1985
农垦享通有限责任公司	哈尔滨	20	58	25	37	69		3	2000
北大荒文学杂志社	哈尔滨	4	12	5	20	58			320
农垦土地勘测规划院	哈尔滨	7	25	10	16	30		1	1140
农垦总局机关农场	佳木斯	20	63	10	12	124			2250